Christian Palentien

Kinder- und Jugendarmut in Deutschland

Christian Palentien

Kinder- und Jugendarmut in Deutschland

cit. ✓

S. Moselle

VS VERLAG FÜR SOZIALWISSENSCHAFTEN

VS VERLAG FÜR SOZIALWISSENSCHAFTEN

VS Verlag für Sozialwissenschaften
Entstanden mit Beginn des Jahres 2004 aus den beiden Häusern
Leske+Budrich und Westdeutscher Verlag.
Die breite Basis für sozialwissenschaftliches Publizieren

Bibliografische Information Der Deutschen Bibliothek
Die Deutsche Bibliothek verzeichnet diese Publikation in der Deutschen Nationalbibliografie; detaillierte bibliografische Daten sind im Internet über <http://dnb.ddb.de> abrufbar.

1. Auflage September 2004

Der VS Verlag für Sozialwissenschaften ist ein Unternehmen von Springer Science+Business Media.
www.vs-verlag.de

Umschlaggestaltung: KünkelLopka Medienentwicklung, Heidelberg
Druck und buchbinderische Verarbeitung: MercedesDruck, Berlin
Gedruckt auf säurefreiem und chlorfrei gebleichtem Papier
Printed in Germany

ISBN 3-531-14385-9

Vorwort

Es sei unüblich, so wurde mir gesagt, ein Vorwort selbst zu schreiben – es sei denn, es gebe etwas mitzuteilen, dass in dem Buch keine Berücksichtigung finden könne. Dies gibt es. Ich möchte die Gelegenheit nutzen, mich zu bedanken.

Wer im Rahmen einer Tätigkeit an einer forschungs- und innovationsfreudigen Fakultät wie der Bielefelder Fakultät für Pädagogik bereits die Erfahrung gemacht hat oder gerade macht, sich qualifizieren zu müssen, weiß, dass dieses ohne die Hilfe und Unterstützung einer Vielzahl Beteiligter nicht möglich ist. Ihnen gilt an dieser Stelle mein Dank.

Zu nennen ist an erster Stelle Prof. Dr. Klaus-Peter Treumann, ohne dessen Unterstützung weder die diesem Buch zu Grunde liegende Habilitationsschrift noch die Publikation zustande gekommen wäre. Seiner umfangreichen Hilfe bei der Planung und Durchführung der Studie, zahlreichen Hinweisen weit über die methodischen Fragestellungen hinausgehend, vielen Gesprächen, Rückmeldungen und Tipps bis hin zur Zur-Verfügung-Stellung einer hervorragenden Infrastruktur, haben wesentlich zum Gelingen der Arbeit beigetragen.

Gedankt sei darüber hinaus meinen Kolleginnen und Kollegen aus der Arbeitsgruppe 9 „Medienpädagogik, Forschungsmethoden und Jugendforschung" der Fakultät Pädagogik der Universität Bielefeld, konkret: Prof. Dr. Uwe Sander, Prof. Dr. Wilfried Ferchhoff, Dr. Renate Möller, Dr. Kai-Uwe Hugger, Matthias Witte, Wolfgang Schweins und Horst Haus. Aus gemeinsamen Gesprächen mit ihnen habe ich zahlreiche wertvolle Hinweise erhalten.

Schließlich habe ich Petra Buchalla, Carsten Benger, Marius Topor und Björn von Busch zu danken, die nicht nur kompetent und zuverlässig die Durchführung der Studie unterstützten, sondern auch souverän und sorgfältig eine Vielzahl von Problemen bei der technischen Gestaltung dieser Arbeit gelöst haben.

Bielefeld im Juli 2004
Christian Palentien

Inhaltsverzeichnis

Einleitung

Noch bis zum Ende der siebziger Jahre dominierte in der Bundesrepublik Deutschland, wie auch in vielen anderen westlichen Industriestaaten, die Vorstellung, Armut sei ausschließlich ein Phänomen, das in den so genannten Entwicklungsländern vorkomme. Erst langsam und fast dreißig Jahre, nachdem die Europäische Gemeinschaft 1975 erstmals für alle Mitgliedsstaaten die Erstellung so genannter „Armutsberichte" beschlossen hatte, setzt sich die Erkenntnis durch, dass auch in zahlreichen westlichen Industrieländern ein Armutsproblem besteht.

Ausschlaggebend für diese Veränderung des öffentlichen und fachöffentlichen Diskurses in der Bundesrepublik Deutschland ist vor allem der rasant steigende Anteil derjenigen, die dauerhaft oder zeitweise auf „laufende Hilfe zum Lebensunterhalt" (Sozialhilfe) angewiesen sind. Innerhalb von 15 Jahren haben sich die Ausgaben für die Hilfe zum Lebensunterhalt, die erst in der jüngsten Zeit auf hohem Niveau stagnieren, verdreifacht.

Nicht nur sozialpolitisch, sondern auch wissenschaftlich haben diese Entwicklungen zu einer Neuorientierung geführt: Am Anfang der 1980er Jahre begann in der Bundesrepublik Deutschland eine breite Beschäftigung insbesondere mit dem Phänomen der „neuen Armut". Unter diesem Stichwort wurde die Heterogenität der Armutspopulation diskutiert. Hintergrund dieser Debatte war, dass immer weniger die „traditionellen Armen" (Obdachlose, Gelegenheitsarbeiter) das Bild der Armut beherrschten, sondern zunehmend Normalhaushalte aus verschiedenen Gründen von Armut bedroht waren und in Armut gerieten. Dies hat das Bild der Armut verändert. Bis dahin bezeichnete Armut eine abgeschottete und damit in beide Richtungen nahezu undurchlässige Grenze zwischen gesellschaftlich integrierten und ausgegrenzten Menschen. Zur Armutsbevölkerung zählten dauerhaft marginalisierte Gruppen wie Obdachlose, Sozialhilfeempfänger, Gelegenheitsarbeiter, ausländische Mitbürger und eine „Randschicht" von sozial schwachen Haushalten, die oftmals in der Generationenfolge in Armut lebten. Die Gruppe der Armen war damit weitgehend der öffentlichen Wahrnehmung entzogen und Armut galt für einen kleinen Teil der Bevölkerung als unabänderlich.

Machte das große Ausmaß des Bezugs laufender Hilfe zum Lebensunterhalt zum einen darauf aufmerksam, dass von Armut heute nicht mehr „nur" eine kleine, randständige und sozialpolitisch häufig vernachlässigte Gruppe betroffen ist – vielmehr ist durch das Ereignis Arbeitslosigkeit die Armut in die „normalen Schichten" der Gesellschaft vorgedrungen – so wies es zum anderen eine Entwicklung aus, die auch als „Infantilisierung" von Armut bezeichnet wird: Galten noch bis zur Mitte der 1980er Jahre vor allem ältere Menschen auf Grund ihrer unzureichenden Rentenversorgung als arm, so sind es heute vornehmlich Kinder und Jugendliche.

Im Mittelpunkt der vorliegenden Arbeit stehen Ursachen und Ausmaß der Armut sowie ihre Auswirkungen auf die Lebenssituation von Kindern und Jugendlichen. Darüber hinaus werden – auf kommunaler Ebene – Möglichkeiten ihrer Prävention entwickelt.

Betrachtet man die aktuelle Diskussion über die Folgen sozialer und funktionaler Differenzierung moderner Gesellschaften, die noch immer von dem Stichwort der Individualisierung – also der Auflösung von Klassenlagen, der Entstrukturierung von Biographien sowie der Differenzierung und Pluralisierung von Lebenslagen – geprägt ist, so wird heute einerseits auf die gestiegenen Chancen des Einzelnen verwiesen, einen individuell als sinnvoll erachteten Lebensentwurf im Verlauf seiner eigenen Biographie zu realisieren, andererseits stehen die Risiken, die mit möglichen neuen Entscheidungszwängen sowie dem Scheitern von Karriereplänen einhergehen, im Mittelpunkt der fachlichen Auseinandersetzung: Sowohl der Erfolg als auch der Misserfolg werden individuell verortet, d. h. sie werden dem Einzelnen als Folge zureichender oder unzureichender Leistungen, Anstrengungen und Bemühungen zugerechnet.

Zwar entstehen gerade in jüngster Zeit auch erste empirische Arbeiten, die nachzuweisen in der Lage sind, dass soziale Aufstiegs- und Abstiegsprozesse – trotz gesellschaftlicher Individualisierungsbeobachtungen – nur zu einer marginalen Fluktuation führen. Dies wird aber zumeist auf eine Ungleichverteilung gesellschaftlicher Chancen und der mit ihnen einhergehenden Risiken zurückgeführt.

Dass diese Risiken nicht unerheblich nach der sozialen Herkunft der Personen variieren, so zum Beispiel im Bereich der Bildungsbeteiligung von Kindern und Jugendlichen, wird im *ersten Kapitel* der Arbeit, einer Beschreibung der Lebenssituation von Kindern und Jugendlichen, dargestellt. Diese Beschreibung wird zu einem späteren Zeitpunkt erneut aufgenommen und im Hinblick auf die Folgen des Aufwachsens in Armut nochmals geprüft.

Lange Zeit war das Thema Armut sowohl im fachöffentlichen als auch im öffentlichen Diskurs nicht prominent platziert, und dies, obwohl die Arbeitslosenquote schon einmal im Frühjahr 1950 mit rund 12,2 % einen Höchststand in der Nachkriegsgeschichte der Bundesrepublik Deutschland erreicht hatte. Als soziales Phänomen gewann Armut erst später an Stellenwert, wie die gesellschaftspolitische Diskussion, die Gegenstand des *zweiten Kapitels* der Arbeit ist, zeigt.

Parallel zur gesellschaftspolitischen Auseinandersetzung begann auch in den Sozialwissenschaften eine Diskussion über das Phänomen Armut. In den 1980er Jahren erreichte sie auch die Bundesrepublik Deutschland. Insbesondere die einsetzende Armutsberichterstattung konfrontierte die Sozialwissenschaften mit dem Problem, Armut zu (er)fassen und zwischen den von Armut betroffenen und nicht betroffenen Personen und Haushalten eine Grenze zu ziehen.

Die dieser Diskussion zu Grunde liegenden theoretischen Konzepte, untergliedert nach den Theorien „alter“ und „neuer“ sozialer Ungleichheit und Armut, stehen im Mittelpunkt des *dritten Kapitels*.

Insbesondere der sozialwissenschaftliche Diskurs über „neue“ soziale Ungleichheiten und die sich hieraus ergebenden Fragen nach den Konsequenzen dieser Ungleichheiten, haben auch auf der Ebene der Methodologie zur Entwicklung von Konzepten geführt, die über die lange Zeit dominierenden rein monetär ausgerichteten Ansätze zur Bestimmung von Armutslagen, z. B. über den politisch-normativen Ansatz oder den des Durchschnittseinkommens, hinausgehen. Als Beispiele hierfür können die Konzepte der Lebenslage und der subjektiven Deprivation gelten, die im *vierten Kapitel* vorgestellt werden.

Während nach der politisch-normativen Definition von Armut diejenigen als arm bezeichnet werden, die laufende Hilfe zum Lebensunterhalt beziehen, und der Ansatz des äquivalenzgewichteten Durchschnittseinkommens versucht, auf der Grundlage der Einkommenssituation der Haushalte eine Einkommensverteilung nach Armutsquoten zu ermitteln, wird Armut nach dem Lebenslagenansatz als kumulative Unterversorgung in mindestens zwei von vier zentralen Lebensbereichen (Einkommen, Arbeit, Ausbildung und Wohnen) definiert. Das Konzept der „subjektiven Deprivation" ist in erster Linie dadurch gekennzeichnet, dass die Befragten selbst entscheiden, welche Aspekte des täglichen Lebens sie zum allgemein akzeptierten Lebensstandard zählen. Als Kriterium für eine Armutslage wird dann das Fehlen von 25 % der von den Befragten als „unbedingt notwendig" erachteten, aber finanziell nicht erschwinglichen Ausstattungsmerkmale bezeichnet.

Die Ergebnisse über die Verbreitung von Armut variieren zwar im Detail je nach dem zu ihrer Messung gewählten Ansatz. Hinsichtlich der Feststellung der von Armut betroffenen Bevölkerungsgruppen unterscheiden sie sich jedoch nicht. Diese Messverfahren sind Gegenstand des *fünften Kapitels* der Arbeit.

Wenn auch die Ansätze zur Messung von Armut unterschiedlich sind, so haben sie doch das gemeinsame Ziel, Armut abzubilden und das Ausmaß von Armut bezifferbar zu machen. Dementsprechend könnten vor allem die Ergebnisse der nicht auf die monetären Dimensionen von Armut ausgerichteten Ansätze als Ergänzung der monetär-ausgerichteten betrachtet werden, würden sie in der forschungspraktischen Umsetzung eine stärkere Verbindung aufweisen.

Eine solche Verbindung ist Gegenstand einer empirisch-quantitativen Untersuchung, deren Ergebnisse in *Kapitel sechs* vorgestellt werden. Am Beispiel einer Kommune, der Stadt Gütersloh, wurden mittels einer Befragung von Bürgerinnen und Bürgern das Ausmaß und die Struktur von Armuts- und Benachteiligungslagen ermittelt. Dies geschah nicht durch eine Auswertung der vorliegenden Regeldaten, also des Anteils der laufender Hilfe zum Lebensunterhalt beziehender Haushalte, sondern unter Anwendung aller heute in der Armutsforschung diskutierten Ansätze – dem Einkommensansatz, dem Lebenslagenansatz und dem Ansatz der subjektiven Deprivation.

Die Ergebnisse der zunächst deskriptiven und dann multivariaten Analysen zeigen, dass sowohl Verheiratete mit mehreren Kindern als auch Alleinerziehende besonders von Armut betroffen sind – ebenso wie die Bezieherinnen und Bezieher von laufender Hilfe zum Lebensunterhalt und Arbeitslosengeld/-hilfe. Deutlich wird darüber hinaus, dass Armut in einem engen Zusammenhang zur Nationalität steht – so kann für die ausländischen Bürgerinnen und Bürger eine überdurchschnittliche Benachteiligung festgestellt werden – und dass Armut in einem engen Zusammenhang zur Bildung und Ausbildung gesehen werden muss. Insbesondere diejenigen, die über niedrige bzw. gar keine Bildungs- und Ausbildungsabschlüsse verfügen, sind verstärkt von Armut betroffen.

Die Auswirkungen, die das Aufwachsen in Armut auf Kinder und Jugendliche hat, stehen im Mittelpunkt des *siebten Kapitels*. Am Beispiel der drei bereits zu Beginn der Arbeit dargestellten Lebensbereiche *Familie, Bildung* und *Ausbildung* sowie *Freizeit* und *Konsum* wird aufgezeigt, dass in allen diesen Lebensbereichen Armut von Kindern und Jugendlichen nicht nur erfahren, sondern auch subjektiv empfunden wird. Seinen Niederschlag findet dies in den für ausgewählte Problembereiche dargestellten Erklärungsfolien und Befunden, z. B. hinsichtlich des Konsums von Drogen oder kriminellen Verhaltens. Vorangestellt werden den Befunden sozialisations- wie auch stresstheoretische Überlegungen, mit denen es möglich wird, das Zusammenwirken psychischer und sozialer, konkret sozial benachteiligender Faktoren zu erklären.

Armut kann, dies ist eines der wesentlichen Ergebnisse des *siebten* Kapitels, eine Verkettung von Desintegrationsprozessen nach sich ziehen, die sich in vielfältigen Problembereichen auswirken können. Geht es um die *Prävention von Armut im Kindes- und Jugendalter*, so müssen – neben strukturellen Hilfen, die Gegenstand des *zehnten Kapitels* der Arbeit sind –, diese Problemdimensionen nach ihren Handlungsfeldern, z. B. Wohnen, Gesundheit und Bildung, eine möglichst umfassende Berücksichtigung finden. Darüber hinaus sollten Ansätze und Maßnahmen der Armutsprävention nicht nur auf die von Armut Betroffenen ausgerichtet sein, sondern vielmehr auch prekäre Lebenslagen als eine Vorstufe von Armut in ihr Handeln einbeziehen.

Da problematische Lebenslagen sowie die Risiken, in solche zu geraten, vor allen in der jeweiligen Kommune virulent und sichtbar werden und da Leistungen zur Bewältigung von Armut im föderalen Zuständigkeitsgefüge der bundesdeutschen Verwaltungsebenen zumeist den örtlichen Ebenen (Sozialhilfe, Gesundheitshilfen, Wohnungshilfen usw.) übertragen sind, stehen im Mittelpunkt des *achten Kapitels* die Möglichkeiten der kommunalen Prävention von Kinder- und Jugendarmut, und hier insbesondere bezogen auf die im Bereich der Jugendhilfe tätigen Personen und Institutionen.

Angebote der Jugendhilfe können die Handlungskompetenzen der in Armut lebenden Kinder und Jugendlichen einerseits zu aktivieren versuchen, um ihnen auf diese Weise einen 'produktiven' Umgang mit bzw. einen Ausstieg aus der Armut zu ermöglichen. Andererseits können sie – im Rahmen der Bewertung einer Situation, die die Evaluation von Bewältigungsmöglichkeiten, also der Angebote der Jugendhilfe, mit einschließt – unproduktiven Formen der Problembewältigung bereits im Vorfeld ihrer Entstehung entgegenwirken. Je stärker also die Angebote in die Lebenswirklichkeit von Kindern und Jugendlichen Eingang finden, desto effektiver sind sie. Hier haben Forderungen nach einer stärkeren Vernetzung dieser Dienste mit anderen professionellen und informellen Unterstützungs- und Sozialisationssystemen, einer ausgeprägteren Dezentralisierung sowie einem weiteren Ausbau auf die Adressaten zugehender Strukturen und niedrigschwelliger, sozialräumlich angesiedelter Angebote ihren Ausgangspunkt.

Die Möglichkeit einer Umsetzung dieser Forderungen ist Gegenstand des *neunten Kapitels* der Arbeit, der Darstellung der Ergebnisse eines zweiten Projektes mit dem Thema *Sozialraumbezogene Armutsprävention in der Stadt Gütersloh*. Die Zielsetzung dieses Projekts bestand darin, präventive Strategien und Maßnahmen an möglichst vielfältigen – im Rahmen des ersten Projektes sowie theoretischer Analysen identifizierten – Merkmalen der Unterversorgung anzusetzen, und zwar konkret in drei Schritten: (1.) Die sich in kommunalen Problemlagen abzeichnenden Folgen prekärer Lebens- und Armutslagen sollten identifiziert werden, (2.) kommunale Strategien und Initiativen zur Vermeidung prekärer Lebens- und Armutslagen sollten entwickelt werden, um dann (3.) kommunale Strategien und Initiativen zur Vermeidung prekärer Lebens- und Armutslagen zu initiieren. Angeknüpft werden konnte hierbei an die in der Stadt Gütersloh bestehenden 12 Sozialräume, die bereits im Jahre 1996 im Rahmen einer Anpassung der Jugendhilfeangebote an die Bedürfnisse der Gütersloher Bevölkerung gebildet worden waren.

Zur Durchführung des Projekts wurde – im Anschluss an die in Kapitel 6 dargestellte bevölkerungsbezogene Bestandsaufnahme von Armutslagen – zunächst eine weitere Bestandsaufnahme geplant und durchgeführt, jedoch diesmal aus der Perspektive der in den Sozialräumen handelnden Akteure. Nach einer sozialraumbezogenen Auswertung der Ergebnisse wurde jeder Sozialraumarbeitskreis besucht und ein Diskussionsprozess initiiert.

Ziel dieses Prozesses war es, konsensuell in jedem Sozialraum eine oder mehrere von Armut betroffene Gruppen auszuwählen, für die im Rahmen der vorherigen Befragung ein dringlicher Handlungsbedarf erkannt worden war, um die Durchführung von Ansätzen und Maßnahmen vorzubereiten, die in konkreten Vereinbarungen münden sollten.

Zur Umsetzung dieser Vereinbarungen wurden kleinschrittige Handlungspläne aufgestellt, Termine mit Vertreterinnen und Vertretern der Stadtverwaltung besprochen sowie weitere Sitzungen der Mitglieder des Sozialraums geplant.

Insgesamt konnten im Rahmen dieses Vorgehens in den Sozialräumen rund 90 aktive Bürgerinnen und Bürger der Stadt Gütersloh direkt erreicht und für die Armutsthematik sensibilisiert werden. Indirekt vervielfacht sich diese Zahl, stellt man in Rechnung, dass es sich bei den anwesenden Bürgerinnen und Bürgern oftmals um Multiplikatorinnen und Multiplikatoren handelt. Außerdem wurden zahlreiche Ansätze und Maßnahmen initiiert. Auf Grund des erst kurze Zeit zurückliegenden Abschlusses des Projekts konnte eine konkrete Überprüfung der Umsetzung der geplanten Vorhaben und eine Evaluation, inwieweit diese Vorhaben wiederum die Entstehung von Armut in den spezifischen Problemgruppen einschränken, jedoch noch nicht erfolgen.

Die Konsequenzen, die dennoch aus den im Rahmen der Ergebnisdarstellung des Projekts gewonnenen Informationen abgeleitet werden können, stehen im Mittelpunkt des *zehnten Kapitels*. Sie betreffen den Bereich der Jugendhilfe ebenso wie den der Bildung und Ausbildung, der Gesundheit sowie den Freizeit- und Konsumsektor.

Geht es darum, neben einer kurz- und mittelfristigen Abschwächung der Folgen, die durch ein Aufwachsen in relativer Armut entstehen, bereits im Vorhinein das Entstehen sozialer Ausgrenzungs- und Benachteiligungsprozesse zu verhindern, so müssen die entsprechenden Maßnahmen aber auch auf der politische Ebene angesiedelt werden. Ziel muss es sein, der Entstehung neuer Quantitäten am Armuts- und Reichtumspol der sozialen Ungleichheit entgegenzuwirken, um frühzeitig einer neuen, fragmentierten Qualität der Sozial- und Systemintegration vorzubeugen.

1. Strukturen und Bedingungen des Aufwachsens von Kindern und Jugendlichen

1.1 Bildungsbereich

Heute verbringen im Vergleich zu früheren Jahrzehnten wesentlich mehr Kinder und Jugendliche wesentlich mehr Zeit in Schulen. Von Anfang der 1960er bis Mitte der 1980er Jahre ist die Erwerbsquote der 15- bis 20jährigen von 75,9 % auf 45 % gesunken (Olk & Strikker 1991, S. 174). Hiermit einher geht eine Tendenz zu höherer schulischer Qualifikation und Bildung: Hurrelmann (1991) stellt für das Jahr 1991 bereits einen Anteil von 35 % aller Schülerinnen und Schüler fest, der das Abitur oder die Fachhochschulreife erwirbt. Rolff, Klemm, Pfeiffer und Rösner (1990) ermitteln unter Eltern einzuschulender Kinder einen Anteil von 55 %, der als angestrebten Schulabschluss für die eigenen Kinder das Abitur vorsieht. Nur noch selten fällt die Wahl auf die Hauptschule. Rösner (1989a; 1989b) bezeichnet die beständige Abwendung von Haupt- und Volksschulen als „... eine der stabilsten demographischen Entwicklungen überhaupt, die wir auf Bundes-, Landes- und Stadtebene prinzipiell gleichartig vorfinden" (Rösner 1989b, S. 15).

Neuere Belege für diese Entwicklung liefert die 15. Sozialerhebung des Deutschen Studentenwerks (Bundesministerium für Bildung, Wissenschaft, Forschung und Technologie 1998): Diese untersuchte eine Stichprobe von Schülerinnen und Schülern im 8. Schuljahrgang nach Schulart, da im 8. Schuljahr einerseits noch Schulpflicht für die gesamte Alterskohorte besteht, andererseits aber in allen Ländern der Übergang in weiterführende Schulen vollzogen ist.

Die Ergebnisse dieser Beobachtung zeigen, dass zwar zu Beginn der 1950er Jahre noch der größte Teil der Schülerinnen und Schüler des 8. Schuljahrgangs (78 %) die Hauptschule besuchte, sich dieser Anteil seither jedoch kontinuierlich reduzierte. 1995 beträgt er nur noch 25 %. Entsprechend zugenommen hat dagegen sowohl die Zahl der Realschülerinnen und -schüler als auch die der Gymnasiastinnen und Gymnasiasten. Besuchten 1952 nur 15 % aller Schülerinnen und Schüler des 8. Schuljahrgangs ein Gymnasium, so war dieser Wert bis 1995 auf fast ein Drittel gestiegen.

Hieran wird deutlich, dass sich eine erhebliche Verbesserung im Bildungsniveau vollzogen hat. Dieser Anstieg der Bildungsbeteiligung an weiterführenden Schulen bildet die Grundvoraussetzung für eine höhere Bildungsbeteiligung im Hochschulbereich.

Der Trend zu einer höheren schulischen Qualifikation bleibt aber nicht nur auf die alten Bundesländer beschränkt: Das Bewusstsein, welche Bedeutung dem Abitur als Startposition für den künftigen sozialen Status zukommt, hat sich auch in den neuen Bundesländern sehr schnell entwickelt (Palentien, Pollmer & Hurrelmann 1993). So war z. B. in Sachsen bereits 1990 schon sicher, dass es eine Umstrukturierung im Bildungssystem geben und dass sich der Zugang zu den Gymnasien gegenüber der sehr restriktiven DDR-Tradition vereinfachen würde. Damals wurden die Konzeptionen für das neue Schulsystem heftig diskutiert. Eltern und Kinder waren schon über die neuen Möglichkeiten informiert, obwohl sie noch nicht im Einzelnen wussten, was sie unmittelbar in ihrer Stadt oder Gemeinde erwartete. Dennoch antworteten bereits 1990 auf die Frage nach dem gewünschten Schulabschluss von den Schülerinnen und Schülern der 9. und 10. Klassen in Sachsen 17 %, ihren Bildungsweg mit einem Abitur abschließen zu wollen. Bereits im Frühjahr 1991 gaben bei einer ähnlichen Befragung der 8. Klassen in Leipzig schon 42 % der Schülerinnen und Schüler an, das Abitur ablegen zu wollen (Pollmer & Hurrelmann 1992).

Diese sich schon 1990 abzeichnenden Veränderungen der Bildungsbeteiligung haben sich seit 1992 und in den dann folgenden Jahren umgesetzt: Der Anteil der fünften Jahrgänge in Sachsen, die Gymnasien in Sachsen besuchen, hat sich je nach Region auf 35 % bis 40 % eingependelt. Damit haben sich die Übergangsquoten in die begehrteste der weiterführenden Schulen der Sekundarstufe I in Sachsen an diejenigen in Westdeutschland angeglichen. In den Bundesländern Mecklenburg-Vorpommern, Thüringen, Brandenburg und Sachsen-Anhalt, die ihr Schulsystem schon 1990 an die westdeutschen Strukturen angepasst hatten, lagen die Werte für den Gymnasialübergang 1991 bereits bei ca. 30 %; für den Ostteil Berlins lag der Wert bei 37 % (Rolff, Klemm, Pfeiffer & Rösner 1992, S. 139). In allen diesen Ländern zeichnete sich auch später ein weiteres Anwachsen dieser Anteile ab.

Unterschiede zwischen den alten und den neun Bundesländern bestehen jedoch, betrachtet man den Übergang vom Gymnasium an die Fachhochschulen und Hochschulen: In den alten Ländern haben im Jahre 1996 von allen 18-21-jährigen Deutschen 33 % ein Studium an einer Hochschule in Deutschland aufgenommen. Die Studienanfängerquoten haben sich damit von Mitte der 1980er Jahre bis zur Mitte der 1990er Jahre deutlich erhöht (von insgesamt 19 % im Jahre 1985 auf 33 % im Jahre 1996). Seit Anfang der 1990er Jahre stagnieren sie auf etwa gleichem Niveau.

Zwar hat auch in den neuen Bundesländern die Studienanfängerquote gegenüber 1993 leicht zugenommen (von 21 % im Jahre 1993 auf 25 % im Jahre 1996). Trotz der leichten Zunahme liegt die Bildungsbeteiligung hinsichtlich des Hochschulbesuchs aber in den neuen Ländern immer noch deutlich niedriger als in den alten Ländern (Bundesministerium für Bildung, Wissenschaft, Forschung und Technologie 1998).

Die Gründe, die den für diese Veränderungen im Bildungssektor zu Grunde liegen, sind vielfältig. Sie hängen mit sich wechselseitig bedingenden und sich gegenseitig verstärkenden Entwicklungen zusammen, z. B. solchen auf dem Arbeitsmarkt. Konkret werden die folgenden Faktoren als ausschlaggebend die folgenden Faktoren benannt:

- Seit der Mitte der siebziger Jahre hat eine Ungleichgewichtigkeit zwischen Ausbildungsplatzangebot und -nachfrage eine stärkere Selektion von Auszubildenden durch die Arbeitgeber ermöglicht. Hiermit wurde ein Auswahlprozess eingeleitet, der zunehmend die höher qualifizierten Bewerberinnen und Bewerber begünstigte.

Die Folge ist eine generelle Umwertung von Bildungsabschlüssen (Mansel & Hurrelmann 1991), von der vor allem technische und qualifizierte kaufmännische und Verwaltungsberufe betroffen sind: „Für große Teile dieser Berufe gelten Realschulabschluss oder Abitur mittlerweile als notwendige Zugangsvoraussetzung. Abiturienten geraten ihrerseits in Konkurrenz mit Fachhochschul- und Hochschulabsolventen, die in die Bereiche der Semiprofessionen und des Managements vordringen" (Olk & Strikker 1991, S. 172).

- Der Arbeits- und Ausbildungsplatzmangel hat zu einer gesetzlichen Einführung schulischer Möglichkeiten der Berufsvorbereitung geführt. Mansel und Hurrelmann (1991, S. 24) nennen als exemplarisch hierfür die Vorklasse zum Berufsgrundschuljahr und das Berufsgrundschuljahr. Darüber hinaus werden Gymnasien von solchen Jugendlichen als „qualifizierende Warteschleife" genutzt, die den gewünschten Ausbildungsplatz nach Beendigung ihrer Pflichtschulzeit nicht erhalten haben.
- Auf die wachsenden Qualifikationsnachfragen sowohl seitens der Eltern als auch seitens des Arbeitsmarkts reagierte das Bildungssystem mit einer Verlängerung der Pflichtschulzeit und einem forcierten Ausbau weiterführender Schulen. Hiermit wurde schon frühzeitig der Trend zu höherer schulischer Qualifikation auch strukturell vorangetrieben: Faktoren, wie z. B. eine geringere Schulweglänge, erleichtern den Besuch weiterqualifizierender Schulen.
- Eltern orientieren sich bei der Schulwahl für ihre Kinder an ihrem eigenen Abschluss. Angestrebt wird oftmals ein Abschluss, der mindestens eine Stufe über dem eigenen liegt (Rösner 1989b). Dieses führt dazu, dass Eltern ihr Recht auf freie Wahl der Schulformen verstärkt einlösen. Sie entscheiden sich – auch gegen die Primarstufen-Empfehlung oder die Empfehlung der Schulen der Sekundarstufe I, der durch die Veränderung des Schulrechts keine bindende Wirkung mehr zukommt – vielfach für eine höher qualifizierende Schule. Diese Bestrebungen werden von den Kindern häufig adaptiert (Mansel & Hurrelmann 1991).

Auswirkungen hat die veränderte Bildungsbeteiligung[1] auf den gesamten Bildungssektor, so z. B. in Form des Abbaus einzelner Bildungsbarrieren: Die noch in den 1960er Jahren eindeutige Dominanz männlicher Jugendlicher in weiterführenden Schulen hat sich seit Anfang der 1970er Jahre deutlich relativiert und mittlerweile zu einem Vorteil für die weiblichen Jugendlichen – auch in den neuen Bundesländern – entwickelt. Der Anteil der Gymnasiastinnen überwiegt den der Gymnasiasten. Gleichzeitig wird die Hauptschule weniger von Mädchen frequentiert.

Wirkte sich diese Umverteilung bis in die 1990er Jahre noch nicht im Ausbildungssystem aus: Bei den unvermittelten Ausbildungsplatzbewerberinnen und -bewerbern dominierten die Mädchen (Helsper 1992). So hat es in diesem Bereich eine deutliche Zäsur in den Jahren 1991 und 1992 gegeben. Seit Anfang der 1990er Jahre sind unter den arbeitslos gemeldeten Jugendlichen deutlich mehr Männer als Frauen. So hat z. B. die Verweildauer von Mädchen und jungen Frauen in schulischen Bildungsgängen (höhere Abitu-

1 Diese Entwicklung vollzieht sich in den neuen und in den alten Bundesländern gleichermaßen: Nach der Wende, dies konnte gezeigt werden, kam es auch in Ostdeutschland zu einem deutlichen Anstieg der Bildungsambitionen. Eine Anpassung der Motivstruktur des Bildungsverhaltens der Eltern wie der Schülerinnen und Schüler in den neuen Bundesländern an die der alten Bundesländer kann als wahrscheinlicher Grund hierfür angenommen werden (Helsper 1992; Palentien, Pollmer & Hurrelmann 1993).

rienten- und Studierquote) zugenommen, nicht zuletzt auch wegen ihrer schlechteren Chancen im dualen System. Darüber hinaus haben in den letzten zehn Jahren deutliche Veränderungen in der Branchenstruktur, insbesondere zugunsten des Dienstleistungssektors stattgefunden. Eine Folge ist eine Zunahme von Arbeitsplätzen mit höheren Qualifikationsanforderungen, was sich positiv auf die Arbeitsmarktchancen für junge Frauen ausgewirkt hat.

Geschlechtsspezifisch zeigt sich, dass sich die Studienanfängerquoten, die 1985 für Mädchen und Jungen nicht nur wesentlich niedriger, sondern auch weiter auseinander lagen (1985: m. 23 %; w. 16 %), in den letzten Jahren deutlich erhöht und einander angenähert haben (1996: m. 35 %; w. 31 %). 1995 nehmen erstmals an Universitäten sogar mehr Mädchen als Jungen ein Studium auf (23 % der 18-21-jährigen Mädchen gegenüber 21 % der Jungen gleichen Alters). Einschränkungen müssen jedoch für den Bereich der Fachhochschule gemacht werden: Hier steht ein Anteil von 14 % männlicher Studienanfänger im Jahre 1996 einem Anteil von 8 % weiblichen Studienanfängerinnen gegenüber (Bundesministerium für Bildung, Wissenschaft, Forschung und Technologie 1998)[2].

Keine Angleichung hat im Hinblick auf schichtspezifische Benachteiligungen stattgefunden. Helsper (1992, S. 361) zeigt hierzu, dass 1988 jedes zweite Beamtenkind, aber nur jedes zehnte Arbeiterkind ein Gymnasium besuchte. Die Ergebnisse eigener Auswertungen zeigen, dass durch die Öffnung höherqualifizierender Schulen zwar der Anteil der Kinder aus Arbeiterfamilien an den Gymnasien von 1972 bis 1990 um 6,6 % erhöht werden konnte. Der Anteil der Beamtenkinder nahm im genannten Zeitraum jedoch um 14,4 %, der der Angestelltenkinder um 7,6 % zu (Mansel & Palentien 1997). Hurrelmann (1990, S. 145) kommt aus diesem Grund zu dem Fazit: „Der relative Schulbesuch der 16- bis 18jährigen hat sich innerhalb von drei Jahrzehnten erheblich verlagert, er hat sich jedoch in seiner sozialstrukturellen Beschaffenheit kaum verändert."

Diese Verlagerung des relativen Schulbesuches wirkt sich auf die Struktur der Lebensphase Jugend insgesamt aus: Zinnecker (1987) beschreibt diesen Prozess als einen Strukturwandel der Lebensphase Jugend von einem „Übergangs-" zu einem „Bildungsmoratorium". Baethge (1985) zeigt hierzu, dass Prozesse beruflicher Arbeit, die noch vor wenigen Jahrzehnten als entscheidende Sozialisationsinstanzen diese Lebensphase prägten, selten geworden sind. Die Klassifizierung des Strukturwandels jugendlicher Erfahrungsfelder wird von ihm insgesamt als ein Prozess des Wandels von einem „produktionistischen" hin zu einem „konsumistischen" Sozialisationsparadigma beschrieben: Dem Zugewinn an zeitlichen und kommunikativen Dispositionsmöglichkeiten steht die lange Entbehrung der Erfahrung gesellschaftlicher Nützlichkeit gegenüber, die mit einem Verlust von arbeits- und lebensweltlich vermittelter Gesellschaftlichkeit unmittelbar verknüpft ist.

---

2 Bei den angegebenen Prozentwerten handelt es sich um relative Werte, die auf der Grundlage der Zusammenfassung mehrerer Jahrgänge zu einer Kohorte ermittelt wurden.

Diese Entwicklung führt gerade in der Jugendphase zu einer Abhängigkeit des Einzelnen von sich selbst, zu einer nicht verbürgten Eingebundenheit in die Realität, in der keine zeitlichen Anteile des mittels Arbeit „Auf-andere-Bezogenseins“ (Baethge 1985, S. 307) mehr bestehen.

Die Strukturen der veränderten Erfahrungsmomente zeichnen sich aus durch

- ein lebensbiographisch zunehmendes Auseinanderfallen der Entscheidung für eine(n) spezielle(n) Arbeit/Beruf von Prozessen des Lernens und somit eine mentale Entkoppelung von Lernen und Arbeiten,
- ein – im Vergleich zu früheren Jahren – erst spätes Erfahren betrieblicher Normen und Institutionen der Arbeit unter dem Gesichtspunkt ökonomischer Zweckrationalität,
- die Erfahrung einer der eigenen gesellschaftlichen Nützlichkeit im Sinne eines Beitrags zur arbeitsmarktbezogenen gesellschaftlichen Reproduktion erst zu einem sehr späten biographischen Zeitpunkt,
- eine späte Übernahme der eigenen Verantwortung für die materielle Existenzsicherung,
- eine längere materielle Abhängigkeit von der Verantwortung der Eltern,
- ein längeres Verweilen in rezeptiver Tätigkeit und in praxisentzogenen Lernprozessen, die die Erfahrung konkreter Arbeit, abstrakt-hierarchisch gegliederter Leistungs- und Selektionsnormen und die restriktive Kontrolle kognitiver und psychischer Regeln ausklammern,
- ein längeres Verweilen in überwiegend aus Gleichaltrigen bestehenden Gruppen und somit einen längeren Entzug von Kommunikationsprozessen, die durch Erwachsene dominiert werden, und
- ein spätes Erfahren kollektiver statt individueller, durch Lernen geprägter Identitätsbildungsmuster (Baethge 1985, S. 305).

Insgesamt kann festgestellt werden, dass im Jugendalter an die Stelle von Arbeit heute Erfahrungen im Raum Schule getreten sind. Die Schule stellt – neben der Familie als Instanz primärer Sozialisation – die zentrale öffentliche Institution sekundärer Sozialisation dar (Ulich 1982, S. 469). Die Veränderungen, die mit dieser Verschulung einhergehen, bleiben nicht auf den Bildungssektor beschränkt. Vielmehr betreffen sie in ihren Folgen sowohl andere lebensweltliche Bereiche Jugendlicher als auch die Struktur dieser Lebensphase selbst: Die durch eine Verlängerung der Bildungsbiographien erst sehr spät in diesem Bereich einsetzende Handlungsautonomie bedingt, dass Jugendliche lebenszeitlich parallel unterschiedliche Autonomiegrade auf unterschiedlichen Handlungsebenen lebenszeitlich parallel erfahren (Mansel & Hurrelmann 1991). Während der schulische Ausbildungsbereich für Jugendliche überwiegend Fremdsteuerung und Abhängigkeit bedeutet, haben sie heute in anderen Bereichen mehr Handlungsoptionen – so vor allem im Freizeit- und Konsumbereich.

1.2 Freizeit- und Konsumbereich

Der größer werdende Anteil der Schülerinnen und Schüler an den Jugendlichen und der geringere Stellenwert der Erwerbsarbeit in der Jugendphase gehen mit wachsenden zeitlichen Dispositionsmöglichkeiten für eine zunehmende Anzahl Jugendlicher einher: Im Durchschnitt beträgt die frei gestaltbare Zeit von Jugendlichen heute vier bis sechs Stunden an Werktagen, über acht Stunden an Samstagen und über zehn Stunden an Sonntagen (Palentien 1997). Auch wenn diese Anteile freier Zeit in den letzten drei Jahrzehnten auf einem konstant hohen Niveau blieben (Krüger & Thole 1992), so gilt insgesamt, dass Schülerinnen und Schüler über mehr disponible Zeit verfügen als Auszubildende und Berufstätige. Geschlechtsspezifisch dominieren hierbei die Jungen; noch immer sind es vor allem die Mädchen, denen im elterlichen Haushalt bestimmte Aufgaben zukommen. Im Vergleich zu den männlichen Gleichaltrigen wirkt sich dieses in einem geringeren Maß an disponibler Zeit aus (Tillmann 1992).

Größer geworden sind im letzten Jahrzehnt auch die finanziellen Mittel, die Jugendlichen zur Verfügung stehen. Dies betrifft sowohl das selbst erwirtschaftete Einkommen als auch das so genannte Taschengeld, das oftmals aus anderen Quellen (Nebentätigkeiten, Geldgeschenke o. ä.) ergänzt wird. Waren es in den 1950er Jahren monatlich noch durchschnittlich rund 20,- DM, über die von Schülern und Schülerinnen selbstverantwortlich entschieden werden konnte, und in den 1960er Jahren rund 35,- DM, so liegen die durchschnittlichen Beträge heute zwischen 90,- DM und 115,- DM monatlich. Bislang hat noch keine Angleichung der finanziellen Ausstattung der Jugendlichen in den neuen an die in den alten Bundesländern stattgefunden. Differenzen bestehen darüber hinaus in Bezug auf das Alter und das Geschlecht der Jugendlichen: Jüngere Jugendliche haben geringere finanzielle Ressourcen als ältere, und Jungen verfügen über mehr Geld als Mädchen (Krüger & Thole 1992). Dennoch, dies zeigt Hurrelmann (1989) auf der Grundlage repräsentativer Befragungen, ist die große Mehrheit der Jugendlichen, 83 % der 13-16-jährigen, mit ihrer finanziellen Lage zufrieden oder sehr zufrieden.

Im Vergleich zu früheren Jugendgenerationen können sich zwar Jugendliche heute zahlreiche Wünsche im Konsum- und Freizeitbereich erfüllen. Die Ausstattung mit Medien und mit anderen konsumtiven Gütern hat deutlich zugenommen (Baacke, Sander & Vollbrecht 1990). Die Gründung einer selbstständigen Existenz erlaubt diese finanzielle Ausstattung jedoch vielfach nicht; ein Großteil der Jugendlichen wohnt aus diesem Grund noch in familialen Kontexten (Deutsche Shell 2000). Der Auszug aus dem Elternhaus hat sich – beginnend in den 1980er und 1990er Jahren – mehr und mehr in das dritte Lebensjahrzehnt verlagert (Strohmeier & Herlth 1989; Gudjons 2001).

Mit dem steigenden Alter der Jugendlichen gewinnen die Peers im Freizeitbereich, hier vor allem der Freund oder die Freundin, an Stellenwert. Ihre Bedeutung nimmt aber auch im Jugendgenerationenvergleich zu: Krüger und Thole (1992, S. 456) kommen nach einer Durchsicht der seit den 1960er Jahren durchgeführten Jugendstudien zu dem Fazit, dass „... eine eindeutige und auf hohem Niveau sich einpendelnde Zunahme jugendlicher Optionen für spiel-, unterhaltungs- und geselligkeitsorientierte Freizeitpraxen sowie für Aktivitäten, die auch kommunikativ-geselliges Verhalten ermöglichen und bedingen", feststellbar ist. Werden sie einerseits in eher informellen und flexiblen Bezugssystemen wahrgenommen, so kann sich andererseits auch eine Festigung von Gleichaltrigenkontakten, z. B. durch solche gemeinsamen Aktivitäten ergeben, die in Cliquenstrukturen eingebunden sind (Mansel & Hurrelmann 1991).

Inwieweit durch eine Zunahme freizeitbezogener sog. „Allein-Aktivitäten", wie z. B. fernsehen oder im Internet surfen, dieser Trend gebrochen wird, kann mit letzter Sicherheit noch nicht behauptet werden. Betrachtet man die Ergebnisse der Shell-Jugendstudie (Deutsche Shell 2000), so spricht für diese These, dass diejenigen, die viel fernsehen, ausgesprochen selten von zu Hause weggehen. Dagegen spricht, dass diejenigen, die wenig fernsehen, zwar ihre Freizeit abwechslungsreicher gestalten, sich aber überdurchschnittlich durch Freizeitaktivitäten, wie z. B. „Hausaufgaben/Lernen" oder „Computer arbeiten/spielen" hervortun, die auch wiederum als klassische „Allein-Aktivitäten" gelten (Deutsche Shell 2000, S. 208).

Hinsichtlich der Orientierung Jugendlicher zu stabileren Gleichaltrigenkontakten hat sich, betrachtet man die Ergebnisse der jüngsten Shell-Studie (Deutsche Shell 2000), der Trend in den letzten Jahren ausdifferenziert: „Wirkliche Freunde" für Jungen und „wirkliche Freundinnen" für Mädchen haben zwar in den Jahren 1991 und dem Jahr 1999 leicht an Bedeutung gewonnen, hier sind es aber vor allem die westdeutschen Jugendlichen, die bei der Beantwortung der Frage, ob sich wirkliche Freunde besitzen, dominieren. Genau gegenteilig gestaltet sich die Situation bei den gegengeschlechtlichen Beziehungen: So ist in den alten Bundesländern der Anteil derer, die mit einer festen Freundin bzw. einem festen Freund liiert sind, deutlich zurückgegangen (Deutsche Shell 2000).

Die zunehmende Verschulung der Lebensphase Jugend, zusammen mit der im Vergleich zu anderen Generationen besseren finanziellen Ausstattung Jugendlicher, stellt eine wichtige Rahmenbedingung für das Zustandekommen veränderter Freizeitaktivitäten dar. Ihre Konstitution und ihre strukturellen Folgen, hier insbesondere der Peer-Group-Orientierung Jugendlicher, können nicht losgelöst von der soziokulturellen Lage betrachtet werden, in der sich diese Jugendlichen befinden und die ihnen Anknüpfungspunkte für Gleichaltrigenkontakte bietet.

Naudascher (1978), die sich im Kontext einer als Pilotstudie angelegten Untersuchung dem Einfluss der Gleichaltrigengruppe auf die Bewältigung von Lernprozessen widmet, differenziert die Peer-Group in „Membership" Group und „Bezugsgruppe":

(1) Als „Membership Group" werden von ihr – in Anlehnung an Rosen (1955) – solche Gruppen bezeichnet, die Jugendlichen nicht zur Orientierung dienen, zu denen sie sich aber als zugehörig betrachten, während
(2) die „Bezugsgruppe" demgegenüber diejenige Gruppe kennzeichnet, mit der Jugendliche sich vergleichen und an deren Wertmaßstäben sie sich orientieren.

Die „Membership Group“ nimmt eine wichtige Rolle für das Freizeitverhalten, das Verhalten zum anderen Geschlecht, aber auch für das Problemlösungs- und Konformitätsverhalten ein, während der Bezugsgruppe ein Stellenwert für das Verhalten Jugendlicher in den Ferien und im Loslösungsprozess vom Elternhaus zukommt (Naudascher 1978). Kann die „Membership Group“ vor allem situativ für Jugendliche relevant werden und an Bedeutung verlieren, sobald bestimmte Anlässe nicht mehr bestehen, so lässt sich die Bezugsgruppe durch eine Verfestigung und eine übersituative, von „innen erfahrene“ Stabilisierung charakterisieren. Gerade sie kann als nicht institutionell initiiert und kontrolliert (Hurrelmann, Rosewitz & Wolf 1985), also ausdrücklich als Abwendung von fremdstrukturierten Bereichen verstanden werden, zu denen insbesondere die Familie gezählt werden muss.

1.3 Familie

In den letzten Jahrzehnten hat sich die Familie sowohl in ihrem „äußeren“ Erscheinungsbild als auch in ihren inneren Strukturen stark verändert. Jugendliche sind mit diesen Veränderungen von Familie, die sie in ihrer Peer-Group zu kompensieren suchen, heute durch eine finanzielle Abhängigkeit länger konfrontiert.

Die kulturbedingte Vorherrschaft *einer* Familienform, der Kernfamilie, geht zurück. Sie bezeichnet als analytische Kategorie die Gruppe des Ehegattenpaares mit deren eigenen, noch unverheirateten Kindern. Als Kleinfamilie wird die „... in hochindustrialisierten Gesellschaften typische, historisch gewordene Familienform, nämlich die in einem Haushalt zusammenlebenden Eltern und deren durch Geburtenplanung gering gehaltene Anzahl an Kindern“ bezeichnet (Ebel, Eickelpasch & Kühne 1984, S. 595). Ihr ging ein Wandel von der Großfamilie durch andere Formen voraus, z. B. durch die Heimarbeiterfamilie des 18. Jahrhunderts, die Bürgerfamilie des 18./19. Jahrhunderts und die modernen Familienformen des 20. Jahrhunderts (Hamann 1988, S. 20; Mollenhauer, Brumlik & Wudtke 1975). Dieser Wandel scheint sich heute in einer zunehmenden Vielfalt der Formen des Zusammenlebens fortzusetzen: „Die Vielfalt entsteht dadurch, daß Ein-Personen-Haushalte, kinderlose Ehen, ‘nichteheliche Lebensgemeinschaften’ und alleinerziehende Mütter und Väter gegenüber der vollständigen Kernfamilie zahlreicher und bedeutsamer werden“ (v. Trotha 1990, S. 453). Ehen auf Zeit und auf Probe, Quasi-Ehen ohne Trauschein, gleichgeschlechtliche Quasi-Ehen und Wohngemeinschaften (Gross & Honer 1990) gewinnen zunehmend an Bedeutung und existieren nebeneinander.

Seinen Niederschlag findet dieser Prozess sowohl in der Eheschließungs- und der Scheidungsquote, in der Quote der Alleinerziehenden wie auch in der Berufstätigenquote:

1. Die Eheschließungsquote hat sich im Vergleich zu 1950 in den alten Bundesländern fast halbiert, während sie in den neuen Bundesländern seit 1950 auf ein Drittel gesunken ist. Die Scheidungsziffer ist im gleichen Zeitraum deutlich angewachsen (Bundesministerium für Familie und Senioren 1994, S. 53).

2. Die Quote alleinerziehender Eltern wächst ständig weiter an. In der Bundesrepublik leben inzwischen fast 2,5 Millionen Alleinerziehende.
3. Die Quote der Familien, in denen Väter und Mütter einer außerhäuslichen Erwerbstätigkeit nachgehen, wächst: In den neuen Bundesländern waren 1991 fast drei Viertel (74,7 %) aller Eheleute mit Kindern erwerbstätig, im früheren Bundesgebiet lag dieser Anteil bei 45,8 % an allen Ehepaaren mit Kindern, der sich durch eine Berufstätigkeit beider Eheleute auszeichnete (Statistisches Bundesamt 1997).

Auch die Gründe, die der für die Veränderung von der Familie zu Grunde liegen, können nicht losgelöst von gesellschaftlichen Entwicklungen in anderen Lebensbereichen betrachtet werden. Sie werden vor allem mit einem Wandel traditioneller Rollen, so z. B. der der Frau, die Beck-Gernsheim (1983) als eine „Entwicklung vom 'Dasein für andere' zu einem Stück 'eigenen Lebens'„ bezeichnet (Beck-Gernsheim 1983, S. 308), in Verbindung gebracht (Beck-Gernsheim 1983; Nave-Herz 1988; Schulz 1983; v. Trotha 1990). Die sich konkret verändernden Dimensionen können im Bildungs- und Berufsbereich, der Sexualität und der Partnerbeziehung verankert werden. Sie beschreiben, auch auf Grund wirtschaftlicher Entwicklungen, den Prozess eines verstärkten Aufbrechens traditioneller Rollenverständnisse, der sich jedoch erst am im Anfangsstadium befindet.

Dieses Zwischenstadium wird von v. Trotha mit dem Begriff der „Teilzeithausfrau und Teilzeitmutter“ charakterisiert. Hierin eingeschlossen ist die individuelle Konfrontation sich verändernder Prozesse mit der weiblichen „Normalbiographie“, die Beck-Gernsheim (1983, S. 309) als „Zwischen- bzw. Übergangsstadium“ bezeichnet: Einerseits ergeben sich zwar für Frauen positiv mehr Handlungsspielräume, Lebenschancen und Entscheidungsmöglichkeiten. Andererseits sind Frauen aber immer noch für die „klassischen“ Familienaufgaben zuständig, zumindest weitaus mehr stärker als Männer. „Abstrakter formuliert heißt das, indem Frauen aus der unmittelbaren Bindung an die Familie zunehmend herausgelöst wurden, hat die weibliche Normalbiographie einen 'Individualisierungsschub' durchgemacht. Damit verbindet sich, was in der Sprache der funktionalistischen Theorie Übergang von 'zugewiesenen' zu 'erworbenen' Rollen heißt“ (Beck-Gernsheim 1983, S. 309).

Die von Beck-Gernsheim dargestellten Gründe und Folgen familialer Veränderungen stehen in enger Anlehnung an die im Zusammenhang mit den vorangehenden, allgemein als Individualisierung bezeichneten Entwicklungen. Sie betreffen nicht nur die äußere Erscheinungsform der Institution Familie. Entscheidende Veränderungen können vielmehr auch für die Eltern-Kind-Beziehung nachgezeichnet werden, z. B. als Auswirkung makroökonomischer Entwicklungen oder der zunehmenden Verschulung:

- Jugendliche verweilen heute länger in ihrem Elternhaus als noch vor einigen Jahrzehnten: Das Alter, bis zu dem Jugendliche nicht mehr bei ihren Eltern wohnen, hat sich nach oben verschoben. Mehr und mehr verlagert sich der Auszug auf den Beginn des dritten Lebensjahrzehnts. Frauen erreichen die räumliche Ablösung von ihren Eltern früher als Männer (Strohmeier & Herlth 1989).

- Mit einem Trend zu höherer schulischer Qualifikation findet eine Erfahrungsrelativierung der Älteren statt: Noch in den 1950er und 1960er Jahren konnten Eltern ihre Autorität auf ein bei ihren Kindern nicht vorhandenes Wissen gründen. Nicht mehr nur in schulischen Kontexten, sondern auch in arbeits- und somit lebenspraktischen Kontexten sind diese Wissens- und Erfahrungsvorsprünge heute jedoch veraltet (Ferchhoff 1990).

Neben strukturellen Merkmalen der Veränderung von Familie wendet sich Schütze (1992, S. 343), die die These eines vermehrten solidarischen Familienzusammenhangs vertritt, auch den sozialen Veränderungen zu. Ausgehend von der Annahme, dass Jugendliche heute nicht nur aus rein materiellen Erwägungen in ihrem Elternhaus wohnen bleiben[3] verweist sie auf zusätzliche binnenfamiliale Wandlungen: Viele Ältere haben heute die Befürchtung, dass die Renten der jetzigen Elterngeneration nicht mehr gesichert sind. Dieser Umstand führt zu einer neuen Abhängigkeit der Eltern von den Jugendlichen, die sich für diese in einer solidarischen und elterlichen Unterstützung den Jugendlichen gegenüber auszahlt. Eine Verstärkung erfährt diese binnenfamiliale Tendenz durch die seit den 1970er Jahren steigende Arbeitslosigkeit. Sie wird heute als zentrales Problem der jüngeren und der älteren Generation bezeichnet (Mansel & Hurrelmann 1991; Palentien, Pollmer & Hurrelmann 1993).

Für beide Fälle folgert Schütze (1992), dass aus diesem Zustand ein erhöhter Familienzusammenhalt resultieren könnte. Lediglich wenn die Suche nach einem Arbeits- oder Ausbildungsplatz erfolglos bleibt, kann dieses auch zu einer Verschlechterung des familialen Klimas führen. Betroffen wären hiervon vor allem die männlichen Jugendlichen: Im Gegensatz zu ihren weiblichen Altersgenoss*innen* werden die männlichen Jugendlichen stärker mit einer Berufstätigkeit assoziiert. Bei Töchtern wird die Mithilfe im elterlichen Haushalt noch immer als Vorbereitung für ein zukünftiges Ehefrauen-Dasein verstanden (Schütze 1992, S. 340).

Dieser Annahme widersprechen jedoch die Ergebnisse zum Beispiel der Studie von Allerbeck und Hoag (1985, S. 60): Sie können zeigen, dass sich die Beziehung Jugendlicher zu ihren Eltern zwischen 1962 und 1983 verschlechtert hat. Geht man von einer steigenden Arbeitslosigkeit insgesamt aus, so hätte sich – würde sich die These von Schütze als richtig erweisen – die Beziehungsqualität verbessern müssen. Hurrelmann (1990) weist dagegen darauf hin, dass Arbeitslosigkeit als ein ausschlaggebender Faktor für familiale Gewalt betrachtet werden muss. Die Ergebnisse einer eigenen Analyse, die am Sonderforschungsbereich „Prävention und Intervention im Kindes- und Jugendalter“ an der Universität Bielefeld durchgeführt wurde (Palentien 1994), zeigen darüber hinaus, dass das Befinden Jugendlicher, das in engem Zusammenhang zum Zusammenhalt der Familie steht, mit den Strukturen von Familie, d. h. der konkreten Ausgestaltung des Eltern-Kind-Verhältnisses in Verbindung steht. Zwar kann Arbeitslosigkeit hier ein determinierender Faktor sein. Ausschlaggebend ist aber letztlich die Verarbeitung dieses Ereignisses, für die sowohl die Sozialschicht als auch die Gründe der Arbeitslosigkeit, eigen- oder fremdverschuldete Arbeitslosigkeit, von Bedeutung sein dürften.

---

3 „... umgekehrt ziehen offensichtlich nicht nur die aus, die es sich leisten können“ (Schütze 1992, S. 343).

2. Armut und soziale Benachteiligung – gesellschaftspolitische Diskussionen und Definitionen

2.1 Von der „Nachkriegsarmut“ zur „Armut im Wohlstand“

„Die Armen der ersten Legislaturperiode waren die Kriegsopfer (Witwen, Waisen, etc.) und die Kriegsgeschädigten (Vertriebene, Ausgebombte, etc.), wogegen andere Arme (wie Arbeitslose oder Kinderreiche) zunächst in den Hintergrund traten“, resümiert Eckardt (Eckardt 1997, S. 18). So ging es in der Sozialreformdebatte des Jahres 1953 nicht um eine Herausarbeitung hilfebedürftiger Gruppen, sondern vielmehr um die unzureichende Versorgung derjenigen, die bereits Sozialleistungen empfingen.

Auch wenn im Jahr 1957 im Rahmen der Diskussion über die „Große Rentenreform“ das Thema Armut erstmals Eingang in den politischen Diskurs fand, denn mit ihr war ausdrücklich eine armutspolitische Zielsetzung verbunden, wurde die Sozialhilfe erst vier Jahre später, im Jahr 1961, etabliert. Sie hatte das Ziel, als „Hilfe in besonderen Lebenslagen“ jedem Menschen auch in Krisenzeiten einen Rechtsanspruch auf ein menschenwürdiges Leben zu sichern. Diesem durchweg positiven Aspekt, nämlich der finanziellen Grundsicherung, stand jedoch ein negativer gegenüber: Armut wurde hiermit nicht mehr als gesamtgesellschaftlich relevantes Problem gesehen. Vielmehr entwickelte sich mit der gesellschaftlichen Leitformel der ‘sozialen Marktwirtschaft’ in den 1950er Jahren ein Ideologem, das den Wohlstand in den Mittelpunkt stellte, mit allen Vor- und Nachteilen: So zeitigte zwar die Ausrichtung dieser Politik auf „breite“ Schichten der Bevölkerung zügige Erfolge. Deutlich wurden aber auch die Grenzen dieser Herangehensweise: „Die ‘nackte Volksnot’ wurde zwar relativ schnell gemildert. Dennoch war Armut in den fünfziger Jahren auch weiterhin verbreitet“, wie sich z. B. bei den Renten- und Unterstützungsempfängern sowie den „Sozialrentnern“ zeigte (Leibfried et al. 1995, S. 214). Im Gegensatz zur politischen Diskussion in den 1947er Jahren war dieses Problem nun jedoch „singularisiert“ (Müller-Armack 1960, S. 270).

Diese Situation, dass gerade diejenigen Bevölkerungsgruppen, die bereits im Schatten des Wohlstandes lebten, auch in den Schatten des gesellschaftlichen Diskurses gerieten, erfuhr auch in den 1960er Jahren keine grundlegende Veränderung. Trotz der von nun an spärlicher vorliegenden Informationen über Ausmaß und Struktur der Armut zeigten insbesondere die Zahlen über die Empfängerinnen und Empfänger „laufender Hilfe zum Lebensunterhalt“, dass es auch weiterhin die Sozialrentnerinnen und Sozialrentner waren, die am stärksten von Armut betroffen waren. Hinzu kamen zwar noch andere Gruppen, z. B. die „vaterlosen Familien“, die Alleinstehenden und – gegen Ende der 1960er Jahre – die Obdachlosen. Insgesamt setzte sich jedoch der Trend fort: Armut wurde zunehmend als Einzelphänomen und als Randgruppenproblem betrachtet, und zwar mit sich verstärkender Tendenz: Die in den 1960er Jahren schon weit verbreitete Annahme, „krasse oder nackte Armut gebe es nicht mehr und soziale Probleme seien eher in immateriellen Mangellagen begründet“ (Leibfried et al. 1995, S. 218), die bereits für die Gestaltung des Bundessozialhilfegesetzes ausschlaggebend war, wurde in den 1970er Jahren mehr und mehr auch in der Fachöffentlichkeit populär. Diese Entwicklung leitete letztlich einen „Paradigmenwechsel“ (Leibfried et al. 1995, S. 218) ein, der insbesondere auf die Strategien zur Bekämpfung von Armut ausstrahlte: Unter dem Stichwort der Vermeidung von Armut wurde nun nicht mehr die Verbesserung der finanziellen Situation der Betroffenen thematisiert. Vielmehr wurde stärker als je zuvor der Ausbau sozialarbeiterischer und sozialpädagogischer Dienstleistungen zur Bearbeitung abweichenden Verhaltens gefordert. Materielle Armut wurde lediglich als „Armut im Wohlstand“ und vor allem bezogen auf die Verhältnisse in den USA diskutiert.

Diese in den 1960er Jahren begonnene Entwicklung setzte sich bis in das nächste Jahrzehnt fort. Ähnlich der Situation in den 1960er Jahren vertraten sozialpolitische Fachkreise noch bis in die 1980er Jahre hinein die Auffassung, „laufende materielle Leistungen würden gegenüber persönlichen Hilfen in individuellen Notsituationen zurücktreten“ (Leibfried et al. 1995, S. 219). Stattdessen wurde – sensibilisiert durch die Aktivitäten der Studentenbewegung – der Kreis derjenigen, die politisch als „Randgruppen“ galten, ausgeweitet: Obdachlose, Nichtsesshafte, Alkoholiker sowie Drogen- und Rauschmittelabhängige wurden genauso hierzu gezählt wie aus der Strafhaft Entlassene: „Die Lage der Randgruppen wurde dabei als besondere, zum Teil sehr krasse Erscheinungsform von Armut angesehen, die nicht allein oder überhaupt nicht auf Einkommensmangel zurückzuführen ist, sondern vielfältige Deprivationserscheinungen hinsichtlich Wohnung, Gesundheit, Bildung sowie soziale Isolation und Stigmatisierung umfaßt“ (Leibfried et al. 1995, S. 221), bedingt unter anderem durch eine seit der Mitte der 1970er Jahre auf Grund finanzieller Überlegungen stark gebremste Fortentwicklung der Sozialhilfe. Zwar wurden diese Restriktionen schon im Vorfeld, in den Jahren 1969 bis 1974, dadurch flankiert, dass staatliche Mindestleistungen auf anderen Wegen installiert wurden, so z. B. das Wohngeld oder die Bundesausbildungsförderung. Der Begriff der „Armut“ wurde jedoch in allen diesen Hilfen vermieden. Vielmehr standen sie unter der durch die sozialliberale Regierung geprägten Programmatik der „Chancengleichheit“ (Eckhardt 1997, S. 20).

2.2 Die „Neue Soziale Frage“

Neben dem Vermeiden des Begriffes der Armut zeichneten sich die 1970er Jahre zusätzlich auch durch ein Vermeiden des Zusammenhangs zwischen Armut und Arbeitslosigkeit aus, zumindest bis zum Jahr 1976. In diesem Jahr warf Heiner Geissler die „Neue Soziale Frage“ auf, indem er auf bislang nur unzureichend thematisierte benachteiligte Bevölkerungsgruppen, z. B. Alte, Frauen und Kinderreiche, hinwies. Vermutlich ungewollt leitete er mit diesem Diskussionsbeitrag, der als Angriff auf die Politik der sozialliberalen Bundesregierung geplant war, eine neue Phase der Beschäftigung mit dem Phänomen Armut ein: In den Vordergrund traten nun die materielle Armut und die mit ihr zusammenhängenden Probleme der Armutsmessung: Begleitet von einer gesamtgesellschaftlichen Stimmungslage, die zunehmend durch beginnende Konjunktureinbrüche und wirtschaftliche Strukturkrisen geprägt war, wurde versucht, mit unterschiedlichen Konzepten und Datengrundlagen das Armutspotenzial in der Bundesrepublik Deutschland zu bestimmen.

Übersicht 2.2.1: Leitlinien der Armutsdiskussion

	fünfziger Jahre	sechziger Jahre	siebziger Jahre	achtziger Jahre	neunziger Jahre
„Träger“ von Armut	Armut des Volkes	Armut des Einzelnen	Armut von Gruppen	Armut von Gruppen (unteres Drittel)	Armut einer Region/ eines Populationssegments
Ursachen	strukturell (Kriegsfolgen)	individuell (Lebensschicksal)	gesellschaftlich; sozialstaatlich	strukturell (Arbeitsmarkt)	gesellschaftlicher Umbruch
Dauer individueller Armutslagen	vorübergehend	vorübergehend	dauerhaft	dauerhaft	dauerhaft
politische Bekämpfung	Wirtschafts- und Wohnungspolitik Rentenreform	Sozialhilfe; Sozialarbeit	Gesellschaftspolitik	Sozialpolitik; Familienpolitik	regionale Entwicklungspolitik; sozialpolitische Übergangsregelungen
Gesellschaftsbild	soziale Marktwirtschaft/ „Wohlstand für alle“	nivellierte Mittelstandsgesellschaft	moderner Sozialstaat	Zweidrittelgesellschaft	Transformationsgesellschaft
Thematisierung von Armut	kollektive Thematisierung	Latenz	selektive Wiederentdeckung	Wiederentdeckung („neue Armut“)	breite Thematisierung

(Quelle: Leibfried et al. 1995, S. 231, erweitertes Modell).

Ihren Höhepunkt – und damit einen neuerlichen Wandel in der Auseinandersetzung mit dem Armutsproblem – erreichten diese Anstrengungen in den 1980er Jahren. Verantwortlich gemacht werden hierfür verschiedene Faktoren: „Die Arbeitslosigkeit verhärtete sich trotz der unerwarteten Rückkehr auf den Pfad wirtschaftlichen Wachstums. Demographischer und familienstruktureller Wandel veränderten die Lebensbedingungen – die Stichworte lauten: Geburtenrückgang, Zunahme der Zahl unvollständiger Familien, Alleinlebender und von Scheidungen. Hinzu kamen soziokulturelle Veränderungen wie eine Individualisierung und Pluralisierung von Lebensentwürfen, besonders bei Frauen“ (Leibfried et al. 1995, S. 224). Infolge dieser Veränderungen galten Armut und Arbeitslosigkeit nun als untrennbar miteinander verbunden. Insbesondere durch die Spargesetze der Regierung verschlechterte sich die materielle Situation der Arbeitslosen zusehends. Auf die Konsequenz, nämlich dass ein steigender Anteil dieser Personen sein Leben mit laufender Hilfe zum Lebensunterhalt (Sozialhilfe) bestreiten musste, machten vor allem kommunal erstellte Armutsberichte aufmerksam, da die Städte und Gemeinden die hierdurch entstandenen zusätzlichen finanziellen Belastungen zu tragen hatten.

War es einerseits der Zusammenhang zwischen Armut und Arbeitslosigkeit, so rückte andererseits – durch mehrere Urteile des Bundesverfassungsgerichts – die Familie stärker als je zuvor in den Mittelpunkt sozialstaatlicher Maßnahmen. Beide Gruppen, Arbeitslose und Familien, bildeten die sogenannten „neuen“ Armen. Die Neuartigkeit der Neuen Armut bestand gerade darin, dass sie (a) als Ergebnis sozialpolitischen Handelns auch politisch in Kauf genommene Armut war und (b) sich durch einen Wandel der Klientel auszeichnete (Eckhardt 1997, S. 20). Zur Mitte der 1980er Jahre wurde dann – nach über 30-jähriger Unterbrechung und mit dem Einzug der Grünen in den Bundestag – das Thema Armut erstmals wieder „politikfähig“ (Schäfers 1992, S. 116), und zwar unabhängig von der im Vorhinein stets geprägten Perspektive, dem Blick auf die Sozialhilfe (Leibfried et al. 1995, S. 226).

Betrachtet man die gesellschaftspolitische Diskussion von Armut zusammenfassend, so lassen sich – mit Leibfried et al. 1995 – mehrere Diskussionslinien nachzeichnen:

Heute wird unter Armut nicht mehr nur eine abgeschottete und damit in beide Richtungen nahezu undurchlässige Grenze zwischen gesellschaftlich integrierten und ausgegrenzten Menschen verstanden. Seit Beginn der Diskussion über die „neue Armut” wird eine zunehmende Heterogenität innerhalb der Armutspopulation beobachtet. Sie ist immer weniger durch die „traditionellen Armen” (Obdachlose, Gelegenheitsarbeiter) geprägt, sondern lenkt den Blick zunehmend in die gesellschaftliche Mittelschicht, z. B. auf Alleinerziehende oder auf ausländische Bürgerinnen und Bürger.

Diese bereits einigen Jahren einsetzende Veränderung des fachöffentlichen und öffentlichen Diskurses wirft eine neue und noch immer aktuelle Frage auf: Wie lassen sich von Armut Betroffene von den Nicht-Betroffenen abgrenzen?

3. Armut und soziale Benachteiligung – sozialwissenschaftliche Diskussionen und Definitionen

3.1 Theorien „alter" sozialer Ungleichheit und Armut

Ernsthaft in die Diskussion gebracht wurde das Problem der Definition von Armut durch die in 1980er Jahren in der Bundesrepublik Deutschland einsetzende Armutsberichterstattung: „Jeder Versuch, Armut zu erfassen, ist um eine Grenzziehung zwischen den von Armut betroffenen und nicht betroffenen Personen und Haushalten bemüht, jedoch führten die empirischen Analysen entsprechend der jeweils gewählten Ansätze bzw. Konzepte und Methoden (und in der Folge Terminologien) zu verblüffend unterschiedlichen Ausmaßen der Armutspopulation" (Zimmermann 1993, S. 195).

Die Problematik, wie Armut begrifflich – und damit auch methodisch – zu bestimmen und zu operationalisieren ist, betraf nicht nur die Diskussion in der Bundesrepublik Deutschland. Sie wurde auch in anderen Ländern, z. B. den USA, erkannt, wie Albrecht (1969) darstellt.

Bereits die in den 1960er Jahren in den USA durchgeführten Armutsmessungen schwankten hinsichtlich der Bezifferung der Betroffenheit von Armut zwischen 60 und 25 Millionen Menschen. Albrecht (1969, S. 434) kommt deshalb zu dem Fazit, dass „ es eine Unmenge von Abstufungen der Armut gibt, so daß die Frage einer präzisen Definition bzw. Klassifikation sehr umstritten ist" (Albrecht 1969, S. 434).

Der im Anschluss an das Erkennen dieser Problematik vorgenommene Versuch, eine Klärung der teilweise heftig geführten Debatte über den Begriff von Armut durch die Einführung neuer Differenzierungen vorzunehmen, bewirkte vielfach genau das Gegenteil. Neben der „neuen Armut" wurde nun noch von der „primären", „sekundären" und „tertiären" (Strang 1974), der „verdeckten" (Kortmann 1978) oder der „bekämpften" (Hauser et al. 1981) Armut gesprochen.

Den neuen Begrifflichkeiten, die, zu einer Klärung gedacht, eher zu einer Komplizierung der Diskussion führten, schlossen sich zusätzlich noch unterschiedliche Konzeptionalisierungen an. Kangas & Ritakallio (1995) diskutieren alleine zwölf solcher Konzepte. Fünf davon setzen sie auch empirisch um, wie Andreß, Burkazki, Lipsmeier et al. (1996) darstellen.

Zimmermann (1993), der sich, ähnlich wie Andreß, Burkazki, Lipsmeier et al. (1996), zum Ziel setzt, eine Bestandsaufnahme der Armutsdiskussion in der Bundesrepublik Deutschland zu leisten, extrahiert drei Konzepte, die sich in der Diskussion als wesentlich herausgestellt haben: (1.) Das Konzept der sozialen Ungleichheit, (2.) das Konzept der sozialen Ausschließung und (3.) das Konzept der Subsistenz.

(1.) Theorien sozialer Ungleichheit

Die Theorien sozialer Ungleichheit gehen von der Grundannahme aus, dass in jeder Gesellschaft soziale Positionen, sozialer Status und Ressourcen ungleich verteilt sind. Theorien sozialer Ungleichheit stellen sowohl die Beschreibung der Ursachen dieser Entwicklung als auch deren Folgen in den Mittelpunkt ihrer Betrachtung und bilden seit jeher das Zentrum insbesondere der soziologischen Theoriebildung, angefangen bei der französischen Revolution, das die Zerschlagung der Stände, Zünfte, Kooperationen etc. proklamierte, bis hin zu Becks (1983) These der Entwicklung einer vertikalen Strukturmobilität im Kontext einer zunehmenden Individualisierung der Gesellschaft. Schäfers (1987) resümiert dementsprechend: „würde man eine diesen Phänomenen (soziale Ungleichheit und soziale Frage – C.P.) angemessene Darstellung versuchen, so wäre sie ein Spiegel der Wirtschafts- und Sozialgeschichte, aber auch der Verfassungs- und Rechtsgeschichte, der Sozialpolitik und Emanzipationsgeschichte der letzten 200 Jahre“ (Schäfers 1987, S. 93). Da alleine der aktuellen Diskussion, also der soziologischen Erörterung des Phänomens der sozialen Ungleichheit nach dem zweiten Weltkrieg, so z. B. Schelskys (1953) These von der „nivellierten Mittelstandsgesellschaft“, hierbei ein breiter Raum zukommen würde, soll im folgenden die Strukturierung dieses ausführlichen Konzepts – mit Dietz (1997) – auf drei Hauptdiskussionsstränge reduziert werden: (1.) die Entstehung von sozialer Ungleichheit im Kontext kapitalistischer Produktionsverhältnisse, (2.) die Betrachtung sozialer Ungleichheit als Phänomen gesellschaftlicher Stratifikation und (3.) die Erörterung sozialer Ungleichheit als Kennzeichen von sozialen und politischen Interessen und Machtverhältnissen.

Soziale Ungleichheit im Kontext kapitalistischer Produktionsverhältnisse

Als erster Hauptstrang der Theorien der sozialen Ungleichheit kann die Marxsche Klassentheorie bezeichnet werden. Marx begreift soziale Ungleichheit als Produkt kapitalistischer Produktionsverhältnisse im Kontext der herrschenden und ökonomisch determinierten Besitzverhältnisse: „Die Produktionsweise des materiellen Lebens bedingt den sozialen, politischen und geistigen Lebensprozeß überhaupt. Es ist nicht das Bewußtsein der Menschen, das ihr Sein, sondern umgekehrt ihr gesellschaftliches Sein, das ihr Bewußtsein bestimmt“ (Marx 1969, S. 720). Nicht nur die soziale Macht sowie der politische und ökonomische Stellenwert einer Person lässt sich nach Marx aus dem Besitz von Produktionsmitteln ableiten. Gleiches gilt auch für die soziale Lage: Für Marx besteht die Ungleichheit „ im Besitz und Nichtbesitz, also der Verfügungsgewalt und Position innerhalb des gesellschaftlichen Produktions- und Reproduktionsprozesses“ (Dietz 1997, S. 65).

Aufbauend auf dieser Verfügungsgewalt unter Berücksichtigung der Akkumulationsdynamik des Kapitals entwickelt Marx (1969) drei auf die reale Abbildung der Lebensverhältnisse „innerhalb der Klassenebene“ (Dietz 1997, S. 66) bezogene Armutstypologien: Erstens die „virtuellen“ Lohnarbeiter, zweitens diejenigen, die als industrielle Reservearmee zur Verfügung stehen, z. B. arbeitsfähige Arme, Waisen- und Armenkinder etc., sowie drittens die Alten und die Opfer des Industrialisierungsprozesses.

Weber (1956), der das Ungleichheitskonzept von Marx (1969) aufgreift, erweitert zwar den Marxschen Klassendualismus. Er führt die Unterscheidung zwischen Besitzklassen, Erwerbsklassen und sozialen Klassen ein. Hinsichtlich der Idee vom Klassenbewusstsein wendet er sich jedoch von Marx ab. Er differenziert den Marxschen Klassenbegriff in den Kategorien der ökonomischen, statusbezogenen und machtpolitischen Ungleichheit, ohne aber, wie z. B. Dietz 1997 kritisiert, „ die undifferenzierte Klassentheorie zu widerlegen und auch ohne die Ungleichheiten kausal zu erklären" (Dietz 1997, S. 67). Trotz dieses Defizits bilden die Arbeiten Webers die Grundlage sowohl für neuere schichtungstheoretische als auch für machtsoziologische Modelle.

Soziale Ungleicheit als Phänomen gesellschaftlicher Stratifikation

Ein weiterer Strang der Theorien sozialer Ungleichheit stellt das Phänomen gesellschaftlicher Stratifikation in den Mittelpunkt der Betrachtung. So fand das Ständemodell Webers (1956) seine Weiterführung in den Schichtungskonzepten der Nachkriegszeit. Diese wiederum gehen zurück auf das Schichtungsmodell von Geiger (1967).

Geigers Schichtungsmodell (1967) zeichnet sich dadurch aus, dass es sich vom Klassenbegriff Marx' und Webers löst und den Beruf, das Einkommen und die soziale Position als wesentliche Indikatoren einer Strukturanalyse betrachtet. Geiger unterscheidet hierbei zwischen „Großunternehmern" (Kapitalisten), „mittleren" und „kleineren" Unternehmern (alter Mittelstand), „Tagewerkern für eigene Rechnung" (Proletaroide), „minderqualifizierteren Lohn- und Gehaltsbeziehern" (Proletariern) sowie dem „neuen Mittelstand".

Zu den Kapitalisten zählt Geiger (1967) die Repräsentanten des „anonymen Kapitals": „Bei diesen rd. 15.000 Personen (wir [Geiger – C.P.] rechnen hier durchweg nur mit den Erwerbstätigen), zu denen sich noch die Spitzengruppe der Geldrentner gesellen mag, liegt der Schwerpunkt dieser Schicht" (Geiger 1967, S. 82). Von dieser Gruppe in Teilbereichen nur schwer abzugrenzen ist – nach Geiger (1967) – diejenige, die er mit der Überschrift „alter Mittelstand" versieht. Hier wirken die „im alten Mittelstand (...) ständischen Schichtungen der frühkapitalistischen Epoche als Querdifferenzierungen nach; ständische Sitte und Lebensauffassung haben sich bewahrt und leisten der Durchsetzung des hochkapitalistischen Klassenprinzips zähen Widerstand. Das gilt vom Bauern und Handwerker in höherem Grade, als vom Händler; die Bauern allein stellen aber mehr als die selbständigen Handwerker (...) einschließlich der als Hausbesitzer im Ruhestand lebenden ehemaligen Handwerker" (Geiger 1967, S. 85). Als eine Grenzform sieht Geiger (1967) denjenigen Handwerker, der die einst von ihm selbst hergestellte Ware später als Händler veräußert.

Die dritte Gruppe bilden in Geigers Modell (1967) die „Tagewerker für eigene Rechnung". Für sie gilt ähnliches wie für die Gruppe der mittleren und kleinen Besitzer. Im Unterschied hierzu umfassen sie jedoch einen hohen Prozentsatz beruflich vollkommen unqualifizierter Personen, die „nach Einkommen und Lebenshaltung (...) vielfach der Industriearbeiterschaft gegenüber weitaus im Hintertreffen“ sind (Geiger 1967, S. 90). Ein exemplarischer Berufszweig für diese Gruppe ist derjenige der Heimarbeiter.

Die vierte Gruppe, die der „minderqualifizierten Lohn- und Gehaltsbezieher“, stellt – mit mehr als die Hälfte aller Erwerbstätigen in den 1960er Jahren – nach Geiger (1967) einen besonders gewichtigen Anteil dar. Hierzu zählen Arbeiter in Handel und Verkehr ebenso wie Sozialrentenbezieher, Landarbeiter und Hausangestellte.

Sich der Schwierigkeiten einer exakten Grenzziehung gerade in dieser Gruppe bewusst konstatiert Geiger (1967, S. 94): „Die Leistungsqualifikationen der Lohnarbeiterschaft sind so reich und fein abgestuft, dass eine eindeutige Grenzziehung zwischen den minder und höher qualifizierten Lohnbeziehern nicht abgesteckt werden kann. Darum sind ja Industriearbeiter mit Spitzenqualifikation zusammen mit Teilen der Handwerksgesellen auf den Block der höher qualifizierten übertragen worden.“

Im fünften Block seines Schichtungsmodells fasst Geiger (1967) den sogenannten „neuen Mittelstand“ zusammen: „Rechtsanwälte, Ärzte, freie Schriftsteller usw. sind hier zum ‘neuen Mittelstand’ gerechnet, obwohl sie, soweit nicht im Dienstvertragsverhältnis stehend, ökonomisch zweifellos zu den Selbständigen gehören“ (Geiger 1967, S. 99). Gleiches gilt beispielsweise auch für den Stand der Akademiker, zumindest der jungen Akademiker, das mittlere Beamtentum sowie den durch die „moderne wirtschaftliche Büroorganisation“ hervorgebrachten neuen Typus der Büroangestellten einschließlich der Buchhalterinnen und -halter, der Diplomkaufleute oder der Prokuristinnen und Prokuristen. Die Vertreterinnen und Vertreter dieser Gruppe weisen alle das Merkmal auf, „daß es sich um Abkömmlinge des städtischen Bürgertums und der Arbeiterschaft handeln muß“ (Geiger 1967, S. 103).

Alle dargestellten Gruppen bilden nach Geiger (1967) die fünf „Hauptmassen“ der Gesellschaft, die er in einer elaborierten Analyse darstellt. Sein besonderes Verdienst (Geiger 1967) besteht darin, dass er als einer der ersten Sozialstrukturanalytiker Personen nicht nur nach dem Kriterium des Berufsstandes, sondern auch nach denjenigen der Ausbildung und der Einkommensmerkmale differenziert, die allesamt in engem Zusammenhang mit ihrer sozialen Position stehen. Objektive Charakteristika wie Einkommen und Beruf werden hierbei mit subjektiven, z. B. dem der Mentalität, verbunden. Sie finden gemeinsam Eingang in Geigers (1967) Begriff der „Schicht“.

Trotz der diesem Zugang zuteil gewordenen Kritik, so z. B. von Bertram (1978), der betont, dass die Strukturkonstellationen von Personen auch beispielsweise durch das Wohngebiet, die Arbeitsbedingungen und die Organisationsabhängigkeit geprägt sind, führte Geigers Ansatz (1967) zu einer Verlagerung des Fokus weg von bestehenden Grundrisiken, z. B. Arbeitslosigkeit und Verschuldung, hin zu sozialisations- und umfeldbezogenen Indikatoren.

Soziale Ungleichheit als Kennzeichen sozialer und politischer Interessen und Machtverhältnisse

Ein dritter Strang der Theorien sozialer Ungleichheit widmet sich besonders den sozialen und politischen Machtverhältnissen und Interessen. Im Mittelpunkt ihrer Betrachtung steht nicht mehr, wie noch bei Marx (1969), die Analyse der Verbindung ökonomischer und politischer Macht, die zu einem Aufrechterhalten systemstruktureller Ungleichheiten führt. Vielmehr geht es um die Frage, wie staatliches Handeln mit Macht- und damit auch mit sozialen Interessen umgeht, ohne dass das gesamte gesellschaftliche System destabilisiert wird, und welche Mechanismen in Institutionen, z. B. Parteien, Gewerkschaften, Parlamenten, zu einem Ausschalten der Artikulation von Bedürfnissen gesellschaftlich Benachteiligter führen (Dietz 1997, S. 69).

Dieser Strang der theoretischen Auseinandersetzung mit der sozialen Ungleichheit ist geprägt von der Disparitätenthese von Offe (1972). Nach Offe (1972) ist im „staatlich regulierten Kapitalismus nicht mehr der globale Konflikt zwischen Klassen das dynamische Zentrum sozialen Wandels (...); es wird zunehmend überlagert von einem 'horizontalen' Schema der Ungleichheit, der Disparität von Lebensbereichen" (Offe 1972, S. 160). Solche Lebensbereiche, die keine systemrelevanten Risiken beinhalten bzw. auslösen, die – nach Offe (1972, S. 159) – „allgemein und nicht zu Statusgruppen gebunden sind", fallen aus dem politischen Willenbildungsprozess heraus.

(2.) Das Konzept der sozialen Ausschließung

Das Konzept der sozialen Ausschließung stellt – im Gegensatz zum Konzept der sozialen Ungleichheit – auf die Folgen von Armut ab. Zwar widmen sich die Theorien der sozialen Ausschließung, von denen an dieser Stelle die Stigmatisierungs-, die Randgruppen- und die Subkulturtheorien bezogen auf das Phänomen Armut vorgestellt werden, auch der Entstehung und den Ursachen der Armut. Ihr Schwerpunkt liegt jedoch primär in der Analyse armutsspezifischer Verhaltenweisen, also der Frage, „wie kulturelle Ressourcen in kreativen Anpassungsformen an Situationszwänge (z. B. Armut) umgestaltet werden und umgekehrt" (Albrecht 1970, S. 447).

Stigmatisierungsansätze

Das Stigmatisierungskonzept (Goffman 1975) wird heute – neben den Theorien zur Subkultur von Armut – als einer der wichtigsten Theorieansätze zur Erhellung des Pauperismusproblems betrachtet (Tjaden-Steinhauer 1985, S. 19). Dies gilt insbesondere hinsichtlich der Fragestellung, welche Faktoren zu einer Verfestigung von Armutszuständen bei gesellschaftlichen Gruppen führen. Grundlage des Stigmatisierungskonzepts sind die Arbeiten von Goffman (1975). Dieser widmet sich der Erklärung sozialpsychologischer Sachverhalte im Zusammenhang mit personaler Identitätsbildung.

Goffman (1975, S. 9) führt den Begriff „Stigma" zunächst auf seine Ursprünge zurück. So schufen die Griechen, „die offenbar viel für Anschauungshilfen übrig hatten, (...) den Begriff Stigma als Verweis auf körperliche Zeichen, die dazu bestimmt waren, etwas Ungewöhnliches oder Schlechtes über den moralischen Zustand des Zeichenträgers zu offenbaren“. In Anlehnung hieran definiert Goffman (1975) Stigma als ein Attribut, das in seiner diskreditierenden Wirkung sehr extensiv ist, wie z. B. ein Fehler, eine Unzulänglichkeit oder ein Handicap, und das eine Diskrepanz zwischen „virtualer“ und „aktualer“ sozialer Identität konstituiert: „So könnten die Forderungen, die wir stellen, besser ‚im Effekt' gestellte Forderungen genannt werden, und der Charakter, den wir dem Individuum zuschreiben, sollte besser gesehen werden als eine Zuschreibung, die in latenter Rückschau gemacht ist – eine Charakterisierung ... eine virtuale soziale Identität. Die Kategorie und die Attribute, deren Besitz dem Individuum tatsächlich bewiesen werden konnten, werden wir seine aktuale soziale Identität nennen“ (Goffman 1975, S. 10).

Obwohl Goffman (1975) den Begriff des Stigmas explizit nicht als Charakterisierung zweier Gruppen, der „Stigmatisierten“ und der „Normalen“, begriffen haben will – vielmehr weist er darauf hin, dass jedes Individuum an beiden Rollen partizipiert, sich also in einem durchgehenden „Zwei-Rollen-Prozess“ befindet – hat sein Konzept in der bundesrepublikanischen Armutsdiskussion insbesondere in den 1970er Jahren einen enormen Auftrieb erfahren, und zwar gerade wegen der Möglichkeit, dieses auf zwei Gruppen bezogen zu wenden: Eine Gruppe der Bevölkerung, die über potenziell der Diskreditierbarkeit unterworfene Eigenschaften verfügt, hinsichtlich dieser Eigenschaften aber keine Diskreditierung erfährt, und eine zweite Gruppe, die der Armen, die zwar über gleiche oder ähnliche Eigenschaften verfügt, quasi als objektiv gegebene Merkmale, der jedoch – vorurteilhaft – negative Etikettierungen zugeschrieben werden.

Goffman (1975) charakterisiert insgesamt drei verschiedene Typen von Stigma: „Erstens gibt es Abscheulichkeiten des Körpers – die verschiedenen physischen Deformationen. Als nächstes gibt es individuelle Charakterfehler, wahrgenommen als Willensschwäche, beherrschende oder unnatürliche Leidenschaften, (...) welche alle hergeleitet werden aus einem bekannten Katalog, zum Beispiel von Geistesverwirrung, Gefängnishaft, Sucht, Alkoholismus, Homosexualität, Arbeitslosigkeit, Selbstmordversuchen und radikalem politischem Verhalten. Schließlich gibt es die phylogenetischen Stigmata von Rasse, Nation und Religion“ (Goffman 1975, S. 13).

In die bundesrepublikanische Armutsdiskussion der 1970er Jahre haben alle drei Typen von Stigma Eingang gefunden, insbesondere im Hinblick auf die Betrachtung so genannter gesellschaftlicher Randgruppen: „Phylogenetische“ Stigmata münden bei ihnen oftmals in „individuelle Charakterfehler“, gepaart mit „physischen Deformationen“.

Goffmans Beitrag (1975) in der Diskussion von Armut und sozialer Benachteiligung kann vor allem in der Erklärung ihrer gesellschaftlichen Herausbildung und ihrer Entwicklung gesehen werden. Gemeint ist hiermit die Erkenntnis, dass „die herrschenden gesellschaftlichen Ideologien und Institutionen einen 'Teufelskreis' der Armut begründen können, in dem der Zustand der Bedürftigkeit und des Elends eine personenübergreifende gesellschaftliche 'Verfestigung' erfährt (...), und daß, schließlich, die Persönlichkeit des Stigmatisierten zutiefst deformiert werden kann“ (Tjaden-Steinhauer 1985, S. 19).

Das Randgruppenkonzept

Eine ähnliche Konjunktur wie Goffmans Konzept der Stigmatisierung (1975) erfuhr das Randgruppenkonzept von Fürstenberg (1965) in der bundesrepublikanischen Armutsdiskussion der 1970er Jahre. Im Gegensatz zu Goffmans Konzept (1975) versteht Fürstenberg (1965) seinen Ansatz jedoch nicht als sozialpsychologisch und individuumzentriert, sondern vielmehr als Analyseinstrument spezifisch gesellschaftlicher Probleme.

Fürstenberg (1965) definiert Randgruppen als „lose oder fester organisierte Zusammenschlüsse von Personen" (Fürstenberg 1965, S. 237). Sie zeichnen sich durch ihre „relative Ferne zur 'Kerngesellschaft' und die damit verbundene Haltung (...), durch ein niedriges Niveau der Anerkennung allgemeinverbindlicher sozio-kultureller Werte und Normen und der Teilhabe an ihren Verwirklichungen sowie am Sozialleben überhaupt" aus (Fürstenberg 1965, S. 237).

So wie Goffman (1975) mit seinem Ansatz *keine* Differenz zwischen den „Stigmatisierten" und den „Normalen" intendierte, die Aufhebung dieser postulierten Differenz dann jedoch mit der Adaption seines Konzepts in die Armutsdiskussion erfolgte, wurde das Randgruppenkonzept Fürstenbergs (1965) zunehmend in die Nähe der Theorien „abweichenden Verhaltens" gestellt. In deren Mittelpunkt stehen Personengruppen, die sich durch eine Häufung sozialer Probleme auszeichnen, die also durch Devianz im weiteren Sinne charakterisiert sind. Die Häufung sozialer Probleme führt dazu, dass diese Gruppen – in Anlehnung an das Randgruppenkonzept – als „Sondergruppen" (Riege 1984, S. 847) bezeichnet werden.

Ebenso wie das Stigmatisierungskonzept Goffmans (1975) führte das Randgruppenkonzept zu einer Vielzahl an Erkenntnissen über die Herausbildung von Armutsgruppen: „So wurden vor allem die zahlreichen Paupergruppen in der Gesellschaft der Bundesrepublik differenziert beschrieben und die verschiedenen gesellschaftlichen Erscheinungs- und personalen Ausdrucksformen der Bedürftigkeit beleuchtet" (Tjaden-Steinhauer 1985, S. 20).

Demgegenüber hat das Randgruppenkonzept jedoch wenig Einsichten über die Entstehungs- und Entwicklungszusammenhänge von Armut geliefert, obwohl es – im Gegensatz zum Stigmatisierungskonzept – den Anspruch erhebt, explizit als Analyseinstrument gesellschaftlicher Probleme zu dienen. Spezifische Verhaltensweisen oder soziale Probleme werden nicht, wie Riege (1984) feststellt, im Kontext der wirtschaftlichen oder sozialen Verhältnisse sowie der mangelnden Teilhabe der von Armut Betroffenen hieran thematisiert. Sie sind vielmehr – trotz der proklamierten Abgrenzung vom individuumzentrierten Fokus stigmatisierungstheoretischer Konzepte – Gegenstand der subkulturtheoretischen Auseinandersetzung mit Armut.

Theorien zur Subkultur von Armut

Die Grundlage für die subkulturtheoretische Auseinandersetzung mit dem Phänomen Armut bilden die Arbeiten von Oscar Lewis (1964). In der Bundesrepublik Deutschland erfuhren sie insbesondere in den 1970er und 1980er Jahren in der fachöffentlichen Diskussion eine große Aufmerksamkeit.

Lewis (1964), der zu der Frage der vermeintlichen oder tatsächlichen Benachteiligung von Armen so viel Material zusammengetragen hat wie – so Albrecht (1970) – kein anderer Wissenschaftler, widmet sich den Auswirkungen von Armut, und hierüber später auch ihrer Entstehung.

Ausgehend von einer Betrachtung der Situation Armer in den so genannten Entwicklungsländern, zu deren Beschreibung Lewis (1964) zahlreiche Interviews, Familiengespräche, Beobachtungen usw. durchführt und auswertet – in diesem Zusammenhang prägt er auch den Begriff der „Subkultur von Armut" –, gewinnen seine Ergebnisse auch für Aussagen über das Armutsphänomen in westlichen Gesellschaften an Bedeutung. So ist es das Ziel der Arbeiten von Lewis (1964) zu zeigen, dass Armut nicht nur als ein Zustand der Benachteiligung in ökonomischer Form oder eines anders gearteten Mangels verstanden werden kann. Vielmehr weist die Armutssituation auch Strukturen, Prinzipien und Verteidigungsmöglichkeiten auf, die eine Fortexistenz der von ihr Betroffenen ermöglichen: „Sie ist eine Lebensweise, die bemerkenswert stabil und dauerhaft ist durch Überlieferung von einer Generation zur anderen mittels Sozialisation in der Familie. Sie hat ihre ganz spezifischen eigenen Modalitäten und eigentümliche soziale und psychische Konsequenzen für ihre Träger" (Albrecht 1964, S. 437).

Bezogen auf die Differenz zwischen dem Konzept der Kultur und dem der Subkultur der Armut – als Lebenslage und Lebensweise – stellt Lewis (1964) den Begriff der Partizipation in den Mittelpunkt seiner Betrachtung: Armut als Lebenslage und Lebensweise herrscht vor allem dann vor, wenn es den von ihr Betroffenen nicht gelingt, an der in einer Gesellschaft dominanten Kultur zu partizipieren. Kultur wird hierbei – im klassischen Sinne – verstanden als Komplex, „which includes kowledge, belief, art, morals, laws, customs, and any other capabilities and habits acquired by man as a member of society" (Taylor 1971, S. 1). Dem entsprechend ist nach Lewis (1964) zwischen der Verarmung und der „Kultur der Armut" zu unterscheiden: Nicht alle von Armut Betroffenen entwickeln die der Kultur der Armut innewohnenden Einstellungen und Verhaltensweisen.

Diese Einstellungen und Verhaltensweisen sind es, die – bezogen auf die Familienstruktur, interpersonale Beziehungen, Zeitorientierung, Wertsystem, Konsumgewohnheiten und die Gemeinschaftsidentifikation – von Albrecht (1970) in Kommentierung des subkulturtheoretischen Ansatzes von Lewis (1964) als „universelle Merkmale" einer „Kultur der Armut" bezeichnet werden: „höhere Sterblichkeit als bei der übrigen Bevölkerung; geringere Lebenserwartung; höherer Anteil junger Menschen; höherer Anteil erwerbstätiger Kinder und Jugendlicher bei gleichzeitiger diskontinuierlicher Arbeit und schlechterer Bezahlung; die Menschen in der Kultur der Armut sind provinziell oder sogar lokal orientiert; sie sind nur sehr partiell integriert in die nationalen Institutionen; sie stellen ausgesprochene Marginalgruppen dar, selbst wenn sie im Herzen einer Landeshauptstadt wohnen; sie weisen eine sehr schlechte Schulbildung auf, gehören nicht Gewerkschaften oder anderen freiwilligen formalen Organisationen an; sie sind nicht politisch interessiert und engagiert; sie kennen kaum oder gar keine ärztliche Versorgung, keinen Mutterschutz, keine Altersversorgung, die offiziell sogar in der betreffenden Gesamtgesellschaft existieren mag; sie haben keinen Kontakt zu Banken,

Kaufhäusern, Hospitälern, Museen und sonstigen kulturellen Einrichtungen der dominanten Gesellschaft; sie führen einen ständigen Kampf um ihre wirtschaftliche Existenz, gegen Arbeitslosigkeit, Unterbeschäftigung, niedrigste Löhne, in einer Vielzahl von meist ungelernten Berufen, ohne Ersparnisse anlegen zu können, mit chronischem Bargeldmangel, ohne geringste Lebensmittelvorräte, mit Verpfändung persönlicher Güter, Kreditnahme bei lokalen Geldverleihern mit Wucherzinsen, und sie neigen selbst zu spontanen informellen Kreditgewährungen unter Bekannten, insofern sie einmal selbst Geld haben" (Albrecht 1970, S. 438). Diese Aufzählung ließe sich noch um eine Vielzahl an Merkmalen ergänzen. Sie sind vor allem durch zwei gemeinsame Charakteristika gekennzeichnet: (1.) ihre Herkunft, nämlich die Armutssituation, und damit ihre Entstehung, sowie (2.) ihre lokale Orientierung.

(1.) Die Entstehung von Armut ist nach Lewis (1964) vor allem durch den Zusammenbruch eines geschichteten sozialen und ökonomischen Systems gekennzeichnet, das durch ein neues ersetzt wird. Dieses war z. B. in den so genannten entwickelten Gesellschaften beim Übergang vom Feudalismus zum Kapitalismus der Fall. In den so genannten Entwicklungsländern steht dieser Zusammenbruch oftmals in einem engen Zusammenhang mit einem Kampf gegen den europäischen oder angloamerikanischen Imperialismus, wodurch „die Besiegten zu Abhängigen und Dienern wurden und damit einen Status zugewiesen erhielten, den sie über Generationen innehaben sollten" (Albrecht 1970, S. 439).

(2.) Neben der Entstehung der „Kultur der Armut" kann als eine zweite gemeinsame Grundstruktur die lokale Orientierung der von ihr Betroffenen verstanden werden. Diese wirkt sich dahingehend aus, dass die in Armut Lebenden nur eine geringe oder auch keine Kenntnis, Vorstellung oder Weltanschauung haben, um ihre eigenen Probleme mit den Problemen von Personen gleicher Lage in Bezug zu setzen. „Ferner sind diese Angehörigen der Subkultur der Armut nicht klassenbewußt, obwohl sie sehr empfindsam Statusunterschiede wahrnehmen" (Albrecht 1970, S. 439).

Bezogen auf die subkulturtheoretische Diskussion des Armutsphänomens zeigt sich insgesamt, dass diese ihren Ausgangspunkt in der noch zu Beginn der 1970er Jahre geführten Kontroverse über die Differenzen zwischen entwickelten und sich entwickelnden Gesellschaften hat. Sie versucht, eine Brücke zu schlagen zwischen den bis dahin die Debatte kennzeichnenden – und scheinbar unvereinbaren – Positionen: „Die erste Richtung sucht die zurückgebliebene bzw. stockende Entwicklung in Entwicklungsgebieten ausschließlich in rein ökonomischen oder machtpolitischen Ursachen zu begründen (...). Die andere Seite bezieht insofern einen problematischen und ideologieverdächtigen Standpunkt, als sie zu sehr psychologisiert und individualisiert (...), wohl zur Erklärung gescheiterter ‚Entwicklungspolitik' oder zur Rechtfertigung eigenen Desinteresses am Schicksal der Dritten Welt" (Albrecht 1970, S. 431).

Dieser ursprüngliche Fokus der subkulturtheoretischen Beschäftigung mit Armut, also der Versuch, Makro*ökonomie* und Mikro*soziologie* miteinander in Bezug auf die Differenz zwischen den so genannten Entwicklungsländern und den westlichen Gesellschaften zu verbinden, bleibt hierauf jedoch nicht beschränkt. Insbesondere die vermehrt einsetzende Debatte über die Verbreitung von Armut auch in den westlichen Industriegesellschaften hat dazu geführt, dass die Betrachtung des Zusammenhangs zwischen Armut und Subkultur eine Ausweitung erfahren hat.

Hauptaugenmerk der sich an die subkulturtheoretische Betrachtung von Armut anschließenden Debatte waren die Folgen der Erkenntnisse. Insbesondere die aufgezeigte mögliche Folgerung der Vertreterinnen und Vertreter subkulturtheoretischer Betrachtungen, nämlich dass das empfindsame Wahrnehmen von Klassenunterschieden, gepaart mit der Ausprägung einer „Kultur der Armut", dazu führen könne, dass die Betroffenen von Armut – organisiert in politischen Bewegungen – gegen die bestehende gesellschaftliche Ordnung aktiv werden könnten, führte zu einer elaborierten Debatte originärer Armutstheorien, wie z. B. dem Konzept der Subsistenz.

(3.) Konzepte der Subsistenz

Im Gegensatz zu den Theorien sozialer Ungleichheit, die sich indirekt und erklärend dem Phänomen Armut widmen, können die Konzepte der Subsistenz als explizite Armutstheorien bezeichnet werden: Diejenigen, die über ein bestimmtes Existenzminimum nicht verfügen, werden hiernach als „arm" bezeichnet. Im Mittelpunkt der Subsistenzkonzepte, deren Begründung unter anderem auf Rowntree (1941) zurückgeht, steht nun die Frage, welcher Lebensstandard als ein solches Minimum gelten kann.

Rowntree (1941), der im Rahmen einer Studie Verbreitung und Auswirkungen von Armut in der Stadt York untersucht hat, definiert als einer der ersten ein Minimalexistenzminimum. In Abgrenzung zu z. B. den Theorien sozialer Ungleichheit geht es ihm hierbei jedoch nicht um soziale Aspekte, sondern ausschließlich um solche Faktoren, die zur Erhaltung des physischen Existenzminimums notwendig sind: „My primary poverty line represented the minimum sum of which physical efficiency could be maintained. It was a standard of bare subsistence rather than living" (Rowntree 1941, S. 102).

Grundlage der Arbeiten von Rowntree (1941), dies stellt Townsend (1970) dar, sind die Untersuchungen des amerikanischen Ernährungswissenschaftlers Atwater: „Atwater estimated minimum caloric intake per day by determining the amount of food which was required to prevent prisoners from either gaining or loosing weight. Estimating various for men and women and determining the market value of the food which satisfied these minimum requirements, Rowntree arrived at a low cost food plan" (Townsend 1970, S. 50; Townsend 1962).

Dieser „low cost food plan" bildet die Basis der Armutsdefinition von Rowntree (1941). Darüber hinaus kann er vor allem in der US-amerikanischen Debatte als Grundstein für zahlreiche anschließende und auf die Erhaltung der physischen Existenz ausgerichtete Ansätze der Subsistenz bezeichnet werden, wie sie z. B. das National Research Council oder die Social Security Administration durchgeführt hat.

Inspiriert durch die Arbeiten Rowntrees (1941) startete das National Research Council intensive Bemühungen, eine „Minimalliste“ für Nahrungsmittel und die damit zusammenhängende Kalorienzufuhr für Personen zu entwerfen. Alle Nahrungsmittel wurden hierzu in elf Gruppen unterteilt, um für bestimmte Bevölkerungspopulationen Standards zu entwickeln.

Ähnlich gestaltete sich die Herangehensweise der Social Security Administration. Auch sie definierte Armut ausschließlich über eine inadäquate Ernährung und nahm zahlreiche „Umrechnungen“ vor, wie z. B. die von Stigler (1945): „Stigler, for example, estimated that if the minimum number of calories were purchased in the cheapest bulk market base, the total cost to purchase the food needed for an adequate diet would come to about $ 40 per year in 1944“ (Townsend 1970, S. 52).

Anzunehmen, die Subsistenzkonzepte blieben auf den Entwurf von Nahrungsmittellisten und die Ermittlung daraus resultierender finanzieller Budgets beschränkt, wäre jedoch verfehlt. Die Einseitigkeit dieser Betrachtung, also der alleinige Fokus auf die Ernährung und den physischen Lebenserhalt, „calories alone will not be enough“ (Orshansky 1995, S. 5), bot bereits in den 1940er Jahren auch Anlass zur Kritik und führte zur Entwicklung solcher Ansätze, die das „konventionelle Existenzminimum“ in den Mittelpunkt ihrer Betrachtung stellten, wie z. B. der „Engels-Koeffizient“ (1955) oder der Ansatz von Luck (1946).

Während der Koeffizient von Engels erstmals nicht nur das individuelle Wirtschaften Einzelner, sondern dasjenige gesamter Familien speziell aus so genannten Niedrig-Einkommensbereichen berücksichtigte – Folge war die Berechnung einer Vielzahl von Armutskoeffizienten vom 2-Personen- bis hin zum 4-Personen-Haushalt mit dem Ziel, neben der Ermittlung von Armutsschwellen ausdifferenziertere als bis dahin übliche „low-cost-plans“ ins Leben zu rufen (US Department of Agriculture 1955) –, geht der Ansatz von Luck (1946) noch darüber hinaus.

Luck (1946) berücksichtigt in seiner Untersuchung über die Folgen von Armut nach dem zweiten Weltkrieg auch den Bereich der Ernährung. Er ergänzt diesen aber um regionale Aspekte – „there was a 20 per cent spread in the cost of living for aged in the 20 largest cities and suburbs of the United States „ (Townsend 1970, S. 59) – und bezieht erstmals auch soziale Bedingungen sowie die Bereiche Kleidung und Wohnstandard in seine Überlegungen ein: „The need for shelter varies according to local and to social custom: it cannot be accurately measured. Fuel is essential for survival in a cold environment, but this too is a regional and variable necessity“ (Luck 1946, S. 15).

Neben der Kritik und dem Aufzeigen der Einseitigkeit der allein auf die physische Subsistenz ausgerichteten Konzepte betont Luck (1946) – gemeinsam mit Orshansky (1965) – die vielfach sozial determinierte Unterschiedlichkeit sowohl bezogen auf das Konsumverhalten einzelner Personen oder ganzer Familien als auch auf die Verwendung und den Umgang mit z. B. Lebensmitteln oder Kleidung.

Zwar wurde diese Beschränkung der Perspektive bereits in den Theorien sozialer Ungleichheit aufgebrochen. Auch sie gehen über eine rein einkommensbezogene Betrachtung von Armut hinaus und weisen auf die stets bei Armut vorhandene Verbindung von objektiven und subjektiven Merkmalen hin. Explizit in die originäre Armutstheorie Eingang gefunden hat die Differenzierung zwischen dem „physischen“ und dem „konventionellen“ Existenzminimum. Jedoch finden sich auf der Grundlage der Subsistenzkonzepte, insbesondere in den Arbeiten von Luck (1946), zahlreiche Anknüpfungspunkte, inwieweit Armut relativ, absolut, direkt oder indirekt zu bestimmen ist.

3.2 Theorien „neuer“ sozialer Ungleichheit und Armut

Im Gegensatz zu den dargestellten Konzepten, dem Konzept der „sozialen Ungleichheit“ (Marx 1969, Weber 1956, Geiger 1967, Offe 1970), dem Konzept der „sozialen Ausschließung“ (Goffman 1975), dem „Randgruppenkonzept“ (Fürstenberg 1965), den Theorien zur „Subkultur“ von Armut (Lewis 1964, Albrecht 1970) sowie dem Konzept der „Subsistenz“ (Rowntree 1941, Luck 1946) ist die aktuelle sozialwissenschaftliche Diskussion von Armut und sozialer Ungleichheit vor allem durch zwei Ansätze geprägt: Dem Ansatz der „neuen“ sozialen Ungleichheiten von Hradil (1987, 1987a) sowie dem Individualisierungstheorem von Beck (1983, 1986).

Während im Konzept der „Subsistenz“ (Rowntree 1941, Luck 1946) Armut als Existenzminimum definiert wird – unterschieden wird hierbei entweder in das „physische“ Existenzminimum, das ausschließlich der Lebenserhaltung dient, oder das „konventionelle“ Existenzminimum, das auf ein menschenwürdiges Dasein innerhalb einer Gesellschaft abzielt – und im Konzept der sozialen Ungleichheit (Marx 1969, Weber 1956, Geiger 1967, Offe 1970) Armut als extreme Folge gesellschaftlich vorhandener sozialer Differenzierungen verstanden wird – ausgegangen wird hierbei davon, dass sowohl soziale Positionen als auch die damit zusammenhängenden Ressourcen ungleich verteilt sind („Personen bzw. Haushalte, die der benachteiligten Schicht angehören, werden entsprechend als arm angesehen“ [Zimmermann 1993, S. 196]), im Konzept der sozialen Ungleichheit eine Ausweitung des Armutsbegriffs statt. Die in diesem Ansatz entscheidenden Dimensionen ergeben sich aus einer Vielzahl Armut konstituierender Merkmale, wie z. B. Einkommen, Vermögen, Wohnen, Bildung etc.

Das Konzept der sozialen Ausschließung (Goffman 1975, Fürstenberg 1965, Lewis 1970, Albrecht 1970) stellt zwar auch auf die Entstehung von Armut und sozialer Ungleichheit ab, primär jedoch – im Gegensatz zu den anderen Ansätzen – auf ihre Folgen und Konsequenzen, und zwar einerseits bezogen auf die von Armut betroffenen *Individuen*, andererseits aber auch bezogen auf Armuts*populationen*: Neben Stigmatisierungstheorien fallen hierunter z. B. solche, die die Subkultur von Armut zum Gegenstand haben (Lewis 1970).

Neuere Konzepte der Sozialstrukturanalyse versuchen beides, die Ursachen und die Wirkungen sowohl bezogen auf die Gesellschaft als auch bezogen auf das Individuum, in ihre Analyse einzubeziehen.

Dieses gilt zum Beispiel für das Konzept „neuer" sozialer Ungleichheiten von Hradil (1987, 1987a) und für das Individualisierungstheorem von Beck (1983, 1986).

(1.) Das Konzept der „neuen" sozialen Ungleichheit

Die Einführung des Konzepts der „neuen sozialen Ungleichheit" in die sozialwissenschaftliche Diskussion in den 1980er Jahren ist eng mit dem Namen Hradil (1987, 1987a) verbunden. Es zählt hiermit zu den jüngeren Beiträgen zur Sozialstrukturforschung.

Hradil (1987, 1987a), der mit seinen Annahmen der „Notwendigkeit der Ausdifferenzierung von Lebenslagen (s. Bertram) unter machtsoziologischen Vorzeichen" (Dietz 1987, S. 73) folgt, vertritt in seinen Arbeiten die These, dass die bekannten „alten" Strukturen sozialer Ungleichheit um neue Formen ergänzt werden müssen. Dies hat die Folge, dass demgegenüber die „alten" sozialen Ungleichheiten teilweise in den Hintergrund treten. Dies verdeutlicht er auf fünf Ebenen, nämlich (1.) der Ebene der bisherigen Dimensionen sozialer Ungleichheit, (2.) der Ebene gesellschaftlicher „Statuszuweisungsmechanismen", (3.) der Ebene der Ursachen gesellschaftlicher Ungleichheit, (4.) der Ebene des Gesamtgefüges der Gesellschaft und letztlich (5.) der Ebene der individuellen Lebensstile des Einzelnen.

(1.1) Die Ebene der bisherigen Dimensionen sozialer Ungleichheit

Nach Hradil (1987) haben sich verändernde Lebensbedingungen dazu geführt, dass die bisherigen Dimensionen sozialer Ungleichheit, Einkommen, Bildung, Prestige und Macht, nicht mehr hinreichen, um Gesellschaft abzubilden. Sie konzentrieren sich zu sehr auf die Sphäre der Berufstätigkeit, auf die sich soziale Ungleichheit jedoch nicht mehr beschränken lässt (nach Hradil 1987, S. 29). Als zusätzliche Charakteristika – außerhalb der berufsbezogenen Indikatoren sozialer Ungleichheit – nennt er (1.) die Arbeitsbedingungen, und hier insbesondere die Gesundheit sowie die Sicherheit des Arbeitsplatzes, (2.) die Freizeitbedingungen, zu denen er vor allem die Unterschiede in Freizeitgewinn und Freizeitgestaltung zählt, (3.) die Wohn- und Umweltbedingungen: hier sind die Ausstattungen der Wohnungen sowie die Infrastruktur relevant, (4.) die soziale Sicherheit, hauptsächlich bezogen auf die Bereiche Erwerbs-, Gesundheits- und Alterssicherheit, sowie (5.) die Ungleichbehandlungen, insbesondere von Behinderten, Obdachlosen sowie Ausländerinnen und Ausländern, auf Grund sozialer Diskriminierung.

(1.2) Die Ebene gesellschaftlicher „Statuszuweisungsmechanismen"

Einer Erweiterung bedarf es nach Hradil (1987) aber nicht nur im Hinblick auf die Dimensionen sozialer Ungleichheit. Auch der Bereich der „Statuszuweisungsmechanismen" (Hradil 1987, S. 119) wird von ihm um nichtberufsbezogene „neue" Kriterien ergänzt. Hiernach treten die Faktoren Einkommen und Bildung als klassische Kriterien, nach denen bislang höherer oder niedrigerer gesellschaftlicher Status zuerkannt worden ist, zurück hinter

(1.) das Geschlecht: so sind Frauen gegenüber Männern noch immer benachteiligt, (2.) die Region, insbesondere den strukturellen Gefälle zwischen Stadt und Land, (3.) die Familienverhältnisse, bezogen auf die Disparität zwischen kinderreichen und kinderlosen Familien, (4.) das Alter und den hiermit zusammenhängenden Anstieg des Risikos, den Arbeitsplatz zu verlieren, gesundheitliche Beeinträchtigungen zu erleiden oder in soziale Passivität zu geraten, (5.) den Geburtszeitraum, der entscheidend für Bildungs-, Berufs- und Aufstiegschancen ist, vor allem bei geburtenstarken Jahrgängen, sowie (6.) die Herkunft, da Ausländerinnen und Ausländer, Asylsuchende sowie Umsiedlerinnen und Umsiedler noch immer Diskriminierung erfahren.

(1.3) Die Ebene der Ursachen für gesellschaftliche Ungleichheit

Verschoben haben sich nach Hradil (1987, S. 46) auch die Ursachen sozialer Ungleichheit. So treten neben die erwerbsbedingten Ursachen immer stärker zwei weitere Faktoren: (1.) staatliche Eingriffe und (2.) die Gesellschaft in ihrem Verhältnis zum Staat. Hiernach führen staatliche Eingriffe (1.) – gerade unter Berücksichtigung der neuen Dimensionen sozialer Ungleichheit – zunehmend zu einer „Prägung“ (Hradil 1987a, S. 48) ungleicher Lebensbedingungen. Die Gesellschaft in ihrem Verhältnis zum Staat (2.) hat Relevanz für soziale Ungleichheiten, insofern sie über eine unterschiedliche Einflussnahme gesellschaftlicher Gruppen und Organisationen entscheidet.

(1.4) Die Ebene des Gesamtgefüges der Gesellschaft

Alle dargestellten Entwicklungen münden nach Hradil (1987) in eine Veränderung des gesamten „Gefüges sozialer Ungleichheit“ (Hradil 1987, S. 120). Dieses „Gefüge“ kann nicht mehr – wie lange Zeit üblich – vertikal und deterministisch beschrieben werden, also als Struktur eines gesellschaftlichen „oben“ und „unten“, sowie als Prägung der Lebensformen und des Handelns durch äußere Lebensbedingungen. Vielmehr führen die „neuen“ Ungleichheitsdimensionen zu einem Nebeneinander von sozialer Privilegierung und Benachteiligung. Statusinkonsistenzen, als beispielhafte Folge, zeigen die Horizontalität und größere Komplexität des sozialen Ungleichheitsgefüges auf.

(1.5) Die Ebene der individuellen Lebensstile des Einzelnen

Als Folge der zunehmenden Pluralisierung und Ausdifferenzierung sowie der hiermit zusammenhängenden Veränderung von Werten und immer stärker ansteigenden individuellen Gestaltungsfreiheiten des Lebens lassen sich soziale Ungleichheiten nur noch dann erklären, wenn man die unterschiedlichen Lebensstile von Individuen oder von Gruppen berücksichtigt (Hradil 1987a, S. 51).

Hradils (1987, 1987a) Verdienst besteht darin, in seinen Ausführungen über „neue“ soziale Ungleichheiten wichtige Erweiterungen und Aktualisierungen des Ungleichheitsbegriffs auf den dargestellten fünf Ebenen vorgenommen zu haben. Trotz dieser Leistungen erfährt sein Ansatz aber auch Kritik wie z. B. von Dietz (1997).

In seiner Kritik an Hradils (1987, 1987a) Konzept „neuer" sozialer Ungleichheiten stellt Dietz (1997, S. 74) die Frage, „was an ihnen (den „neuen" sozialen Ungleichheiten– C.P.) denn überhaupt 'neu' ist"? (Dietz 1997, S. 74): So lassen sich seines Erachtens alle von Hradil (1987, 1987a) als „neue" Ungleichheitsdimensionen und Statusmerkmale postulierten Indikatoren nicht einmal annähernd von den „alten" und erwerbsbezogenen Ungleicheitsbedingungen trennen, z. B. der Zusammenhang zwischen Arbeit und Gesundheit.

Dietz (1997, S. 74) stellt zwar den Zusammenhang zwischen dem Arbeitsplatz, gesundheitlichen Risiken und Konjunkturstabilitäten als unwidersprochen dar, gleiches gilt für Einkommensdifferenzen, aber er bezweifelt den von Hradil (1987) formulierten Vorschlag, diese außerhalb der Erwerbssphäre zu verorten: „Betrachteten wir beispielsweise Art und Umfang von Berufskrankheiten, so ließe sich getrost ein Zusammenhang zwischen ihnen und der Art des Berufes als in der Regel unterdurchschnittlich bezahlte und mindere Qualifikation erfordernde Tätigkeit erwarten" (Dietz 1997, S. 75). Einen ähnlichen Zusammenhang formuliert Dietz (1997) bezogen auf die übrigen Faktoren, z. B. Arbeit und Freizeit sowie Arbeit und Wohnen.

Trotz dieser Kritik, dass sich viele der von Hradil (1987, 1987a) als „neue" soziale Ungleichheitsdimensionen proklamierten Indikatoren nicht von dem zentralen „alten" Ungleichheitsfaktor „Arbeit" trennen lassen und sich hiermit Ursache und Wirkung vermischen, kann sein Ansatz in zweierlei Hinsicht als innovativ bezeichnet werden: Erstens wegen der Einbeziehung politikorientierter Ursachenfelder (s. hierzu Offe 1972) und zweitens wegen seines Hinweises auf die Individualisierung von Lebenslagen.

(2.) „Individualisierung" von sozialen Ungleichheiten

Die Diskussion über Prozesse, Ursachen und Folgen gesellschaftlicher Individualisierung wird vor allem mit dem Namen Beck (1983; 1986) verbunden. Nach Beck (1983, 1986), dem gegenwärtig exponiertesten Vertreter des Individualisierungs-Theorems, ist unter Individualisierung zu verstehen, dass „die Menschen aus den Sozialformen der industriellen Gesellschaft – Klasse, Schicht, Familie, Geschlechtslagen von Männern und Frauen – freigesetzt werden, ähnlich wie sie im Laufe der Reformation aus der weltlichen Herrschaft der Kirche in die Gesellschaft 'entlassen' wurden" (Beck 1986, S. 115).

Beck (1983, 1986) beschreibt in seiner Abhandlung über die „Risikogesellschaft" drei analytische Dimensionen, die ein „allgemeines, ahistorisches Modell der Individualisierung" bilden, und zwar die „Herauslösung aus historisch vorgegebenen Sozialformen und -bindungen im Sinne traditionaler Herrschafts- und Versorgungszusammenhänge ('Freisetzungsdimension'), Verlust von traditionalen Sicherheiten im Hinblick auf Handlungswissen, Glauben und leitende Normen ('Entzauberungsdimension') und – womit die Bedeutung des Begriffes gleichsam in ihr Gegenteil verkehrt wird – eine neue Art der sozialen Einbindung ('Kontroll- bzw. Reintegrationsdimension')" (Beck 1986, S. 206).

Prozesse gesellschaftlicher Individualisierung stehen nach Beck (1983, 1986) im unmittelbaren Zusammenhang zu drei generelleren Entwicklungen in modernen westlichen Gesellschaften, nämlich (1.) der Steigerung des materiellen Lebensstandards, (2.) der Zunahme sozialer und geographischer Mobilität und (3.) der Expansion des Bildungswesens.

(2.1) Die Steigerung des materiellen Lebensstandards

Gerade für die letzten Jahrzehnte zeichnet Beck (1983; 1986) für die westlichen Industriegesellschaften eine enorme Steigerung der finanziellen Situierung auch auf der individuellen Ebene nach. Hiermit geht ein Mehr an Lebenszeit sowie ein immer geringer werdender Anteil an Erwerbsarbeitszeit einher: So werden – nach Beck (1983, 1986) – Individuen umso stärker von klassenkulturellen Milieus befreit, je mehr materielle und zeitliche Freiheitsspielräume sie vorfinden, um ihren individuellen Vorlieben und Bedürfnissen im Bereich von Freizeit, Konsum, persönlicher Lebensführung und Wohnverhältnissen Ausdruck zu verleihen.

(2.2) Eine Zunahme sozialer und geographischer Mobilität

Die Moderne zeichnet sich – nach Beck (1983, 1986) – durch eine Fülle von Handlungsoptionen aus, die in traditionellen Gesellschaften durch Statusmerkmale festgelegt waren. Hierzu zählt die individuelle Entscheidung einer Wahl des Berufes und der Familienform, die Wahl des Lebenspartners, der religiösen Zugehörigkeit, der Zahl der Kinder, des Wohnortes, der Freunde und Bekannten, der Kleidung und des Stils der Lebensführung ebenso wie die des politischen Engagements, der Lebensdeutung sowie der Hobbys und Interessen (Nunner-Winkler 1985, S. 469). Vormals klassen- und schichtenspezifische Trennungen werden durch diese individuellen Entscheidungen durchmischt.

Unter anderem durch den Wandel des Beschäftigungssektors tritt neben die soziale in den westlichen Industriegesellschaften zunehmend eine geographische Mobilität, die ihren Niederschlag in einer immer stärker voranschreitenden Motorisierung und Verkehrsvernetzung findet.

(2.3) Die Expansion des Bildungswesens

Im Zusammenhang mit dem wirtschaftlichen Aufbau in den 1950er und 1960er Jahren, einer fortschreitenden sozialen Mobilität sowie infolge individueller Leistungs- und Aufstiegsmotivationen zeichnet Beck (1986) als dritte gesellschaftliche Entwicklungslinie eine zunehmende Expansion des Bildungswesens nach: So waren es 1952 noch rund 81 % der 13-jährigen Mädchen und rund 78 % der 13-jährigen Jungen, die mit einem Volksschulabschluss ihre allgemeine Schullaufbahn beendeten. Im Jahre 1981 belief sich diese Quote lediglich noch auf 35 % der Mädchen und 42 % der Jungen (Beck 1986, S. 128).

Beck (1983, 1986), der sich ausführlich der Betrachtung gesellschaftlicher Ungleichheiten widmet, zieht als Fazit seiner Analyse, dass zwar die Verteilungsrelationen sozialer Ungleichheit mit den für die Bundesrepublik Deutschland und damit auch für andere westliche Gesellschaften nachgezeichneten Tendenzen relativ konstant geblieben sind. Noch immer bestehen gravierende Unterschiede in den Bereichen Prestige, Einkommen, Erwerbsunsicherheit, Belastungen etc. Drastisch verändert haben sich jedoch die individuellen Lebensbedingungen der Menschen (Beck 1983, S. 36): Infolge der Abnahme prinzipiell „entscheidungsverschlossener“ und der Zunahme prinzipiell „entscheidungsoffener“ Lebensmöglichkeiten (Beck 1983, S. 58) bieten sich allen Subjekten historisch neue Freiräume in Bezug auf die Möglichkeit, „das Joch der 'proletarischen Enge' abzuschütteln und über den Zugang zum Massenkonsum neuartige Bewegungsspielräume und Chancen der Individualisierung von Konsum- und Lebensstilen realisieren zu können“ (Heitmeyer & Olk 1990, S. 14). Begünstigt werden von dieser Entwicklung Reflektions- und Selbstfindungsprozesse, „die allemal auf eine Infragestellung traditioneller Orientierungen und Lebensstile hinauslaufen“ (Heitmeyer & Olk 1990, S. 15) und dazu führen, dass sich die Subjekte selbst zum Zentrum ihrer Lebensgestaltung machen. Entsprechend führt Beck zahlreiche Belege an, „die auf eine Relativierung, Auflösung oder Umschmelzung, in jedem Fall auf einen sozialen Bedeutungs- und Gestaltwandel zentraler lebensweltlicher Gebilde und 'Institute' wie Familie, Ehe, Elternschaft, Geschlechterrollen, Gemeindebeziehungen, Kollegen- und Arbeitsbeziehungen hinwirken und darüber hinaus bedeutsam sind für das Verständnis von Jugendverhalten und -protesten, sogenannten 'neuen sozialen Bewegungen' und politischem Verhalten in seinen verschiedenen Erscheinungsformen ganz allgemein“ (Beck 1983, S. 43). Dem Verschwinden traditioneller Bindungen stellt Beck – als Ambivalenz der Folgen von Individualisierung – neue Zwänge gesellschaftlicher Institutionen gegenüber, denen die Individuen ausgesetzt sind. Diese können mit Japp (1983) genauer betrachtet werden.

Japp (1983) verfolgt das Ziel, die Entkopplung von sozialem Wandel und „neuen“ sozialen Bewegungen als eine Folge der Entkopplung von System und Lebenswelt darzustellen. Er leitet die Zwänge gesellschaftlicher Institutionen aus der Auflösung sog. 'alter' sozialer Bewegungen her. Ihre Strukturmerkmale bezieht er auf drei Komponenten:

1. Die sogenannten alten Bewegungen (insbesondere die Arbeiterbewegung) lassen sich als egalitaristische Bewegungen kennzeichnen, insofern sie gegenüber einem jeweils übermächtigen Klassengegner rechtliche Gleichstellung anstrebten. (...)
2. Diesem Transformationsprozeß von Klassenlage in organisiertes Interessenhandeln kam der objektive und durch soziale Umwelt extern erzeugte Charakter ökonomisch-sozialer Deprivation entgegen. (...)
3. Insoweit die Deprivationslage in einem klassenspezifischen Sinne generalisiert ist, konstituiert sie zugleich einen gesellschaftlichen Zentralkonflikt, auf den alle anderen politischen, sozialen und kulturellen Konflikte programmatisch und real zurückgeführt werden können“ (Japp 1983, S. 316f.).

Diese Merkmale, die gleichzeitig den klassischen Typus sozialen Wandels kennzeichnen, haben sich im Wohlfahrtsstaat, bedingt durch eine Politik, die allen Personen einen Zugang zu allen Funktionsbereichen der Gesellschaft eröffnen will, aufgelöst: „Diese Politik kann nur funktionieren, wenn sie konventionelle Zugehörigkeiten entwertet (Mobilität!) und Handlungsoptionen erweitert" (Japp 1983, S. 321). Die 'alten' sozialen Bewegungen haben sich selbst überflüssig gemacht, indem sie zunächst die Ausdifferenzierung von Institutionen ermöglichten; diese Ausdifferenzierung steigerte sich allerdings dann in und durch diese Institutionen selbst ins Unüberschaubare.

Zinnecker weist darauf hin, dass Individualisierung „sowohl mit Prozessen der 'Pluralisierung' (Differenzierung) als auch mit Prozessen der 'Standardisierung' (Normierung) verbunden" sei (Zinnecker 1994, S. 25). Pluralisierung sei zurückzuführen auf das Wirksamwerden von Marktprozessen, die wählbare Alternativen entstehen lassen, Normierung hingegen auf „bürokratisch rationalisierte Großorganisationen, die entsprechend ihrer Handlungslogik Lebensläufe normieren ebenso wie alltägliche Handlungsvollzüge" (Zinnecker 1994, S. 25).

Ihren Ursprung findet die Individualisierung nach Keupp (1987a) in der industriellen Revolution und der Durchsetzung der kapitalistischen Produktionsweise, die eine Auflösung der feudalen Abhängigkeitsverhältnisse bedeutete: So hat nach Keupp die „gesellschaftliche Herstellung der 'freien Lohnarbeiterexistenz' Menschen aus traditionellen Lebenszusammenhängen herausgerissen, hat sie von ihrem Grund und Boden und aus ihren Herkunftsregionen getrennt, hat gewaltige Bevölkerungswanderungen in die neuen Industriezentren in Bewegung gesetzt" (Keupp 1987a, S. 36).

Die daraus unter anderem resultierende „formale Trennung zwischen dem Haushalt und dem Betrieb und die funktionale Arbeitsteilung zwischen der Familie und der Schule lassen sich direkt übersetzen in segmentierte soziale Rollen des Individuums, das damit aufhört, primär Mitglied eines und desselben Kollektivs zu sein" (Mayer & Müller 1994, S. 273). Hitzler & Honer (1994) siedeln den Beginn gesellschaftlicher Individualisierung noch früher an, indem sie den Prozess der Ausgliederung privater Freiheitszonen aus institutionell festgelegten Lebenszusammenhängen auf den Verfall der christlichen Weltordnung in Europa seit dem Mittelalter zurückführen. Die Menschen seien metaphysisch vereinzelt worden, weil ihnen die gemeinsame Sinn-Heimat abhanden gekommen sei (Hitzler & Honer 1994, S. 307).

Erst mit der Etablierung einer umfassenden wohlfahrtsstaatlichen Absicherung und eines Lebensstandards, „der den Entfaltungsspielraum des einzelnen vergrößert und zugleich die Notwendigkeit der Solidargemeinschaft aus der existenziellen Not heraus abgebaut hat" (Keupp 1987a, S. 37), setzte ein Individualisierungsschub ein, dessen Besonderheit nach Beck-Gernsheim in seinem Massencharakter und seiner Weitläufigkeit liegt (Beck-Gernsheim 1994b, S. 139). Arbeit wird durch Bezahlung individuell entlohnt, Sozialleistungen nicht mehr an den Haushaltsvorstand, sondern an Betroffene gezahlt. Dadurch gewinnt das Individuum die Freiheit, unterliegt andererseits aber auch dem Zwang einer autonomen Lebensplanung und -führung, die ohne die Gewissheit stetiger Einkommenserwartung oder Daseinsfürsorge nicht denkbar wäre. „Wenn man so will, kann man sagen, dass die zwei großen 'Dämme', die in der Perspektive von Marx und Weber die in der entwickelten Marktgesellschaft wirksamen Freisetzungs- und Vereinzelungstendenzen auffangen – nämlich Klassenbildung entweder durch Verelendung oder durch ständische Vergemeinschaftung – mit der wohlfahrtsstaatlichen Entwicklung in den fünfziger, sechziger Jahren brechen, wodurch die latent immer schon vorhandene Individualisierungsdynamik und die in ihr enthaltenen vielfältigen Entwicklungsmöglichkeiten immer deutlicher hervortreten“ (Beck 1983, S. 51).

Die Tatsache einer (noch) kontinuierlichen Steigerung des materiellen Lebensstandards begünstigt die Individualisierung auch insofern, als „in Verbindung mit einem Anstieg erwerbsarbeitsfreier Lebenszeit zeitliche und materielle Freiheitsspielräume wachsen, die zur Ausgestaltung eigenständiger Lebensstile genutzt werden können. Je mehr individuelle Bedürfnisse realisiert werden können, desto stärker werden Individuen aus klassenkulturellen Milieus herausgelöst“ (Böllert 1995, S. 29).

Von Einfluss auf den Individualisierungsprozess sind auch (1.) die zunehmend flexibleren Arbeitszeiten, die ein Aufrechterhalten bestehender Beziehungen erschweren und häufig auch familiale Abläufe nachhaltig beeinflussen, wodurch sie zu deren Destabilisierung beitragen können, (2.) die neuen Kommunikationsmedien mit ihren vielfältigen Anwendungsmöglichkeiten sowie (3.) die gestiegene Mobilitätsanforderung.

Auf dem Arbeitsmarkt dauerhaft erfolgreich zu sein, verlangt oftmals die Bereitschaft zur Mobilität (Beck 1983, S. 46). Häufige Ortswechsel jedoch gehen einher mit einem Verlust von Beziehungen. Persönliche Bindungen können deshalb von vornherein als befristet erlebt werden: „Der permanente Wechsel von Bezugspersonen, Instabilität und Diskontinuität wird so zu einer Normalerfahrung... Freundschaften und Beziehungen, ja selbst die Eltern-Kind-Beziehungen werden riskanter bzw. optionenreicher und lassen eine Strategie der sozialen Risikominimierung (hinsichtlich der Ungewissheit der eigenen späteren Enttäuschung und des eigenen ‘Schadens’), eine ‘gebremste’ Form der Selbstinvestition und der Vertrauensinvestition in Partnerschaften und Freundschaften als ratsam erscheinen (‘man könnte sich ja wieder trennen’)“ (Rauschenbach 1994, S. 105).

Neben der geographischen Mobilität verweist Beck (1986) darauf, dass auch die Dynamik der sozialen Mobilität Individualisierung begünstige. Unter sozialer Mobilität versteht er den Aufstieg innerhalb der sozialen Hierarchie, von dem „gerade auch Söhne und Töchter aus Arbeiterfamilien profitieren... Soziale Mobilität – wie im übrigen auch geographische Mobilität, ja selbst die alltägliche Mobilität zwischen Familie und Arbeitsplatz – wirbelt die Lebenswege und Lebenslagen der Menschen durcheinander. Mit all diesen Arten von Mobilitätsvorgängen und insbesondere in ihrer Summe sind immer wieder Individualisierungsschübe relativ zu Familien-, Nachbarschafts-, Kollegen-, Berufs- und Betriebsbindungen sowie Bindungen an eine bestimmte regionale Kultur und Landschaft verbunden. Die Lebenswege der Menschen verselbständigen sich gegenüber den Bedingungen und Bindungen, aus denen sie stammen oder die sie neu eingehen ...“ (Beck 1983, S. 125).

Sozialräumlich ist auch die Entwicklung der Wohnverhältnisse mit Interesse zu beachten. Die traditionalen Siedlungsstrukturen wurden insbesondere seit den 1950er Jahren vielerorts ersetzt durch neue Stadtsiedlungen, „und auch damit wird ein spezifischer ‘Individualisierungsschub’ in den Wohn- und damit gegebenen Sozialbeziehungen und Verkehrsformen der Menschen ausgelöst. An die Stelle der traditionalen, familienübergreifenden, stärker kommunal orientierten Siedlungsformen treten die modernen Großstadt- oder

Kleinstadtsiedlungen mit ihrer typischen gemischt-sozialen Zusammensetzung und ihren viel lockereren Nachbarschafts- und Bekanntschaftsverhältnissen“ (Beck 1986, S. 50). Dadurch werde vorgegebene Nachbarschaft durchbrochen und es wachse das Erfordernis, die eigenen Sozialbeziehungen individuell zu erarbeiten und zu erhalten.

Durch Individualisierungsprozesse beeinflusst sind auch die unterschiedlichen Lebensphasen, wie Rauschenbach (1994) sehr anschaulich aufzeigt: Bereits in der Kindheit spielt Individualisierung eine Rolle: Spielte sich früher das Kinderleben weitgehend im Wohnquartier ab, wird heute von einer „verinselten Kindheit“ (Zeiher 1994, S. 361) gesprochen. Der Begriff meint, dass „funktionsdiffuse Räume verschwinden und mit diesen die Nutzungsmöglichkeiten, die Kinder darin hatten. Indem das Ausüben bestimmter Tätigkeiten an besonderen Orten zusammengezogen wird, rücken die Orte dieser Tätigkeit räumlich auseinander. ... Der verinselte individuelle Lebensraum besteht aus einzelnen separaten Stücken, die wie Inseln in einem größer gewordenen Gesamtraum verstreut sind, der als ganzer bedeutungslos und weitgehend unbekannt bleibt“ (Zeiher 1994, S. 361). Dies hat auch erhebliche Auswirkungen auf die Beziehungen von Kindern. Zum einen gilt dies für das Zusammenleben mit Erwachsenen: War früher das Wohnhabitat ‘gemischter’ Raum, den Erwachsene und Kinder gemeinsam, wenn auch unterschiedlich nutzten, so ist heute die jeweilige ‘Insel’ ein zum Teil hochdifferenzierter Kindheitsraum. Zum anderen sind aber auch die Beziehungen der Kinder untereinander betroffen. „Während im traditionellen Modell Nachbarskinder das Wohnumfeld als täglichen Spiel- und Streifraum gemeinsam haben und sich somit ihre individuellen Lebensräume zu einem großen Teil gleichen, ist der verinselte Lebensraum für jedes Kind ein anderer; denn jedes hat seine persönlichen Inselzusammenstellungen und Inselrouten. ... Der Partikularisierung des Raums entspricht so auch eine Partikularisierung der sozialen Beziehungen“ (Zeiher 1994, S. 365). Eng verbunden mit der Verinselung von Kindheit ist deren von Zinnecker (1990) beschriebene „Verhäuslichung“, die einerseits Produkt gesellschaftlicher Modernisierung ist (durch Urbanisierung, durch Ausdifferenzierung privater und öffentlicher Räume etc.), die andererseits aber Prozesse der Individualisierung auch begünstigt, „also die Entfaltung personorientierter Bedürfnisse, Handlungsziele und Lebensstile. Das Prinzip der Vervielfachung von abschließbaren Handlungsorten bewirkt eine Ausdifferenzierung von Räumen im Inneren von Gebäuden. Für jeden Typus von Tätigkeit und für jede Einzelperson bzw. Einzelgruppe soll danach ein eigenes Zimmer zur Verfügung stehen“ (Zinnecker 1990, S. 145). Die Verhäuslichung der Kindheit hat unmittelbaren Einfluss auf die sozialen Beziehungen von Kindern. Sie führt u. a. zur Herausbildung homogenisierter Altersgruppen, zu einer Intensivierung von Zweierfreundschaften und zu zeitlich expandierender Betreuung durch pädagogische Fachkräfte.

Bezogen auf Kindheit und Jugend spricht Zinnecker (1994) von einer „Modernisierung des Aufwachsens“. Auch dieser Prozess ist geprägt durch Individualisierung auf der einen und Institutionalisierung auf der anderen Seite: Beobachtet werden kann eine Freisetzung des einzelnen Akteurs von dem sozialen Erziehungsmilieu, in das er hineingeboren wurde. „Das tradierte Milieu gibt zum einen an den einzelnen Heranwachsenden Entscheidungskompetenzen ab; und es gibt an rationalisierte Monopolinstitutionen ab“

(Zinnecker 1994, S. 32). Eine erhebliche Bedeutung bei der Individualisierung von Kindheit und Jugend wachse der „Freisetzung der Jüngeren aus den Verpflichtungen der Haushaltsökonomie und des Erwerbssystems“ (Zinnecker 1994, S. 32) zu. Prozesse der Individualisierung werden dadurch befördert, dass die Jüngeren heute in diesen Bereichen in weniger stark fremdbestimmten Handlungszusammenhängen leben.

Im Erwachsenenalter wirkt sich Individualisierung neben den bereits beschriebenen Folgen der Mobilität insbesondere auch in Ehe, Familie und Partnerschaft aus. „Der Zusammenhang von Familie und eigener individueller Biographie lockert sich, innerfamiliale Individualisierungsschübe nehmen zu, die Zeiten nicht-familialer Partnerschaft, von familienfreien Lebensphasen im Horizont der sich verlängernden Lebenserwartung weiten sich aus, die Beziehungskonfigurationen der ‘flüchtigen’ Bekanntschaften, der partikularisierten Intimität oder der eheähnlichen Partnerschaften, der Ein-Eltern-Familie, der Zweitehen, der Zeiten ohne Kinder, der ‘Spagatfamilie’ und der Ehen auf Zeit nehmen zu“ (Rauschenbach 1994, S.104). Die hohe Zahl von Ehescheidungen, nicht-ehelichen Lebensgemeinschaften und Single-Haushalten wird als deutliches Indiz für diese Entwicklung gewertet. Fast notgedrungen rücke das Individuum in das Zentrum seines eigenen Interesses.

Auswirkungen haben gesellschaftliche Individualisierungsprozesse jedoch nicht nur auf die Lebensphasen Kindheit, Jugend und Erwachsenenalter. Sie betreffen auch die Gruppe der Älteren. So werde die Zeitspanne des Ruhestandes wird immer größer, Beziehungen zu Kolleginnen und Kollegen gehen immer früher verloren und familiäre Beziehungen sind bedroht durch die abnehmende Zahl eigener Kinder sowie Kindeskinder, die zunehmende Erwerbsbeteiligung aller Familienmitglieder und, letztlich, durch die wachsende räumliche Entfernung zwischen den Lebensorten der Generationen (Rauschenbach 1994, S. 104).

Für die sozialen Netzwerke der Menschen hat dieser moderne Individualisierungsschub zur Folge, dass die frühere stärkere Integration in eine Gemeinschaft ersetzt wurde durch die begrenzte Mitgliedschaft in verschiedenen Teilsystemen (Diewald 1991, S. 27). Unterschiedlich beurteilt werden jedoch die Folgen dieser Entwicklung, also die Frage, inwieweit Individualisierung primär mit einem Verlust an Bindungen einhergeht oder ob diese vielmehr für eine Liberalisierung sozialer Beziehungen steht.

Diewald (1991) oder Mayr-Kleffel (1991) vertreten die Position, dass es zu einem Verlust an Bindungen gekommen ist. Hiernach bedeutet Individualisierung in ihrem Kern eine „Zersetzung der tradierten Lebens- und Beziehungsformen durch die Ausbildung der modernen Industriegesellschaften, ohne dass ‘gleichwertige’ neue Beziehungen an deren Stelle getreten seien. Insbesondere familiale, verwandtschaftliche und nachbarliche Beziehungen seien in ihrem Umfang eingeschränkt und in ihrer Bedeutung geschwächt worden“ (Diewald 1991, S. 19). Mehr denn je entstehe für die Individuen heute die Notwendigkeit, ihre Netzwerke selber aufzubauen, da eine Mitgliedschaft in vorgegebenen Gemeinschaften zunehmend unwahrscheinlicher sei: „Direkte Kontakte von Mensch zu Mensch seien ersetzt worden durch sekundäre, die früher existierende Gemeinschaft sei zerfallen in isolierte

Beziehungsdyaden; die noch verbleibenden Netzwerke seien 'locker geknüpft' und vielfach funktional begrenzt" (Mayr-Kleffel 1991, S. 137).

In eine ähnliche Richtung gehen Dahrendorfs (1994) Überlegungen. Er verweist auf eine beobachtete Veränderung des Verhältnisses zwischen Optionen und Ligaturen: Unter Optionen versteht Dahrendorf (1994, S. 421) „in sozialen Situationen gegebene Wahlmöglichkeiten, Alternativen des Handelns. ... Optionen sind die je spezifische Kombination von Anrechten und Angebot." Ligaturen hingegen sind „tiefe kulturelle Bindungen, die Menschen in die Lage versetzen, ihren Weg durch die Welt der Optionen zu finden" (Dahrendorf 1994, S. 423). Gemeint sind insbesondere die Zugehörigkeiten zu Familie, Gemeinde und Kirche. Ligaturen bieten auf der einen Seite Stabilität, andererseits aber auch Kontrolle und Belastungen. Nach Dahrendorf ist nur ein ausgewogenes Verhältnis von Optionen und Ligaturen Garant für optimale Lebenschancen, da Optionen allein, ohne Ligaturen, die Gefahr von Anomie und Entfremdung in sich bergen. Ligaturen allein, also ohne Optionen, führen dagegen zu Unfreiheit. Modernisierung hat für ihn eine Abnahme von Ligaturen bei gleichzeitiger Zunahme von Optionen zur Folge, potenziell also eine Gefährdung des ausgewogenen Verhältnisses.

Der Dahrendorfschen These, mit der Beliebigkeit der Optionen sei bei gleichzeitiger Abnahme der Ligaturen die Gefahr anomischer Zustände verbunden, stimmen die Vertreterinnen und Vertreter der Liberalisierungsthese im Kern zu, verweisen aber darauf, dass diese vermeintliche Beliebigkeit sozialer Beziehungen auch weiterhin von Ligaturen verschiedener Art begrenzt sei: Diewald (1991) weist in diesem Zusammenhang darauf hin, dass es z. B. durchaus auch heute noch wirtschaftliche Abhängigkeiten gebe: „Nicht nur Einkommen und Vermögen, sondern auch materielle Hilfen sowie Dienstleistungen, die innerhalb eines Haushalts und im Verbund mit anderen Haushalten produziert und ausgetauscht werden, sind für den Lebensstandard von einiger Bedeutung. ... So sind informelle Netzwerke heute zwar weniger notwendig zur Vermeidung existentieller Not, aber sie haben doch weiterhin die Funktion, relative Armut zu vermeiden, Notlagen zu überbrücken und generell effektiver zu wirtschaften" (Diewald 1991, S. 38). Außerdem gebe es auch nach dem Ausbau wohlfahrtsstaatlicher Sicherungsleistungen fast exklusive Versorgungszuständigkeiten von Familie und Verwandtschaft, beispielsweise bei der Pflege älterer Menschen und der Krankenbetreuung. Eine dritte Ligatur bestehe schließlich darin, dass soziale Ähnlichkeiten und die Gleichheit der Lebensweisen nach wie vor determinierend für die Anknüpfung und den Erhalt sozialer Beziehungen seien. Statt der traditionellen Klassen- und Ständezugehörigkeiten kristallisieren sich heute Vergemeinschaftungen über soziale Milieus heraus, wie Berger und Vester (1998) in einer Studie herausarbeiten.

Zinnecker (1994) bezeichnet diese Prozesse als „Re-Traditionalisierung", die in der aktuellen Diskussion um Individualisierung „entschieden untergewichtet" seien (Zinnecker 1994, S. 29). Böllert (1995) geht noch darüber hinaus. Sie kritisiert die generalisierende Argumentation, wenn z. B. übersehen werde, dass von der für die Entfaltung des Individualisierungsprozesses erforderlichen Wohlstandsentwicklung nicht alle Menschen gleichermaßen profitiert haben. Auch die Mobilitätsprozesse seien zu allgemein behandelt, wie die Ergebnisse verschiedener Studien zeigen: „Ortsspezifisches Kapital und die Teilnahme an lokal institutionalisierten Sozialbeziehungen führt für 40 bis 60 % der Mitglieder eines Geburtsjahrgangs dazu, den Geburtsort erst spät oder überhaupt nicht zu verlassen. Zunehmend seltener sind interregionale Wanderungen, gestiegen ist demgegenüber die Anzahl intraregionaler Wohnungswechsel“ (Böllert 1995, S. 31). Offensichtlich sind also die Menschen nicht in gleichem Maße mit den Bedingungen konfrontiert, die nach den Annahmen der Individualisierungstheoretiker (auch) zu Veränderungen der sozialen Netzwerke führen.

Beck (1986) betont, dass gesellschaftliche Individualisierung einhergehe mit Tendenzen der Institutionalisierung und Standardisierung von Lebenslagen. So entstehen zwar in der Folge gesellschaftlicher Individualisierungsprozesse neue Freiräume und Freiheiten, gleichzeitig aber auch neue Abhängigkeiten: „Die freigesetzten Individuen werden arbeitsmarktabhängig und damit bildungsabhängig, konsumabhängig, abhängig von sozialrechtlichen Regelungen und Versorgungen, von Verkehrsplanungen, Konsumangeboten, Möglichkeiten und Moden in der medizinischen, psychologischen und pädagogischen Beratung und Betreuung“ (Beck 1986, S.119). Traditionelle Bindungen, wie sie z. B. durch die Familie verbürgt waren, leiden unter den Bedingungen der Moderne. Hier komme es zu „innerfamilialen Individualisierungsschüben“, die ihre Ursache u. a. finden in der „Berufstätigkeit der Frauen und den Ausbildungsverpflichtungen der Kinder (sowie den damit notwendig werdenden, gegeneinander verselbständigten, individuellen Planungserfordernissen im Tages- und Lebensrhythmus), in der zunehmenden Austauschbarkeit der Ehebeziehung (steigende Scheidungsziffern) und schließlich in dem vollindividualisierten, mobilen ‘Single-Dasein’ und der Einsamkeit alleinstehender alter Menschen“ (Beck 1983, S. 45).

Habermas (1994) beschreibt Folgen des Verlustes traditionaler Bindungen: „In erweiterten Optionsspielräumen wächst der individuell abzuarbeitende Entscheidungsbedarf. Sein Milieu nimmt dem Einzelnen nicht einmal mehr die biographisch folgenreichsten Entscheidungen ab: welche Schule man besucht, welchen Beruf man wählt, welche Beziehungen man eingeht, ob und wann man heiratet, Kinder bekommt ...“ (Habermas 1994, S. 443). Dass es sich hierbei jedoch nur um eine Erweiterung des Handlungsspielraums handelt, der nicht losgelöst von den individuellen Voraussetzungen des Einzelnen betrachtet werden kann, hierauf verweist der Ansatz Bourdieus (1983).

Bourdieu (1983) hat in diesem Zusammenhang den Begriff des „sozialen Kapitals“ geprägt. Er definiert soziales Kapital als „die Gesamtheit der aktuellen potentiellen Ressourcen, die mit dem Besitz eines dauerhaften Netzes von mehr oder weniger institutionalisierten Beziehungen gegenseitigen Kennens oder Anerkennens verbunden sind; oder, anders ausgedrückt, es handelt sich dabei um Ressourcen, die auf der Zugehörigkeit zu einer Gruppe beruhen“ (Bourdieu 1983, S. 190). Die Beziehungen, die dem sozialen Kapital zu Grunde liegen, sind seiner Ansicht nach nur in Form von Austauschbeziehungen praktikabel. Dies setzt voraus, dass die an einer Beziehung Beteiligten an einem reziproken Prozess des Gebens und Nehmens teilhaben. Doch auch unter dieser Voraussetzung ist das moderne Individuum gezwungen, durch unaufhörliche „Beziehungsarbeit“ sein Sozialkapital zu reproduzieren.

Dies geschieht „in Form von ständigen Austauschakten ..., durch die sich die gegenseitige Anerkennung immer wieder neu bestätigt“ (Bourdieu 1983, S. 190). An dieser Stelle manifestiert sich für die Vertreter der „Verlust-These“ eine neue soziale Ungleichheit: Sie stellen die (rhetorische) Frage, ob alle Individuen gleichermaßen in der Lage sind, die zur Reproduktion ihres Sozialkapitals erforderliche Beziehungsarbeit zu leisten oder auch, ob alle genügend soziale Attraktivität besitzen, um den Gesetzen des reziproken Austauschs zu genügen und geben auch gleich die Antwort: „Offensichtlich sind nicht alle Menschen gleichermaßen dazu in der Lage, sich mittels eigener Geschicklichkeit und Attraktivität adäquate soziale Netzwerke aufzubauen. Nicht alle verfügen im selben Ausmaß über die eigenständige, aktive, kompetente und gestaltungsfähige Persönlichkeit, die der Modellvorstellung des modernen Menschen entspricht“ (Diewald 1991, S. 31).

(3.) Die Kapitalsorten sensu Bourdieu

Pierre Bourdieu, der in Paris Kultursoziologie lehrte, zählt heute zu den bekanntesten Soziologen. Insbesondere seine Kritik der pädagogischen Mythenbildung, die ‘Theorie der symbolischen Gewalt’ und seine Auffassung, dass Chancengleichheit eine Illusion sei, erregten Aufsehen und führten dazu, dass Bourdieus Arbeiten seit den 1970er auch in der Pädagogik intensiv rezipiert und diskutiert werden. Gleiches gilt für die Begriffe Habitus und Kapital, die eng mit dem Namen Bourdieu verbunden sind.

Die Ausgangsbasis Bourdieus ist die Beobachtung, dass Menschen ähnlicher sozialer Position auf ähnlich strukturierte Handlungsmuster und Bewertungen zurückgreifen und somit eine vergleichbare Lebenspraxis haben. Dieser Lebensstil drückt sich z. B. in der Sprache, im Geschmack, in Konsumgewohnheiten, durch Vorlieben in der Freizeitgestaltung oder in Formen des Familienlebens aus. Da es nicht ausreiche, zur Erklärung der gesellschaftlichen Welt, die nicht als Aneinanderreihung kurzlebiger und mechanischer Gleichgewichtszustände betrachtet werden darf, den Menschen die Rolle „austauschbarer Teilchen“ (1983, S. 49) zuzusprechen, sondern vielmehr sowohl die objektiven als auch die subjektiven Strukturen zu erfassen, entwickelt er das Konzept des Habitus, das eng verbunden ist mit dem Begriff des Kapitals.

Habitus ist nach Bourdieu ein kollektives, geschichtlich erworbenes System unbewusst funktionierender Denkstile und Wahrnehmungsfilter. Er produziert Handlungsmuster und Bewertungen und stellt die Umsetzung der sozialen Position eines Menschen zu einem passenden Lebensstil dar. Bourdieu geht von der Existenz dieser Korrelation, also des Zusammenhangs zwischen der sozialen Position eines Menschen und seinem Lebensstil, aus. „Dieser Zusammenhang ist kein mechanischer, diese Beziehung ist nicht direkt in dem Sinne, daß derjenige, der weiß, wo ein anderer steht, auch bereits dessen Geschmack kennt. Als Verbindungsglied zwischen der Position innerhalb des sozialen Raumes und spezifischen Praktiken, Vorlieben usw. fungiert das, was ich *Habitus* nenne, das ist eine allgemeine Grundhaltung, eine Disposition gegenüber der Welt“ (Bourdieu 1982, S. 238).

Unter dem „Sozialen Raum“ versteht Bourdieu die objektiv erfassbaren Lebensbedingungen und die daran gebundenen bzw. darin enthaltenen Wertvorstellungen, wie sie jeder Mensch für sich selbst in seinem Lebensraum von dem Zeitpunkt an erfährt, ab dem er wahrnehmen kann. Ihm weist Bourdieu hohe Bedeutung zu, da er das prägende Element im Heranwachsen eines jeden darstellt, also einen „konditionierenden Effekt“ ausübt. In seiner Eigenart wird der soziale Raum von Bourdieu auch als „strukturierende Struktur“ bezeichnet, da die ihm inhärente Struktur durch die Konditionierung strukturierend auf das Individuum einwirkt. Da der Mensch bereits vor der Geburt im Einfluss seines Umfeldes steht, und dieses Umfeld, einschließlich der werdenden Mutter, sich bereits in seiner besonderen Eigenart präsentiert (Laute, Rhythmen und Melodien, emotionales Engagement, Bewegungen etc.), beginnt der konditionierende Einfluss bereits vorgeburtlich. Spezifiziert wird der soziale Raum eines Individuums unter anderem durch die soziale Lage, die Klasse oder das Milieu, deren besondere Bedingungen und regulative Mechanismen im Verhalten und Urteil des Individuums wiederzuerkennen sind.

Die Klasse wird von Bourdieu (1982) nochmals untergliedert in die mobilisierte und die objektive Klasse. Während die *mobilisierte Klasse* eine zeitlich begrenzte Erscheinung im Sinne eines Kampfes gegen eine als inakzeptabel empfundene Bedingung darstellt, in der sich Menschen zusammenfinden, die ihre Klasse durch gleiche Interessen gegen diesen Missstand definieren oder von außen definiert bekommen, die jedoch in ihrer privaten oder sonst üblichen öffentlichen, beruflichen Haltung und Lebensweise nicht einheitlich sein müssen, dient die *objektive Klasse* in ihrem Streben dem Erhalt der eigenen inhärenten Identität. Zwar kann auch sie zeitlich begrenzt sein, das heißt über die Zeit neue Einflüsse verarbeiten oder gar aussterben. Doch ist ihre Struktur im Vergleich zur mobilisierten Klasse viel komplexer gestaltet. Sie bezieht in ihre Identität eine Vielzahl von Faktoren ein, wie sie ein vollständiges Existieren in einer gewissen gesellschaftlichen Position, einschließlich Beruf, Religion, Erziehung o. ä. ermöglichen.

Zur Klärung der Fragestellung, wie sich Individuen in sozialen Räumen und somit in objektiven Klassen bedingen und wie sich diese objektiven Klassen durchsetzen, führt Bourdieu das Konzept des Habitus ein.

Nach Bourdieu (1982, S. 277) ist „der Habitus (...) Erzeugungsprinzip objektiv klassifizierbarer Formen von Praxis und Klassifikationssystem dieser Formen“. Er erzeugt also Formen des Verhaltens und der Wertung, und zwar nicht willkürlich, sondern durch Einfluss des sozialen Raumes. So wie der jedem Individuum inhärente Habitus durch den sozialen Raum strukturiert wird, strukturiert er selbst Systeme der Erzeugung von Verhalten (Praxisformen) und Bewertung (Geschmack). Er ist also strukturierte und strukturierende Struktur in einem, er ist nicht bewusst und gleichzeitig generativ. So überträgt der soziale Raum seine Formen von Praxis und seine Bewertungsschemata auf das Individuum, dieses Individuum, sich seines Habitus nicht bewusst, betrachtet aber seine Formen von Praxis und seine Bewertungsschemata als bewusst gewählt (Kooptationseffekt).

Je nachdrücklicher sich das Individuum selbst, als Vertreter seines Habitus, in die Klasse, also seinen sozialen Raum einbringt, desto stärker fördert es diesen in seiner Eigenart, so dass der Habitus der Klasse erhalten bleibt. Habitus produziert demnach Habitus.

Insgesamt kann Bourdieu mit dem Habitusbegriff ohne Rücksicht auf kultursoziologische Traditionen argumentieren und in der Forschung operieren. Er kreiert einen Begriff, „der sich sowohl auf das Prinzip der objektiven Regelmäßigkeiten wie auf das Vermögen des Handelnden als System verinnerlichter Modelle anwenden" lässt (Bourdieu 1974, S. 40). Das objektive Verhalten und die subjektiven Modelle, denen das Verhalten folgt, stehen damit für Bourdieu im Mittelpunkt des Interesses.

Die Tragfähigkeit des Habitusbegriffs hat Bourdieu in verschiedenen Forschungszusammenhängen erprobt. In der Arbeit „Grundlagen einer Theorie der symbolischen Gewalt" (Bourdieu & Passeron 1973) wurde der Habitusbegriff in einer Strukturanalyse des Bildungssystems angewendet. Eine kunstsoziologische Anwendung findet sich in Bourdieus „Soziologie der symbolischen Formen" (1974). Im 'Entwurf einer Theorie der Praxis' (Bourdieu 1979) analysiert er eine fremde Kultur. In den 'feinen Unterschieden' (Bourdieu 1982) wendet er das Habituskonzept auf die unterschiedlichen sozialen 'Fraktionen' innerhalb der französischen Gesellschaft an und im „Homo Academicus" (1988) untersucht er den Habitus von Wissenschaftlerinnen und Wissenschaftlern.

Im Zentrum des Bourdieuschen Konzepts des Habitus steht der Begriff des Kapitals. Kapital ist nach Bourdieu (1983, S. 49) „akkumulierte Arbeit, entweder in Form von Material oder in verinnerlichter, 'inkorporierter' Form. (...) Als vis insita ist Kapital eine Kraft, die den objektiven und subjektiven Strukturen innewohnt; gleichzeitig ist das Kapital – als lex insita – auch grundlegendes Prinzip der inneren Regelmäßigkeit der sozialen Welt". Dem Kapital ist es nach Bourdieu möglich, Profite zu produzieren, sich selbst zu reproduzieren oder auch zu wachsen. Die Verteilung von Kapital entscheidet über das dauerhafte Funktionieren einer gesellschaftlichen Wirklichkeit und spiegelt diese gesellschaftliche Wirklichkeit in allen Facetten wider – auch über das ökonomische herausgehend.

Der Ökonomie und ihren Wissenschaften, den Wirtschaftswissenschaften, wirft Bourdieu (1983) vor, mit einer Gleichsetzung des nicht-ökonomischen mit dem uneigennützigen sich zu sehr auf Marktbeziehungen zu beschränken. Nicht als einen Gegenentwurf, sondern vielmehr als eine Erweiterung zu verstehen ist deswegen sein Anliegen, eine allgemeine Wissenschaft von der ökonomischen Praxis zu begründen, und zwar eine solche, die auch diejenigen Praxisformen einbezieht, die zwar einen objektiv ökonomischen Charakter haben, aber im gesellschaftlichen Leben nicht erkannt werden oder auch nicht erkennbar sind, wie z. B. auch über das ökonomische Kapital hinausgehende Formen, nämlich das kulturelle und das soziale Kapital.

(3.1) Das kulturelle Kapital

Der Begriff des kulturellen Kapitals diente Bourdieu ursprünglich als Forschungshypothese für das Ziel, die Ungleichheit schulischer Leistungen für

Kinder aus unterschiedlichen sozialen Klassen zu erklären. Überwunden werden sollten die Annahmen der Human-Kapital-Schule (siehe hierzu auch Kapitel 7). Zwar haben sie zum ersten Mal die Frage expliziert, in welchem Verhältnis erzieherische zu ökonomischen Investitionen stehen. Nicht berücksichtigt haben sie allerdings die Struktur unterschiedlicher Profitchancen, auch über die schulischen Erziehungsstrategien hinausgehende und das System der Reproduktionsstrategien. „Daraus ergibt sich das unausweisliche Paradoxon, dass die Humankapital-Theoretiker sich selbst dazu verdammen, die am besten verborgene und sozial wirksamste Erziehungsinvestition unberücksichtigt zu lassen, nämlich die Transmission kulturellen Kapitals in der Familie“ (Bourdieu 1983, S. 54).

Konkret untergliedert Bourdieu das kulturelle Kapital in drei Formen, nämlich (1.) in das verinnerlichte (inkorporierte) Kapital, das in Form dauerhafter im Organismus angelegter Dispositionen vorkommt, (2.) in objektiviertes Kapital, z. B. in Form kultureller Güter, wie Bücher, Bilder o. ä., und (3.) in institutionalisiertes Kapital, einer Form der Objektivation, wie z. B. schulische Titel.

Das inkorporierte Kapital stellt in Rechnung, dass die meisten Eigenschaften des kulturellen Kapitals körpergebunden sind. So setzt die Akkumulation von Bildung bzw. Kultur einen Verinnerlichungsprozess voraus, der Unterichts- bzw. Lernzeit kostet. Diese Zeit muss von jedem persönlich investiert werden – das Delegationsprinzip ist in diesem Fall ausgeschlossen.

Zeit ist nach Bourdieu als Bindeglied zwischen ökonomischem und kulturellem Kapital zu bezeichnen: „Unterschiedliches Kulturkapital in der Familie führt zunächst zu Unterschieden beim Zeitpunkt des Beginns des Übertragungs- und Akkumulationsprozesses, sodann zu Unterschieden in der Fähigkeit, den im eigentlichen Sinne kulturellen Anforderungen eines langandauernden Aneignungsprozesses gerecht zu werden“ (Bourdieu 1983, S. 59).

In engem Zusammenhang damit sieht Bourdieu auf der einen Seite die Tatsache, dass die Zeit zur Akkumulation kulturellen Kapitals oftmals nur so lange ausgedehnt werden kann, wie das Individuum von seiner Familie von ökonomischen Zwängen befreit ist. Verbunden ist damit auf der anderen Seite eine Ungleichheit, die darin besteht, dass gerade in denjenigen Familien, die über ein starkes kulturelles Kapital verfügen, der Prozess der Sozialisation gleichzeitig auch ein Prozess der Akkumulation kulturellen Kapitals ist, ohne Verzögerung und Zeitverlust.

Das objektivierte Kapital stellt Bourdieu in einen engen Zusammenhang zum inkorporierten, verinnerlichten Kulturkapital. So ist zwar kulturelles Kapital auf dem Wege materieller Träger materiell übertragbar. „Übertragbar ist allerdings nur das juristische Eigentum. Dagegen ist dasjenige Merkmal, das die Aneignung erst ermöglicht, nicht (oder nicht notwendigerweise) übertragbar: nämlich die Verfügung über kulturelle Fähigkeiten, die den Genuß eines Gemäldes oder den Gebrauch einer Maschine erst ermöglichen“ (Bourdieu 1983, S. 59). Können kulturelle Güter also einerseits zum Gegenstand materieller Aneignung werden, was ökonomisches Kapital voraussetzt, so können sie andererseits auch symbolisch angeeignet werden, was wiederum inkorporiertes Kulturkapital voraussetzt. Beides kann, muss aber nicht zu einer Konkurrenzsituation führen.

Die Erscheinungsform des kulturellen Kapitals in objektiviertem Zustand bezeichnet Bourdieu (1983, S. 60) als autonom und kohärent. Es gehorcht seinen eigenen Gesetzen und ist dem individuellen Willen entzogen. Es lässt sich aus diesem Zustand nicht auf das inkorporierte Kapital des Einzelnen oder kollektiv Handelnder reduzieren.

Das institutionalisierte Kapital bezeichnet Bourdieu als Objektivierung inkorporierten Kapitals in Form von Titeln: „Titel schaffen den Unterschied zwischen dem kulturellen Kapital des Autodidakten, das ständig unter Beweiszwang steht, und dem kulturellem Kapital, das durch Titel schulisch sanktioniert und rechtlich garantiert ist“ (Bourdieu 1983, S. 61). Diese Titel gelten, zumindest formell, unabhängig von der Person ihres Trägers. Gleichzeitig aber sind sie auch unabhängig vom kulturellen Kapital, das der Träger institutionalisierten Kapitals tatsächlich zu einem bestimmten Zeitpunkt besitzt.

Genau an dieser Stelle sieht Bourdieu wiederum einen Zusammenhang zwischen dem institutionalisierten kulturellen und dem ökonomischen Kapital. So hat die Unabhängigkeit des Titels von der Person dazu geführt, dass die Besitzerinnen und Besitzer derartiger Titel diese miteinander vergleichen oder sogar, z. B. im Zuge von Nachfolgen bestimmter Positionen, austauschen. Dieser Wechselkurs führt auch zu einer Konvertibilität was das kulturelle und das ökonomische Kapital betrifft: „Weil der Titel das Produkt einer Umwandlung von ökonomischem in kulturelles Kapital ist, ist die Bestimmung des kulturellen Wertes eines Titelinhabers im Vergleich zu anderen unauflöslich mit dem Geldwert verbunden, für den er auf dem Arbeitsmarkt getauscht werden kann“ (Bourdieu 1983, S. 62). Zumindest teilweise muss also, damit die Bildungsinvestition Sinn hat, deren Umkehrbarkeit objektiv garantiert sein.

(3.2) Das soziale Kapital

Eng verbunden mit dem kulturellen Kapital ist das soziale Kapital, nach Bourdieu (1983, S. 63) „die Gesamtheit der aktuellen und potentiellen Ressourcen, die mit dem Besitz eines dauerhaften Netzes von mehr oder weniger institutionalisierten Beziehungen gegenseitigen Kennens oder Anerkennens verbunden sind; oder anders ausgedrückt, es handelt sich dabei um Ressourcen, die auf der Zugehörigkeit zu einer Gruppe beruhen“.

Indem Sozialkapitalbeziehungen in der Praxis als materielle und/oder symbolische Austauschbeziehungen existieren, dient das soziale Kapital dem einzelnen Menschen als Sicherheit. Dieses gilt insbesondere dann, wenn eine Institutionalisierung eine Sozialkapitalbeziehung garantiert, wie z. B. durch das Tragen eines gemeinsamen Namens, der die Zugehörigkeit zu einer Familie, Klasse oder einen Stamm kennzeichnet. Existent und verstärkt werden solche institutionalisierten Sozialkapitalbeziehungen dann, wenn sie in Austauschbeziehungen gelebt werden, und zwar als Verknüpfung materieller und symbolischer Aspekte.

Der Umfang des Sozialkapitals, das der Einzelne besitzt, und zu dem auch Manieren, wie z. B. das Benehmen oder die Sprechweise gerechnet werden können, hängt nach Bourdieu einerseits von der Ausdehnung des

Netzes von Beziehungen ab, andererseits aber auch vom Umfang des Kapitals, mit denen ein Mensch in Beziehung steht. Hierbei ist zwar das soziale Kapital entscheidend, dennoch kann das kulturelle und ökonomische Kapital hiervon nicht vollständig unabhängig gesehen werden, „denn die in den Tauschbeziehungen institutionalisierte gegenseitige Anerkennung setzt das Anerkennen eines Minimums von „objektiver" Homogenität unter den Beteiligten voraus; außerdem übt das Sozialkapital einen Multiplikatoreneffekt auf das tatsächlich verfügbare Kapital aus" (Bourdieu 1983, S. 64). Konkret heißt das, dass es – im Sinne einer Austauschbeziehung – insbesondere die Profite sind, die sich aus der Zugehörigkeit zu einer Gruppe ergeben, und die die Grundlage für die Solidarität dieser Gruppe bilden. Das bedeutet jedoch nicht, dass diese Profite bewusst angestrebt werden.

Die Existenz eines Beziehungsnetzes ist nach Bourdieu (1982, 1983) weder eine soziale noch eine natürliche Gegebenheit. Vielmehr ist sie das Produkt einer fortlaufenden Institutionalisierungsarbeit, die Produktion und Reproduktion der dauerhaften und nützlichen Verbindungen sowie den Zugang zu materiellen und symbolischen Profiten verschafft: „Anders ausgedrückt, das Beziehungsnetz ist das Produkt individueller oder kollektiver Investitionsstrategien, die bewußt oder unbewußt auf die Schaffung oder Erhaltung von Sozialbeziehungen gerichtet sind, die früher oder später einen unmittelbaren Nutzen versprechen" (Bourdieu 1983, S. 65). Zufallsbeziehungen werden in besonders ausgewählte und notwendige Beziehungen umgewandelt, die dauerhafte, entweder auf subjektiven Gefühlen oder institutionellen Garantien beruhende Verpflichtungen nach sich ziehen.

Voraussetzung und Ergebnis des Ausbaus zufälliger in besonders ausgewählte und notwendige Beziehungen ist das gegenseitige Kennen und Anerkennen, das durch den Austausch materieller und symbolischer Werte signalisiert wird. Gleichzeitig wird hiermit die Gruppe reproduziert, indem ihre Grenzen durch die Anerkennung der Gruppenzugehörigkeit bestätigt werden. Beziehungsarbeit führt also direkt und indirekt zur Verausgabung auch ökonomischen Kapitals in Form von Zeit und Geld.

(3.3) Das ökonomische Kapital

Bereits die Darstellung des kulturellen und des sozialen Kapitals hat gezeigt, dass dem ökonomischen Kapital ein hoher Stellenwert zukommt. Viele Kapitalarten können mit Hilfe ökonomischen Kapitals erworben werden, teilweise jedoch nur um den Preis eines mehr oder weniger großen Aufwandes an Transformationsarbeit: „So gibt es z. B. bestimmte Güter und Dienstleistungen, die mit Hilfe von ökonomischem Kapital ohne Verzögerung und sekundäre Kosten erworben werden können. Es gibt aber auch solche, die nur aufgrund eines sozialen Beziehungs- und Verpflichtungskapitals erworben werden können" (Bourdieu 1983, S. 70).

Eine solche Transformation, in diesem Fall sozialen in ökonomisches Kapital, betrifft auch andere Kapitalformen. Als Kapitalumwandlung bezeichnet stellt Bourdieu ihre unterschiedlichen Voraussetzungen dar.

Eine Voraussetzung zur Umwandlung von sozialem in ökonomisches Kapital ist beispielsweise, dass Beziehungen und Verpflichtungen bereits seit langem etabliert und lebendig gehalten worden sind, und zwar außerhalb der Zeit ihrer Nutzung und um den Preis einer Investition von Beziehungsarbeit. Gerade diese Beziehungsarbeit ist es dann, die dazu führt, dass die Dauer der investierten Zeit zu einer allgemeinen Schuldanerkenntnis wird.

Im Zuge der dargestellten Transformation entwickelt sich also die spezifische Wirkung des sozialen Kapitals erst in der Weise, in der die spezifische Wirkung dieser Kapitalsorte verborgen bleibt, und zwar zuallererst vor dem eigenen Inhaber – eine Logik, die Bourdieu für fast alle Kapitalsorten aufzeigt. Die Ursache hierfür sieht er im Einfluss des ökonomischen Kapitals, das „einerseits allen anderen Kapitalsorten zugrundeliegt, daß aber andererseits die transformierten und travestierten Erscheinungsformen des ökonomischen Kapitals niemals ganz auf diese zurückzuführen sind" (Bourdieu 1983, S. 71).

Als einen der Umwandlung von ökonomischem und sozialem Kapital ähnlichen Prozess beschreibt Bourdieu die Umwandlung von ökonomischem in kulturelles Kapital.

Der beste Maßstab für kulturelles Kapital ist die Dauer der Zeit, die für seinen Erwerb aufgewendet wird und die in der Regel über ökonomisches Kapital ermöglicht wird. So ist es nicht allein die Akkumulation kulturellen Kapitals in der Familie, sondern vor allem die Zeit, die in der Familie für die Weitergabe des Kulturkapitals aufgewendet wird und einen verzögerten Eintritt in den Arbeitsmarkt nach sich zieht.

Einen Unterschied zwischen der Übertragung von ökonomischem in soziales und derjenigen in kulturelles Kapital sieht Bourdieu in den Verschleierungskosten. Sie sind, gemeinsam mit dem Schwundrisiko, für die Konvertierbarkeit der verschiedenen Kapitalsorten entscheidend: „Die unterschiedlichen Kapitalsorten unterscheiden sich nach ihrer Reproduzierbarkeit, also danach, wie leicht sie sich übertragen lassen. Dabei geht es zum einen um das Ausmaß bei der Kapitalübertragung auftretenden Schwundquote, zum anderen darum, in welchem Maße sich die Kapitalübertragung verschleiern läßt" (Bourdieu 1983, S. 73). Schwundrisiko und Verschleierungskosten verhalten sich tendenziell umgekehrt proportional zueinander.

Für die Weitergabe kulturellen Kapitals konstatiert Bourdieu, dass sich diese mit größter Heimlichkeit vollziehe. Sie entziehe sich sowohl dem Bewusstsein als auch der sozialen Kontrolle. So muss, soll seine volle Wirksamkeit entfaltet werden, das kulturelle Kapital zunächst in schulische Titel übertragen werden.

Betrachtet man die dargestellten neueren sozialwissenschaftlichen Ansätze zusammenfassend, so wird deutlich, dass moderne Gesellschaften zunehmend durch die Herauslösung aus traditionellen Bindungen und die Zunahme individueller Wahl- und Handlungsmöglichkeiten sowie durch neue Regulationsformen von Arbeit gekennzeichnet zu sein scheinen (Beck 1986, Berger 1987, 1990; Bolte 1990, Bolte & Hradil 1987, Hradil 1983, 1985, 1987, Heidenreich 1996, Heidenreich & Töpsch 1998 u. a.): „Traditionelle Formen des Zusammenlebens, klassenspezifische Wahl- und Konsummuster, schichtspezifische Formen des Freizeitverhaltens und geschlechtsspezifische

Lebens- und Erwerbsbiographien verlieren ihre bisherige Verbindlichkeit. Die Geburt von Kindern bald nach der Heirat oder der Kauf eines 'angemessenen' Autos bei einem entsprechenden Verdienst verlieren angesichts vielfältiger Wahlmöglichkeiten ihre bisherige Selbstverständlichkeit" (Heidenreich 1996, S. 24.). Diese Zunahme individueller Entscheidungsmöglichkeiten wird unter dem Stichwort „Individualisierung" gefasst: Lebensstile werden der eigenen Wahlfreiheit und Persönlichkeit zugerechnet. Darüber hinaus wird die eigene Persönlichkeit zum Bestandteil von (individuellen) Karrieren. Ein Verzicht auf eigene Entscheidungen, auf eine eigene Lebensperspektive oder einen eigenen Lebensweg scheint kaum mehr möglich zu sein.

Dass gesellschaftliche Individualisierungsprozesse jedoch nicht zu einer Nivellierung sozialer Ungleichheiten führen, zeigt Bourdieu (1974, 1979, 1982, 1983, Bourdieu & Passeron 1973). Ausgehend von der Beobachtung, dass Menschen ähnlicher sozialer Position auf ähnlich strukturierte Handlungsmuster und Bewertungen zurückgreifen und somit eine vergleichbare Lebenspraxis haben, expliziert er die „Reproduktionsstrategien" und damit auch die Rekrutierungsmechanismen sozialer Positionen. So scheint die alleinige Vererbung ökonomischen Kapitals nicht mehr ausreichend zu sein, um die entscheidende Positionen in Wirtschaft und Gesellschaft erhalten bzw. an die folgende Generation weitergeben zu können (Hartmann 1996, S. 17, Bourdieu, Boltanski & de Saint Martin 1981, Bourdieu 1983). Erforderlich ist vielmehr ein kulturelles Kapital, das sich u. a. in schulischen Titeln und – in Zusammenhang mit dem kulturellen Kapital – in sozialem Kapital niederschlägt.

Die Ausstattung mit den genannten Kapitalsorten kann nach Bourdieu (1974, 1979, 1982, 1983, Bourdieu & Passeron 1973) als Ressource betrachtet werden, die dem Aufstieg und der Möglichkeit, gesellschaftliche Machtpositionen zu bekleiden, dient. Diese Ressourcen haben damit Ab- und Ausgrenzungscharakter und dienen als Mittel der Exklusion gesellschaftlicher Schichten.

Nach Bourdieu (1983) bilden sich soziale Differenzierungen zunehmend in ihren symbolischen Repräsentationsformen ab, die keineswegs nur harmlose Formen ungleicher sozialer Lagen gesellschaftlicher Schichten und Gruppen darstellen. Vielmehr bilden sie den Bereich, in dem die „verborgenen Mechanismen der Macht" als Mittel und Effekte der Distinktion, also der Abgrenzung operieren (Bourdieu 1992).

Ähnlich wie mit Bourdieu (1982, 1983) heute davon ausgegangen wird, dass kulturelles Kapital zu einem festen Bestandteil einer Person zählt und dieses zwar leichter zu erwerben ist, wenn ökonomisches Kapital vorhanden ist, aber das Vorhandensein ökonomischen Kapitals nicht ausschließlich auch über das Vorhandensein kulturellen Kapitals entscheidet, gehen auch neuere Ansätze der Armutsforschung von über die monetäre Komponente hinausgehende Dimensionen von Armut aus.

Es sind gerade diese Dimensionen und ihre Abgrenzungen voneinander, die – geht es um die Frage, wer in einer entwickelten Gesellschaft, wie der Bundesrepublik Deutschland als „arm" bezeichnet werden kann –, im Mittelpunkt der sozialwissenschaftlichen Diskussion stehen.

4. Sozialwissenschaftliche Definitionen von Armut

Insbesondere der sozialwissenschaftliche Diskurs über „neue" soziale Ungleichheiten und die sich hieraus ergebenden Fragen nach deren Konsequenzen haben gerade in den letzten Jahren zu einer ausgeprägten Debatte darüber geführt, was unter Armut – auch in den so genannten „entwickelten" Gesellschaften – verstanden werden kann und wie diese Armut von der in den so genannten „Entwicklungsländern" abzugrenzen und methodisch zu fassen ist.

Was als „notwendig" und was als „zureichend" bezeichnet werden kann, also wie sich der „Bedarf" von Personen bezogen auf ihren gesellschaftlichen Kontext genau darstellt, diese Frage bleibt jedoch nicht nur bei Simmel (1908) ungeklärt. Vielmehr steht sie auch heute noch im Mittelpunkt der aktuellen Armutsdiskussion.

4.1 Die Bestimmung des „notwendigen Lebensstandards"

Andreß, Burkazki, Lipsmeier et al. (1996) beschreiben „Bedarf" allgemein als „die Menge an Gütern, die ein Individuum zu einer gegebenen Zeiteinheit zum Leben benötigt" (Andreß, Burkazki & Lipsmeier et al. 1996, S. 7). Hierbei geht es um einen Mindeststandard, da sonst, würde man die individuellen Präferenzen einer Person in den Mittelpunkt stellen, fast alle Menschen als arm zu bezeichnen wären. Gleichzeitig muss dieser Mindeststandard – nach Andreß, Burkazki, Lipsmeier et al. (1996) – als relativ, also in seinem Bezug auf den jeweilig vorherrschenden gesellschaftlichen Kontext – betrachtet werden. Den unterschiedlichen Ansätzen, die zur Ermittlung eines solchen Mindeststandards geprägt werden und geprägt wurden sowie der Diskussion eines relativen versus eines absoluten Armutsindikators widmet sich Zimmermann (1993).

4.1.1 Absolute und relative Armutsdefinitionen

Trotz der ausgeprägten Diskussion, die in sehr verschiedene Konzepte und damit auch Definitionen von Armut mündete, sowie der ihr impliziten Auseinandersetzung über den Begriff des Mindeststandards bzw. des Bedarfs, beherrscht die Frage, ob ein Mindeststandard absolut oder relativ zu bestimmen ist, die heutige Armutsdiskussion nur noch marginal.

Stellt der *absolute* Begriff des Mindeststandards auf diejenigen Güter ab, „die für die physische Existenz einer Person notwendig sind" (Andreß, Burkazki & Lipsmeier 1995, S. 7), so hebt die *relative* Definition von Armut auf das in einer Gesellschaft zu einem bestimmten Zeitpunkt allgemein akzeptierte

Wohlfahrtsniveau ab. Nicht ausschließlich materielle, sondern auch immaterielle Güter finden hierbei Berücksichtigung: „In (unterentwickelten) Gesellschaften mit Ernährungsproblemen kann es daher sehr wohl sinnvoll sein, die Gewährleistung der physischen Existenz durch Verwendung von ernährungswissenschaftlich begründeten Warenkörben zu prüfen" (Andreß, Burkazki & Lipsmeier 1996, S. 8), also den absoluten Begriff des Mindest-standards als Grundlage zu wählen. Im Hinblick auf entwickelte Industriestaaten wie z. B. die Bundesrepublik Deutschland ist dieser Ansatz aber nur bedingt geeignet, zumindest wenn man in Rechnung stellt, dass in Industriestaaten das Problem der physischen Existenzsicherung weitgehend gelöst ist. Hier muss der Begriff der Armut neu definiert werden, nämlich nicht mehr bezogen auf einen absoluten, sondern auf einen relativen Maßstab: Als relative Armut werden *Mangelzustände* bezeichnet, *die sich am allgemeinen bzw. durchschnittlichen Lebensstandard einer festgelegten Population orientieren.*

Einerseits ist in der neueren Armutsforschung „weitgehend akzeptiert, daß eine objektive Definition von Armut unmöglich und Armut daher ein normatives Konzept ist" (Andreß, Burkazki & Lipsmeier 1996, S. 8). Andererseits werden – gerade im Anschluss an die Festlegung, in den entwickelten Industriestaaten Armut stärker als relatives Problem zu betrachten – weitere Differenzierungen geprägt. Sie beziehen sich z. B. auf die dem Begriff der Armut impliziten Werturteile und die hiermit in Verbindung stehende Normativität.

4.1.2 Normative und konsensuelle Armutsdefinitionen

Jede Armutsdefinition impliziert Werturteile. Auf deren kritische Reflexion verweist bereits Piachaud (1992): Werden diese Werturteile von den Forscherinnen und Forschern oder von anderen Expertinnen und Experten durch politische Festlegungen oder statistische Kriterien bestimmt und dann, wie z. B. in der Armutsstudie von Townsend (1979), einer breiteren empirischen Untersuchung unterzogen, spricht man von subjektiven Armutsdefinitionen. Im Gegensatz dazu stehen konsensuelle Armutsdefinitionen.

Konsensuelle Armutsdefinitionen basieren auf einem autonomen Entscheidungsprozess einer größeren Population von Personen. Diese entscheiden, z. B. auf dem Wege einer Repräsentativbefragung, selbst darüber, was als „notwendiger Lebensstandard" zu bezeichnen ist (Andreß, Burkazki et al. 1996, S. 9). Allerdings werden mit einem solchen Vorgehen die Entscheidungsprozesse keinesfalls vollständig in den öffentlichen Diskurs verlagert. Vielmehr wird der Anspruch, Armut relativ zu betrachten, und zwar bezogen auf den aktuellen Lebensstandard einer Gesellschaft, nach dem konsensuellen Ansatz indirekter umgesetzt als nach dem subjektiven (Andreß, Burkazki, Lipsmeier et al. (1995).

4.1.3 Direkte und indirekte Armutsdefinitionen

Andreß, Burkazki et al. (1996) weisen noch auf eine weitere Unterscheidung hin, die Ringen (1988) in die Armutsdebatte eingeführt hat: Die Differenz zwischen indirekten und direkten Armutsdefinitionen. Indirekte Armutsdefinitionen betrachten den *Zugang* der Individuen zu den unterschiedlichen Ressourcen („Ressourcen-Ansatz „). Direkte Armutsdefinitionen betrachten den *Einsatz* der Ressourcen durch die Individuen, indem sie die Ergebnisse der Mittelverwendung untersuchen. Gemeint ist hiermit der tatsächlich verfügbare Lebensstandard.

Im Mittelpunkt indirekter Armutsdefinitionen steht der Begriff der „Ressource", wobei sich die Armutsforschung meist auf finanzielle Ressourcen im Sinne von laufenden Einnahmen aus der Erwerbsarbeit beschränkt. Bildung, Kenntnisse, Fähigkeiten, Gesundheit, psychische Ressourcen und Wert- und Normvorstellungen, wie sie z. B. von Walper (1988) betrachtet werden, bleiben bei einer solchen Betrachtung häufig unberücksichtigt. So nimmt z. B. Walper (1988) eine Unterscheidung zwischen „externen" Ressourcen, „haushaltsbezogenen" Ressourcen und „individuellen" Ressourcen vor. Eine Person, die über ein so geringes Einkommen verfügt, dass dieses nur zur Deckung eines Minimallebensstandards ausreicht, wird nach dieser Konzeption als arm bezeichnet.

Im Gegensatz zu den indirekten Armutsdefinitionen betrachten die direkten Definitionen den Umgang der Individuen mit den ihnen zugänglichen Ressourcen. Konkret heißt das: „Direkte Armutsdefinitionen betrachten die Seite der Einkommensverwendung" (Andreß, Burkazki et al. 1996, S. 13). „Einkommen" stellt in diesem Fall nicht nur auf die privaten, sondern auch auf die öffentlichen Einkommensressourcen ab, also z. B. auf die kommunale soziale Infrastruktur.

4.2 Die Messung des „notwendigen Lebensstandards"

Die differierenden Konzepte, den „notwendigen Lebensstandard" zu erfassen – absolut versus relativ, normativ versus konsensuell, direkt versus indirekt – haben insbesondere im Hinblick auf ihre methodische Umsetzung eine ausgeprägte Diskussion erfahren. Das methodische Vorgehen zur Erfassung von Armut hängt vom gewählten Ansatz und dessen methodischen Notwendigkeiten ab. Voraussetzung hierfür ist, dass die jeweiligen die Konzepte konstituierenden Begrifflichkeiten trennscharf operationalisiert werden. Dieses betrifft vor allem den Begriff der „Ressource" – insbesondere bei den indirekten und bei den direkten Armutsdefinitionen.

Coleman (1991) zählt zu den Ressourcen vor allem solche Ausstattungsmerkmale, die „in der Volkswirtschaft private Güter genannt werden" (Coleman 1991, S. 40). Andreß, Burkatzki et al. (1996) kritisieren hieran, dass z. B. das Erwerbseinkommen, das zur Anschaffung dieser Ausstattungsmerkmale führt, „erst durch den Einsatz der Ressourcen 'Zeit' und

'Humankapital'„ entstehe (Andreß, Burkatzki et al. 1996, S. 11). Letzteres werde jedoch in Colemans Definition nicht berücksichtigt. Zwar bestehen bereits Ansätze, die mit Hilfe indirekter Indikatoren sowohl das Humankapital als auch das Vermögen einer Person oder eines Haushalts zu berücksichtigen versuchen. Diese Ansätze sind jedoch mit einer Vielzahl anderer Probleme belastet, die mit ihren zahlreichen Implikationen zusammenhängen. So sind „zur Berechnung der Einkommenskapazität ebenso weitreichende Annahmen notwendig (...), um z. B. die Tatsache zu berücksichtigen, daß Personen aufgrund individueller oder sozialer Restriktionen (z. B. gesundheitliche Behinderung, Kinderbetreuung, mangelnder Arbeitsnachfrage) gar nicht in der Lage sind, voll erwerbstätig zu sein“ (Andreß, Burkatzki et al. 1996, S. 13).

Die direkten Armutsdefinitionen scheinen diese Probleme gelöst zu haben. Sie stellen nicht mehr, wie z. B. Townsend (1979), ausschließlich auf das Einkommen ab, sondern versuchen, die gesamte Lebenssituation der von Armut betroffenen Personen zu berücksichtigen. Ebenso wie die indirekten Ansätze haben die direkten jedoch zahlreiche Folgeprobleme zu lösen. Diese hängen vor allem mit der Multidimensionalität des Begriffs „Ressource“ – und somit auch des Begriffs Armut – zusammen. Nicht geklärt ist vor allem

- welche Dimensionen den „allgemeinen Lebensstandard“ konstituieren, also inwieweit ausschließlich die so genannten Grundbedürfnisse Ernährung, Wohnen etc. oder auch subjektive Dimensionen wie z. B. das Wohlbefinden oder die Teilnahme am sozialen und politischen Leben in das Konzept einbezogen werden;
- wie der freiwillige Verzicht, z. B. durch individuelle Präferenzen, berücksichtigt werden kann;
- wie – neben dem freiwilligen Verzicht – soziale Faktoren berücksichtigt werden können, z. B. solche, die darüber Auskunft geben, inwieweit spezifische Ressourcen (z. B. soziale Einrichtungen) in welchem Ausmaß zur Verfügung stehen.

Sind es einerseits die sozialwissenschaftlichen Diskussionen, die die Klärung definitorischer Fragen in ihren Mittelpunkt stellen und die entscheidend die methodologischen Umsetzungen von Armutskonzepten auch heute noch begleiten (Bundesministerium für Arbeit und Sozialordnung 1999, Andreß 1999, Atkinson 1998, Baki 1998, Dietz 1997, Schneider 1997, Müller & Otto 1997, Andreß, Burkatzki et al. 1996, Hübinger 1996, Leibfried & Leisering et al. 1995, Zwick 1994, Schäfers 1992 etc.), so geht es andererseits um die impliziten Voraussetzungen der Konzepte.

Unterstellen die direkten Armutsdefinitionen, indem sie den Zugang der Individuen zu unterschiedlichen – meist finanziellen – Ressourcen betrachten, dass die z. B. in einem Haushalt vorhandenen Ressourcen von allen Haushaltsmitgliedern gleichmäßig genutzt werden können, so betrachten die indirekten Armutsdefinitionen den reellen Einsatz der den Individuen zugänglichen Ressourcen. Angenommen wird hierbei, dass Personen das Fehlen eigener Ressourcen durch soziale Vergleichsprozesse wahrnehmen. Darüber hinaus geht dieses Konzept davon aus, dass ein solches Fehlen auch subjektiv als solches bewertet wird.

Die Betonung gerade dieser subjektiven Komponente wird von Townsend (1979) mit dem Hinweis abgelehnt, eine derartige Operationalisierung von Armut führte zu einer Überbewertung emotionaler Faktoren. Demgegenüber erfährt sie in anderen Armutskonzepten einen solchen Stellenwert, dass diese nicht mehr von „relativer", sondern vielmehr von „subjektiver" Deprivation sprechen (Muffels 1993).

Die Grunddifferenz zwischen indirekten und direkten Armutsdefinitionen liegt also vor allem in der Berücksichtigung von Ressourcen: Setzen die direkten Armutskonzepte an den Einkünften an und versuchen, hierüber eine Situation nachzuzeichnen, so konzentrieren sich die indirekten Konzepte auf die Verwendung dieser Einkünfte. Sie stellen auf die Ergebnisse des Verhaltens nach dem Einsatz der den Individuen zugänglichen Ressourcen ab.

Trotz der skizzierten Diskussionen, z. B. hinsichtlich der unterschiedlichen Definitionen des Begriffs „Ressource", seiner Implikationen oder den unterschiedlichen Voraussetzungen, haben beide Konzepte eine entscheidende Gemeinsamkeit: Im Wesentlichen betrachten sie die finanzielle Situation (Einkommen und Vermögen) einer Person bzw. eines Haushalts, also im Sinne Bourdieus (1982, 1983) das ökonomische Kapital einer Person bzw. eines Haushalts, auch wenn es möglich wäre, z. B. die berufliche Qualifikation oder die Arbeitsfähigkeit als Mittel zum Erwerb eines Wohlstandsniveaus heranzuziehen (Andreß 1999, S. 74). In Rechnung gestellt würde hiermit, dass zwar das ökonomische Kapital eine Erleichterung des Erwerbs kulturellen Kapitals darstellt, jedoch keine unbedingte Voraussetzung hierfür ist (Bourdieu 1982, 1983).

Unabhängig von den verschiedenen in den Sozialwissenschaften vorgeschlagenen Wegen zur Definition von „Armut" und „notwendigem Lebensstandard" gilt heute für die Beschreibung der Lebenssituation in der Bundesrepublik Deutschland der Konsens, dass „absolute Armut" – im Sinne eines nicht gesicherten Überlebens – in der Regel nicht mehr vorkommt. Anzutreffen war sie insbesondere in der unmittelbaren Nachkriegsphase. Bedeutung kommt ihr heute noch für die Beschreibung der Situation in der dritten und vierten Welt zu: „Für Armutsuntersuchungen, die auch diese Regionen umfassen, ist beispielsweise das (absolute) Kriterium der Weltbank, pro Kopf und pro Tag über weniger als einen Dollar zu verfügen, ein aussagefähiger Indikator, während zumindest in den heutigen westlichen Industriegesellschaften das zum physischen Überleben erforderliche Minimum mit diesem Kriterium nicht beschreibbar ist" (Bundesministerium für Arbeit und Sozialordnung 1999, S. 32).

In Abgrenzung zu Hunger und Obdachlosigkeit in anderen Ländern werden heute in der Bundesrepublik Deutschland diejenigen Personen oder Haushalte als arm bezeichnet, die über nur so geringe materielle, kulturelle und soziale Mittel verfügen, dass sie von derjenigen Lebensweise ausgeschlossen sind, die in der Bundesrepublik Deutschland als unterste Grenze des Akzeptablen angenommen wird. Galt in den 1980er Jahren noch die Verhinderung der sog. „neuen Armut" als eine der wesentlichsten sozialpolitischen Herausforderungen, so ist es in den 1990er Jahren die Bekämpfung der „relativen Armut" geworden. Als „relative Armut" wird das Maß der Ausgrenzung aus der jeweiligen Gesellschaft verstanden. Relative Armut orientiert sich somit am jeweils bestehenden gesellschaftlichen Wohlstandsniveau.

4.2.1 Monetäre Dimensionen von Armut

Im Gegensatz zum grundsätzlichen definitorischen Konsens (relative vs. absolute Armut) bestehen hinsichtlich der konkreten Messung der Verbreitung von Armut noch immer erhebliche Differenzen. Zur Bestimmung der Grenze der relativen Armut, also der Nicht-Teilhabe an der in der Bundesrepublik Deutschland üblichen sozio-kulturellen Lebensweise, werden verschiedene Wege diskutiert. Armutsdefinitionen lassen sich grob in monetäre und nicht-monetäre Definitionen klassifizieren. Im Folgenden werden die politisch-normative Armutsdefinition (4.2.1.1) und das Durchschnitts-Äquivalenzeinkommen (4.2.1.2) als monetäre, der Ansatz der Lebenslage (4.2.2.1) und der Ansatz der subjektiven Deprivation (4.2.2.2) als nonmonetäre Konzepte vorgestellt.

4.2.1.1 Politisch-normative Armutsdefinition

Die politisch-normative Herangehensweise zur Bestimmung von „Armut" definiert denjenigen Anteil der Bevölkerung als Armutspopulation, der in der Bundesrepublik Deutschland „laufende Hilfe zum Lebensunterhalt" bezieht. Bezug genommen wird hierbei auf den Bedarf an Hilfe, der in den §§ 12, 21-23 Bundessozialhilfegesetz (BSHG) erläutert wird. Die „laufende Hilfe zum Lebensunterhalt" beziffert einen Mindestbedarf für Personen und Haushalte. Die ihr zu Grunde liegenden Regelsätze werden über die Verbrauchsstichprobe bestimmt. Personen bzw. Haushalte, die über ein Einkommen unterhalb der Sozialhilfeschwelle verfügen, werden als „arm" bezeichnet.

Trotz der scheinbaren Eindeutigkeit dieses Vorgehens weist das Konzept der politisch-normativen Armutsdefinition als Methode zur Messung der Verbreitung von Armut erhebliche Schwierigkeiten auf. So ist nicht klar, (1.) ob es sich hierbei um eine „absolute" oder um eine „relative" Armutsgrenze handelt, (2.) wie mit denjenigen Personen oder Haushalten umgegangen wird, die bereits laufende Hilfe zum Lebensunterhalt beziehen und (3.) wie mit denjenigen Personen und Haushalten verfahren wird, denen laufende Hilfe zum Lebensunterhalt zusteht, diese aber nicht abrufen.

zu (1.) Absolute oder relative Armutsgrenze

Absolute Armutsdefinitionen gehen von einem Begriff der Armut aus, der einen feststehenden Mindeststandard derjenigen Güter impliziert, die für die physische Existenz einer Person unabdingbar sind. Auf einem solchen Verständnis von Armut und einer entsprechenden Bedarfsdeckung basiert das Konzept der „laufenden Hilfe zum Lebensunterhalt", das zumindest in Teilbereichen noch auf die Existenz von Mindestbedarfen (absolute Armut) abstellt. So wurde noch bis 1990 das sog. „Warenkorb-Prinzip" angewandt. Der Warenkorb bezeichnete eine Minimalversorgung mit Gütern, die für einen angemessenen Lebensstandard als unabdingbar galten.

Zwar wurde dieser abgelöst. Dennoch besteht ein ähnlicher Ansatz noch im Bereich der Kostenübernahme für eine angemessene Unterkunft, für Heizung sowie für einmalige Bedarfe.

Relative Definitionen von Armut stellen auf das in einer Gesellschaft zu einem bestimmten Zeitpunkt allgemein akzeptierte Wohlfahrtsniveau ab. Sie werden im Konzept der „laufenden Hilfe zum Lebensunterhalt" durch zweierlei Aspekte berücksichtigt: So ist es das erklärte Ziel der Sozialhilfe, einem Menschen ein Leben zu ermöglichen, das der „Würde des Menschen entspricht" (§ 1 Abs. 2 BSHG) und „Beziehungen zur Umwelt und eine Teilhabe am kulturellen Leben" (§ 12 Abs. 1 BSHG) einschließt. Darüber hinaus trat ab 1990 an die Stelle des sog. „Warenkorb-Prinzips" die Einführung des Statistikmodells, das die Regelsätze im Rahmen einer Einkommens- und Verbrauchsstichprobe mittels der Berechnung von Verbrauchsausgaben von Haushalten in unteren Einkommensgruppen ermittelt.

Davon auszugehen, dass hiermit ein wesentlicher Teil der normativen Elemente der Messung der Verbreitung von Armut mittels des politisch-normativen Ansatzes eliminiert sind, wäre jedoch verfehlt. Normative Armutsdefinitionen gehen von einer politisch oder durch Expertinnen und Experten festgelegten Schwelle des „notwendigen Lebensstandards" aus. Elemente dieses Vorgehens finden sich auch noch bei der Festlegung des Sozialhilfeniveaus, und zwar gleich an mehreren Stellen. Zwar orientieren sich die Regelsätze heute an „Stand und Entwicklungen von Netto-Einkommen, Verbraucherverhalten und Lebenshaltungskosten", die durch die „Einkommens- und Verbrauchsstichprobe" ermittelt werden. Sie erübrigen aber nicht die Entscheidung darüber, „ob alle faktisch getätigten Ausgabepositionen auch als normativ relevant für die Regelsatzfestlegung zu sehen sind und wie die 'unteren Einkommensgruppen' abzugrenzen sind" (Bundesministerium für Arbeit und Sozialordnung 1999, S. 34). Darüber hinaus wird seit 1993 eine Anpassung der Regelsätze vorgenommen, und zwar nicht nach den Kriterien des Statistikmodells, sondern nach finanzpolitischen Erwägungen. Eine normative Komponente ist zusätzlich in der Übernahme der Unterkunftskosten enthalten: Diese dürfen nicht „unangemessen hoch" sein.

zu (2.) Personen oder Haushalte, die bereits „laufende Hilfe zum Lebensunterhalt" beziehen

Bei der Messung der Verbreitung von Armut über die „laufende Hilfe zum Lebensunterhalt" ist des Weiteren unklar, wie mit denjenigen Personen umgegangen wird, die bereits diese Unterstützung erhalten. Wird hierbei einerseits die Meinung vertreten, dass mit dem Bezug von „laufender Hilfe zum Lebensunterhalt" der Tatbestand der Armut – im Sinne einer erfolgreich bekämpften Armut – bereits außer Kraft gesetzt ist, so wird andererseits die Notwendigkeit, auf staatliche Unterstützung angewiesen zu sein, gerade als Kennzeichnen von Armut betrachtet.

zu (3.) Personen oder Haushalte, denen „laufende Hilfe zum Lebensunterhalt" zustünde, diese aber nicht in Anspruch nehmen

Als „arm" werden heute diejenigen Personen oder Haushalte bezeichnet, die über nur so geringe materielle, kulturelle und soziale Mittel verfügen, dass sie von der Lebensweise ausgeschlossen sind, die in der Bundesrepublik Deutschland als unterste Grenze des Akzeptablen annehmbar ist. Ein solcher Zustand kann mit einem Bezug staatlicher Hilfe einhergehen, muss jedoch nicht, wie bereits Simmel (1968, S. 371) festgestellt hat. Simmel bezeichnet denjenigen als „arm", „der Unterstützung genießt bzw. sie nach seiner soziologischen Konstellation genießen sollte". Hiernach liegt „Armut" auch dann vor, wenn eine Person nach den Anspruchsvoraussetzungen Sozialhilfe beziehen könnte, diesen Anspruch aber nicht einlöst.

Schätzungen gehen heute für die Bundesrepublik Deutschland – je nach sozialer Gruppe – von 100 % Berechtigten aus, die von ihrem Rechtsanspruch auf „laufende Hilfe zum Lebensunterhalt" keinen Gebrauch machen (Friedrich-Ebert-Stiftung 1998). Nur wenn man diese geschätzte Dunkelziffer („verdeckte Armut") in die Feststellung der Verbreitung von Armut mit einbeziehen würde, wären hiermit gesellschaftspolitische Aussagen und Interpretationen zulässig (siehe zur „verdeckten Armut" auch das Kapitel „Ergebnisse der Armutsmessung").

Deutlich wird, dass die politisch-normative Armutsdefinition anhand des Bezugs der „laufenden Hilfe zum Lebensunterhalt" sowohl durch sachliche, finanzpolitische als auch interessenbezogene Aspekte beeinflusst wird.

4.2.1.2 Das Durchschnitts-Äquivalenzeinkommen

Ein Konzept, das die für die politisch-normative Messung und Definition von Armut berichteten Probleme nicht aufweist, ist das des „Durchschnitts-Äquivalenzeinkommens". Anhand der Einkommenssituation von Personen und Haushalten können Einkommensverteilungen, hier nach Niedrigeinkommens- und Armutsquoten berechnet werden. Von „Armut" wird dann gesprochen, wenn das verfügbare und bedarfsgewichtete Äquivalenzeinkommen eines Haushalts unterhalb von 50 % – unterhalb von 40 % bei „strenger" und von 60 % bei „weiter" Armutsdefinition – des durchschnittlichen und bedarfsgewichteten Äquivalenzeinkommens aller Haushalte liegt. Berücksichtigt wird hierbei die gesamte Anzahl der Personen im Haushalt, die vom monatlichen Haushaltsnettoeinkommen (incl. aller staatlichen Transferzahlungen) leben. Hierzu werden Personengewichte nach Alter und Anzahl der Personen im Haushalt gebildet. Die Personengewichte, die das rationellere Haushalten mehrerer Personen in einem Haushalt berücksichtigen, ermöglichen den Vergleich zwischen unterschiedlich großen Haushalten und dienen als Grundlage zur Berechnung des „Durchschnitts-Äquivalenzeinkommens".

Zwar sind auch mit der Messung der Verbreitung von Armut mittels des Konzepts des „Durchschnitts-Äquivalenzeinkommens" Probleme verbunden. Diese beziehen sich z. B. auf die Fragen (1.) was als „verfügbares Einkommen“ verstanden werden soll, (2.) wie mit einer möglicherweise unterschiedlichen Verteilung des verfügbaren Einkommens im Haushalt umgegangen werden soll, (3.) wie neue Formen des Zusammenlebens (Definition unterschiedlicher Haushaltskonstellationen) und (4.) wie regionale Bezüge der Einkommensentwicklung berücksichtigt werden können. Diese Probleme können jedoch als weitgehend gelöst betrachtet werden.

zu (1.): das „verfügbare Einkommen“

Da „Armut“ die gesamte Lebenssituation einer Person oder eines Haushalts betrifft, also nicht auf einzelne Bereiche beschränkt werden kann, wie z. B. Lohnzahlungen oder staatliche Transferleistungen, werden unter dem Begriff „verfügbares Einkommen“ die Nettoeinkünfte aller Haushaltsmitglieder subsumiert, die der Person oder dem Haushalt zur Verfügung stehen. Einkommen aus Erwerbstätigkeit fallen hierunter ebenso wie Einkünfte aus Vermietung oder Verpachtung, Kapitalanlagen, Kindergeld, Wohngeld oder aus anderen Transferleistungen.

zu (2.): die Verteilung des Einkommens im Haushalt

Wird das Einkommen eines Haushalts ermittelt, so liegen keine Informationen über die „Binnen-Verteilung“ der Haushaltsmittel vor (Bundesministerium für Arbeit und Sozialordnung 1999, S. 42). So kann angenommen werden, dass, wenn eine Person in einem Haushalt als „Haupteinkommensbezieher“ oder „Haupteinkommensbezieherin“ fungiert, diese auch Anspruch auf einen größeren Teil der Ausgaben erheben wird als die übrigen Haushaltsmitglieder, dass geschlechtsspezifische Differenzen bei der Verfügung über das Einkommen bestehen, dass Kinder bei ihren Ausgaben von den Eltern abhängig sind oder dass Eltern sich auf Grund des Ausgabeverhaltens ihrer Kinder einschränken. Hierauf verweist Stiegler (1998).

Insbesondere forschungspragmatische Erwägungen und die für eine Binnenanalyse oft nicht zur Verfügung stehenden erforderlichen Daten haben dazu geführt, dass für die Analyse der Einkommenssituationen mittels des Durchschnitts-Äquivalenzeinkommens die „Pool“-Annahme unterstellt wird. Diese geht davon aus, dass die Einkünfte aller Personen in einem Haushalt (Haushaltsmitglieder) zum „verfügbaren Einkommen“ addiert und auch in ihrer Gesamtsumme zur Deckung des Lebenshaltungsbedarfs aller Haushaltsmitglieder eingesetzt werden.

zu (3.): Definition unterschiedlicher Haushaltskonstellationen

Während in den §§ 4 und 16 BSHG konkret spezifiziert ist, welche Personenkreise hilfeberechtigt sind und unter welchen Bedingungen eine Haushaltsgemeinschaft als Bedarfsgemeinschaft betrachtet wird, ist diese Vorgehensweise zur Messung der Verbreitung von Armut mit dem Konzept des „Durchschnitts-Äquivalenzeinkommens“ fraglich – zumindest bedarf es einer Spezifizierung. Klärungsbedürftig ist z. B., welche Personen zu einem „Haushalt“ gerechnet werden:

So können hierzu – wie z. B. im Falle einer Wohngemeinschaft – auch nicht verwandte Einzelpersonen zählen.

Da die heute vorliegenden Untersuchungen, die auf der Grundlage großer repräsentativer Erhebungen basieren, z. B. auf der „Einkommens- und Verbrauchsstichprobe“ oder dem „Sozio-ökonomischen Panel“, auf Grund ihres Erhebungskonzeptes nicht in der Lage sind, innerhalb von Haushalten nach unterschiedlichen Einkommens-, Verbrauchs- oder Bedarfsgemeinschaften zu differenzieren, gelten für die Bemessung unterschiedlicher Bedarfe standardisierte – aus forschungspragmatischen Erwägungen heraus getroffene – Überlegungen bezüglich des Begriffs „Haushalt“ und der hiermit in Verbindung stehenden „haushaltswirtschaftlichen“ Zusammenhänge: So gelten als „Haushalte“ Gemeinschaften, die gemeinsam wirtschaften. Mitglieder einer Wohngemeinschaft werden hiernach in der Regel als selbstständige Haushalte bezeichnet. Hinsichtlich des gemeinschaftlichen Wirtschaftens wird berücksichtigt, dass größere Haushalte relativ gesehen günstiger wirtschaften können als kleinere. Dieses beschreibt Piachaud (1992, S. 77): Haushaltsgegenstände – z. B. Küchengeräte, Fernseher, Waschmaschine, Auto etc. – können gemeinsam genutzt werden, Nahrungsmittel können in größeren Mengen kostengünstiger gekauft werden und auch die Kosten für die Miete steigen nicht mit jedem Haushaltsmitglied (proportional) an.

Zur Messung der Verbreitung von Armut versteht sich das Konzept des Durchschnitts-Äquivalenzeinkommens ausdrücklich als Gegenentwurf zu demjenigen des Pro-Kopf-Einkommens. Letzteres ist der einfachste Weg zur Ermittlung eines personenbezogenen Einkommens: Haushaltsbezogene Maßzahlen werden hierbei lediglich durch die Anzahl der Haushaltsmitglieder dividiert. Das Konzept des „Durchschnitts-Äquivalenzeinkommens“ geht jedoch davon aus, dass größere Haushalte auf Grund der relativ höheren Kosten kleinerer Haushalte ein gleiches bzw. höheres Wohlstandsniveau bei einem geringeren Pro-Kopf-Einkommen erreichen können.

Zur Berechnung dieses Wohlstandsniveaus werden nach dem Konzept des „Durchschnitts-Äquivalenz-Einkommens“ sog. „Äquivalenzziffern“, die zur Maßzahl eines allein lebenden Erwachsenen in Beziehung gesetzt werden, durch die haushaltsbezogenen Maßzahlen dividiert: „So ging etwa die OECD zunächst davon aus, daß ein weiterer Erwachsener oder Jugendlicher den Lebenshaltungsbedarf um 70 % erhöht und ein hinzukommendes Kind (unter 15 Jahren) um weitere 50 %. Die in einem solchen Drei-Personen-Haushalt verfügbaren Ressourcen müßten also, um mit dem weiteren Lebensstandard eines Ein-Personen-Haushalts vergleichbar zu sein, nicht durch drei (Zahl der Haushaltsmitglieder), sondern durch 2,2 (Summe der Bedarfsgewichte: 1,0 + 0,7 + 0,5) dividiert werden“ (Bundesministerium für Arbeit und Sozialordnung 1999, S. 44). Hiernach müsste das verfügbare Haushaltseinkommen eines Drei-Personen-Haushalts das 2,2-fache eines Ein-Personen-Haushalts ausmachen, um den gleichen Lebensstandard zu ermöglichen.

Die Kontroverse, wie der Bedarf zusätzlicher Haushaltsmitglieder einzuschätzen ist, wird bereits durch einen Blick auf die auf dem 70 %-Berechnungsmodell basierenden Vorschläge deutlich: Die revidierte OECD-Skala geht von einer Reduzierung der Kosten bei einem zweiten in einem Haushalt lebenden Erwachsenen von nur rd. 30 % aus. Ähnliches beinhaltet der Vorschlag des Sachverständigenrats zur Begutachtung der gesamtwirtschaftlichen Entwicklung: Er schlägt vor, die Quadratwurzel der Haushaltsmitglieder zu Grunde zu legen – unabhängig vom Alter der Haushaltsmitglieder (Sachverständigenrat zur Begutachtung der gesamtwirtschaftlichen Entwicklung 1999). Noch niedriger wird der Bedarf zusätzlicher Haushaltsmitglieder im Rahmen der US-Poverty-Line veranschlagt: Ausgegangen wird hier für den beispielhaft genannten Drei-Personen-Haushalt von Bedarfsgewichten von 1,0 + 0,29 + 0,26 = 1,55 (Faik 1996, S. 17).

Zur Messung der Verbreitung von Armut mittels des „Durchschnitts-Äquivalenzeinkommens" werden heute in der Bundesrepublik Deutschland die Regelsatzproportionen des Bundessozialhilfegesetzes zu Grunde gelegt. Die Unterschiede in den Personengewichten innerhalb des Modells versuchen, den unterschiedlich angenommen Einkommensbedarf auszudrücken: Hiernach erhält die erste in einem Haushalt lebende Person über 18 Jahre ein Personengewicht von 1,0, alle weiteren Personen über 18 Jahre ein Personengewicht von 0,8. Kinder im Alter von 0-6 Jahren erhalten ein Personengewicht von 0,5, Kinder im Alter von 7-13 Jahren ein Personengewicht von 0,65 und Kinder im Alter von 14-16 Jahren ein Personengewicht von 0,9.

zu (4.): regionaler Bezug der Einkommensentwicklung

Relative Armut bezeichnet die Nicht-Teilhabe an der üblicherweise vorherrschenden sozio-kulturellen Lebensweise in einer Gesellschaft. Diese sozio-kulturelle Lebensweise differiert jedoch je nach Region. Unterlegte man der Messung der Verbreitung von Armut mittels des „Durchschnitts-Äquivalenz-Einkommens" eine einheitliche Bemessungsgrundlage, so würden diese Unterschiede – beispielsweise für die Differenzen zwischen den neuen und den alten Bundesländern – ignoriert.

Untersuchungen zur Einkommensentwicklung im wiedervereinigten Deutschland haben die Frage aufgeworfen, inwieweit eine einheitliche Durchschnittsberechung des Einkommens – die unterschiedlichen Lebensstandards in den neuen und den alten Bundesländern in Rechnung stellend – sinnvoll ist. So sind beispielsweise die Lebenshaltungskosten in den neuen Bundesländern niedriger als in den alten Bundesländern. Hanesch (1994) weist – ebenso wie Andreß (1999) – darauf hin, dass dieser Umstand für eine einheitliche Durchschnittsberechnung sprechen könnte, da sich die Bürgerinnen und Bürger in den neuen Bundesländern am Lebensstandard der alten Bundesländer orientieren.

Dieser Kritik an der Messung der Verbreitung von Armut mittels des „Durchschnitts-Äquivalenzeinkommens" wird entgegnet, der Ansatz des „Durchschnitts-Äquivalenzeinkommens" erlaube Aussagen über die monetäre Lebenssituation von Bürgerinnen und Bürgern, die einen Bezug sowohl zur regionalen (Nord-Süd, Ost-West) als auch zur kommunalen Ebene (Metropole, Großstadt, Mittelstadt, ländliche Region, solitäres Verdichtungsgebiet) ermöglichten.

4.2.2 Nicht-monetäre Dimensionen von Armut

Nicht-monetäre Dimensionen des Lebensstandards sind Gegenstand des sog. „Lebenslagen"-Ansatzes und des Ansatzes der „subjektiven Deprivation". Beide versuchen, der Multidimensionalität des Phänomens Armut über die alleinige Einkommens- und Vermögenssituation hinaus gerecht zu werden.

4.2.2.1 Der Ansatz der Lebenslage

In Abgrenzung zu den überwiegend auf die monetären Aspekte Einkommen und Vermögen als „Ressourcen" ausgerichteten Ansätzen bemüht sich der „Lebenslagen"-Ansatz, der Tatsache gerecht zu werden, „daß sich konkrete Lebensbedingungen – und damit auch Armut – als ‚mehrdimensionale Phänomene' von miteinander zusammenhängenden und sich wechselseitig bedingenden Facetten darstellen. Mit dem Begriff ‚Lebenslagenorientierter Ansatz' wird daher (...) der Versuch bezeichnet, für die Lebenssituation relevante Lebensbereiche zu unterscheiden und im Hinblick auf die tatsächliche Versorgungslage zu untersuchen" (Hanesch et al. 1994, S. 25).

Entstanden ist der „Lebenslagen"-Ansatz aus der Kritik am Ressourcen-Ansatz. Ihm liegt die Annahme zu Grunde, dass nicht nur monetäre Ressourcen herangezogen werden können, um den „allgemeinen Lebensstandard" zu erfassen. Vielmehr ist dieser auch abhängig von nicht-monetären Ressourcen wie Bildung, Beschäftigung bzw. Arbeitslosigkeit, Wohnsituation, Krankheit, Zugehörigkeit zu sozialen Netzwerken oder der Familiensituation. Zwar behalten Einkommen und Vermögen im „Lebenslagen"-Ansatz einen gewichtigen Stellenwert, die Dimensionen von Armut werden aber auf zusätzliche Bereiche ausgeweitet. In diesem Sinne wird der „Lebenslagen"-Ansatz auch als eine Kombination direkter und indirekter Armutsindikatoren bezeichnet.

Das Konzept der „Lebenslage" geht zurück auf die Arbeiten von Neurath (1931) und Weisser (1956). Neurath (1931, S. 35) definiert „Lebenslage" als den „Inbegriff all der Umstände, die verhältnismäßig unmittelbar die Verhaltensweise eines Menschen, seinen Schmerz, seine Freude, bedingen. Wohnung, Nahrung, Kleidung, Gesundheitspflege, Bücher, Theater, freundliche menschliche Umgebung, all das gehört zur Lebenslage".

Steht im Mittelpunkt der Definition Neuraths (1931) die Mehrdimensionalität von Lebensumständen, so stellt Weisser (1956) auf die zur Realisierung von Lebenschancen notwendigen Handlungsmöglichkeiten ab. Er definiert „Lebenslage" als „Spielraum, den einem Menschen (einer Gruppe von Menschen) die äußeren Umstände nachhaltig für die Befriedigung der Interessen bieten, die den Sinn seines Lebens bestimmen" (Weisser 1956, S. 986).

Auch wenn der Begriff „Lebenslage" in allen Definitionen eher vage und unspezifisch bleibt – Glatzer & Hübinger (1990) sehen ihn deswegen weniger als eine Orientierung zur Entwicklung von Armutsindikatoren, sondern sprechen ihm den Charakter einer „Leitidee" zu –, kann die Annahme, dass multidimensionale objektive Lebensbedingungen im Zusammenhang stehen mit deren subjektiver Wahrnehmung und Verarbeitung sowie den durch diese Lebensbedingungen eröffneten Handlungsspielräumen als weitgehend akzeptiert – auch in der bundesdeutschen Rezeption dieses Ansatzes (Glatzer & Hübinger 1990) – betrachtet werden (Bundesministerium für Arbeit und Sozialordnung 1999).

Die wesentlichen Grundlagen für den „Lebenslagen"-Ansatz finden sich in den Arbeiten von Townsend (1979). Auf der Grundlage eines normativ definierten „allgemein akzeptierten Lebensstandards" einer Gesellschaft versucht Townsend, „einen Lebensstil zu bestimmen, der in einer Gesellschaft allgemein geteilt oder gebilligt wird, und herauszufinden, ob es in dieser Verteilung von Ressourcen eine Schwelle gibt, unterhalb derer es – bei Schwinden von Ressourcen – Familien besonders schwer fällt, an den Traditionen, Aktivitäten und Ernährungsgewohnheiten teilzuhaben, die den Lebensstil ihrer Gesellschaft ausmachen (Townsend 1979, zit. nach Piachaud 1992, S. 70). Einen solchen Ausschluss vom „allgemein akzeptierten Lebensstandard" bezeichnet Townsend (1979) als „Deprivation".

Entstanden ist der „Lebenslagen"-Ansatz aus der Kritik am Ressourcen-Ansatz. In der bundesdeutschen Armutsdiskussion findet er heute vor allem in der Wohlfahrtsforschung Anwendung. In seiner empirischen Umsetzung geht es darum, auf der Basis von Wohlfahrtssurveys sozialpolitisch relevante „Problemgruppen" zu identifizieren (Andreß, Burkatzki et al. 1996, S. 16). Entsprechend gestalten sich die Bereiche, die als „Lebenslage" in diesem Konzept Berücksichtigung finden. Es handelt sich um normativ festgelegte sozialpolitisch relevante Felder, in der Regel die Bereiche Arbeit, Bildung und Wohnen sowie die Versorgung mit sozialen und gesundheitlichen Diensten.

Armut ist nach dem Konzept der Lebenslage ein nicht ausschließlich monetär zu definierendes Problem. Vielmehr wird Armut nach diesem Ansatz als *kumulative Unterversorgung in zentralen Lebensbereichen* betrachtet: „Unter Armut verstehen wir inferiore Lebenslagen, die hinsichtlich ihrer materiellen und immateriellen Dimensionen unterhalb von Minimalstandards zu finden sind; diese Minimalstandards sind in Relation zu den durchschnittlichen Versorgungsniveaus in der Gesellschaft zu bestimmen und zu begründen" (Glatzer & Hübinger 1990, S. 44). Welche über die monetäre Lage hinausgehenden Dimensionen materieller und immaterieller Art nun konkret für die Beschreibung von Armut nach dem Konzept der Lebenslage wichtig sind, steht im Mittelpunkt der Diskussionen über dieses Konzept.

Ein Vorschlag, diese Dimensionen zu definieren, kommt von Sen (Piachaud 1992). Sen versucht, grundlegende und von konkreten gesellschaftlichen Bedingungen unabhängige Lebensbedürfnisse zu beschreiben, deren (sozio-historische) Veränderlichkeit ausschließlich in der konkreten Form besteht, in der diese Bedürfnisse erfüllt werden, und in der Grenzziehung, ab welcher die Bedürfnisbefriedigung nicht mehr möglich ist. Beispiele für diese Bedürfnisse sind u.a. Nahrung, soziale Beteiligung, Freiheit von sozialer Ächtung etc.

In einer ähnlichen Tradition, also auf „zentrale Problemdimensionen" abstellend, gestalten sich die Untersuchungen der sog. „Wohlfahrtssurveys". Sie beziehen sich auf fünf als objektiv bezeichnete Problemlagen – Einkommen, Wohnung, Bildung, Sozialbeziehungen und Gesundheit – und versuchen, diese mit vier subjektiven – Lebenszufriedenheit, Einsamkeit, Niedergeschlagenheit, Ängste und Sorgen – zu kombinieren (Schott-Winterer 1990, S. 56).

Hanesch et al. (1994) haben für ihre Untersuchung eine Auswahl von fünf zentralen Lebensbereichen getroffen. Diese fünf Dimensionen – Einkommen, Erwerbstätigkeit, Bildung, Wohnsituation und Gesundheit – untersuchen sie anhand der Datenbasis des sozio-ökonomischen Panels.

Das konkrete Vorgehen der Operationalisierung der dargestellten Dimensionen mittels des Konzepts des Lebenslagen-Ansatzes erfolgt, indem zunächst für die jeweiligen Bereiche eine sog. Unterversorgungsschwelle definiert wird: Für die Dimension Einkommen liegt diese beispielsweise bei der zuvor diskutierten 50 %-Marke des Durchschnittseinkommens. Hinsichtlich des Wohnens wird die Schwelle bei weniger als einem Raum je Person und Haushalt angesetzt. Liegt nun in mindestens zwei der fünf Lebensbereiche eine Unterversorgungssituation von Personen oder Haushalten vor, so wird von Armut gesprochen.

Der Lebenslagen-Ansatz geht demnach von mehreren für ein soziokulturell angemessenes Leben wichtigen Lebensbereichen aus und ist damit der umfassendste und soziologisch gehaltvollste Ansatz. Ähnlich dem Konzept des „Durchschnitts-Äquivalenzeinkommens" weist der Lebenslagenansatz jedoch auch einige Probleme auf. Sie hängen insbesondere mit der Normativität der Unterversorgungsschwellen zusammen, was sich z. B. am Bereich Bildung illustrieren lässt.

Zwar können niedrigere bzw. nicht vorhandene Abschlüsse im Bereich der schulischen Erstausbildung als Risikofaktoren für ein Abrutschen in Armutslagen betrachtet werden. Dieses als Automatismus darzustellen, wäre jedoch verfehlt. Erst in den letzten Jahren hat im Zuge der Bildungsexpansion seit Beginn der 1970er Jahre eine Umwertung formaler Bildungszertifikate – im Wesentlichen eine Abwertung niedrigerer Abschlüsse – stattgefunden. Sie kann u.a. dafür verantwortlich gemacht werden, dass das Abitur heute der meisterworbene Schulabschluss ist. Noch vor einigen Jahren war es möglich, auch mit niedrigeren bzw. nicht vorhandenen Bildungszertifikaten Karrieren einzuschlagen, die heute ausschließlich Abiturientinnen bzw. Abiturienten und Hochschulabsolventinnen bzw. Hochschulabsolventen vorbehalten sind.

Dementsprechend kann zwar das Merkmal „Niedrige Bildung" als ein Risikofaktor bezeichnet werden, dieses alleine ist aber nur bedingt aussagekräftig. Personen, die sich z. B. in inner- oder überbetrieblichen Ausbildungsangeboten – trotz eines niedrigen formalen Schulabschlusses – weiter qualifiziert haben und bereits seit längerer Zeit eine gesicherte berufliche Position innehaben, können in dieser Hinsicht nicht als unterprivilegiert bezeichnet werden.

Ähnliche Probleme, wie sie hier für den Bereich der Bildung dargestellt wurden, ergeben sich auch für andere Bereiche, so z. B. für die Wohnsituation, das Einkommen oder auch den Bezug von Sozialhilfe und die Gesundheit.

Auch hier können, so wie bei der Auswahl der Dimensionen insgesamt – siehe hierzu u.a. Hanesch et al. 1994 – normative Wertsetzungen nicht in Abrede gestellt werden.

4.2.2.2 Der Ansatz der „subjektiven Deprivation"

Alternativ zu dem Vorgehen, wenige grundlegende Lebensbedürfnisse zu definieren, gestaltet sich das Konzept der „subjektiven Deprivation". Dieses versucht, mittels eines Rückgriffs auf Townsend (1979) eine differenzierte Situationsbeschreibung für Personen oder Haushalte zu leisten. Es geht also gerade nicht darum, auf der Basis konkreter gesellschaftlicher Bedingungen unabhängige Dimensionen zu formulieren. Vielmehr soll mit einer großen Zahl von Indikatoren eine möglichst konkrete Beschreibung der Lebenssituation von Personen/Haushalten ermöglicht werden.

Ausgangspunkt des Deprivationsansatzes ist die Studie von Peter Townsend (Townsend 1979). Armut beginnt für ihn dort, wo mit fallendem Einkommen Personen disproportional von der gesellschaftlichen Teilhabe ausgeschlossen sind („participation of the community's style of living"; Andreß & Lipsmeier 1995, S. 36).

Unter „disproportional" wird hierbei ein Ausschluss von der gesellschaftlichen Teilhabe bezeichnet, der größer ist als auf Grund des geringen Einkommens erwartbar wäre (Andreß, Burkazki et al. 1996, S. 14). In diesem Sinne wird auch der Begriff der Deprivation verwendet: Er bezeichnet den Ausschluss eines Teils der Bevölkerung von einem allgemein akzeptierten Lebensstandard.

Was als „allgemein akzeptierter Lebensstandard" bezeichnet wird, entscheiden die Befragten selbst; insofern spricht Townsend (1979) auch von der relativen Deprivation. Es geht um den Lebensstandard bezogen auf den „communitiy's style of living". Unter relativer Deprivation wird darüber hinaus „Ausschluss" nicht als freiwilliger, sondern als erzwungener Verzicht verstanden, sich bestimmte Dinge zu leisten.

Townsend (1979) entwickelte einen sehr fein differenzierten „Deprivationsindex" der insgesamt 60 Indikatoren und drei übergeordnete Kategorien umfasst: Als „objektive Deprivation", hierunter wird vor allem die materielle Benachteiligung verstanden, die der „konventionell anerkannten" oder „normativen Deprivation", sie zielt vor allem auf gesellschaftlich anerkannte Benachteiligungsformen, und die der „subjektiv eingeschätzten, individuellen oder Gruppendeprivation", zu der Townsend (1979, S. 98) vor allem die Gefühle der Benachteiligung zählt.

Townsends (1979) Kategorien wurden in Großbritannien und in den Niederlanden weiterentwickelt (Mack & Lansley 1993). In der Bundesrepublik Deutschland erfolgte eine Fortentwicklung vor allem durch Andreß. Dieser legt seiner Analyse „Leben in Armut" (1999) 29 Items des alltäglichen materiellen Bedarfs (Ernährung, Kleidung, Haushaltsgegenstände), der Wohnqualität und der Wohnraumversorgung, der Ausbildung, der Gesundheit, zur Zahlungsfähigkeit, zum Freizeitverhalten und zu den Sozialkontakten von Personen und Haushalten vor.

Zusätzlich berücksichtigt er die Situation von Familien mit Kindern bzw. die Arbeitssituation bei Erwerbspersonen.

Gemessen wird beim Ansatz der „subjektiven Deprivation“ zunächst, welche Dimensionen aus der Sicht der Befragten den „notwendigen Lebensstandard“ in einer Gesellschaft bestimmen. Die beim Lebenslagenansatz normativ festgelegten Unterversorgungsschwellen werden nach dem Konzept der „subjektiven Deprivation“ empirisch ermittelt. Entscheidend ist hierfür die Sicht der Betroffenen. Als arm werden diejenigen Personen oder Haushalte klassifiziert, die über eine bestimmte Anzahl der von ihnen selbst im Vorhinein als notwendig angesehenen Ausstattungsmerkmale des Lebensstandards nicht verfügen.

Konkret ist das Vorgehen in zwei Schritte gegliedert: (1.) Dem Schritt der Ermittlung von Armutsquoten auf der Grundlage des „subjektiven Deprivationsansatzes“ folgt (2.) der Schritt der Ermittlung von Armutsquoten auf Grund des im ersten Schritt festgelegten Deprivationsindexes.

Im ersten Schritt der Messung der Verbreitung von Armut mittels des Konzepts der „subjektiven Deprivation“ werden bei einer Befragung von Personen und Haushalten all diejenigen Items isoliert, von denen mindestens 66 % der Befragten der Meinung sind, dass sie zum „notwendigen Lebensstandard“ („unbedingt notwendig“ oder „eher notwendig“) in der Bundesrepublik Deutschland gehören (Andreß & Lipsmeier 1998, S. 45).

Im zweiten Schritt wird nun, bezogen auf diejenigen Items, die als „notwendiger Lebensstandard“ in der Bundesrepublik Deutschland erachtet werden, geprüft, ob sich die Befragten diese Ausstattungsmerkmale selbst leisten können, ob sie diese besitzen oder ob sie sich diese Dinge aus „finanziellen Gründen“ nicht leisten können. Von „Armut“ im Sinne des Konzepts der „subjektiven Deprivation“ wird dann gesprochen, wenn bei einer Person oder einem Haushalt mindestens 25 % der als „notwendig“ erachteten Ausstattungsmerkmale des „allgemein akzeptierten Lebensstandards“ in der Bundesrepublik Deutschland fehlen.

Obwohl dieser Ansatz auf Grund zahlreicher normativer Implikationen – dies betrifft z. B. die Auswahl der Items sowie die 25-%-Unterversorgungsschwelle – an vielen Stellen problematisiert werden kann, weist er hinsichtlich seines Focus zahlreiche positive Elemente auf: So werden bei der Messung der Verbreitung von Armut nicht mehr – wie z. B. beim Konzept des „Durchschnitts-Äquivalenzeinkommens“ – die Einnahmen berücksichtigt. Vielmehr stehen die Ausgaben, also die konkrete Verwendung des Einkommens und Vermögens im Mittelpunkt der Betrachtung. Darüber hinaus werden gruppenspezifisch unterschiedliche Bedürftigkeiten und Präferenzen berücksichtigt. In diesem Sinne lässt sich hinsichtlich des Konzepts „subjektiven Deprivation“ auch von einem subjektorientierten Ansatz sprechen (Andreß 1999; Andreß & Lipsmeier 1995).

5. Ergebnisse der Armutsmessung

5.1 Monetäre Dimensionen von Armut

5.1.1 Politisch-normative Armutsdefinitionen

Betrachtet man den Bedarf an laufender Hilfe zum Lebensunterhalt (Sozialhilfe) als Armutsindikator, so ermöglicht die Sozialhilfestatistik eine Reihe interessanter Befunde. Diese betreffen z. B. die Entwicklung der Anteile der Bevölkerung, die laufende Hilfe zum Lebensunterhalt beziehen:

Tabelle 5.1.1.1: Anteile der Bevölkerung mit Bezug von laufender Hilfe zum Lebensunterhalt *

Jahr	Insgesamt	Deutsche	Nichtdeutsche
	Alte Bundesländer und Berlin-West		
1980	1,4	1,4	1,5
1985	2,3	2,1	4,1
1990	2,8	2,2	8,9
1991	2,8	2,2	9,3
1992	3,1	2,3	11,0
1993	3,3	2,5	10,6
1994	(3,1)	(2,7)	(6,4)
1995	3,4	2,9	7,2
1996	3,6	3,0	8,6
1997	3,8	3,1	9,0
1998	3,7	3,1	9,3
1999	3,6	3,0	8,6
2000	3,4	2,8	8,1
	Neue Länder und Berlin-Ost		
1991	1,4	1,3	9,4
1992	1,8	1,3	22,0
1993	1,8	1,6	14,1
1994**	(1,5)	(1,5)	(3,2)
1995	1,8	1,7	4,3
1996	2,0	1,9	5,7
1997	2,5	2,4	6,6
1998	2,7	2,6	7,6
1999	2,8	2,6	7,9
2000	2,8	2,7	7,8
	Deutschland* **		
2001	3,3	2,8	8,3
2002	3,3	2,9	8,4

* außerhalb von Einrichtungen.
** 1994 Untererfassung wegen Umstellung der Statistik.
*** 2000 Einstellung der Statistik: Berlin wird – in den regional-differenzierten Daten – nicht mehr berücksichtigt.
Quelle: Statistisches Bundesamt, 1997, 2003.

Tabelle 5.1.1.1 zeigt untergliedert die Empfängerinnen und Empfänger laufender Hilfe zum Lebensunterhalt nach deutscher und nicht-deutscher Bevölkerung: Deutlich wird eine sich bei allen Bevölkerungsgruppen abzeichnende stetige Zunahme des Sozialhilfebezugs. Sprunghaft steigt diese bei der nicht-deutschen Bevölkerung von 1985 bis 1990 an.

Die starke Zunahme der nicht-deutschen Bezieherinnen und Bezieher laufender Hilfe zum Lebensunterhalt steht mit Einwanderungsströmen am Ende der 1980er Jahre im Zusammenhang. So wird der Rückgang dieser Quote im Jahre 1994 (6,4 %) damit erklärt, dass ab diesem Jahr Asylbewerberinnen und Asylbewerber nicht mehr in der Sozialhilfestatistik aufgeführt wurden (Bundesministerium für Arbeit und Sozialordnung 1999).

Die Annahme, die Quote des Bezugs von Sozialhilfe wäre damit insgesamt gesunken, wäre jedoch verfehlt: Eine Zunahme des Anteils der Bezieherinnen und Bezieher von Sozialhilfe bezogen auf die gesamte Bevölkerung lässt sich auch für die deutsche Bevölkerung nachzeichnen, jedoch auf niedrigerem Niveau: Hier ist der Anteil von 1,4 % im Jahre 1980 auf 3,1 % im Jahre 1997 in den alten Bundesländern und von 1,3 % im Jahre 1991 auf 2,7 % im Jahre 2000 in den neuen Bundesländern gestiegen.

Seinen Niederschlag findet dieser Trend in der Gesamtquote der Entwicklung des Sozialhilfebezugs. Diese stieg im Westen von 1,4 % im Jahr 1980 auf 3,4 % im Jahr 2000 und in den neuen Bundesländern von 1,4 % im Jahr 1991 auf 2,8 % im Jahre 2000.

Im Jahr 2000 hat eine Einstellung der Statistik stattgefunden: Berlin wird nun weder zu den alten, noch zu den neuen Bundesländern gerechnet; eine Vergleichbarkeit der Quoten mit denen aus den Vorjahren ist – als Folge dieser Umstellung – nur noch schwerlich möglich. Betrachtet man dementsprechend die aktuellen Sozialhilfequoten gesondert, wird deutlich, dass in den alten Bundesländern die Quote der Bezieherinnen und Bezieher laufender Hilfe zum Lebensunterhalt mit 3,3% in den Jahren 2001 und 2002 im Vergleich zum Jahr 2000 fast konstant geblieben ist. In den neuen Bundesländern hat ein weiterer Anstieg stattgefunden. Die Durchschnittsbezugsdauer laufender Hilfe zum Lebensunterhalt beträgt im Jahr 2002 16,6 Monate – gemessen an den aus der Sozialhilfe ausgeschiedenen Haushalten. Betrachtet man die durchschnittliche Bezugsdauer laufender Hilfe zum Lebensunterhalt nach den sozio-demographischen Merkmalen der Bezieherinnen und Bezieher (Hilfeempfänger) sowie ihrer jeweiligen Lebenskonstellation (Bedarfsgemeinschaft) getrennt, so zeigt sich, dass

- diejenigen Hilfeempfängerinnen und Hilfeempfänger, die keinen Schulabschluss haben, mit durchschnittlich 24 Monaten einen weitaus längeren Bezugszeitraum von Hilfe zum Lebensunterhalt aufweisen, als diejenigen Bezieherinnen und Bezieher, die einen Schulabschluss aufweisen;
- diejenigen Bezieherinnen und Bezieher, die keine berufliche Ausbildung abgeschlossen haben, einen längeren Bezugszeitraum aufweisen als diejenigen, die über eine Berufsausbildung verfügen;
- die durchschnittliche Bezugsdauer mit zunehmendem Alter kontinuierlich ansteigt;

- allein lebende Frauen und Ehepaare mit Kindern gemessen an der jeweiligen Durchschnittsbezugsdauer, eine deutlich erhöhte Bezugsdauer aufweisen sowie in den neuen Bundesländern die durchschnittliche Bezugsdauer erheblich kürzer ausfällt als in den alten Bundesländern.

Betrachtet man den Anteil der Empfängerinnen und Empfänger von Hilfe zum Lebensunterhalt im erwerbsfähigen Alter (18-59 Jahre) nach den Kriterien „arbeitslos" und „nicht arbeitslos" getrennt, so wird darüber hinaus deutlich, dass der Anteil derjenigen, die arbeitslos sind, im Vergleich zum Anteil derjenigen, die nicht arbeitslos sind, vor allem bei den jungen Erwachsenen, also der Altersgruppe der 30-39-jährigen deutlich erhöht ist (Statistisches Bundesamt 1999).

Insgesamt zeigt sich, dass der Anteil der dauerhaft oder zeitweise auf laufende Hilfe zum Lebensunterhalt (Sozialhilfe) Angewiesenen in den letzten Jahren rasant angestiegen ist. Im Jahr 2002 erhalten rd. 2,76 Millionen Menschen in der Bundesrepublik Deutschland Hilfe zum Lebensunterhalt. Bezogen auf den Anfang der 1980er Jahre (mit 851.000 Empfängerinnen und Empfängern von Sozialhilfe) ist dies eine Zunahme um mehr als 200 %. Entsprechend dramatisch sind auch die Ausgaben für die Sozialhilfe in die Höhe geschnellt. Wurden im Jahr 1980 noch 4,3 Milliarden DM für die Hilfe zum Lebensunterhalt aufgewendet, so beliefen sich die Ausgaben im Jahr 2002 bereits auf 13,2 Milliarden DM. Damit haben sich die Ausgaben in den letzten 20 Jahren in der Bundesrepublik Deutschland verdreifacht.

Im früheren Bundesgebiet gab es 2002 ca. 2,1 Millionen Bezieherinnen und Bezieher von Sozialhilfe. In den neuen Bundesländern waren es zu diesem Zeitpunkt ca. 406.000 Personen, die laufende Hilfe zum Lebensunterhalt beansprucht haben; hinzukommen noch 252.000 Bezieherinnen und Bezieher von Sozialhilfe alleinig im Land Berlin. Neben einer Veränderung des Bezugs von Sozialhilfe allgemein, dem drastischen Anstieg, zeigt sich eine Veränderung in der Zusammensetzung der Sozialhilfe beziehenden Bevölkerungsgruppen.

Ende 2002 zählen rd. 1 Mio. Kinder oder Jugendliche unter 18 Jahren zu den Sozialhilfebezieherinnen und -beziehern. Diese Gruppe stellt damit einen Anteil von mehr als einem Drittel an der Gesamtzahl der Empfängerinnen und Empfänger laufender Hilfe zum Lebensunterhalt dar. Mit 6,6 % aller jungen Menschen unter 18 Jahren liegt der Anteil Sozialhilfe beziehender Kinder und Jugendlicher doppelt so hoch wie ihr Anteil an der Gesamtbevölkerung (3,5 %).

Fast die Hälfte der Sozialhilfe beziehenden Kinder und Jugendlichen lebt in Haushalten von allein erziehenden Frauen. Fast jede dritte allein erziehende Frau (25,0 %) ist heute auf den Bezug von laufender Hilfe zum Lebensunterhalt angewiesen.

Daneben steigt auch der Anteil derjenigen Kinder und Jugendlichen, die in größeren Familien (mit 3 oder mehr Kindern) aufwachsen und auf Sozialhilfe angewiesen sind.

Etwas weniger als die Hälfte aller Empfängerinnen und Empfänger von Sozialhilfe ist Ende 2002 zwischen 18 und 59 Jahre alt (43,5 %). Ein geringer Anteil dieser Personen geht einer Erwerbstätigkeit nach (123.000) oder befindet sich in einer Aus- oder Fortbildung (118.000). Darüber hinaus befinden sich

277.000 Personen in einer häuslichen Bindung, also in einer Bedarfgemeinschaft, und 153.000 Personen in Krankheits-, Behinderungs- oder Arbeitsunfähigkeitssituationen und sind deswegen nicht erwerbstätig. Der größte Anteil jedoch wäre potenziell in den Arbeitsmarkt eingliederungsfähig, wenn genügend Arbeitsplätze zur Verfügung stünden (Statisches Bundesamt 2003).

Betrachtet man die Schulabschlüsse der Bezieherinnen und Bezieher von Sozialhilfe, so hat 2002 rd. die Hälfte (44,7 %) der 18-59-jährigen Sozialhilfeempfängerinnen und -empfänger einen Volks- oder Hauptsschulabschluss und 18,6 % einen Realschulabschluss. 8,2 % der Empfängerinnen und Empfänger von laufender Hilfe zum Lebenshalt weisen die Fachhochschul- oder Hochschulreife auf.

Mit 32,3 % konnte jeder dritte Sozialhilfeempfänger bzw. jede dritte Sozialhilfeempfängerin zwischen 18 und 59 Jahren eine abgeschlossene Lehre nachweisen.

Dem stehen 13,1 % der 18-59-jährigen Empfängerinnen und Empfänger von laufender Hilfe zum Lebensunterhalt gegenüber, die keinen Schulabschluss aufweisen konnten. Ein Anteil von 51,2 % hat darüber hinaus keine abgeschlossene Berufsausbildung.

Bezogen auf die Nationalität der Empfängerinnen und Empfänger von laufender Hilfe zum Lebensunterhalt zeigt sich, dass 2002 614.000 in Deutschland lebende Ausländerinnen und Ausländer Sozialhilfe in Anspruch nehmen. Damit steigt ihr Anteil zwischen 1965 und 2002 von 3 % auf 22 % aller Bezieherinnen und Bezieher von Sozialhilfe: Von allen in Deutschland lebenden Ausländerinnen und Ausländern erhalten 2002 rd. 8,4 % laufende Hilfe zum Lebensunterhalt.

Hinsichtlich dieser (relativ) geringen Quote ist zu berücksichtigen, dass seit November 1993 Asylbewerberinnen und -bewerber und abgelehnte Bewerberinnen und Bewerber, die zur Ausreise verpflichtet sind, sowie geduldete Ausländerinnen und Ausländer nach einer Gesetzesänderung anstelle von laufender Hilfe zum Lebensunterhalt Leistungen nach dem Asylbewerberleistungsgesetz erhalten.

Dieses betrifft Ende des Jahres 2002 fast 10 %, die mehr als Ende des Jahres 1994 nehmen Regelleistungen zur Deckung des täglichen Bedarfs nach dem Asylbewerberleistungsgesetz in Anspruch nehmen.

Als relativ gering im Vergleich zu diesen Quoten können die Zahlen des Bezugs von laufender Hilfe zum Lebensunterhalt durch die älteren, also die über 65-jährigen beurteilt werden: Lag ihr Anteil im Jahre 1965 noch bei 38,1 %, so ist dieser zum Jahresende 2002 auf eine Quote von 1,3% aller Hilfebezieherinnen und -bezieher gesunken (Statistisches Bundesamt 2003).

Die strukturellen Veränderungen in der Gruppe der Sozialhilfebezieher – und hier vor allem die Abnahme des Anteils älterer Menschen, die Sozialhilfe beziehen, und die Zunahme des Anteils der Kinder und Jugendlichen in der Armutsbevölkerung – können auf mehrere Entwicklungen zurückgeführt werden:

- Die heute größte Gruppe mit etwa einem Drittel aller Haushalte im Sozialhilfebezug wird von den Arbeitslosen gestellt. Von ihnen erhält Mitte der 1990er Jahre schon über die Hälfte keine Leistungen mehr nach dem Arbeitsförderungsgesetz. Diese Langzeitarbeitslosen sind überwiegend im jüngeren und mittleren Alter. Sie sind in einem hohen Ausmaß in Familien organisiert. Deswegen sind Kinder und Jugendliche so stark betroffen.

- Die zweitgrößte Gruppe der Sozialhilfebezieher sind Ein-Eltern- und Mehr-Kinder-Familien. Der Anteil von Alleinerziehenden hat in den letzten Jahren stark zugenommen. Von diesen Familien leben etwa 40 % von Sozialhilfe. Ähnlich hohe Werte gelten für große Familien mit drei und mehr Kindern.
- Die drittgrößte Gruppe wird heute von jungen Erwachsenen gebildet, die in der Altersspanne zwischen 18 und 25 Jahren von dauerhafter oder vorübergehender Arbeitslosigkeit betroffen sind. Diese jungen Leute sind an der ersten oder der zweiten Schwelle beim Eintritt in den Arbeitsmarkt gescheitert und haben sehr häufig keine oder sehr geringe Ansprüche nach dem Arbeitsförderungsgesetz, so dass sie auf Sozialhilfe angewiesen sind.

Hinzugerechnet werden zu den dargestellten Anteilen muss noch das Ausmaß der „verdeckten Armut". Hiermit ist der Anteil derjenigen gemeint, die zwar einen Anspruch auf Sozialhilfe haben, diesen aber aus verschiedenen Gründen nicht einlösen: der mit der Antragstellung verbundene Aufwand wird gescheut, es besteht Unkenntnis über den Rechtsanspruch, es herrscht Angst vor Stigmatisierung vor oder es werden finanzielle Nachteile für Angehörige befürchtet (Hartmann 1981). Das Ausmaß dieser „verdeckten Armut" schätzen Hauser & Hübinger (1993) auf einen Anteil von 33 % bis 50 % der Anspruchsberechtigten von laufender Hilfe zum Lebensunterhalt.

Neumann (1999) kommt noch auf weitaus höhere Werte: Er nennt für die alten Bundesländer Anteile der „verdeckten Armut" zwischen 50 % und 60 % und für die neuen Bundesländer Anteile zwischen 70 % und 80 %.

Legt man die Ergebnisse einer Untersuchung zu Grunde, die im Auftrag der Friedrich-Ebert-Stiftung durchgeführt wurde (Friedrich-Ebert-Stiftung 1998), so fallen diese Quoten noch wesentlich höher aus.

Datengrundlage der Auswertungen, die durch das Institut für Sozialberichterstattung und Lebenslagenforschung (ISL) durchgeführt wurden, ist das Sozioökonomische Panel (SOEP).

Die Ergebnisse der Untersuchungen haben gezeigt, dass im Jahr 1991 3,7% der Bevölkerung in der Bundesrepublik Deutschland in verdeckter Armut lebten. Während in Westdeutschland die verdeckte Armut konstant blieb, sank die Quote in Ostdeutschland von 5,6% auf 4,2%. In Westdeutschland lebten damit 1995 über zwei Millionen Personen in verdeckter Armut, in Ostdeutschland waren es rund 651.000 Personen. Damit nahm zwar auch im Vergleich der Jahre 1991 und 1995 die Gesamtquote verdeckt Armer von 3,7% auf 3,4% leicht ab, mit knapp 2,8 Millionen Personen müssen aber auch noch 1995 annähernd 3 Millionen Personen mit einem Einkommen unterhalb des sozio-kulturellen Existenzminimums auskommen (5,6% in Ostdeutschland und 3,2% in Westdeutschland).

Als besondere Problemgruppe stellt sich – betrachtet man die Ergebnisse nach dem Alter der verdeckt Armen differenziert – die Gruppe der 7-17-jährigen dar. Im Jahr 1995 lebten in Deutschland 5,4% der Personen in dieser Alterskategorie unterhalb des sozio-kulturellen Existenzminimums. Ältere Personen, also die ab 60-jährigen, tragen kein überdurchschnittlich hohes Armutsrisiko.

Neben den Jüngeren sind Ausländerinnen und Ausländer und Mehr-Personen-Haushalte besonders betroffen: Die Armutsquote der ausländischen Bevölkerung in Deutschland ist mehr als doppelt so hoch wie die der deutschen Bevölkerung. Hinzu kommt, dass die Armutsquote der Deutschen in den letzten Jahren leicht rückläufig war. Dagegen ist die Armutsquote der Ausländerinnen und Ausländer deutlich angestiegen.

Die Armutsquoten steigen parallel mit der Haushaltsgröße an. Am stärksten von verdeckter Armut sind die Personen in Haushalten mit fünf und mehr Personen betroffen. Bei diesem Personenkreis ist das Armutsrisiko von 1991 bis 1995 sowohl in West- als auch in Ostdeutschland angestiegen. Insgesamt wurde für die Bundesrepublik Deutschland bei den Personen in Haushalten mit mindestens fünf Personen eine Armutsquote von 5,5% im Jahr 1991 und 8% im Jahr 1995 berechnet.

Die beiden großen Problemgruppen sind dabei eindeutig die Paare mit Kindern unter und ab 16 Jahre (damit sind Paare gemeint, die mindestens ein Kind unter 16 Jahre und mindestens ein Kind über 16 Jahre haben) sowie die Alleinerziehenden. Im Jahr 1995 betrug die Armutsquote der Paare mit Kindern unter und ab 16 Jahre 8,4% (Ostdeutschland: 13,5%, Westdeutschland: 7,1%), die Quote der verdeckten Armut bei den Alleinerziehenden betrug 1995 7,5% (Ostdeutschland: 10,8%, Westdeutschland: 6,7%). Paare ohne Kinder wiesen mit 0,7% das geringste Armutsrisiko auf.

Betrachtet man die Ergebnisse der durch das Institut für Sozialberichterstattung und Lebenslagenforschung (ISL) im Auftrag der Friedrich-Ebert-Stiftung durchgeführten Studie insgesamt und in absoluten Zahlen, so bedeutet dies, dass in Ostdeutschland rund 891.000 Personen und in Westdeutschland über zwei Millionen Personen mit einem Einkommen unterhalb der Sozialhilfeschwelle leben mussten. Setzt man die Anzahl der verdeckt Armen ins Verhältnis zu den Empfängerinnen und Empfängern von laufender Hilfe zum Lebensunterhalt (HLU), so zeigt sich, dass auf 100 HLU-Empfängerinnen und -Empfänger rund 110 verdeckt Arme kommen.

Nicht nur das Ausmaß und die von Armut betroffenen Personen haben sich in den letzten Jahren stark verändert. Auch die Struktur der Armutslagen selbst, also der zeitliche und soziale Ablauf von Armut, hat sich einem bedeutenden Wandel unterzogen, wie Ludwig, Leisering & Buhr (1995) darstellen. Sie berichten die Ergebnisse einer Langzeitstudie in Bremen: Eine repräsentative Stichprobe Neuantragsteller auf Sozialhilfe wurde im Rahmen dieser Untersuchung sechs Jahre lang, von 1983 bis 1989, verfolgt und anhand ihrer Lebenslage und Armutsbewältigungsmuster typisiert.

Der Bezug von Sozialhilfe kann – nach Ludwig, Leisering & Buhr (1995) – heute in 3 Kategorien eingeteilt werden:

1. Dem verfestigten Sozialhilfebezug. Dieser besteht dann, wenn die betroffenen Personen aus eigener Kraft ihre Benachteiligungslage nicht verändern können.
2. Der aktiven Bewältigung des Lebens in der Sozialhilfe. Diese Form liegt dann vor, wenn Personen mit den Folgen einer sich für sie abzeichnenden objektiven Chancenlosigkeit im Rahmen ihres persönlichen Umgangs arrangieren.

3. Die aktive Überwindung der Sozialhilfe. In diesem Fall handelt es sich um vorübergehende Benachteiligungslagen, die früher oder später selbständig überwunden werden.

Im Gegensatz zu vielen noch immer vorhandenen Vorurteilen stellt die dritte Gruppe, nämlich diejenigen, die ihre Armut selbst überwinden, den größten Anteil der heutigen Sozialhilfebezieherinnen und -bezieher dar: „Fast die Hälfte aller Bezieher ist nach längstens einem Jahr wieder aus der Sozialhilfe ausgeschieden und innerhalb des Erhebungszeitraums nicht wieder sozialhilfeabhängig geworden“ (Ludwig, Leisering & Buhr 1995, S. 25).

Langzeitbezieherinnen und –bezieher von Sozialhilfe sind ein knappes Viertel derjenigen, die Sozialhilfe beantragt haben. Sie bestreiten ihren Lebensunterhalt fünf Jahre oder länger – mit und ohne Unterbrechung – mit laufender Hilfe zum Lebensunterhalt.

Neben einer empirischen Beschreibung des zeitlichen Verlaufs des Sozialhilfebezugs widmen sich Ludwig, Leisering & Buhr (1995) auch ihren Ursachen. Deutlich wird hierbei, dass etwa die Hälfte aller Kurzzeitbezieherinnen und -bezieher auf vorrangige Leistungen, wie z. B. Arbeitslosengeld, warten. Die andere Hälfte wird aus Arbeitslosen, Asylbewerbern, Auszubildenden oder Personen mit besonderen sozialen Problemen gebildet: „Arbeitslosigkeit geht also – in Umkehrung herrschender Vorstellungen – eher mit kürzerer also mit längerer Sozialhilfedauer einher“ (Ludwig, Leisering & Buhr 1995, S. 26), vorausgesetzt, wie es Hanesch (1995) beschreibt, es besteht ein Anspruch auf diese Unterstützungsleistungen.

Die Gefahr, längere Zeitabschnitte mit Sozialhilfe bestreiten zu müssen, ist dann besonders hoch, wenn zusätzlich zur Arbeitslosigkeit noch andere Probleme hinzukommen, wie z. B. gesundheitliche oder familiale Schwierigkeiten. Hierfür prägen Ludwig, Leisering & Buhr (1995) den Begriff der so genannten „Multiproblemfälle“: Bei ihnen „verengen sich die Handlungschancen (...) tatsächlich“ (Ludwig, Leisering & Buhr 1995, S. 27).

Im Gegensatz zu den „Multiproblemfällen“ stellt sich ein großer Anteil derjenigen, der sich zwar dauerhaft in der Sozialhilfe befindet, diese aber aktiv bewältigt, auf seine Lebenssituation ein. „Die Betroffenen sind trotz vieler Einschränkungen und Unannehmlichkeiten im großen und ganzen mit ihrem Leben zufrieden, da sie dennoch wichtigen eigenen Interessen nachgehen können“ (Ludwig, Leisering & Buhr 1995, S. 27). Hierzu zählen zum Beispiel langzeitarbeitslose ältere oder kranke Personen, bei denen die Sozialhilfe eine dauerhafte und rentenähnliche Existenzsicherungsfunktion übernimmt.

Die Gruppe derjenigen, die sich durch eine „aktive Überwindung der Sozialhilfe“ auszeichnen, ist dadurch gekennzeichnet, dass sie – nach kurzer, mittlerer oder langer Dauer – den Hilfebezug beenden und in der Folgezeit nicht erneut wieder aufnehmen. Hier stellt Sozialhilfe eine Übergangshilfe dar.

Insgesamt kommen Ludwig, Leisering & Buhr (1995) zu dem Ergebnis, dass Armutskarrieren heute „verzeitlicht“ sind. Bedenklich ist, dass vor allem alleinstehende Frauen, ältere Männer aber auch Alleinerziehende den höchsten Anteil der dauerhaft von Sozialhilfe abhängigen Personen darstellen.

Diese Verzeitlichung beschränkt sich nicht nur auf den Bezug von Sozialhilfe, sondern betrifft auch die Einkommensarmut.

Die Ursache dieser Entwicklung sehen die Bremer Forscherinnen und Forscher vor allem darin, dass – im Vergleich zu den sechziger Jahren – die Arbeitslosen die Alten als wichtigste Bezugsgruppe in der Sozialhilfe abgelöst haben, wodurch eine Verkürzung der Bezugszeiten plausibel wird.

5.1.2 Das Durchschnitts-Äquivalenzeinkommen

Die Ergebnisse der Messung der Verbreitung von Armut mittels des Konzepts des „Durchschnitts-Äquivalenzeinkommens" basieren hauptsächlich auf zwei Datengrundlagen: Der Einkommens- und Verbrauchsstichprobe (EVS) sowie des sozio-ökonomischen Panels (SOEP).

Die *Einkommens- und* Verbrauchsstichprobe *(EVS)* wird seit den Jahren 1962/63 vom Statistischen Bundesamt – in Zusammenarbeit mit den Statistischen Landesämtern – in ca. 5-jährigem Turnus durchgeführt. Sie liefert Daten zur wirtschaftlichen Situation privater Haushalte in der Bundesrepublik Deutschland. Hierzu werden während einer einjährigen Erhebungsphase Einkommen und Ausgaben von Haushalten detailliert dokumentiert, um anschließend, auf der Basis des jeweiligen Mikrozensus, eine Stichprobe zu errechnen. Haushalte mit besonders hohen Einkommen bleiben hierbei jedoch ebenso unberücksichtigt wie bestimmte Bevölkerungsgruppen am unteren Rand, beispielsweise Personen, die in Einrichtungen leben (z. B. Justizvollzugseinrichtungen, Kasernen, Pflegeheime) oder Wohnungslose.

Insgesamt beträgt der Stichprobenumfang der EVS rd. 0,3 % aller privaten Haushalte in der Bundesrepublik Deutschland. Erstmals im Jahre 1993 wurden hierbei Haushalte in West- und Ost-Deutschland berücksichtigt. Außerdem wurden im Jahre 1993 erstmals auch Haushalte von Ausländerinnen und Ausländern in die Untersuchung mit einbezogen (Statistisches Bundesamt 1997, 1999).

Das *sozio-ökonomische* Panel *(SOEP)* wird im Auftrag des Deutschen Instituts für Wirtschaftsforschung (DEW) von Infratest-Sozialforschung durchgeführt. Es ist angelegt als eine repräsentative Längsschnittbefragung, die im Jahre 1984 mit der Befragung von ca. 6.000 Haushalten begann. Seit diesem Zeitpunkt wird in jedem Jahr ein ausgewähltes Haushaltsmitglied, das das 16. Lebensjahr vollendet hat, zu verschiedenen Bereichen befragt. Die Interviews richten sich an eine Gesamtzahl von rd. 12.000 Personen. Ausgeweitet wurde das SOEP auf die neuen Bundesländer im Jahre 1990 (ca. 2.000 Haushalte mit ca. 4.000 Befragungspersonen).

Die maßgebliche Einkommensvariable im SOEP ist das monatliche Haushaltsnettoeinkommen. Ähnlich der Einkommens- und Verbrauchsstichprobe (EVS) wird auch beim SOEP von einer Untererfassung besonders hoher Einkommen ausgegangen. Gleiches gilt für die Repräsentanz Wohnungsloser oder in Einrichtungen befindlicher Personen.

Die Stichprobe des sozio-ökonomischen Panels umfasst heute einen Umfang von etwa 4.600 westdeutschen und ca. 2.200 ostdeutschen Haushalten; berücksichtigt werden hierbei deutsche und ausländische Haushalte gleichermaßen (Hauser 1997).

Liegt der Nachteil des SOEP im Vergleich zur EVS darin, dass ihr beschränkter Stichprobenumfang – etwa ein Zehntel der in der EVS befragten Haushalte – keine differenzierteren Analysen von Teilgruppen, wie z. B. hinsichtlich der Bezieherinnen und Bezieher niedriger Einkommen erlaubt, so besteht der Vorteil des SOEP in der Anlage der Studie: Als Panel-Befragung ermöglicht sie eine Zeitverlaufsanalyse.

Weitere Datenquellen, die zur Analyse der Einkommens- und Vermögenssituation in der Bundesrepublik Deutschland – wenn auch in geringerem Maße – herangezogen werden, sind z. B. der Wohlfahrtssurvey (Glatzer & Zapf 1984), das Europäische Haushaltspanel (European Community Household-Panel-ECHP) (Kölling 1999) sowie die Untersuchung zur Alterssicherung in Deutschland (ASED).

Die *Allgemeine Bevölkerungsumfrage der Sozialwissenschaften (ALLBUS)* wird vom Zentrum für Umfragen, Methoden und Analysen (ZUMA) durchgeführt. Diese Untersuchung ist nicht als Panel-Studie angelegt, sondern als Untersuchung, in der jeweils neue Personen befragt werden. Durchgeführt werden die Erhebungen seit dem Jahre 1980 in zweijährigem Abstand.

Seit 1991 werden aus der Erwachsenenwohnbevölkerung nicht nur westdeutsche, sondern auch ostdeutsche Personen befragt. Die Stichprobengröße betrug im Jahre 1990 3.000 Befragte. Zwei Drittel der Interviews werden in den alten und ein Drittel der Interviews wird in den neuen Bundesländern durchgeführt.

Angelegt ist der ALLBUS als eine repräsentative Umfrageserie, die nicht ausschließlich auf die wirtschaftliche Situation von Personen und Haushalten zielt. Vielmehr stehen in ihrem Mittelpunkt Einstellungen, Verhaltensweisen und die Sozialstruktur der Bevölkerung in der Bundesrepublik Deutschland.

Der Allgemeinen Bevölkerungsumfrage der Sozialwissenschaften (ALLBUS) weit untergeordnet in der Relevanz für Aussagen für die wirtschaftliche Situation von Haushalten in der Bundesrepublik Deutschland ist das *Europäische Haushaltspanel (ECHP)*. Verantwortlich für diese geringe Relevanz ist die Stichprobengröße: So basiert das ECHP lediglich auf 4.700 Haushalte – die Stichprobe ist hiermit also noch kleiner als die des SOEP. Dementsprechend sind, wie Kölling (1999) darstellt, die Abweichungen im Vergleich zur EVS erheblich.

Die Studie *Alterssicherung in Deutschland (ASED)* basiert auf einer Befragung von 37.000 Haushalten. Zwar ist diese Untersuchung vom Umfang her die größte Haushaltsstichprobe – und somit dem Mikrozensus, der 1 % der Bevölkerung (also rd. 800.000 Personen in rd. 37.000 Hauhalten) – umfasst, vergleichbar. Da in dieser Studie jedoch keine Angaben zum Vermögen erhoben werden, sind die Daten für die Nachzeichnung der wirtschaftlichen Situation von Personen-Haushalten aber nur eingeschränkt verwendbar (Euler 1983).

Betrachtet man die vorliegenden Quellen insgesamt, so zeigt sich, dass zwar heute eine Vielzahl an Daten zur Einkommens- und Vermögenssituation in der Bundesrepublik Deutschland erhoben werden. Bei genauerem Hinsehen sind diese jedoch vielfach für Aussagen zur Verbreitung von Armut defizitär. Hinsichtlich der Exaktheit der Einkommens- und Vermögenserfassung stellt – in Würdigung aller Vor- und Nachteile der dargestellten Untersuchungen – die EVS die „verläßlichste Datenquelle dar" (Bundesministerium für Arbeit und Sozialordnung 1999, S. 52). Dennoch, hierauf verweist Huster (1997), weist auch sie einige Einschränkungen hinsichtlich der Validität ihrer Aussagen auf: Die in der EVS dargestellten Angaben des Einkommens beruhen ausschließlich auf Selbstauskünften der Befragten. Dies kann hinsichtlich der Präzision der Angaben Unsicherheitsmomente zur Folge haben. Des Weiteren muss insbesondere bei Vergleichen aktueller Angaben der EVS mit solchen, die bis 1988 erhoben wurden, berücksichtigt werden, dass bis zu diesem Zeitpunkt die Haushalte der Ausländerinnen und Ausländer und der Anstaltsinsassen fehlen. Ab dem Jahr 1993 werden die Ausländerinnen und Ausländer zwar mitbefragt, weiterhin aber nicht die Anstaltsinsassen, so dass ein Vergleich der EVS – Angaben mit gesamtwirtschaftlichen Daten nur sehr eingeschränkt möglich ist (Huster 1997, S. 40).

Diese Relativierungen der Datensicherheit in Rechnung stellend weisen die Auswertungen von Becker (1997, 1999) auf der Grundlage der EVS Anteile der Bevölkerung in relativer Armut zwischen dem Ende der 1960er Jahre und dem Ende der 1970er Jahre aus. Hiernach sind in diesem Zeitraum rd. 7 % der Bevölkerung von Armut betroffen. In den 1990er Jahren steigt dieser Wert auf 7,7 % (1983) bzw. 8,8 % (1988). Nach der Vereinigung der neuen mit den alten Bundesländern schnellt dieser Wert mit 10,3 % (1993 West) auf ein neues Rekordmaß hoch.

Zu durchweg höheren Quoten, die hinsichtlich der Erhebungsjahre mit denen der EVS vergleichbar sind, gelangen Untersuchungen auf der Datenbasis des sozio-ökonomischen Panels (SOEP). Tabelle 5.1.2.1 weist die Armutsquoten in Westdeutschland für die Jahre 1984 bis 1990 und für Deutschland (insgesamt) für die Jahre 1989 bis 1995 auf der Grundlage des Datenreports des Statistischen Bundesamtes (1997) aus.

Tabelle 5.1.2.1: Armut in Westdeutschland 1984-1995 (Angaben in Prozent)

	Armutsgrenzen		
	bis 40 %	**bis 50 %**	**bis 60 %**
	des durchschnittlichen Netto-Äquivalenzeinkommens		
Jahr	Strenge Armut	Relative Armut	Niedrigeinkommen
1984	5,2	12,6	21,0
1985	5,0	11,9	20,9
1986	5,0	11,9	20,1
1987	4,5	10,7	19,9
1988	5,3	11,0	20,4
1989	4,8	10,3	19,5
1990	3,9	10,5	18,5

1991	4,3	10,0	18,4
1992	4,4	10,0	18,6
1993	5,2	11,1	19,8
1994	4,7	11,1	21,9
1995	6,1	13,0	21,9

Datenbasis: Sozioökonomisches Panel (SOEP).

Betrachtet man Tabelle 5.1.2.1, so wird deutlich, dass die Analysen des sozioökonomischen Panels Bevölkerungsanteile in Armut in der ersten Hälfte der 1990er Jahre ergeben, die nach der 50-Prozent-Grenze zwischen 10 % und 12 % betragen. Nach der strengen 40-Prozent-Grenze ist die Armutsquote in diesem Zeitraum von 4 % auf 6 % gestiegen. Die weiter gefasste 60-Prozent-Grenze ermittelt Bevölkerungsanteile, die zwischen 19 und 22 % liegen (Statistisches Bundesamt 1997, S. 518).

Deutlich wird hierneben, dass die Armutsraten für Westdeutschland in der Zeit von 1984 bis 1989 leicht rückläufig sind. Zu Beginn der 1990er Jahre sinken sie weiter auf rd. 10 %. Ein Anstieg zeigt sich ab dem Jahr 1993. Im Jahr 1995 erreicht die Armutsquote mit rd. 13 % dann eine bis dahin nicht gekannte Rekordhöhe.

Kann für die starke Zunahme der Armutspopulation von 11,1 % auf 13 % in den Jahren 1993 bis 1995 zwar zu einem gewissen Anteil eine Veränderung der im SOEP berücksichtigten Stichprobe (mit)verantwortlich gemacht werden, die darin bestand, dass seit 1994 erstmals Übersiedler, Aussiedler und Asylberechtigte in das SOEP Eingang finden, so handelt es sich hierbei jedoch nicht ausschließlich um ein „statistisches Artefakt", wie Krause & Wagner (1997) darstellen. Die Autoren können in einer Analyse der Einkommen nachzeichnen, dass es in der ansässigen (westdeutschen) Bevölkerung zu einer Erhöhung der Einkommensungleichheiten gekommen ist.

Grundlage der Analysen von Krause & Wagner (1997) sind die so genannten „Reichtums-Quoten". Hiernach wird der Anteil derjenigen, der mehr als 150 % über dem äquivalenzgewichteten Durchschnittseinkommen liegt, als „wohlhabend", und der Anteil derjenigen, der über mehr als 200 % über dem äquivalenzgewichteteten Durchschnittseinkommen liegt, als „reich" bezeichnet:

Die Analyse beider Gruppen zeigt, dass der Anteil der in Wohlhabenheit Lebenden (150 %-Schwelle) von 1984 bis 1995 nur geringfügig zwischen 12 % und 13 % schwankt. Die Reichtumsquote (200 %-Schwelle), die seit 1984 im Mittel etwa 4 % beträgt, steigt in den Jahren 1994 und 1995 jedoch auf fast 5 % an (Krause & Wagner 1997, S. 71).

Veränderungen ergeben sich jedoch nicht nur in der Entwicklung höherer Einkommen. Sie betreffen auch die unteren Einkommen, und zwar sowohl in den neuen als auch in den alten Bundesländern.

Bislang wurde fast ausschließlich über die mittels des Durchschnitts-Äquivalenzeinkommens ermittelte Armut in den alten Bundesländern (Westdeutschland) berichtet. Begründet liegt dieses vor allem darin, dass (1.) ein Vergleich der für die 1980er Jahre ausgewiesenen Einkommen mit denen für die 1990er Jahre ermittelten zwischen West- und Ostdeutschland (zu diesem Zeitpunkt noch DDR) unsinnig wäre. Darüber hinaus (2.) sind die Lebens-

und Einkommensbedingungen noch immer stark unterschiedlich, so dass auch heute noch das Ausweisen lediglich einer Armutsquote (West- und Ostdeutschland) als problematisch bezeichnet werden kann.

Die in Ostdeutschland nach dem Ansatz des äquivalenzgewichteten Durchschnittseinkommens ermittelte Verbreitung von Armut weist Tabelle 5.1.2.2 aus. In ihr eingegangen sind die auf der Grundlage des SOEP berechneten Kaufkraftparitäten für Ostdeutschland, die – bezogen auf einen Wert von 100 für Westdeutschland – 143,3 (1990), 128,6 (1991), 117,8 (1992), 112,7 (1993), 112,4 (1994) und 112,9 (1995) betragen (Krause & Wagner 1997, S. 73).

Tabelle 5.1.2.2: Entwicklung des Reichtums und der Armut in Ostdeutschland von 1990-1995 (in % der Wohnbevölkerung)*

	Armutsgrenze			**Reichtumsgrenze**	
	bis 40%	**bis 50%**	**bis 60%**	**über 150%**	**über 200%**
	des durchschnittlichen Netto-Äquivalenzeinkommens				
	Strenge Armut	Mittlere Armut	Niedrig-einkommen	Wohlha-benheit	Reichtum
	...bezogen auf das Durchschnittseinkommen in *Ostdeutschland* (in %)				
1990	0,8	3,5	8,6	7,8	1,0
1991	2,4	4,3	9,4	7,6	1,5
1992	2,3	6,1	10,7	8,2	1,6
1993	3,0	6,3	11,8	8,3	2,2
1994	2,9	7,9	13,4	9,1	1,7
1995	3,1	7,9	13,0	9,3	2,0

* Äquivalenzgewichtung: 1984-89 nach der BSHG-Regelung vor 1990; 1990-95 nach der BSHG-Regelung nach 1990.

Bezogen auf das ostdeutsche Durchschnittseinkommen zeigt Tabelle 5.1.2.2, dass „strenge Armut" (40 %-Schwelle) im Jahre 1990 in Ostdeutschland mit rd. 0,8 % praktisch nicht vorhanden war. Ein Bevölkerungsanteil von 3,5 % lebte zu Beginn der Vereinigung beider deutschen Staaten in „mittlerer Armut" 8,6 % im „Niedrigeinkommensbereich".

Zwar haben sich die Armutsquoten im Zuge gesellschaftlicher Angleichungsprozesse von Ost- und Westdeutschland auch in Ostdeutschland bis zum Jahr 1995 erhöht. Die für Westdeutschland in Tabelle 5.1.2.3 ausgewiesene Höhe haben sie jedoch nicht erreicht.

Tabelle 5.1.2.3: Entwicklung des Reichtums und der Armut in Ostdeutschland von 1990-1995 (in % der Wohnbevölkerung)*

	Armutsgrenze			**Reichtumsgrenze**	
	bis 40%	**bis 50%**	**bis 60%**	**über 150%**	**über 200%**
	des durchschnittlichen Netto-Äquivalenzeinkommens				
	Strenge Armut	Mittlere Armut	Niedrig-einkommen	Wohlha-benheit	Reichtum
	...bezogen auf das Durchschnittseinkommen in *Westdeutschland* (in %)				
1990	9,9	26,7	45,6	0,2	0,0
1991	8,3	20,5	38,2	1,1	0,2
1992	7,8	17,8	31,7	1,5	0,2
1993	6,9	16,0	28,9	3,0	0,4
1994	7,1	13,3	22,9	3,3	0,6
1995	5,3	11,5	21,5	4,5	1,3

* Äquivalenzgewichtung: 1984-89 nach der BSHG-Regelung vor 1990; 1990-95 nach der BSHG-Regelung nach 1990.

Vergleicht man die Bevölkerungsanteile in Armut zwischen West- und Ostdeutschland und legt hierzu für die ostdeutsche Einkommenssituation die durchschnittlichen westdeutschen Einkommen zu Grunde, so ergibt sich zwischen 1990 und 1995 eine deutlich sinkende Armutsrate. Zurückgeführt wird dies auf einen deutlichen Abbau des Niveauunterschiedes zwischen West- und Ostdeutschland (Krause & Wagner 1997). Bezieht man in den Vergleich zwischen West- und Ostdeutschland bestehende unterschiedliche Kaufkraftparitäten ein, so reduziert sich die Verbreitung von Armut von rd. 27 % (im Jahre 1990) auf rd. 12 % (im Jahre 1995) (s. Tabelle 5.1.2.3).

Der Ost-West-Vergleich zeigt auch, wie leicht ein Vergleich von Armutsquoten zu Forschungsartefakten führen kann: Liegen ihm (wie in Tabelle 5.1.2.3) die für die alten und die neuen Bundesländer getrennt ermittelten Einkommensverteilungen zu Grunde, dann ergibt sich eine Zunahme der Armutsquote in den Neuen Bundesländern. Legt man die Einkommensverteilung der gesamten Bundesrepublik Deutschland zu Grunde, dann geht die Armutsquote in den neuen Bundesländern zurück, weil der letztere Indikator gegenüber dem Aufholprozess, der in den neuen Bundesländern stattgefunden hat, relativ unempfindlich ist. Es lässt sich allerdings konstatieren, dass der Prozess der Angleichung der Einkommen zwischen Ost und West einhergegangen ist mit einer – gemessen an der Einkommensverteilung in der gesamten Bundesrepublik – überdurchschnittlichen Polarisierung der Einkommen.

Tabelle 5.1.2.4 zeigt eine Entwicklung der (aktuellen) Armutsquoten der Jahre 1997 und 2000 im Vergleich, d.h. bezogen auf die Regionen West- und Ostdeutschland sowie Deutschland insgesamt.

Tabelle 5.1.2.4: Entwicklung der Armutsquoten 1997-2000 (in %, Ost- und Westdeutschland im Vergleich)

Jahr	**1997**	**2000**
Region		
Westdeutschland		
50% - Armutsquote	7,4	8,5
60% - Niedrigeinkommen	10,3	10,7
Ostdeutschland		
50% - Armutsquote	10,8	11,7
60% - Niedrigeinkommen	14,1	14,8
Deutschland (insgesamt)		
50% - Armutsquote	8,1	9,1
60% - Niedrigeinkommen	11,1	11,5

Datenbasis: Statistisches Bundesamt 2003.

Betrachtet man Tabelle 5.1.2.4, so wird deutlich, dass sich die dargestellten Trends sowohl regional als auch zeitlich bis zum Jahr 2000 fortsetzen: Die 50% - Armutsquote weist - ebenso wie die 60% - Niedrigeinkommensquote - in allen Regionen Deutschlands eine Zunahme aus -/ auf dem höchsten Niveau in Ostdeutschland: Dort leben, legt man die 50% - Grenze zugrunde, im Jahr 1997 fast 11% der Bevölkerung in Armut; im Jahr 2000 liegt dieser Wert bereits bei 11,7%.

Weit unterhalb dieses Niveaus ist die Verbreitung von Armut in den alten Bundesländern, also in Westdeutschland, mit 8,5%.

Insgesamt sind in der Bundesrepublik Deutschland im Jahr 2000 9,1% der Bevölkerung von der Situation betroffen, mit weniger als 50% des durchschnittlichen Einkommens der Bundesbürgerinnen und Bundesbürger leben zu müssen - also von Einkommensarmut betroffen zu sein. Nahezu 12% (11,5%) der Bevölkerung leben auf einem Niveau nur knapp über der Armutsgrenze, dem sog. Niedrigeinkommenssektor.

5.2 Nicht-Monetäre Dimensionen von Armut

5.2.1 Der Ansatz der Lebenslage

Ähnlich den vorgenannten Ansätzen, die zum Ziel haben, monetäre Dimensionen von Armut zu erfassen, z. B. dem Konzept der politisch-normativen Armutsdefinition sowie dem Ansatz des Durchschnitts-Äquivalenzein-kommens ergeben sich auch beim Konzept der Lebenslage, Schwierigkeiten, die vor allem auf der Operationalisierungsebene zu verorten sind. Sie betreffen (1.) die Eigenständigkeit lebenslagenspezifischer Dimensionen und (2.) die Definition von Unterversorgungsschwellen.

zu (1.) lebenslagenspezifische Dimensionen

Ein gravierendes Problem hinsichtlich der lebenslagenspezifischen Dimensionen besteht in der Klärung der Frage, welche Aspekte des Konzepts „Lebenslage“ tatsächlich den Charakter eigenständiger Dimensionen haben und welche als Folgeprobleme niedrigen Einkommens betrachtet werden können: „Wenn beispielsweise der Aspekt des ‘Wohnens’ als eigenständige Dimension untersucht wird, so ist eine auf Ausstattungsstandards ausgerichtete Interpretation dieses Aspektes stark mit dem Einkommen verknüpft“ (Andreß 1999, S. 111). „Wohnen“ wird aber nur dann zu einer eigenständigen Dimension, wenn die Frage, ob das damit zusammenhängende Problem durch finanzielle Mittel gelöst werden kann, eindeutig zu verneinen ist.

Können Dimensionen, wie z. B. chronische Krankheit und Behinderung sowie Schul- und Berufsausbildung noch als relativ einkommensunabhängig betrachtet werden, so wird dieses bei Dimensionen, die durch sog. Problemkumulationen gekennzeichnet sind, schwieriger. Beispielhaft können hier die Lebenslagen von Alleinerziehenden genannt werden: Oftmals gehen hier psychischer Stress und der Zerfall familialer Netzwerke mit ungesichertem Einkommen einher. Welchen Stellenwert konkret das Einkommen einnimmt, bleibt jedoch ungeklärt.

Zwar kann zusammenfassend festgestellt werden, dass das Konzept der „Lebenslage“ mehrdimensional angelegt ist. Kein Konsens besteht jedoch darüber, in welcher Anzahl Dimensionen einzubeziehen sind, wie deren genaue Interpretation und wie die Wechselwirkung zwischen den Dimensionen zu berücksichtigen ist.

zu (2.) Definition von Unterversorgungsschwellen

Neben dem Problem der in den Lebenslagenansatz einzubeziehenden Dimensionen ergibt sich, hat man eine Gruppe von Dimensionen als „armutsrelevant“ definiert, ein weiterer Klärungsbedarf, nämlich dahingehend, ab welcher Schwelle von „Armut“, „Unterversorgung“ oder „Deprivation“ gesprochen werden kann. Unstrittig ist die Beurteilung, dass sich „Deprivation“ immer auf die Standards der jeweiligen Dimensionen beziehen muss. Wählt man z. B. Krankheit als Dimension aus, dann ist die Abwesenheit von Gesundheit auch dann als Form der „Deprivation“ zu beurteilen, wenn materielle Armut (in engerem Sinne) nicht besteht. Die hierzu notwendigen Voraussetzungen, also die Definitionen von Deprivationskriterien bzw. Unterversorgungsschwellen, sind jedoch strittig.

Einen Versuch, solche Deprivationskriterien zu bestimmen, unternimmt Hübinger (1989). Er hat in seiner Untersuchung 19 Deprivationskomponenten in sechs Dimensionen unterschieden und Deprivationskriterien bzw. Unterversorgungsschwellen definiert:

- „*Bildung,* a: ohne Hauptschulabschluss, b: ohne beruflichen Bildungsabschluss
- *Aspekte des Einkommensmangels,* a: häufig im Monat in finanziellen Schwierigkeiten, b: sehr einschränken in drei der fünf Bereiche – Kleidung/Ernährung/Möbel Wohnungseinrichtung/Urlaub/Freizeit
- *Wohnsituation*, a: weniger als ein Wohnraum pro Haushaltsmitglied, b: drei von fünf Mängeln: Wohnung zu hellhörig/zu laut/schlecht ausgestattet/bauliche Mängel/sonstige Mängel
- *Gesundheitssituation,* a: subjektive Gesundheitseinschätzung: weniger gut/schlecht, b: regelmäßige Einnahme von Medikamenten, c: andauernde Behinderung oder Krankheit, die zu einem Berufswechsel oder Lebensumstellung geführt hat, d: fünf von elf Befindlichkeitsstörungen: große Sorgen über Gesundheit/öfter erschöpft und zerschlagen (...)
- *Aspekte des subjektiven Wohlbefindens*, a: Unzufriedenheit mit dem Leben (...), b: ziemlich oder sehr unglücklich, c: Anomiesymptome (...), d: Annahme, vermutlich nicht oder auf gar keinen Fall mit Sorgen und Schwierigkeiten fertig zu werden
- *soziale Integration und Netzwerkhilfe*“ (Hübinger 1989, S. 197; Herv.: C.P.).

Hanesch et al. (1994) weisen darauf hin, dass ein derart differenziertes Messkonzept über mehrere objektive und subjektive Dimensionen eine eigene, hierauf abgestimmte Erhebung voraussetzt. Prozessproduzierte Daten, wie sie z. B. im Rahmen des SOEP ermittelt werden, beinhalten aber oftmals weniger spezifische Informationen.

In einer eigenen Untersuchung, die auf der Grundlage der SOEP-Daten basiert, beziehen Hanesch et al. (1994) vier Dimensionen und – damit zusammenhängend – neben der Einkommensarmut Unterversorgungsschwellen ein, die er anhand der 50 %-Schwelle berechnet, nämlich

- *Arbeit:* (a) registrierte Arbeitslosigkeit, (b) stille Reserve, (c) geringfügige Beschäftigung
- *Bildung*: (a) kein Schulabschluss, (b) kein beruflicher Bildungsabschluss
- *Wohnen:* (a) Wohnungsgröße – weniger als 1 Wohnraum pro Person, (b) Wohnungsausstattung – kein Bad und/oder WC in der Wohnung
- *Gesundheit:* (a) Subjektiv gesundheitliche Zufriedenheit anhand einer Skala von 0-10, (Hanesch et al. 1994, S. 126).

Ziel der empirischen Umsetzung des Konzeptes der Lebenslage von Hanesch et al. (1994) war es, das „Erscheinungsbild von Armut und Unterversorgung in Deutschland seit der Vereinigung möglichst zeitnah zu erfassen und zu dokumentieren (Hanesch et al. 1994, S. 28), und zwar mittels drei Untersuchungsschritten:

(1.) Einer Auswertung des sozio-ökonomischen Panels zur Darstellung der Entwicklung von Armut und Unterversorgung in den alten und den neuen Bundesländern.

Vorgesehen und realisiert wurde in diesem Untersuchungsschritt die Auswertung der Erhebungswellen des sozio-ökonomischen Panels des Deutschen Instituts für Wirtschaftsforschung für die Jahre 1990, 1991 und 1992. Sowohl für die alten als auch für die neuen Bundesländer wurden auf der Grundlage dieses Datensatzes Lebens- und Unterversorgungsindikatoren empirisch ermittelt, die sich insgesamt auf vier Bereiche bezogen: Den Bereich Einkommensarmut (a), den Bereich Arbeit (b), den Bereichen Bildung und Ausbildung (c) sowie den Bereich Wohnen (d).

Analysiert wurde (1.) die auf diese Bereiche bezogene Entwicklung globaler Armuts- und Unterversorgungsquoten in den alten und neuen Bundesländern, (2.) die sozio-demographische Struktur von Haushaltstypen bzw. Gruppen mit überdurchschnittlich hohen Untersorgungsquoten, (3.) der Zusammenhang zwischen Einkommensarmut und Unterversorgung, (4.) die nach Lebenslagenbereichen und Haushaltstypen bzw. Gruppen vorhandene Kumulation von Unterversorgungserscheinungen und – schließlich – (5.) die längsschnittliche Betrachtung einer Armutspopulation im dreijährigen Untersuchungszeitraum.

(2.) Einer regionalen Erhebung und Auswertung von Daten des Sozialhilfebezugs in den neuen Bundesländern.

Im Mittelpunkt dieses Untersuchungsschritts stand eine Sondererhebung und Auswertung der Daten von laufender Hilfe zum Lebensunterhalt außerhalb von Einrichtungen in den Städten Erfurt, Frankfurt/Oder, Magdeburg und Suhl sowie den Landkreisen Köthen und Neu-Brandenburg. Das Hauptinteresse galt in diesem Untersuchungsschritt der Fragestellung, „wie sich Umfang und Zusammensetzung der Sozialhilfeempfänger im Untersuchungszeitraum in diesen Kommunen entwickeln“ (Hanesch et al. 1994, S. 30), und zwar vor dem Hintergrund, dass solche Daten sonst in der Regel erst mit mehrjähriger Verzögerung zur Verfügung gestellt werden und diese dann auch nur ein sehr unvollständiges Abbild der Armutsbevölkerung geben.

(3.) Einer regionalen Untersuchung objektiver und subjektiver Dimensionen von Unterversorgung bei ausgewählten Problemgruppen von Armut in den neuen Bundesländern.

Im Mittelpunkt dieses Untersuchungsschrittes stand die Analyse objektiver und subjektiver Aspekte der Lebenssituation ausgewählter Problemgruppen der Armut in den neuen Bundesländern: In den gleichen Kommunen, in denen auch die Sozialhilfesondererhebung stattfand, wurden hierzu u. a. Fachkonferenzen mit Expertinnen- und Experteninterviews mit Mitarbeiterinnen und Mitarbeitern öffentlicher und freier Träger sowie Selbsthilfegruppen durchgeführt, und zwar bezogen auf die Gruppen (a) der Arbeitslosen, (b) der Alleinerziehenden, (c) der Wohnungslosen, (d) der Behinderten, (e) der chronisch Kranken sowie (f) der Seniorinnen und Senioren.

Die auf der Grundlage dieser Gespräche gewonnene „Fremdsicht" der Lebenssituationen der von Armut besonders betroffenen Gruppen wurde in einem zweiten Teil des dritten Untersuchungsschrittes um die Sichtweise der Betroffenen ergänzt. Mittels leitfadengestützter narrativer Interviews ging es hierbei um das konkrete „Erleben" und „Verarbeiten" der aktuellen Armutssituation.

Die Ergebnisse der dargestellten Untersuchungsschritte werden von Hanesch et al. (1994) in insgesamt 18 Punkten zusammengefasst. Sie münden in der Feststellung, dass zum Zeitpunkt der Studie, also „mehr als drei Jahre nach Vollendung der wirtschaftlichen und politischen Einheit (...) in Deutschland noch immer zwei Gesellschaften mit höchst ungleichem Entwicklungsstand und Entwicklungstempo" existieren (Hanesch et al. 1994, S. 32): So sind zwar die politischen Grenzen zwischen den alten und den neuen Bundesländern beseitigt. Die wirtschaftliche und soziale Integration setzt jedoch – nach Hanesch et al. (1994) – erst sehr allmählich ein. Konkret kommen Hanesch et al. (1994) zu folgenden zentralen Ergebnissen:

(1.) Das Auftreten von Arbeitslosigkeit hat die Bürgerinnen und Bürger mit einer – bis zur Vereinigung beider deutscher Staaten – nicht gekannten Form der existentiellen Gefährdung konfrontiert: Betraf das Verarmungsrisiko zunächst einmal die sehr breit gestreuten Gruppen der Erwerbsbevölkerung, so schritt die Konzentration „auf bestimmte 'Problemgruppen des Arbeitsmarktes' nach westdeutschem Muster rasch fort" (Hanesch et al. 1994, S. 35).

(2.) Die Auswertungen des sozioökonomischen Panels zeigen, dass – legt man die 50%-Grenze zu Grunde – der Anteil derjenigen, die 1992 in den alten Bundesländern als einkommensarm bezeichnet werden können, bei 7,5 % der Bevölkerung lag. In den neuen Bundesländern betrug die Einkommensarmutsquote 14,8 %. Auch wenn sich im Lauf der Zeit eine „Entschärfung" der „gespaltenen Gesellschaft" (Hanesch et al. 1994, S. 35) abzuzeichnen scheint, resümieren die Autoren, dass „nach wie vor ein großes Gefälle im Niveau der Einkommensausstattung zwischen West und Ost" (Hanesch et al. 1994, S. 36) besteht.

(3.) Ein den in Punkt 2 dargestellten Differenzen ähnlicher Trend wird auch für den Bereich des Wohnens – eine der zentralen Kategorien des Lebenslagenansatzes – nachgezeichnet: „War in der DDR 1990 mit 24,9 % fast jede vierte Befragungsperson wohnraumunterversorgt, so galt dies 1992 noch immer für gut jeden Fünften (20,7 %)" (Hanesch et al. 1994, S. 36). Die Quote Wohnraumunterversorgter betrug 1992 in den alten Bundesländern (lediglich) 14,7 %. Drastischer fiel der Versorgungsunterschied zwischen den alten und den neuen Bundesländern qualitativ aus: Mit nur 2,2 % spielten so genannte „Substandardwohnungen" (ohne Bad/WC) in den alten Bundesländern eine nur noch unbedeutende Rolle. In den neuen Bundesländern lebten 1992 noch 13,4 % der Bevölkerung in solchen unzureichend ausgestatteten Wohnungen.

(4.) Eine etwas anders gelagerte Entwicklung stellen die Autoren für den Bereich der Erwerbstätigkeit fest: So liegt zwar die Arbeitslosenquote in den neuen Bundesländern weit über derjenigen der alten Bundesländer, allerdings relativiert sich diese Ungleichheit wieder, betrachtet man den Anteil der nicht registrierten Arbeitslosen und der geringfügig Beschäftigten. Hier weisen die alten Bundesländer weitaus höhere Quoten auf. Ein ähnlicher Trend zeigt sich bezogen auf den Bereich der allgemeinen und beruflichen Bildung: Hier weisen die neuen Bundesländer deutlich günstigere Werte auf, jedoch mit der Einschränkung, dass „formelle Bildungsabschlüsse als Indikatoren für die Verwertbarkeit dieser Qualifikationen gerade in den neuen Bundesländern derzeit nur eine geringe Aussagekraft“ haben (Hanesch et al. 1994, S. 37).

(5.) Für die Gesamtheit aller von Hanesch et al. (1994) untersuchten Versorgungsbereiche – im Einzelnen sind dies Einkommen, Arbeit, Wohnung und Bildung – gelangen die Autoren zu dem Fazit, dass sich zwar in den neuen Bundesländern einerseits eine Angleichung an die Lebensverhältnisse an die alten Bundesländer entwickelt hat, dies jedoch nicht für die Bereiche Arbeit und Bildung gilt: Dort steigen die Unterversorgungsquoten in den neuen Bundesländern an. Deutlich wird dieser Trend insbesondere bei der Betrachtung der Betroffenheit von mehr als einem Unterversorgungsbereich: Die Quote derer, die in zwei oder mehr Bereichen eine Unterversorgung aufweisen, nahm in den neuen Bundesländern von 1990 bis 1992 zu, während sie in den alten Bundesländern mit 7,3 % konstant blieb.

(6.) Die Armutsentwicklung in den neuen Bundesländern zeichnet sich durch einen so genannten „doppelten Angleichungsprozess“ aus: Bestimmte Bevölkerungsgruppen sind zunehmend davon bedroht, eine nur unzureichende Versorgung zu finden. Gleichzeitig wächst die Zahl derer, die mit einer Häufung von Unterversorgungslagen konfrontiert sind. Insbesondere in den neuen Bundesländern stellen Kinder und Jugendliche die Hauptopfer dieses „doppelten Angleichungsprozesses“ dar. So betrug die Quote der mehrfach Unterversorgten im Jahre 1992 bei Paaren mit zwei Kindern 15,9 %, bei Paaren mit mehr als zwei Kindern sogar 40,2 %. Von den Alleinerziehenden mit einem Kind sind 17,8 % und von den Alleinerziehenden mit zwei oder mehr Kindern 22,8 % von kumulativen Unterversorgungslagen betroffen. Zwar trifft diese Bevölkerungsgruppen auch in den alten Bundesländern ein überproportionales Verarmungsrisiko. Mit Quoten zwischen 9,1 % und 22 % liegen diese aber weit unterhalb der Betroffenheitswerte der neuen Bundesländer.

(7.) Der Anteil derer, die in den neuen und in den alten Bundesländern Sozialhilfe beziehen, ist hoch: 1992 betrug die Sozialhilfedichte in Ostdeutschland bereits 4,2 %. Sie hat damit fast den Vorjahreswert des Sozialhilfebezugs im alten Bundesgebiet – mit 5,8 % – erreicht.

(8.) Die Auswertung der Sondererhebung von Hanesch et al. (1994) zeigt darüber hinaus, dass der Zusammenhang zwischen Sozialhilfebezug und Arbeitslosigkeit in den neuen Bundesländern wesentlich stärker ausgeprägt ist als in den alten: 88 % aller Empfängerinnen und Empfänger sind hier als Folge von Arbeitslosigkeit im Leistungsbezug: „Da ein Rückgang der Arbeitslosenzahl im Osten auf absehbare Zeit nicht zu erwarten ist, da zugleich die Dauer der individuellen Arbeitslosigkeit zunimmt und damit die soziale Absicherung in der Arbeitslosenversicherung sich verringert, ist ein weiterer Anstieg der arbeitsmarktbedingten Armut (...) vorprogrammiert“ (Hanesch et al. 1994, S. 39f.).

(9.) Der Anteil derer, der zusätzlich zur Hilfe zum Lebensunterhalt ein Erwerbseinkommen bezieht, ist sehr gering. Mit 7,4 % lag er im Jahre 1992 in den neuen Bundesländern halb so hoch wie in den alten.

(10.) Umgekehrt stellt sich das Bild der Sozialhilfebedürftigkeit bei den Alleinerziehenden dar: Sie liegt in den neuen Bundesländern – mit fast 40 % – deutlich höher als in den alten Bundesländern. Hierneben stellen auch Kinder und Jugendliche in den neuen Bundesländern – mit knapp 44 % gegenüber etwa 30 % in den alten – einen enorm hohen Anteil am Sozialhilfebezug dar: „Auch in den neuen Bundesländern gilt somit die These einer ‘Infantilisierung der Armut‘„ (Hanesch et al. 1994, S. 40). Verantwortlich gemacht werden für diese Entwicklung u. a. der verschärfte Ausgrenzungsdruck am Arbeitsmarkt sowie die unzureichende Deckung des Kinderbedarfs im Rahmen des bestehenden Familienlastenausgleichs. Seniorinnen und Senioren sind demgegenüber in den neuen Bundesländern kaum mehr in der Gruppe der Sozialhilfebedürftigen vertreten: Neben der raschen Anhebung des Rentenniveaus in den neuen Bundesländern wird dies auf die im Vergleich zu den alten Bundesländern günstigeren Erwerbsbiographien zurückgeführt.

(11.) Für viele Betroffene hat sich – angesichts der ungünstigen Arbeitsmarktlage – die Hilfe zum Lebensunterhalt zur Grundversorgung entwickelt: Zum Stichtag 01.07.1992 waren 41 % der Empfängerinnen und Empfänger länger als ein Jahr im Sozialhilfebezug. Hinzu kommen – so Hanesch et al. 1994 – nochmals knapp 11 %, die sich als sog. „Mehrfachbezieher" nach einer Unterbrechung wieder im Sozialhilfebezug befanden. Überrepräsentiert bei der Gruppe der Langzeitbezieherinnen und -bezieher sind vor allem Ehepaare mit Kindern sowie Alleinerziehende. Deutlich wird darüber hinaus eine sich zunehmend abzeichnende Polarisierung des Sozialhilfebezugs: „Einer deutlichen Mehrheit (60 Prozent) von Langzeitbeziehern steht eine Gruppe von ebenfalls beträchtlicher Größenordnung gegenüber, die nur relativ kurzzeitig im Leistungsbezug verbleibt (40 Prozent)" (Hanesch et al. 1994, S. 41).

(12.) Neben den quantitativen Differenzen zwischen der Verarmung in den neuen und in den alten Bundesländern können – auf der Grundlage der Befragung von Expertinnen und Experten sowie Betroffenen – auch qualitative Unterschiede nachgezeichnet werden: Sie betreffen unter anderem die Ursachen der Armut. So liegt die Besonderheit der Armut in den neuen Bundesländern vor allem in der Auflösung der ökonomischen, sozialen und kulturellen Strukturen in der ehemaligen DDR begründet.

(13.) Insbesondere die Umbruchsituation in den neuen Bundesländern hat zu einer Vielzahl an Bewältigungsformen der von Armut betroffenen Personen und Haushalte geführt: Zentral ist dabei das Streben nach Wegen aus der Arbeitslosigkeit und – trotz eines nicht absehbaren Endes der Arbeitsmarktkrise – ein Denken in den „traditionellen Normen einer Arbeitsgesellschaft" (Hanesch et al. 1994, S. 43).

(14.) Viele der bereits vor einigen Jahrzehnten existierenden Risiken, z. B. Arbeits- und Wohnungslosigkeit, sind mit der „Wende" für eine Vielzahl von Menschen in den neuen Bundesländern aktualisiert worden. Die Auswirkungen sowohl der veränderten Rahmenbedingungen als auch der eigenen Handlungen werden hierbei jedoch noch unzureichend eingeschätzt: So besitzen die von Armut betroffenen Personen sehr häufig eine geringe Ämterkompetenz, die – gepaart mit einem unzureichenden Wissen im Bereich des Sozialrechts und über Wege des Leistungserhalts – nur zu einer mangelhaften Ausschöpfung sozialstaatlicher Ressourcen führt.

(15.) Aus dem Erwerbsleben ausgeschiedene Personen in den neuen Bundesländern, wie z. B. Behinderte oder Rentnerinnen und Rentner, betrachten ihre soziale Situation oftmals als irreversiblen Sozialabstieg. Betroffen sind hiervon – so Hanesch et al. 1994, S. 43 – auch diejenigen, die infolge der „Wende" aus dem Erwerbsleben ausscheiden mussten. Gerade bei diesen Gruppen steht nicht die finanzielle, sondern vor allem die defizitäre soziale Eingebundenheit im Zentrum der subjektiv erlebten Armut. Psychosoziale Risiken schlagen sich hier stark in gesundheitlichen Problemen nieder.

(16.) Bei den Einkommensarmen steht nicht alleine die Einkommenssituation im Vordergrund der Ängste und Befürchtungen. In ihrer qualitativen Untersuchung konnten Hanesch et al. (1994) zeigen, dass zumindest gleichrangig mit den finanziellen Problemen Perspektivlosigkeit und Zukunftsängste sowie konkrete Schwierigkeiten, Befürchtungen und Sorgen im Zusammenhang mit der Alltagsbewältigung als Folge des gesellschaftlichen Umbruchs genannt wurden.

(17.) Abhängig sowohl von der gegenwärtig erlebten Armutssituation, also der Frage, inwieweit diese z. B. als dauerhafter oder irreversibler Biographieeinschnitt oder als Fortsetzung bzw. Wiederholung bereits erlebter Deprivationserfahrungen wahrgenommen werden, gestalten sich die Bewältigungsmuster so, dass bei einer Angleichung der Lebensverhältnisse keine Angleichung der Bewältigungsmuster erwartbar ist.

(18.) Armut wird zwar – vor dem Hintergrund der gesamtgesellschaftlichen Umbruchsituation – als individuelles Phänomen erlebt: „dennoch ist diese Einordnung verknüpft mit einer Schuldzuweisung an die politischen Akteure in West- und Ostdeutschland" (Hanesch et al. 1994, S. 44).

Zusammenfassend kommen Hanesch et al. (1994) zu dem Ergebnis, dass sich das Bild der Einkommensarmut auch im Bereich der kumulativen Unterversorgung deutlich widerspiegelt:

Hinsichtlich des Familienstands tragen Ledige in den neuen Bundesländern mit 13 % sowie Verheiratete und zusammenlebende Paare in den alten Bundesländern mit 8,4 % ein überdurchschnittliches Armutsrisiko.

Sowohl in den neuen als auch in den alten Bundesländern weisen Frauen (mit 12,1 % neue und 8,4 % alte Bundesländer) eine erhöhte Betroffenheit kumulativer Unterversorgungslagen auf.

Auffällig ist der hohe Anteil von Ausländerinnen und Ausländern an der von Armut betroffenen Bevölkerung: Mit einem Anteil von 37,2 % liegt ihre Quote im Bereich der kumulativen Unterversorgung etwa fünfmal so hoch wie derjenige der autochthonen Bevölkerung in den alten Bundesländern: Hier beträgt er 7,3 %.

Neben den Ausländerinnen und Ausländern kommt insbesondere den Alleinerziehenden und Paaren mit mehr als einem Kind ein besonderes Gewicht bei der Betroffenheit von Untersorgungslagen zu. Der Anteil Alleinerziehender, die auf sich mehrere sog. Unterversorgungsindikatoren vereinen konnten, betrug in den neuen Bundesländern im Jahre 1992 19,2 %. Geringer, aber dennoch hoch, lag dieser bei den Alleinerziehenden in den alten Bundesländern. Hier betrug er zum gleichen Zeitpunkt 9,5 %.

Eine der Lage der Alleinerziehenden ähnliche Betroffenheit zeichnete sich für Paare mit mehr als einem Kind ab: Ihr Anteil in der Gruppe derjenigen, die als kumulativ unterversorgt bezeichnet werden können, lag bei Paaren mit mehr als einem Kind in den neuen Bundesländern bei 13,7 %. In den alten Bundesländern lag er bei 10,5 %.

Mit der Größe des Haushalts nimmt die Quote der Armut nochmals zu: „Bei Paaren mit drei oder mehr Kindern muss von einer ganz besonderen Risikoqualität der kumulativen Versorgung gesprochen werden" (Hanesch et al. 1994, S. 170). Hiervon sind 42,0 % aller Bürgerinnen und Bürger in den neuen Bundesländern und 22,0 % aller Bürgerinnen und Bürgern in den alten Bundesländern betroffen: „Es zeigt sich, dass die kumulative Armutsquote im Osten nicht nur deutlich höher ausfällt als im Westen, sondern auch eine eindeutigere soziale Risikostruktur in Richtung großer Haushalte und Alleinerziehender aufweist" (Hanesch et al. 1994, S. 179).

Hinzu kommt – in den neuen Bundesländern mit 17,5 % und in den alten Bundesländern mit 9,6 % – die Gruppe der Nicht-Erwerbstätigen. Als spezifische Problemlagen der alten Bundesländer kristallisieren sich darüber hinaus Risikofaktoren für eine kumulative Unterversorgung heraus, die sich in vier Gruppen bündeln: bei Personen ohne Schulabschluss (27,9 %), bei Arbeiterinnen und Arbeitern (11,3 %), bei ungelernten Arbeiterinnen und Arbeitern (18 %) aber auch Angestellten ohne Ausbildungsabschluss (9,9 %).

5.2.2 Das Konzept der subjektiven Deprivation

Betrachtet man die heute in den Sozialwissenschaften in der Bundesrepublik Deutschland geführte Armutsdiskussion, so ist diese vor allem durch definitorische Auseinandersetzungen geprägt. Im Mittelpunkt stehen hierbei zwei Fragen, nämlich (1.) ab welchem Einkommen das Ausmaß der Deprivation überproportional zunimmt und (2.) ab welchem Ausmaß der Deprivation man den allgemein akzeptierten Lebensstandard als unzureichend betrachten kann.

Führt die Klärung der ersten Frage zu einer Definition einer Einkommensgrenze, ab der man von deprivationsbasierter Armut spricht, so steht im Zentrum der Klärung der zweiten Frage die Entwicklung eines von der Deprivationsmessung unabhängigen Kriteriums, das Auskunft über eine Beeinträchtigung des Lebensstils gibt. Dieser Aufgabe widmen sich Andreß & Lipsmeier in dem von ihnen entwickelten Konzept der subjektiven Deprivation (1995).

Ausgangspunkt des theoretischen und empirischen Konzepts von Andreß & Lipsmeier (1995) ist die in der Bundesrepublik Deutschland noch immer übliche Gleichsetzung von Armut mit Einkommensarmut, nach der Personen und Haushalte, die 50 % unter dem durchschnittlichen Einkommensniveau der Bundesrepublik liegen, als arm bezeichnet werden. Obwohl dieses Herangehen im Vergleich zur alleinigen Ermittlung von Armut über den Bezug laufender Hilfe zum Lebensunterhalt (Sozialhilfe) einen konzeptionellen und methodischen Fortschritt darstellt, gehen auch hiermit (mindestens) zwei Probleme einher: „Erstens können Personen in Haushalten mit gleichem Einkommen selbst bei Kontrolle der Größe und Zusammensetzung des Haushaltes einen ganz unterschiedlichen Lebensstandard besitzen“ (Andreß & Lipsmeier 1995, S. 35). Verantwortlich hierfür sind zum Beispiel zeitliche Einkommensschwankungen, Geldvermögen, Sachvermögen sowie differierende Belastungen, z. B. bezogen auf das Wohnen. „Zweitens ist beim Vergleich von (Teil-) Gesellschaften mit unterschiedlichem Durchschnittseinkommen, wie z. B. beim Vergleich von Ost- und Westdeutschland, unklar, welchen Vergleichsmaßstab, also welches Durchschnittseinkommen man zur Bestimmung der Armutsgrenze heranziehen soll“ (Andreß & Lipsmeier 1995, S. 35). Ähnlich der „politischen“ Grenze bei der Bestimmung des Ausmaßes von Armut durch die Erfassung der Sozialhilfebezieherinnen und Sozialhilfebezieher besteht hierbei das Problem, dass man – je nach Wahl des Vergleichsmaßstabs – zu unterschiedlichen Ergebnissen kommt.

Hinzuzufügen ist diesen zwei dargestellten Defiziten bei der Ermittlung der Betroffenheit, der Dauer und des Ausmaßes von Armut über das Einkommen ein drittes, das mit der 50 %-Grenze zusammenhängt: Sie ist ausschließlich normativ festgelegt und lässt sich – nach wissenschaftlichen Kriterien – nur unzureichend erklären. Zwar könnte insbesondere das Problem differierender Lebensstandards dadurch gelöst werden, dass man, zusätzlich zur Erhebung des Einkommens, die vorhandenen Vermögen und Kostenbelastungen miterfasst, um Aufschlüsse über den Lebensstandard einer Person zu erhalten. Aber auch mit diesem Vorgehen würde der Fokus weiterhin auf den Quellen, jedoch nicht der Verwendung des Einkommens liegen: „Was die Personen mit ihrem verfügbaren Einkommen machen, welchen Lebensstandard sie sich leisten bzw. nicht leisten können, bleibt dabei (...) weitgehend ausgespart“ (Andreß & Lipsmeier 1995, S. 35).

Auf der Grundlage dieses Defizits der bisherigen, vor allem auf das Einkommen bezogenen Ansätze der Armutsforschung entwickeln Andreß & Lipsmeier (1995) ihr deprivationsbasiertes Konzept der Armutsmessung.

Neben einer elaborierten theoretischen Ausarbeitung des Konzepts deprivationsbasierter Armut (siehe hierzu Kapitel 3) widmen sich Andreß & Lipsmeier (1995) auch der empirischen Umsetzung dieses Ansatzes. Sie mündete in einer Untersuchung, in der von September 1994 bis Januar 1995 3.600 private Haushalte mit einem Fragebogen untersucht wurden.

Der Fragebogen war so konstruiert, dass er den Lebensstandard zunächst anhand einer Liste mit 29 Items abfragte. Diese diente dazu festzustellen, welche der aufgeführten Dinge als a) verzichtbar, b) wünschbar und c) unbedingt notwendig erachtet werden. In einem zweiten Schritt wurden die Probanden dann danach gefragt, inwieweit sie diese Dinge a) besitzen b) sich nicht leisten können oder c) hierüber aus anderen Gründen als aus finanziellen nicht verfügen. Die Differenzen zwischen beiden Antwortkategorien geben Aufschluss über das Ausmaß der Deprivationsbetroffenheit.

Um einen späteren Vergleich deprivationsbasierter Armut mit der Einkommenssituation zu ermöglichen, wurde gleichzeitig nach den monatlichen Einkünften, dem vorhandenen Vermögen usw. gefragt. Insgesamt konnten Antworten von 1.204 ausgefüllten Fragebögen in die Auswertung der Ergebnisse einbezogen werden.

Tabelle 5.2.2.1: Aspekte deprivationsbedingter Armut

Item	a)	b)	c)	d)	e)	f)
Notwendige Dinge						
1.Keine feuchten Wände	87,5 %	12,3 %	92,6 %	2,0 %	3,1 %	6,5 %
2.WC in der eigenen Wohnung	87,2 %	12,3 %	98,0 %	0,2 %	0,8 %	2,8 %
3.Bad oder Dusche in der Wohnung	85,4 %	14,2 %	97,6 %	0,4 %	2,3 %	4,7 %
4.Gas, Wasser, Strom bez. können	85,0 %	14,9 %	97,0 %	1,8 %	7,1 %	14,4 %
5.Ausreichende Heizung	83,2 %	16,6 %	98,1 %	0,6 %	2,9 %	8,3 %
6.Einen Berufsabschluss	81,7 %	17,5 %	94,5 %	0,1 %	0,7 %	2,2 %
7.Miete/Zinsen zahlen können	79,7 %	20,1 %	94,1 %	3,8 %	16,0 %	16,9 %
8.Eine Waschmaschine	79,0 %	19,5 %	95,4 %	1,8 %	5,3 %	11,9 %
9.Ein Radio	74,8 %	22,2 %	98,7 %	0,4 %	0,0 %	4,9 %
10.Gesunder Arbeitsplatz	68,2 %	31,8 %	78,7 %	21,3 %	29,6 %	40,3 %
11.Ein sicherer Arbeitsplatz	65,6 %	33,9 %	55,1 %	44,9 %	60,6 %	60,4 %
12.Gesund leben	65,3 %	34,4 %	85,4 %	1,9 %	4,8 %	12,6 %
13.Altersversorgung (Arbeit)	58,8 %	40,2 %	64,5 %	35,5 %	53,6 %	50,7 %
14.Warme Mahlzeit	51,3 %	42,7 %	84,1 %	0,6 %	2,2 %	6,0 %
15.Ein Telefon	50,4 %	39,0 %	84,3 %	1,9 %	6,7 %	16,5 %
Entbehrliche Dinge						
16.Spielzeug	49,6 %	48,6 %	94,9 %	1,6 %	3,4 %	13,1 %
17.Kindergarten/ Kinderkrippe	44,1 %	54,2 %	75,5 %	1,2 %	3,1 %	7,5 %
18.Einwöchiger Jahresurlaub	40,8 %	47,1 %	75,6 %	12,0 %	33,8 %	48,9 %
19.Kontakt mit Nachbarschaft	39,1 %	55,5 %	87,4 %	1,6 %	2,2 %	3,4 %
20.Ein Auto	33,8 %	42,8 %	85,7 %	6,3 %	15,6 %	44,8 %
21.Auf Qualität achten	31,5 %	62,5 %	66,2 %	22,9 %	34,9 %	44,9 %
22.Guter baulicher Zustand	30,8 %	65,4 %	74,6 %	10,1 %	21,7 %	33,9 %
23.Kinderzimmer	30,4 %	63,9 %	76,1 %	7,5 %	14,7 %	29,2 %
24.Alle zwei Tage Fleisch	22,0 %	53,7 %	74,5 %	2,9 %	7,2 %	21,7 %
25.Garten/Balkon/Terrasse	21,5 %	66,3 %	82,8 %	3,6 %	11,0 %	13,3 %
26.Gute Wohngegend	20,1 %	73,2 %	74,5 %	11,2 %	19,5 %	24,2 %
27.Abends ausgehen	8,1 %	50,0 %	37,7 %	14,6 %	32,8 %	40,4 %
28.Neue Möbel	7,6 %	70,0 %	56,8 %	19,8 %	38,9 %	56,2 %
29.Neue Kleidung kaufen	7,2 %	60,8 %	52,0 %	24,2 %	51,3 %	59,1 %
Stichprobenumfang	**685**	**685**	**685**	**685**	**101**	**417**

a) Anteil derjenigen, die das Item für unbedingt notwendig erachten.
b) Anteil derjenigen, die das Item für wünschenswert halten.
c) Anteil derjenigen, die das Item besitzen.
d) Anteil derjenigen, die sich das Item nicht leisten können (bzw. nicht haben – bei Arbeitsplatz-Items).
e) Anteil einkommensschwacher, die sich das Item nicht leisten können.
f) Anteil Sozialhilfeempfänger, die sich das Item nicht leisten können.
Quelle: Andreß & Lipsmeier 1995, S. 38.

Eine detaillierte Analyse deprivationsbedingter Armut zeigt Tabelle 5.2.2.1. Diese weist die Anteile für diejenigen aus, die (a) zunächst allgemein die angegebenen Items für unbedingt notwendig erachten, die (b) die angegebenen Items für wünschenswert halten, die (c) die angegebenen Items besitzen und die (d) sich die angegebenen Items nicht leisten können (bzw. diese nicht besitzen – bei Arbeitsplatz-Items). Hinzu kommen (e) die Anteile für die Gruppe der Einkommensschwachen, die sich die Items nicht leisten können, und (f) für die Gruppe der Sozialhilfebezieherinnen und -bezieher.

Betrachtet man zunächst die Ergebnisse bezogen auf den für notwendig erachteten Lebensstandard, so lassen sich drei Gruppen unterscheiden:

- Eine Gruppe von zehn Items (in der Übersicht Item 1-10), die von mindestens zwei Dritteln als notwendig erachtet wurden. Hierzu zählt z. B. die Wohnversorgung, die Zahlungsfähigkeit oder der Berufsabschluss.
- Eine zweite Gruppe von fünf Items (in der Übersicht Item 11-15), die von mindestens der Hälfte der Befragten für notwendig befunden wurden: Hierzu zählt z. B. ein Telefon oder eine warme Mahlzeit pro Tag.
- Eine dritte Gruppe von 14 Items (in der Übersicht 16-29), bestehend z. B. aus dem Auto, dem Jahresurlaub oder einer guten Wohngegend, die nur von einer Minderheit als notwendig bezeichnet wurden.

Während zwischen West- und Ostdeutschland nur geringe Differenzen in der Einschätzung der für einen angemessenen Lebensstandard erforderlichen Güter und Dienstleistungen bestehen – dieses gilt auch für die Frage nach dem tatsächlichen Besitz der Dinge – bestehen jedoch große Unterschiede zwischen der Gruppe der Sozialhilfebezieherinnen und -bezieher und der Gesamtstichprobe: Sie schätzen die Notwendigkeit der einzelnen Items durchgängig um durchschnittlich 8,6% geringer ein.

Diese Ergebnisse bleiben nicht auf die Notwendigkeitseinschätzung beschränkt. Sie betreffen auch den Besitz der abgefragten Dinge. Sowohl einkommensschwache Personen als auch die Bezieherinnen und Bezieher von Sozialhilfe nennen unter den nicht vorhandenen Dingen nicht mehr nur solche, die als entbehrlich bezeichnet werden können. Vielmehr tritt in dieser Gruppe das Nicht-Vorhandensein „genauso bei den Dingen auf, die die Mehrheit der Befragten für notwendig erachtet“ (Andreß & Lipsmeier 1995, S. 43).

Die Anzahl der fehlenden Dinge ist es, die – im Konzept von Andreß & Lipsmeier (1995) – in die Konstruktion eines Deprivationsindexes mündet. Als Maßstab gelten diejenigen Dinge, die von mindestens 50 % der Befragten für unbedingt notwendig erachtet werden: „Pro Befragten wird nun gezählt, wie viele dieser insgesamt 15 Items er oder sie nicht hat“ (Andreß & Lipsmeier 1995, S. 44).

Die Auszählung des Indexes deprivationsbedingter Armut ergibt, dass bei rund 45 % der Befragten mindestens ein Item fehlt, bei 25 % beträgt das Ausmaß mehr als 10 %; bei 10 % beträgt es mehr als 20 % und bei 3 % beträgt es mehr als 25 %: In diesem Fall fehlen also vier oder mehr Items. Betrachtet man auch hierbei die Gruppe der Bezieherinnen und Bezieher von Sozialhilfe getrennt, so zeigt sich, dass dort – mit rund 52 % der befragten Sozialhilfeempfängerinnen und -empfängern, denen mindestens ein Item fehlt – der Anteil deprivationsbasierter Armer sehr viel größer ist als in der Gesamtstichprobe.

Legt man die EU-Grenze (50 % des durchschnittlichen Einkommens) zu Grunde und berechnet das Ausmaß der Einkommensarmut nach dem Ansatz des äquivalenzgewichteten Durchschnittseinkommens, so werden ähnlich hohe Werte wie bei den Bezieherinnen und Beziehern von Sozialhilfe ermittelt.

Auch wenn hinsichtlich des Ausmaßes von Armut beide Ansätze, also das Deprivationsmaß und der Einkommensansatz, zu relativ ähnlichen Ergebnissen kommen, so bestehen jedoch bezogen auf die Betroffenengruppen einige Unterschiede: Im Westen sind es vor allem jüngere Personen, 20 % der unter 30-jährigen, 22 % der Paare ohne Kinder und 23 % der Paare mit Kindern, die als arm gelten. Legt man jedoch den Einkommensansatz zu Grunde, so sind es nur 5 % der unter 30-jährigen, 10 % der Paare mit Kindern im Vorschulalter und keines der Paare ohne Kinder, die von Einkommensarmut betroffen sind.

Eine umgekehrte Situation besteht hingegen für die hohe Armutsbetroffenheit der Ein-Personen-Haushalte und der Alleinerziehenden. Hier ist die Einkommensarmut stärker ausgeprägt als die nach dem Deprivationsansatz ermittelte: Legt man die 50 %-Grenze zu Grunde, dann sind es 16 % der Ein-Personen-Haushalte im Westen und 23 % der Ein-Personen-Haushalte im Osten, die als arm bezeichnet werden können. Als depriviert zeigen sich jedoch nur 3 % bis 8 % der Ein-Personen-Haushalte im Westen sowie 5 % der Alleinerziehenden im Osten.

Als Erklärung für die Differenzen zwischen deprivationsbasierter und einkommensberechneter (50 %) Armut nennen Andreß & Lipsmeier (1995) die im Fragebogen verwendeten Lebensstandard-Indikatoren. Sie beziehen sich im Wesentlichen auf langlebige Verbrauchsgüter sowie einen minimalen Wohnstandard: „Diese Dinge sind jedoch lebenszyklisch unterschiedlich verteilt. Jüngere Personen verfügen noch nicht über diese Gegenstände (z. B. weil sie ihre Einkommen für Investitionen in die Zukunft sparen), ältere Personen, die sich hinter unseren Ein-Personen-Haushalten verbergen, oder Alleinerziehende, die vorher einem Paar-Haushalt angehörten, haben dagegen diese Gegenstände über einen längeren Zeitraum akkumulieren können“ (Andreß & Lipsmeier 1995, S. 49).

Die Anzahl der in der Befragung genannten Items zum Wohnstandard ist es auch, die dafür verantwortlich gemacht werden kann, dass – betrachtet man das Ausmaß der Deprivation in der Gruppe der Sozialhilfeempfängerinnen und -empfänger – eine Diskrepanz in der Betroffenheit dahingehend besteht, dass nicht alle Bezieherinnen und Bezieher laufender Hilfe zum Lebensunterhalt auch nach dem Ansatz der subjektiven Deprivation von Armut betroffen sind. Bei ihnen werden die Kosten für die Wohnung vom Sozialamt übernommen. Langlebige Gebrauchsgüter können über Einmalzahlungen finanziert werden.

Dass diese Ergebnisse nicht auf einen Wohlstand hindeuten, zeigen die Antworten zu denjenigen Items, die von der Mehrheit der Befragten als notwendig angesehen werden: Vieles von dem, was hier genannt wird, können sich vor allem die Sozialhilfeempfängerinnen und –empfänger nicht leisten (Andreß & Lipsmeier 1995). Insgesamt kommen Andreß & Lipsmeier (1995) zu dem Ergebnis, dass „11 % der Befragten in Westdeutschland und 8 % der Befragten in Ostdeutschland als arm zu bezeichnen (sind), weil das Ausmaß der Deprivation bei ihnen mindestens 20 % beträgt“ (Andreß & Lipsmeier 1995, S. 47).

Betrachtet man die dargestellten Ergebnisse der Armutsforschung zusammenfassend, so kann festgestellt werden, dass der Anteil der Bevölkerung, der in Armut lebt, weiter anwächst: Die vorgestellten Analysen zeigen ein deutliches Ansteigen der Quote der Sozialhilfeempfängerinnen und -empfänger auch in der Bundesrepublik Deutschland. Im Zeitraum von 1980 bis 1990 sind nach Angaben der Nationalen Armutskonferenz die Anteile der Sozialhilfeempfänger an der Gesamtbevölkerung um 76 % gestiegen. Sie stagnieren erst in jüngster Zeit auf hohem Niveau. Heute beziehen etwa 2,9 Millionen Menschen Hilfe zum Lebensunterhalt (Statisches Bundesamt 1999). Hinzu kommt eine enorm hohe Dunkelziffer (Neumann 1999, Friedrich-Ebert-Stiftung 1998).

Waren noch bis vor etwa 10 Jahren vor allem die Menschen im Rentenalter in Armutssituationen, so gilt das heute nicht mehr. Stattdessen rückt die Altersgruppe der 25- bis 50-jährigen in die Armutsgruppe vor, insbesondere durch das Ereignis Arbeitslosigkeit. Darüber hinaus nimmt seit zwei Jahrzehnten der Anteil der Kinder und Jugendlichen stetig zu, die in Armut leben. Ende 1997 zählen rd. 1 Mio. Kinder oder Jugendliche unter 18 Jahren zu den Sozialhilfebezieherinnen und -beziehern. Diese Gruppe stellt damit einen Anteil von mehr als einem Drittel an der Gesamtzahl der Empfängerinnen und Empfänger laufender Hilfe zum Lebensunterhalt dar.

Die strukturellen Veränderungen in der Gruppe der Sozialhilfebezieherinnen und -bezieher – und hier vor allem die rasche Zunahme des Anteils der Kinder und Jugendlichen in der Armutsbevölkerung – können auf mehrere Entwicklungen zurückgeführt werden:

- Mit etwa einem Drittel aller Haushalte im Sozialhilfebezug wird die heute größte Gruppe von den Arbeitslosen gestellt, von denen Mitte der 1990er Jahre schon über die Hälfte keine Leistungen mehr nach dem Arbeitsförderungsgesetz erhält. Diese Langzeitarbeitslosen sind überwiegend im jüngeren und mittleren Alter und in einem hohen Ausmaß in Familien organisiert.
- Die zweitgrößte Gruppe der Sozialhilfebezieherinnen und -bezieher sind Ein-Eltern- und Mehr-Kinder-Familien. Der Anteil Alleinerziehender hat in den letzten Jahren stark zugenommen. Von diesen Familien leben etwa 40 % von Sozialhilfe. Ähnlich hohe Werte gelten für große Familien mit drei und mehr Kindern: Sie leben zu über 30 % an der Armutsgrenze.
- Die drittgrößte Gruppe wird heute von jungen Erwachsenen gebildet, die in der Altersspanne zwischen 18 und 25 Jahren von dauerhafter oder vorübergehender Arbeitslosigkeit betroffen sind. Diese jungen Leute sind an der ersten oder der zweiten Schwelle beim Eintritt in den Arbeitsmarkt gescheitert und haben sehr häufig keine oder sehr geringe Ansprüche nach dem Arbeitsförderungsgesetz, so dass sie auf Sozialhilfe angewiesen sind.

Trotz der vorliegenden Erkenntnisse über die quantitativen Veränderungen der Gruppe der Sozialhilfebezieherinnen und -bezieher können diese Daten jedoch nur als grobe Annäherung an das Phänomen Armut bezeichnet werden: So wird hierbei, wie bei den meisten Definitionen von Armut, noch immer von der Einkommens- bzw. der Finanzsituation eines Haushaltes ausgegangen. In der Regel wird hierzu ein Ressourcenkonzept zu Grunde gelegt, indem auf die verfügbaren finanziellen Mittel eines Haushaltes abgestellt wird. Armut wird in diesem Sinne als Einkommens- bzw. Vermögensarmut verstanden; als Armutsgrenze wird dabei meistens die Schwelle zur laufenden Hilfe zum Lebensunterhalt in der Sozialhilfe angesetzt.

Insbesondere die Ergebnisse aktueller empirischer Forschungen zeigen jedoch, dass die Gleichsetzung von Armutsbetroffenheit mit dem Bezug von Sozialhilfe in vielerlei Hinsicht problematisch ist: Beispielsweise führt eine solche Herangehensweise an das Thema Armut auf Grund der Dunkelziffer zu einer starken Unterschätzung, weil nicht alle Sozialhilfeberechtigten ihre Ansprüche einfordern (Neumann 1999). Darüber hinaus haben Studien ergeben, dass Armut vielfältige Formen annehmen kann, die mit einer ausschließlichen Analyse von Sozialhilfestatistiken nicht abgebildet werden kann (Ludwig, Leisering & Buhr 1995):

(1.) Mit dem Vordringen der Armut in die „normalen Schichten" der Gesellschaft charakterisiert Armut nicht mehr nur diejenigen Personen, die quasi außerhalb der Gesellschaft leben, sondern Personen, die eine inferiore Randstellung innerhalb des gesellschaftlichen Lebens einnehmen. Das Armutsrisiko gehört zum festen Bestandteil der Lebenswirklichkeit einer großen Zahl von „Normalbürgern", „Normalarbeitnehmern" und „Normalfamilien".

(2.) Die Sichtweise der Armut auf der Grundlage des Sozialhilfebezugs von Haushalten oder Individuen wird mit Bezug auf die unterschiedliche Lebenssituation der verschiedenen Betroffenengruppen brüchig. Alleinerziehende, ausländische Haushalte oder kinderreiche Familien sind durch eine jeweils unterschiedliche Lebens- und Armutssituation (soziale Netzwerke, Wohnbedingungen, Bildungsressourcen) gekennzeichnet.

Im Bericht der Nationalen Armutskonferenz von 2001 heißt es deswegen konsequenterweise, dass unter Armut eine Lebenssituation belastender Art zu verstehen ist, in der die gesamte Lebenslage eines Menschen einbezogen werden muss. Dabei sind alle Ressourcen zu berücksichtigen, auch die über das Einkommen bzw. Vermögen hinausgehenden, wie etwa die Zugangsmöglichkeiten zur sozialen Infrastruktur, die sich in den Bereichen Wohnen, Bildung, soziale Zugehörigkeit und gesellschaftliche Anerkennung ausdrücken, und damit der Mehrdimensionalität der Ursachen – sowohl auf der gesellschaftlichen, der soziokulturellen als auch der individuellen Ebene – gerecht werden.

6. Das Projekt „Kommunale Armutsstrukturen am Beispiel der Stadt Gütersloh"

Armut in modernen Gesellschaften, so können die dargestellten Ergebnisse zusammengefasst werden, ist insofern eine „neue Armut" geworden, als sie sich mehrdimensional, pluralisiert und biographisch, d. h. in vielen Fällen zeitlich begrenzt zeigt. Darüber hinaus ist Armut nicht, wie lange Zeit angenommen, ein rein einkommensstatistisches Phänomen.

Die Armutsforschung in der Bundesrepublik Deutschland hat auf diese Änderung ihres Gegenstands reagiert. Insbesondere der ihr in den letzten 10 bis 15 Jahren zuteil werdende Auftrieb hat auch in methodischer Hinsicht zu einer Konsolidierung der Verfahren der Armutsmessung geführt. Dies gilt vor allem für die Messung der relativen Armut. Personen oder Familien, die in relativer Armut leben, verfügen über so geringe materielle, kulturelle und soziale Mittel, dass sie von der Lebensweise ausgeschlossen sind, die in der Bundesrepublik als unterste Grenze des Akzeptablen gilt.

Um diese Grenze der relativen Armut, also die Nicht-Teilhabe an der üblicherweise vorherrschenden soziokulturellen Lebensweise in der Bundesrepublik zu bestimmen, sind – über die Analyse von Sozialhilfedaten hinaus – in den vorhergehenden Kapiteln verschiedene Wege vorgestellt worden:

Äquivalenzgewichtetes Durchschnittseinkommen: Auf der Grundlage der Einkommenssituation der Haushalte lässt sich eine Einkommensverteilung nach Armutsquoten ermitteln. Konventionell wird die „relative Armut" ausgewiesen, die als 50 % vom äquivalenzgewichteten Durchschnittseinkommen definiert ist. Die Personengewichte, die das rationale Haushalten von mehreren Personen im Haushalt berücksichtigen, ermöglichen den Vergleich zwischen unterschiedlich großen Haushalten und resultieren in dem äquivalenzgewichteten Durchschnittseinkommen.

Lebenslagenansatz: Armut wird nach diesem Ansatz als *kumulative Unterversorgung in mindestens zwei von vier zentralen Lebensbereichen* definiert: Die berücksichtigten Lebensbereiche sind Einkommen, Arbeit, Ausbildung und Wohnen. Dieser Ansatz geht von mehreren, für ein sozio-kulturell angemessenes Leben wichtigen Lebensbereichen aus.

Subjektive Deprivation: Das Konzept der „subjektiven Deprivation" ist in erster Linie dadurch gekennzeichnet, dass die Befragten selbst entscheiden, welche Aspekte des täglichen Lebens für sie zum allgemein akzeptierten Lebensstandard zählen. Als Kriterium für eine Armutslage wird dann das Fehlen von 25 % der von den Befragten „unbedingt notwendigen" Ausstattungsmerkmale bezeichnet.

Trotz der Unterschiede in der Berechnung von Armutsquoten hat sich als Position durchgesetzt, dass Armut *erstens* eine relative Größe ist und dass sie *zweitens* mehrere Facetten und Aspekte der Lebenswelt umfasst. Ebenso wie zeitgemäße Konzepte der Analyse sozialer Ungleichheit, berücksichtigen neuere Ansätze der Armutsforschung deswegen auch die materielle Ressourcenausstattung und die sozialen und infrastrukturellen Möglichkeiten, Präferenzen und Kompetenzen von Personen. Zu ihrer Erfassung sind Befragungen der von Armut und vom Armutsrisiko betroffenen Bevölkerungsgruppen notwendig.

Das Projekt „Kommunale Armutsstrukturen am Beispiel der Stadt Gütersloh" setzt hier an. Ziel des Projekts war zum einen, mittels einer Befragung von Bürgerinnen und Bürgern in einer ausgewählten Kommune das Ausmaß und die Struktur von Armuts- und Benachteiligungslagen zu ermitteln. Dies sollte nicht durch eine Auswertung vorliegender Regeldaten zum Sozialhilfebezug geschehen, sondern möglichst unter Anwendung aller heute in der Armutsforschung diskutierten Ansätze: des Einkommensansatzes, des Lebenslagenansatzes und des Ansatzes der subjektiven Benachteiligung. Zum anderen ging es darum, die dargestellten Konzepte der Verbindung von Armutsberichterstattung und Jugendhilfeplanung in Rechnung zu stellen, also der deskriptiven Berichterstattung einen sozialraumbezogenen armutspräventiven Handlungsansatz anzuschließen.

6.1 Anlage des Projekts

6.1.1 Ausgangsannahme des Projekts

Ebenso wie in vielen anderen Kommunen beschränkte sich auch die Datenlage der Stadt Gütersloh zur Ermittlung von Armutsquoten auf die Erfassung des Bezugs von Sozialhilfe. Diese Erfassung erfolgte rechnergestützt; datenverwaltende Institution war ein kommunaler Zweckverband.

Die Daten, die von diesem Zweckverband für den Bereich der Sozialhilfe erhältlich waren, wurden in 13 Kategorien unterteilt. Konkret waren dieses Auskünfte über (1.) die Personengruppen (getrennt nach dem BSHG und dem AsylbLG), (2.) den höchsten allgemeinen Schulabschluss, (3.) den höchsten allgemeinen Berufsabschluss, (4.) den Erwerbsstatus nach Ursachengruppen, (5.) den Erwerbsstatus (allgemein), (6.) Beschäftigung bzw. Arbeitslosigkeit, (7.) die besondere soziale Situation, (8.) die Anzahl der Leistungsempfänger getrennt nach Personengruppen, (9.) die Familiensituation, (10.) Unterkunftskosten, (11.) die Hilfearten, (12.) das Einkommen und (13.) das pauschalierte Wohngeld.

Die Auswertung der jeweiligen Rubriken geschah anhand vorgegebener Merkmale. So bestand z. B. die Rubrik „Besondere soziale Situation" aus der Angabe der Gründe für den Leistungsbezug („Tod eines Familienmitglieds", „Trennung oder Scheidung", „Geburt eines Kindes", „Freiheitsentzug/ Haftentlassung" u. ä.).

Der Erhalt zusätzlicher Informationen war nicht möglich. Darüber hinaus wurden alle Angaben ausschließlich für das gesamte Stadtgebiet erfasst. Entsprechend waren auch keine stadtteilbezogenen- bzw. sozialräumlichen Aussagen möglich.

Um über die dargestellten Angaben hinausgehende Informationen zu erhalten, entschloss sich die Stadtverwaltung der Stadt Gütersloh im Herbst 1996 dazu, Informationen zur Armutsbetroffenheit mit Datenmaterial zu sammeln, die über einen Survey gewonnen werden.

Ausgehend von diesem Vorhaben wandte sich die Stadt Gütersloh in der zweiten Hälfte des Jahres 1996 mit der Bitte an die Universität Bielefeld, sie bei der Planung, Durchführung und Auswertung eines Familien- und Sozialsurveys zu unterstützen. Im Gegenzug wurde der Universität Bielefeld angeboten, das Projekt auch für die Verwirklichung wissenschaftlicher Fragestellungen nutzen zu dürfen.

6.1.2 Zielsetzungen des Projekts

Als Zielsetzung des Projektes wurde die Bestandsaufnahme der sozialen Situation der Bürgerinnen und Bürger der Stadt Gütersloh unter besonderer Berücksichtigung der Verbreitung von Armut festgelegt. So hatte die Stadt Gütersloh das Interesse, die städtische Situation mit landes- und bundesweiten Trends vergleichen zu können. Darüber hinaus sollte der auf der Grundlage dieser Daten zu entwickelnde Bericht der Erstellung einer Prognose dienen, wie sich die Situation von Armut gefährdeter Personen/Haushalte in der Stadt Gütersloh zukünftig entwickeln könnte. Neben Interventionen durch bestehende Einrichtungen und Institutionen sollten diese Daten die Grundlage für präventiv ausgerichtete kommunalpolitische Entscheidungen und Maßnahmen und Aktivitäten der Jugendhilfe dienen.

Bereits im Februar 1996 hatte das Jugend- und Sportamt der Stadt Gütersloh der *Gesellschaft für Beratung sozialer Innovation und Informationstechnologie* (GEBIT) den Auftrag erteilt, eine gezielte Anpassung der Jugendhilfeangebote an die Bedürfnisse der Gütersloher Bevölkerung vorzunehmen. Grundlage der Planung bildeten 12 Sozialräume, die für sich gesehen je eine gewachsene räumliche und soziale Einheit bilden. Durch diese Gliederung der Planung sollte den unterschiedlichen Lebens- und Problemlagen sowie Wünschen und Bedürfnissen von Kindern, Jugendlichen und ihren Familien Rechnung getragen werden (siehe hierzu Kapitel 10 der Arbeit).

Die vom Projekt „Kommunale Armutsstrukturen am Beispiel der Stadt Gütersloh" benötigten Daten unterschieden sich zwar in ihrer inhaltlichen Ausrichtung von denen des GEBIT-Projektes. Um dennoch den Schwerpunkt des Projektes auch für das GEBIT-Projekt nutzbar zu machen, wurde bei der Entwicklung des Fragebogens darauf geachtet, dass die Daten den bereits gebildeten Sozialräumen nachträglich zugeordnet werden konnten.

6.1.3 Durchführung des Projekts „Kommunale Armutsstrukturen am Beispiel Stadt Gütersloh"

Im Fragebogen (siehe Anhang 1, „Familienbefragung") wurden alle sozialwissenschaftlich diskutierten Ansätze zur Erfassung der Verbreitung von Armut berücksichtigt. Es wurden 2.316 Haushalte in der Stadt Gütersloh in die Studie einbezogen. Befragt wurden nur Personen ab dem 18. Lebensjahr. Die Durchführung der Befragung erfolgte durch rund 150 Studierende der Universität Bielefeld nach dem Random-Route-Verfahren, um durch das Zufallsprinzip die Repräsentativität der Studie zu gewährleisten.

Die Bürgerinnen und Bürger wurden durch die örtliche Presse und den lokalen Radiosender über die Befragung informiert. Die Interviewerinnen und Interviewer erhielten neben einem Ausweis ein Anschreiben der Forschungsgruppe, das in kurzer Form das Anliegen der Befragung erläuterte.

Die so erhaltenen Fragebögen wurden direkt nach dem Ausfüllen überprüft und die Antworten der offenen Fragen notiert, so dass entsprechende Kategorien gebildet werden konnten. Zudem wurden die einzelnen Fragebögen mit einer laufenden Nummer versehen. Die Dateneingabe erfolgte mittels eines Codeplans, die Daten wurden kontrolliert und die statistische Auswertung mit Hilfe des Programmpakets SPSS (Statistical Package for the Social Sciences) durchgeführt.

6.2 Ergebnisse zur Validität der Untersuchung

Um zunächst einen Überblick über die vorliegenden Daten zu geben, werden im Folgenden die Lebensformen der Bürgerinnen und Bürger der Stadt Gütersloh unter besonderer Berücksichtigung des thematischen Schwerpunkts *Armut* dargestellt. Die Bestimmung der unterschiedlichen Lebensformen bzw. Haushaltstypen orientiert sich hierbei an der vom Statistischen Bundesamt (1995) entwickelten Systematik: Alleinlebende, Alleinerziehende, Verheiratete mit und ohne Kinder, nichteheliche Lebensgemeinschaften sowie Ledige, die mit den Eltern oder mit Vater oder Mutter leben (Statistisches Bundesamt 1995, S. 10). Die Anlehnung an die Begrifflichkeit des Statistischen Bundesamtes ermöglicht zum Teil einen direkten Vergleich der erhobenen Daten der Familien- und Sozialbefragung mit denen des Mikrozensus aus dem Jahre 1992[5] (Mikrozensus 1992).

Vor der Auswertung der Daten unter der Berücksichtigung der zentralen Fragestellung wird anhand einiger ausgewählter Merkmale (Sozialraum, Geschlecht, Altersverteilung, Familienstand und Nationalität) die Repräsentativität der Stichprobe im Hinblick auf die Grundgesamt, die Bevölkerung der Stadt Gütersloh, überprüft.

5 In diesem Jahr bildeten Fragen zur Situation der Familien im Rahmen des Mikrozensus einen thematischen Schwerpunkt.

Nach der begrifflichen Bestimmung der Lebensformen bzw. Haushaltstypen erfolgt deren quantitative Ermittlung. Danach werden zentrale Themenbereiche des Fragebogens aufgegriffen, um die verschiedenen Formen des familiären Zusammenlebens, des Erwerbsverhaltens, der schulischen und beruflichen Bildung, der Wohnsituation sowie der wirtschaftlichen Situation zu analysieren. Neben der Lebensform werden auch alters- und geschlechtsspezifische Einflüsse erörtert.

Zur Systematisierung der verschiedenen Auswertungen werden die drei Armutskonzepte: der Ansatz des äquivalenzgewichteten Durchschnittseinkommens, der Lebenslagenansatz und der Ansatz der subjektiven Deprivation, gewählt.

6.2.1 Repräsentativität der Befragung

Für die Interpretation der Ergebnisse der Familien- und Sozialbefragung kommt dem Merkmal der Repräsentativität der Stichprobe ein entscheidender Stellenwert zu. Hierzu wurden die für die Stadt Gütersloh erhobenen Daten mit den Daten amtlicher Statistiken – nach Sozialräumen und soziodemographischen Merkmalen aufgeschlüsselt – verglichen.

Verteilung nach Sozialräumen

In Tabelle 6.2.1.1 ist die prozentuale Verteilung der einzelnen Sozialräume in der Studie sowie die tatsächliche Verteilung – laut der amtlichen Statistik vom Stichtag des 31.12.1995 – ausgewiesen.

Das Merkmal „Sozialraum" ist in den vorliegenden Ergebnissen gut widergespiegelt. Die prozentualen Abweichungen von der Grundgesamtheit sind insgesamt sehr gering. Die größten Differenzen ergeben sich mit +1,4 % für den Sozialraum Nord sowie für Kattenstroth mit -1,1 %.

Tabelle 6.2.1.1: Verteilung der Bevölkerung nach Sozialräumen – Häufigkeit in der Studie (N = 2.311), prozentualer Anteil und Vergleich mit der Grundgesamtheit (N = 75.050)

Sozialraum	Häufigkeit (Studie)	Prozent (Studie)	Prozent (Grundgesamtheit)
Innenstadt	292	12,6	11,9
Nord	305	13,2	11,8
Miele	121	5,2	5,2
Sundern	186	8,0	7,7
Kattenstroth	343	14,8	15,9
Pavenstädt	217	9,4	9,7
Blankenhagen	95	4,1	4,1
Isselhorst	138	6,0	6,2
Avenwedde-Bhf.	109	4,7	4,8
Friedrichsdorf	138	6,0	6,2
Avd. Mitte/West	179	7,7	7,7
Spexard	188	8,1	8,8
Insgesamt	2.311	99,8	100,0

Verteilung nach soziodemographischen Merkmalen

In Tabelle 6.2.1.2 ist ein Vergleich der in der Befragung ermittelten Häufigkeitsverteilungen der soziodemographischen Merkmale in der Familien- und Sozialbefragung mit denen der Sozialstatistik der Stadt Gütersloh (Stichtag 26.9.1997) abzulesen.

Die Bevölkerungszahl der 18-jährigen und älteren beträgt in der Stadt Gütersloh 75.050. Davon sind 52,3 % weiblich und 47,7 % männlich. Die in der Befragung ermittelten Werte weichen zwar mit einem Anteil von 5 % von denen der amtlichen Statistik ab. Eine wesentliche Einschränkung der Repräsentativität liegt hiermit aber nicht vor. Diese Abweichung ist vornehmlich darauf zurückzuführen, dass in den Familienhaushalten mit Kindern das weibliche Haushaltsmitglied bei einer Befragung eher zu Hause anzutreffen war als das männliche.

Hinsichtlich der soziodemographischen Merkmale Alter und Familienstand sind die Differenzen zwischen der Studie und der Sozialstatistik relativ gering. Die größte Abweichung findet sich hier bei der Gruppe der Ledigen mit -3 %. Diese Gruppe lebt häufig in Einpersonenhaushalten und ist somit von der Wahrscheinlichkeit her nicht so leicht zu erreichen wie ein Familienhaushalt mit mehreren Mitgliedern; diese Lebensform macht 64,4 % der untersuchten Haushalte aus.

Einzig der in der Studie realisierte Ausländeranteil liegt etwa um die Hälfte unter dem tatsächlichen Anteil.

Tabelle 6.2.1.2: Verteilung nach soziodemographischen Merkmalen – über 18-jährige (Angaben in Prozent)

Merkmal	**Familien- und Sozialbefragung**	**Sozialstatistik *Stadt Gütersloh* Stichtag: 26.9.1997**
Häufigkeit	2.316	75.050
Geschlecht		
• männlich	42,7	47,7
• - weiblich	57,3	52,3
Altersklassen		
• 18-21 Jahre	3,9	4,2
• 21-40 Jahre	35,6	36,6
• 40-65 Jahre	41,2	39,7
• - über 65 Jahre	19,6	19,4
Familienstand		
• ledig	20,4	23,6
• verheiratet	64,4	62,1
• getrennt lebend	1,7	2,0
• verwitwet	9,1	8,8
• geschieden	4,4	5,4

Merkmal	Familien- und Sozialbefragung	Sozialstatistik *Stadt Gütersloh* Stichtag: 26.9.1997
Staatsangehörigkeit		
• Deutsche	95,3	90,5
• Ausländer (ins.)	4,7	9,5
Aufgeschlüsselt nach Nationalitäten		
• griechisch	0,6	1,8
• türkisch	1,6	2,6
• jugoslawisch	0,3	0,7
• italienisch	0,2	0,4
• andere	2,0	4,0

6.2.2 Lebensformen bzw. Haushaltstypen

Begriffliche Bestimmung

Um die verschiedenen Formen des Zusammenlebens analysieren zu können und gleichzeitig eine Vergleichbarkeit dieses Merkmals mit den Ergebnissen anderer Studien zu erreichen, wurden für die Systematisierung der Lebensformen bzw. Haushaltstypen in der Stadt Gütersloh die Kategorien des Statistischen Bundesamtes für die Auswertung der Daten des Mikrozensus 1992 übernommen. Danach ergibt sich folgende Einteilung (vgl. Statistisches Bundesamt 1995, S. 10):

- Alleinlebende, die ohne Partner in einem Einpersonenhaushalt wohnen,
- Alleinerziehende, die mit einem oder mehreren Kindern, aber ohne Lebenspartner einen Haushalt führen,
- Verheiratet zusammenlebende Personen, die mit ihrem Ehepartner ohne oder mit Kindern im Haushalt leben,
- Personen, die mit einem verschiedengeschlechtlichen Partner in einer nichtehelichen Lebensgemeinschaft ohne oder mit Kindern im Haushalt leben,
- Ledige Kinder, die als über 18-jährige im Haushalt ihrer Eltern bzw. mit ihrem Vater oder ihrer Mutter leben.

Für die Auswertung der Familien- und Sozialbefragung wurden die Verheirateten zusätzlich unterschieden nach den Kriterien

- verheiratet mit und ohne Kinder,
- verheiratet mit Kindern und
- verheiratet ohne Kinder.

Mit dieser Kategorisierung ist es möglich, insbesondere die Lebenslage der Familien mit Kindern eingehend zu analysieren und deren konkrete Situation nachzuzeichnen. Hiermit wird dem Umstand Rechnung getragen, dass seit geraumer Zeit insbesondere die Benachteiligung von Familien mit Kindern thematisiert und diskutiert wird.

Mittels Selektion der Daten nach bestimmten Merkmalen wurden die einzelnen Lebensformen quantifiziert. Die Alleinlebenden konnten über die Haushaltsgröße identifiziert werden. Die Alleinerziehenden wurden durch eine Kombination der Merkmale „Haushaltsgröße", „mindestens 1 Kind bis zum Alter von 18 Jahren" und „kein Ehepartner/Partner" herausgefiltert. Mit Hilfe der Variablen „Familienstand" konnten die „verheirateten Personen mit und ohne Kinder" identifiziert werden. Für die Haushaltstypen „verheiratet mit Kind" und „verheiratet ohne Kinder" wurde zusätzlich noch das Merkmal „Kind" herangezogen. Die Bestimmung der Personen, die in nichtehelicher Lebensgemeinschaft leben, erfolgte über die Variablen „Lebensgefährte" und „nicht verheiratet". Die Gruppe der ledigen Kinder über 18 Jahre, die mit den Eltern oder einem Elternteil zusammenleben, wurde über die Merkmale „ledig" und „Mutter oder Vater im Haushalt" berechnet. Die Ergebnisse der Auswertung zeigt Tabelle 6.2.2.1

Tabelle 6.2.2.1: Lebensformen in der Stadt Gütersloh (N = 2.316) und der Bundesrepublik Deutschland

Lebensform	**Stadt Gütersloh***		**Bundesrepublik Deutschland***
	Häufigkeit	**Prozent**	**Prozent**
Alleinlebende	394	17,0	17,9
Alleinerziehende	59	2,6	3,4
Verheiratet mit und ohne Kinder	1457	62,9	61,3
• mit Kindern	(900)	(38,9)	
• ohne Kinder	(557)	(24,0)	
Nichteheliche Lebensgemeinschaft	152	6,6	4,6
Ledig mit Eltern oder mit Vater oder Mutter	160	6,9	10,7
Sonstige Lebensformen	94	4,1	2,2
Insgesamt	2.316	100,1	100,1

* Familien und Sozialbefragung Stadt Gütersloh 1997

** Mikrozensus Bundesrepublik Deutschland 1992

Anhand der oben vorgenommenen Kategorisierung konnte der überwiegende Teil der Befragten – bis auf 94 Personen – zugeordnet werden. Diese 94 Personen wurden der Kategorie „Sonstige Lebensformen" zugeordnet. So geben z. B. 38 Personen an, verheiratet zu sein, machen bei dem Merkmal Ehepartner/Partner aber keine Angabe. Außerdem sind in der Kategorie „Sonstige Lebensform" rund 30 verwitwete Personen enthalten, die mit nicht geradlinig Verwandten oder mit erwachsenen Kindern zusammenleben.

Tabelle 6.2.2.1 zeigt darüber hinaus, dass etwa jeder sechste Gütersloher (17,0 %) allein lebt. Dagegen leben 83 % der Bevölkerung mit anderen Personen zusammen. Die mit Abstand dominierende Lebensform repräsentiert mit 62,9 % der Status „verheiratet". Der Anteil der Verheirateten mit Kindern beträgt 38,9 %, während die Verheirateten ohne Kinder 24 % ausmachen.

Deutlich wird, dass die sich seit einigen Jahren in der Bundesrepublik Deutschland abzeichnenden Veränderungen, die insbesondere die Lebensformen „Alleinlebend“ und „nichteheliche Lebensgemeinschaft“ betreffen, auch in der Stadt Gütersloh widerspiegeln. Der Anteil der Alleinlebenden ist im Bundesgebiet kontinuierlich von 10 % im Jahre 1972 auf 17,9 % im Jahre 1992 angestiegen. Ähnlich verhält es sich bei der Lebensform der nichtehelichen Lebensgemeinschaften[6]. In den alten Bundesländern ist eine starke Zunahme des Anteils der nichtehelichen Lebensgemeinschaften zu beobachten, der sich seit 1972 von 0,6 % über 2,3 % im Jahre 1982 bis zum Jahre 1992 auf 4,5 % erhöht hat. Nach der Familien- und Sozialbefragung sind in Gütersloh 17 % „alleinlebend“, 6,6 % leben in nichtehelichen Lebensgemeinschaften.

Im Hinblick auf die dargestellten Bevölkerungsgruppen können die zentralen Ergebnisse wie folgt zusammengefasst werden:

- *Alleinlebende:* 60,9 % der Alleinlebenden sind weiblich. 45,5 % gehören der Altersgruppe der 60-jährigen und älteren an. Vier von Zehn (42,9 %) sind ledig oder verwitwet (39,6 %). Jeder Zehnte der Alleinlebenden ist geschieden.
- *Alleinerziehende:* Neun von Zehn (88,9 %) aller Alleinerziehenden sind weiblich. Etwa zwei Drittel (65,5 %) gehören der Altersgruppe der 30-44-jährigen an, gefolgt von den 18-29-jährigen mit 22,4 %. Rund ein Drittel (32,2 %) aller Alleinerziehenden ist geschieden, 28,8 % sind ledig, 22 % leben getrennt und 10,2 % sind verwitwet.

Verheiratet mit und ohne Kinder: Die Altersgruppen der 30-44-jährigen und der 45-59-jährigen dominieren mit 39,3 bzw. 30,9 % bei den Verheirateten mit und ohne Kinder. Sie repräsentieren zusammen mehr als zwei Drittel dieser Lebensform. Der Anteil der Senioren in dieser Gruppe beträgt 24,7 %. Von der Generation der 18-29-jährigen sind nur 5,1 % verheiratet.

- *Verheiratet mit Kindern:* Mehr als die Hälfte der Verheirateten mit Kindern (56,7 %) gehört der Altersgruppe der 30-44-jährigen an. In der Altersklasse der 45-59-jährigen sinkt dieser Wert auf 31,1 % und bei den Senioren auf 3,7 %. Der Anteil der 18-29-jährigen Verheirateten mit Kindern beträgt 6,6 %.
- *Verheiratet ohne Kinder:* Die Quote der Verheirateten ohne Kinder nimmt mit den Altersklassen stetig zu. Bei den 18-29-jährigen sind es 2,7 %, bei den 30-44-jährigen 11,0 %. In der Altersklasse der 45-59-jährigen beträgt der Anteil der Verheirateten ohne Kinder bereits 30,7 % und bei den Senioren sind es weit mehr als die Hälfte (55,6 %).
- *Nichteheliche Lebensgemeinschaften:* Die Altersklassen der 18-29-jährigen sowie der 30-44-jährigen bilden mit gut drei Viertel (37,8 % und 39,9 %) die größten Anteile an den nichtehelichen Lebensgemeinschaften. Zwei Drittel (67,4 %) hiervon sind ledig, 16,7 % geschieden, 10,4 % verwitwet und 5,6 % leben getrennt.
- *Ledige mit Eltern oder mit Vater oder Mutter:* Sechs von Zehn ledigen Erwachsenen, die mit ihren Eltern oder mit einem Elternteil zusammenleben, sind männlichen Geschlechts. Die Altersgruppe der 18-29-jährigen dominiert hierbei mit 88,1 %.

---

6 Beim Mikrozensus konnte der Anteil dieser Lebensform nicht direkt erhoben werden, weil eine direkte Frage nach dem Lebenspartner eines Haushaltsmitgliedes nach dem Mikrozensusgesetz nicht zulässig ist. Daher ist die Bestimmung der nichtehelichen Lebensgemeinschaften nur indirekt durch haushaltsstatistisches Datenmaterial möglich.

Vergleichsergebnisse des Mikrozensus 1992

Die Auswertung des Mikrozensus 1992 kommt von den statistischen Größenordnungen der Lebensformen im Hinblick auf die dargestellten soziodemographischen Merkmale zu ähnlichen Ergebnissen. Danach zeigen sich bezogen auf die oben genannten Gruppen folgende Ergebnisse:

- *Alleinlebende:* Etwa jeder Achte (12,1 %) der 18- bis unter 25-jährigen lebt als Single. In der Altersklasse der 25- bis unter 35-jährigen lebt ein Fünftel (19,5 %) allein. Hierbei überwiegt der Anteil der Frauen: 40 % der über 55-jährigen Frauen leben alleine.
- *Alleinerziehende:* Mit 7 % ist die Altersgruppe der 35- bis unter 55-jährigen Frauen im Vergleich zu anderen Altersklassen am stärksten besetzt. Der Anteil der Frauen beläuft sich auf 5,5 % gegenüber 1 % bei den Männern.
- *Verheiratet zusammenlebend:* Mit zunehmendem Lebensalter steigt der Anteil der ehelichen Partnerschaften, also der verheiratet Zusammenlebenden. Danach sind mehr als die Hälfte (57 %) der 25- bis unter 35-jährigen verheiratet; bei den 35- bis unter 55-jährigen sind es sogar vier von fünf (79 %).
- *Nichteheliche Lebensgemeinschaften:* In den Altersgruppen der 25- bis unter 35-jährigen sowie der 35- bis unter 55-jährigen sind die nichtehelichen Lebensgemeinschaften mit 9,5 % bzw. 4,1 % am weitesten verbreitet.
- *Ledige mit Eltern oder mit Vater oder Mutter:* 1992 lebten von 7,3 Millionen jungen Erwachsenen 64 %, also fast zwei Drittel, bei den Eltern. Der Anteil der Männer beträgt hierbei 73 % gegenüber 54 % bei den Frauen.

6.3 Ergebnisse der Armutsmessung

6.3.1 Der Ansatz des äquivalenzgewichteten Durchschnittseinkommens

Die Höhe des Einkommens bestimmt maßgeblich das wirtschaftliche Handeln von Individuen bzw. Haushalten. Relevant wird das Einkommen darüber hinaus im Rahmen einer Verknüpfung verschiedener Lebensbereiche, die auch durch nicht-monetäre Dimensionen geprägt sein können. So kann das Einkommen in hohem Maße die Optionen von Menschen beeinflussen, am gesellschaftlichen Leben teilzunehmen. Dies wiederum kann Einfluss z. B. auf das psychische Wohlbefinden einer Person haben, das sich dann – direkt oder indirekt – im gesundheitlichen Zustand ausdrücken kann. Die Ermittlung von Armutsquoten nach dem Ansatz des äquivalenzgewichteten Durchschnittseinkommens zielt also auch auf die Betrachtung anderer als der durch die finanzielle Situation geprägten Lebensbereiche ab. Tabelle 6.3.1.1 stellt hierzu zunächst das durchschnittliche Einkommen nach Haushaltstypen und -größen bezogen auf die Stadt Gütersloh dar.

Tabelle 6.3.1.1.: Durchschnittliches monatliches Nettoeinkommen nach Haushaltstypen und Haushaltsgrößen (Angaben in DM)

Haushaltstyp	**Arithmetischer Mittelwert**	**Minimum**	**Maximum**
Alleinlebende	2.626	471	40.000
Alleinerziehende (insg.)	2.294	580	5.100
2 Personen	2.345	600	4.000
3 Personen	2.136	729	5.100
4 Personen	1.993	580	2.900
5 Personen	2.800	2000	3.600
Verheiratet mit Kindern (insg.)	4.662	750	14.000
3 Personen	4.512	1.500	12.000
4 Personen	4.788	750	14.000
5 Personen	4.669	1.400	14.000
Verheiratet ohne Kinder (insg.)	4.405	500	100.000
2 Personen	4.414	500	100.000
3 Personen	4.123	1.500	6.200
4 Personen	4.800	1.700	8.000
Nichteheliche Lebens gemeinschaft (insg.)	3.947	800	10.000
2 Personen	4.254	800	10.000
3 Personen	3.227	1.200	6.000
4 Personen	3.914	2.340	8.000
5 Personen	4.500	4.000	5.000

Haushaltstyp	Arithmetischer Mittelwert	Minimum	Maximum
Alleinlebende	2.626	471	40.000
Ledige mit Eltern (insg.)	4.966	1.000	20.000
2 Personen	2.900	1.000	5.000
3 Personen	4.554	1.200	18.000
4 Personen	6.800	2.500	20.000
5 Personen	4.575	2.400	7.000
Insgesamt	4.053	471	100.000

Nach den Angaben der Befragten beträgt das durchschnittliche haushaltsbezogene Nettoeinkommen[7] in der Stadt Gütersloh 4.053 DM im Monat. Über das niedrigste durchschnittliche Nettohaushaltseinkommen verfügen die allein Erziehenden mit 2.294 DM. Etwas höher ist das Nettoeinkommen der Alleinlebenden mit 2.626 DM. Personen in nichtehelichen Lebensgemeinschaften erzielen ein Nettoeinkommen von 3.847 DM. Somit liegen die drei genannten Haushaltstypen unter dem monatlichen Durchschnittseinkommen.

Zwar verfügen Verheiratete mit Kindern auf den ersten Blick über ein überdurchschnittliches Einkommen (4.662 DM), dieses relativiert sich aber, stellt man in Rechnung, dass in Familienhaushalten mehrere Personen von diesem Einkommen leben müssen. Über dem Durchschnitt dagegen ist das Einkommen der Verheirateten ohne Kinder angesiedelt (4.405 DM).

Aufgeschlüsselt nach der Haushaltsgröße zeigt Tabelle 6.3.1.1 deutlich, dass insbesondere allein Erziehende, die in Haushalten mit drei bzw. vier Personen zusammenleben, über das geringste durchschnittliche Nettohaushaltseinkommen verfügen (2.136 DM bzw. 1.993 DM). In den Haushalten mit vier und fünf Haushaltsmitgliedern scheint insbesondere in Familienhaushalten die finanzielle Lage problematisch zu sein. Zum einen liegt das durchschnittliche Nettoeinkommen (4.788 DM und 4.669 DM) nur geringfügig über dem Durchschnittseinkommen der Haushalte mit drei Personen (4.512 DM). Zum anderen ist auffällig, dass die Streuung der Nettoeinkünfte erheblich ist (750 DM bis 14.000 DM respektive 1.400 DM bis 14.000 DM).

Darüber hinaus ist die finanzielle Situation von Personen in nichtehelichen Lebensgemeinschaften auffällig. Insbesondere in Haushalten mit drei Personen ist das Nettoeinkommen mit 3.222 DM deutlich unter dem Durchschnitt angesiedelt. Auch die Streuung der einzelnen Angaben fällt beträchtlich aus und reicht von 1.200 DM bis zu 6.000 DM.

---

7 Die entsprechende Frage lautete: „Wie hoch ist das monatliche Nettoeinkommen Ihres Haushaltes insgesamt? Ich meine dabei die Summe, die sich ergibt aus Lohn, Gehalt, Einkommen aus selbständiger Tätigkeit, Rente oder Pensionen, jeweils nach Abzug der Steuern und Sozialversicherungsbeiträge. Rechnen Sie bitte auch die Einkünfte aus öffentlichen Beihilfen, Einkommen aus Vermietung, Verpachtung, Wohngeld, Kindergeld und sonstige Einkünfte hinzu". Für den Fall der Verweigerung dieser Angabe wurden den Befragten in einer weiteren Frage Einkommensklassen vorgelegt, in denen sie ihr Einkommen zuordnen konnten.

Die Gruppe der Ledigen bei den Eltern verfügt über ein deutlich über dem Durchschnitt angesiedeltes Nettoeinkommen: In Haushalten mit drei bzw. vier Haushaltsmitgliedern beträgt der Mittelwert 4.554 DM bzw. 6.800 DM. Deutlich unter dem Durchschnitt ist das Nettoeinkommen in Haushalten mit zwei Personen (2.900 DM) angesiedelt.

Nach Altersklassen aufgeschlüsselt zeigt sich, dass die 60-jährigen und älteren sowie die Altersgruppe der 18-29-jährigen über das geringste monatliche Durchschnittseinkommen verfügen. Demgegenüber unterscheiden sich die mittleren Altersgruppen mit einem monatlichen Einkommen von 4.316 bzw. 4.339 DM nur unwesentlich.

Neben der Möglichkeit einer „offenen" Einkommensangabe der Befragten war im Fragebogen auch die Wahl von Einkommensklassen vorgesehen. Diese sollten dann zur Selbsteinschätzung angewendet werden, wenn die Befragten eine offene Nennung des Einkommens als zu schwierig oder nicht praktikabel erachteten.

Deutlich hierbei wird, dass 1,7 % der Befragten über ein Nettoeinkommen verfügen, das unter 1.000 DM angesiedelt ist. Überdurchschnittlich hohe Anteile weisen in dieser Einkommensklasse die Alleinerziehenden (8,2 %) sowie die Alleinlebenden (5,0 %) auf. Auch bei den Ledigen, die mit den Eltern oder einem Elternteil leben, müssen 2,8 % der Befragten mit einem Nettoeinkommen unter 1.000 DM auskommen. Verheiratete mit Kindern sind zu zwei Dritteln (65,8 %) in den mittleren Einkommensklassen (2.500 bis unter 3.500 DM, 3.500 DM bis unter 4.500 DM und 4.500 DM bis unter 5.500 DM) zu finden.

Von Einkommensarmut kann dann ausgegangen werden, wenn das Nettoeinkommen einer Person weniger als die Hälfte des durchschnittlichen Einkommens der Bundesrepublik beträgt. Dazu muss zunächst das Durchschnittseinkommen ermittelt werden.

Zur Berechnung der Einkommensarmut wird das monatliche Haushaltsnettoeinkommen des Haushalts in Beziehung zu der Anzahl und dem Alter der Haushaltsmitglieder gesetzt (äquivalenzgewichtetes Durchschnittseinkommen). Als arm wird ein Haushalt dann bezeichnet, wenn er über weniger als 50 % des äquivalenzgewichteten Durchschnittseinkommens verfügt. Das äquivalenzgewichtete Durchschnittseinkommen berücksichtigt die Anzahl der Personen im Haushalt, die von dem monatlichen Haushaltsnettoeinkommen (inklusive aller staatlichen Transferzahlungen) leben, mittels Personengewichte, die nach dem Alter und der Anzahl der Personen im Haushalt gebildet werden.

Für die Berechnung der Personengewichte werden die Regelsatzproportionen des Bundessozialhilfegesetzes zu Grunde gelegt. Die Unterschiede in diesen Personengewichten drücken den unterschiedlich angenommenen Einkommensbedarf aus. So reflektieren die höheren Personengewichte in den Regelsätzen des BSHG einen größeren Mehrbedarf von Kindern und Jugendlichen. Ausgewiesen sind die Personengewichte nach dem Bundessozialhilfegesetz (BSHG) in Tabelle 6.3.1.2.

Tabelle 6.3.1.2: Personengewichte nach dem Bundessozialhilfegesetz

Person	Personengewicht
Erste Person über 18 Jahre	1,0
alle weiteren Personen über 18 Jahre	0,8
Kinder im Alter 0-6 Jahre	0,5
Kinder im Alter 7-13 Jahre	0,65
Kinder im Alter 14-17	0,9

Die Personengewichte, die das rationellere Haushalten von mehreren Personen im Haushalt berücksichtigen, ermöglichen darüber hinaus den Vergleich zwischen unterschiedlich großen Haushalten und resultieren im äquivalenzgewichteten Durchschnittseinkommen. Die Hälfte des äquivalenzgewichteten Durchschnittseinkommens gilt definitorisch als Armutsschwelle.

In der Bundesrepublik wird üblicherweise die Regelung des BSHG zur Berechnung der Armutsquoten gewählt (Datenreport 1997). Dies hat den Vorteil, dass die Ergebnisse der Armutsforschung unmittelbar mit Bezug auf die Regelsätze des BSHG interpretiert werden können. Vor diesem Hintergrund wird im Folgenden auch für die Ergebnisse des Familien- und Sozialsurveys in der Stadt Gütersloh die BSHG-Skala zur Armutsberechnung angewendet.

Danach zeigt sich, dass das äquivalenzgewichtete Haushaltseinkommen nach den BSHG-Gewichten in Gütersloh zum Zeitpunkt der Befragung bei 1.981,- DM pro Monat/Haushalt liegt. Im Vergleich zum Äquivalenzeinkommen in Westdeutschland im Jahre 1995 von 1.870,- DM liegt es um 110 DM über dem Bundesdurchschnitt (Datenreport 1997, S. 517 bzw. SOEP – Sozioökonomisches Panel 1995). Dies erklärt sich z. T. aus der zeitlichen Differenz der Befragungen (1995 zu 1997), spiegelt aber auch ein leicht höheres Durchschnittseinkommen in Gütersloh wider.

Tabelle 6.3.1.3: Armutsquoten nach BSHG in Gütersloh (1997) und in Westdeutschland (1995)

Grenzwerte	N in der Stichprobe	Gütersloh Anteil in Prozent	Westdeutschland Anteil in Prozent
Strenge Armut (40 %)	126 Haushalte	6,9	6,1
Relative Armut (50 %)	238 Haushalte	13,1	13,0
Niedrigeinkommen (60 %)	410 Haushalte	22,6	21,9

Datenbasis: Familien- und Sozialbefragung Stadt Gütersloh und Sozioökonomisches Panel (SOEP).

Zur Ermittlung der Armutsquoten wurde das äquivalenzgewichtete Durchschnittseinkommen nach 40 % (strenge Armut), nach 50 % (relative Armut) und nach 60 % (Niedrigeinkommen) berechnet. Die 50 %-Marke der relativen Einkommensarmut stellte hierbei den Richt- und Vergleichswert dar. Für weitergehende Analysen war aber auch die Gruppe der „strengen Armut“ sowie die Gruppe der Armutsgefährdeten „Niedrigeinkommen“ relevant.

Die Grenze der relativen Armut (50 % nach den Personengewichten des BSHG) liegt in Gütersloh im Jahr 1997 bei 990,- DM pro Person/Monat. In Westdeutschland liegt die Grenze bei 935 DM im Jahre 1995. Die Ergebnisse hinsichtlich der Betroffenheit von Einkommensarmut zeigt Tabelle 6.3.1.3.

In der Stadt Gütersloh sind rd. 13 % aller Haushalte von Armut betroffen. Dies entspricht 238 Haushalten in unserer Studie. Mit einer relativen Armutsquote (50 % nach BSHG) von 13,1 % liegt Gütersloh fast exakt im Bundesdurchschnitt (West) von 13,0 % im Jahre 1995 (Datenreport 1997, S. 518). Auch die Armutsraten hinsichtlich der 40 %-Armutsschwelle (strenge Armut) sowie der Quote der Bezieher von Niedrigeinkommen weichen nur geringfügig voneinander ab.

Bezogen auf die Quoten in der gesamten Bundesrepublik Deutschland sind in der Zeit zwischen 1984 und 1989 die Werte leicht rückläufig. Die relative Armut (50 % Armutsschwelle) erreicht in den Jahren 1991 bzw. 1992 mit einem Anteil von 10 % ihren niedrigsten Wert. Seit 1993 ist ein Anstieg der Armutsquote zu verzeichnen. 1995 erreichte die Armutsquote den höchsten Wert mit 13,0 %.

Armut nach dem Ansatz des äquivalenzgewichteten Durchschnittseinkommens im Kontext von Lebensformen

Betrachtet man die Ergebnisse nach Lebensformen gegliedert, wie sie in Tabelle 6.3.1.4 ausgewiesen sind, so wird deutlich, dass es insbesondere Familien und Alleinerziehende sind, die in Armut leben. Mehr als ein Drittel (34,0 %) der Alleinerziehenden lebt in relativer Armut. Die Gruppe der Ledigen, die mit ihren Eltern oder einem Elternteil zusammenleben, ist mit 28,7 % vertreten. Nach soziodemographischen Merkmalen aufgeschlüsselt, zeigt sich, dass dieser Haushaltstyp sowohl von jungen Personen (18-29-jährige) als auch von Bürgerinnen und Bürgern, die sich in Ausbildung befinden, dominiert wird.

Bezogen auf Familien wird deutlich, dass bereits das Vorhandensein von zwei Kindern zu einer Armutsrate von 15,7 % führt. Diese steigt steil über 25,8 % bei Familien mit drei Kindern auf 51,5 % bei Familien mit vier Kindern an.

Sowohl für die Alleinerziehenden als auch für Personen, die in nichtehelichen Lebensgemeinschaften mit Kindern leben, kann ein ähnliches Ergebnis identifiziert werden. Je mehr Kinder sich im Haushalt befinden, desto größer ist die Armutsquote.

Die niedrigsten Armutsquoten weisen die Verheirateten ohne Kinder (4,8 %) und die Alleinlebenden mit 5,9 % auf. Nichteheliche Lebensgemeinschaften sind dann unterdurchschnittlich von Armut betroffen, wenn sich keine Kinder im Haushalt befinden (11,5 %).

Tabelle 6.3.1.4: Armut in der Stadt Gütersloh nach Lebensformen (Angaben in Prozent)

	Armutsgrenzen bis 40 %	bis 50 %	bis 60 %
	des durchschnittlichen Netto-Äquivalenzeinkommens		
Lebensform	Strenge Armut	Relative Armut	Niedrigeinkommen
Alleinlebende	2,2	5,9	8,4
Alleinerziehende (insg.)	24,0	34,0	52,0
Alleinerziehende mit 1 Kind	9,7	19,4	35,5
Alleinerziehende mit 2 Kindern	46,2	53,8	52,5
Alleinerziehende mit 3 Kindern	50,0	75	75,0
Verheiratet mit Kindern (insg.)	8,3	17,7	31,6
Verheiratet mit 1 Kind	4,7	10,6	19,3
Verheiratet mit 2 Kindern	6,6	15,7	31,4
Verheiratet mit 3 Kindern	9,7	25,8	48,4
Verheiratet mit 4 Kindern	30,3	51,5	69,7
Verheiratet ohne Kinder	3,2	4,8	8,2
Nichteheliche Lebensgemeinschaften (insg.)	6,1	11,5	19,1
ohne Kind	6,2	6,3	10,0
mit 1 Kind	8,3	25	37,5
mit 2 Kindern	8,3	25	50,0
Ledige mit Eltern	14,8	28,7	44,4
Insgesamt	6,9	13,1	22,6
Absolute Häufigkeiten	126	238	410

Die Analyse nach den Kriterien „strenge Armut“ bzw. „Niedrigeinkommen“ spiegelt im Wesentlichen die gleichen Ergebnisse wider: Durchgängig zeigt sich, dass nach dem Einkommensansatz vor allem Haushalte mit Kindern am stärksten von Armut betroffen sind.

Tabelle 6.3.1.5: Armut in Westdeutschland nach Haushaltstypen

Haushaltstyp	**1985 bis 50 % des Netto-Äquivalenzeinkommens**	**1995 bis 50 % des Netto-Äquivalenzeinkommens**
Single-Haushalt	7,5	7,3
Partner-Haushalt	4,5	5,0
Familienhaushalt	16,2	16,8
Einelternhaushalt	28,0	42,4
Familienhaushalt		
Mit einem Kind	9,1	11,0
Mit zwei Kindern	13,7	13,9
Mit drei und mehr Kindern	40,6	31,4

Datenbasis: Sozioökonomisches Panel (SOEP).

Um eine Einordnung dieser kommunalen Ergebnisse mit überregionalen Trends zu ermöglichen, stellt Tabelle 6.3.1.5 die auf der Datenbasis des sozioökonomischen Panels ermittelten Armutsquoten dar.

Ein Vergleich der für Gütersloh ermittelten Befunde mit den Daten des sozioökonomischen Panels weist insgesamt eine große Übereinstimmung auf: Insbesondere Einelternhaushalte (42,4 %) und Familienhaushalte (16,8 %) sind von relativer Einkommensarmut betroffen. Darüber hinaus ergeben die Daten des Panels, dass die Armutsquote parallel mit der Anzahl der Kinder in Familienhaushalten stetig steigt (1 Kind: 11,0 %, 2 Kinder: 13,9 %, 3 Kinder und mehr: 31,4 %).

Besonders zu denken gibt die Tatsache, dass im zeitlichen Vergleich die Armutsrate der Einelternhaushalte von 28,0 % im Jahre 1985 auf 42,4 % im Jahre 1995 enorm angestiegen ist. Mit anderen Worten: Vier von Zehn Haushalten mit nur einem Elternteil leben in relativer Einkommensarmut. In Familienhaushalten mit drei oder mehr Kindern ist annähernd jeder Dritte (31,4 %) betroffen.

Armut nach dem Ansatz des äquivalenzgewichteten Durchschnittseinkommens und ausgewählten soziodemographischen Merkmalen

Im folgenden soll gezeigt werden, welche Hintergrundvariablen als Risikofaktoren dazu beitragen, dass ein Haushalt nach dem Einkommensansatz als „arm“ bezeichnet werden kann. Hierzu werden wiederum zunächst in Tabelle 6.3.1.6 die zentralen Ergebnisse des Projekts „Kommunale Armutsberichtserstattung am Beispiel der Stadt Gütersloh“ vorgestellt und dann mit Befunden des sozioökonomischen Panels in Tabelle 6.3.1.7 verglichen.

In der Stadt Gütersloh sind die Bezieherinnen und Bezieher von Sozialhilfe (75 %) und die Empfängerinnen und Empfänger von Arbeitslosengeld/-hilfe (40,2 %) neben den ausländischen Bürgerinnen und Bürger (46,4 %) am stärksten von Einkommensarmut betroffen.

Wenn strenge Armut (40 % Schwelle) als Kriterium zu Grunde gelegt wird, sind sechs von zehn Sozialhilfeempfängern als „arm“ zu bezeichnen. Bei der Anwendung des Niedrigeinkommens (60 %-Schwelle) als Bezugspunkt sind es sogar neun von zehn.

Tabelle 6.3.1.6: Armut in Gütersloh nach ausgewählten Merkmalen (Angaben in Prozent)

	Armutsgrenzen		
	bis 40 %	bis 50 %	bis 60 %
	des durchschnittlichen Netto-Äquivalenzeinkommens		
	Strenge Armut	Mittlere Armut	Niedrigeinkommen
Altersgruppen			
18-29 Jahre	13,2	22,5	33,6
30-44 Jahre	7,2	13,8	25,0
45-59 Jahre	5,7	12,5	21,5
60 Jahre und älter	4,0	6,9	13,7
Familienstand			
Verheiratet	6,4	12,8	22,9
Verheiratet, dauernd getrennt lebend	11,1	22,2	40,7
Ledig	8,5	15,3	23,3
Geschieden	7,2	13,3	20,5
Verwitwet	6,4	8,8	17,0
Haushaltsgröße			
1 Person	2,2	5,9	8,4
2 Personen	4,2	6,2	10,5
3 Personen	6,5	14	25,0
4 Personen	7,4	17,2	32,5
5 Personen und mehr	23,5	39,3	59,0
Status			
Nicht erwerbstätig	26,9	36,2	53,1
Erwerbstätig	4,1	9,0	16,5
Hausfrau/-mann	10,1	21,7	35,7
Rentner/Pensionäre	3,9	7,4	14,8
In Ausbildung	12,2	23,2	36,6
Staatsangehörigkeit			
Deutsche	5,8	11,5	20,9
Ausländer	31,0	46,4	57,1
Arbeitslosengeld/-hilfe			
Ja	26,8	40,2	58,5
Nein	6,0	13,1	20,8
Sozialhilfe			
Ja	61,4	75,0	88,6
Nein	5,5	5,5	20,9
Allgemeiner Schulabschluss			
Ohne Abschluss	41,7	47,9	64,6
Volks-/Hauptschulabschluss	8,8	17,7	28,5
Realschulabschluss	4,4	8,4	17,3
Fachhochschulreife/Abitur	3,8	8,3	15,6
Sonstige	3,4	6,9	20,7
Berufsausbildung			
(Noch) keine Berufsausbildung	20,7	29,1	45,4
Lehre	5,3	17,7	22,0
Fachschule	3,8	8,4	16,5

	Armutsgrenzen		
	bis 40 %	bis 50 %	bis 60 %
	des durchschnittlichen Netto-Äquivalenzeinkommens		
	Strenge Armut	Mittlere Armut	Niedrigeinkommen
Fachhochschule/Universität	2,9	8,3	10,7
Sonstige	8,2	6,9	18,0
Stellung im Beruf			
Arbeiter	11,5	20,5	34,0
Angestellte	4,1	9,3	16,0
Beamte	-	2,5	8,8
Selbständige	3,8	5,3	11,5
Heute erwerbstätig			
Ja, vollzeit unbefristet	3,2	7,7	13,6
Ja, vollzeit befristet	9,4	15,6	31,3
Ja, teilzeit unbefristet	3,6	9,6	20,4
Ja, teilzeit unbefristet	12,1	18,2	33,3
Nein	9,4	16,4	26,7
Absolute Häufigkeiten	126	238	410

Differenziert nach der Haushaltsgröße zeigt sich, dass die Armutsrate mit der Haushaltsgröße stetig ansteigt. Bereits in Haushalten mit 3 Personen liegt die Armutsrate mit 14 % über dem Durchschnitt und erreicht in Haushalten mit 5 und mehr Personen 39,3 %.

Die Analyse nach Altersgruppen zeigt, dass Einkommensarmut insbesondere die jüngeren Altersgruppen betrifft. Danach ist jeder Fünfte (22,5 %) der 18-29-jährigen als „arm“ zu bezeichnen. Mit zunehmendem Alter sinkt die Armutsrate kontinuierlich und erreicht ihren niedrigsten Wert in der Altersklasse der 60-jährigen und älteren. Die Ergebnisse zeigen deutlich, dass Altersarmut in der Stadt Gütersloh kein größeres Problem darstellt. Bestätigt wird dieses Ergebnis, wenn der Familienstand der Befragten zu Grunde gelegt wird. In der Gruppe der Verwitweten beträgt die Armutsrate nur 6,9 %.

Besonders von Armut betroffen sind diejenigen Bürgerinnen und Bürger, die keinen Schulabschluss vorweisen können. Annähernd jede zweite Person (47,9 %) aus dieser Gruppe ist nach dem 50 %-Kriterium „arm“. Auf vergleichsweise niedrigerem Niveau (29,1 %) ist die Quote für diejenigen, die (noch) keine Berufsausbildung abgeschlossen haben.

Im Vergleich hierzu sind die Armutsquoten mit hohem Schul- bzw. Berufsabschluss deutlich niedriger. Danach sind lediglich 8,3 % derjenigen, die die Fachhochschulreife oder das Abitur erlangt haben, von Einkommensarmut betroffen. Für die Fachhochschul- und Hochschulabsolventen beträgt die Armutsrate ebenfalls 8,3 %. Mit anderen Worten: Je höher die Schul- bzw. Berufsausbildung, desto niedriger ist die Armutsquote.

Diese Tendenz findet sich in einem anderen Befund bestätigt: Arbeiter sind am häufigsten von Einkommensarmut betroffen. Ein Fünftel (20,5 %) dieses Personenkreises ist „arm“. Dagegen sind die Armutsraten aller anderen Statusgruppen unter dem Durchschnitt angesiedelt. Am geringsten fällt die Quote bei den Beamtinnen und Beamten mit 2,5 % aus.

Als weiterer bedeutsamer Risikofaktor erweist sich in diesem Zusammenhang die Art des Beschäftigungsverhältnisses. Insbesondere befristete Arbeitsverhältnisse erhöhen das Risiko, in Armut abzurutschen. 15,6 % der befristet in Vollzeit Beschäftigten und 18,2 % der befristet in Teilzeit Beschäftigten sind einkommensarm.

Bezogen auf die Sozialräume (in der Tabelle nicht ausgewiesen) wird deutlich, dass von Einkommensarmut die Sozialräume Spexard (22,1 %), Sundern (18,6 %), Avenwedde-Bhf. (17,7 %) und Innenstadt (16,3 %) besonders betroffen sind. Im Vergleich hierzu sind die Armutsraten in den Sozialräumen Miele (6,6 %), Avenwedde Mitte/West (6,9 %) und Friedrichsdorf (7,7 %) deutlich unter dem Durchschnitt angesiedelt.

Tabelle 6.3.1.7 gibt Auskunft über die Verbreitung von Armut in Westdeutschland nach soziodemographischen und sozioökonomischen Merkmalen im Jahre 1995.

Insbesondere die ausländischen Bürgerinnen und Bürger sind von Einkommensarmut betroffen. Eine weiteres relevantes Merkmal bildet der Erwerbsstatus. Bei den Arbeitslosen beträgt die Armutsrate 33,8 % gegenüber 6,8 % bei den Erwerbstätigen. Mit anderen Worten: Jeder dritte Arbeitslose ist einkommensarm.

Darüber hinaus stellt die Haushaltsgröße ein relevantes Merkmal dar. Mit der Größe des Haushalts einhergehend steigt die Armutsquote und beträgt in Haushalten mit fünf und mehr Personen 28,8 %.

Tabelle 6.3.1.7: Armut in Westdeutschland nach ausgewählten Merkmalen (Angaben in Prozent)

Haushaltstyp	**1985 bis 50 % des Netto-Äquivalenzeinkommens**	**1995 bis 50 % des Netto-Äquivalenzeinkommens**
Altersgruppen		
0-15 Jahre	20,3	21,8
16-30 Jahre	13,1	15,3
31-45 Jahre	10,8	11,5
46-60 Jahre	9,0	9,6
61-75 Jahre	6,0	6,9
76 Jahre und älter	11,1	7,3
Familienstand		
Verheiratet	9,2	10,3
Verheiratet, dauernd getrennt	16,5	18,3
Ledig	12,1	11,6
Geschieden	13,1	14,5
Verwitwet	7,6	8,4
Haushaltsgröße		
1 Person	6,7	6,9
2 Personen	6,5	6,2
3 Personen	8,0	12,5
4 Personen	12,0	15,0
5 und mehr Personen	30,0	28,8

Haushaltstyp	1985 bis 50 % des Netto-Äquivalenzeinkommens	1995 bis 50 % des Netto-Äquivalenzeinkommens
Staatsangehörigkeit		
Deutsche	9,5	9,2
Ausländer	18,0	27,1
Bildung		
Hauptschule	15,6	20,4
Hauptschule mit Lehre	9,8	9,4
Realschule	6,0	7,5
Abitur	9,4	6,3
Fach-/Hochschule	2,1	4,1
Erwerbsstatus		
Erwerbstätig	7,4	6,8
Arbeitslos	28,3	33,8
In Ausbildung	16,6	18,8
Nicht erwerbstätig	10,5	12,1

Datenbasis: Sozioökonomisches Panel (SOEP).

Die Unterscheidung nach Altersgruppen macht deutlich, dass insbesondere jüngere Personen – und hier vor allem die 0-15-jährigen (20,3 %) – überproportional von Einkommensarmut betroffen sind. Bis zur Altersklasse der 61-75-jährigen nimmt die Armutsrate stetig ab und beträgt 6,0 %. Erst bei den 76-jährigen und älteren steigt die Quote geringfügig an.

Die Analyse nach sozioökonomischen Merkmalen zeigt, dass einhergehend mit einer höheren Schul- und Berufsausbildung die Einkommensarmut kontinuierlich abnimmt. Danach sind lediglich 4,1 % der Fachhochschul- bzw. Hochschulabsolventen nach dem Kriterium der 50 %-Schwelle als „arm“ zu bezeichnen. Demgegenüber beträgt die Quote bei den Hauptschulabsolventen 20,4 %.

Ein Vergleich der Daten des sozioökonomischen Panels aus dem Jahre 1995 mit den Ergebnissen aus dem Jahre 1985 zeigt darüber hinaus, dass insbesondere bei den Ausländern (27,1 % vs. 18,0 %) eine stark überproportionale Einkommensarmut zu verzeichnen ist. Gleichfalls sind von einer hohen Zunahme Arbeitslose (33,8 % vs. 28,3 %) und Hauptschulabsolventen (20,5 % vs. 15,6 %) betroffen.

Betrachtet man sowohl die zentralen Ergebnisse des Familien- und Sozialsurveys als auch die des sozioökonomischen Panels 1995, dann kann insgesamt von einer hohen Übereinstimmung gesprochen werden.

Von Einkommensarmut sind Haushalte mit Kindern – und hier vor allem Alleinerziehende – betroffen. Darüber hinaus sind die Nationalität, die Haushaltsgröße und der Erwerbsstatus von Bedeutung.

6.3.2 *Der Lebenslagenansatz*

Der Lebenslagenansatz geht davon aus, dass Armut nicht ausschließlich durch die finanzielle Lage bestimmt werden kann. Die bei dem gegenwärtig am elaboriertesten ausgearbeiteten Konzept von Hauser et al. (1994) einbezogenen Bereiche Bildung, Beschäftigung, Wohnen und Einkommen wurden auch in der Befragung der Bürgerinnen und Bürger der Stadt Gütersloh berücksichtigt. Die Ergebnisse werden im Folgenden zunächst deskriptiv und – wie bei den vorherigen Analysen auch – nach Haushaltstypen getrennt dargestellt.

6.3.2.1 Die Bereiche Bildung und Beschäftigung

Schulabschluss

Das Bildungssystem wird untergliedert in die Bereiche a) der schulischen und b) der beruflichen Ausbildung. Beide Bereiche wurden in der vorliegenden Erhebung mittels zwei Fragen berücksichtigt. Die erste Frage lautete „Welchen höchsten allgemeinen Schulabschluss haben Sie erworben?“ Die zweite Frage thematisierte die berufliche Ausbildung. Hierzu wurden die Befragten gebeten, ihren höchsten Abschluss anzugeben.

Tabelle 6.3.2.1 zeigt, dass bezogen auf die Schulabschlüsse insgesamt 39,6 % aller Befragten einen Volks-/Hauptschulabschluss vorweisen können. 29,2 % haben den Realschulabschluss und 27,0 % die Fachhochschulreife bzw. das Abitur erlangt. Keinen Schulabschluss weisen 2,5 % der Befragten auf.

Tabelle 6.3.2.1: Schulabschluss nach Lebensformen (Angaben in Prozent)

Lebensform	Ohne Abschluss	VS/HS	RS	FH/ Abitur	Sonstige
Alleinlebende	2,0	42,5	27,0	26,5	2,0
Alleinerziehende	5,3	31,6	33,3	29,8	-
Verheiratet mit und ohne Kinder	2,3	41,3	29,5	25,3	1,7
Verheiratet mit Kindern	2,8	34,4	31,5	29,7	1,7
Verheiratet ohne Kinder	1,4	52,4	26,4	18,1	1,6
Nichteheliche Lebensgemeinschaft	0,7	34,2	36,2	27,6	1,3
Ledig mit Eltern oder mit Vater oder Mutter	5,1	20,3	28,5	44,3	1,9
Insgesamt	2,5	39,6	29,2	27,0	1,7
Absolute Häufigkeiten	57	887	659	604	38

VS/HS = Volks-/Hauptschulabschluss, RS = Realschulabschluss, FH = Fachhochschulreife

Als entscheidende Hintergrundvariable fungiert für den erreichten Bildungsstand, dies konnten zusätzliche Auswertungen deutlich machen, das Geburtsjahr bzw. die Zugehörigkeit zu einer bestimmten Alterskohorte (Effekte der Zugehörigkeit zu einer bestimmten Generation) der Befragten. Demnach haben vier von zehn der 18-29-jährigen die Hochschulreife erworben. Bis hin zur Altersgruppe der 60-jährigen und älteren sinkt der Anteil auf 12,1 % ab. Bei den 30-44-jährigen beträgt er 21,7 % und bei den 45-59-jährigen 36,0 %. Analog hierzu steigt mit zunehmendem Alter der Anteil der Volks- und Hauptschulabschlüsse.

Keinen Schulabschluss erworben haben in der Altersgruppe der 18-29-jährigen 4,5 %. Hier ist allerdings in Rechnung zu stellen, dass zahlreiche Jugendliche zum Zeitpunkt der Befragung ihre Schullaufbahn noch nicht abgeschlossen hatten. In der nächsten Altersgruppe, der 30-44-jährigen sind es 2,5 %, bei den 45-59-jährigen 2,3 % und bei den Seniorinnen und Senioren lediglich 1,7 %.

Berufsausbildung

Neben der schulischen Ausbildung ist gerade für den Bereich „Bildung und Ausbildung" auch der berufliche Abschluss eine entscheidende Variable. Die Verteilung der erworbenen Berufsausbildungsabschlüsse in der oben genauer dargestellten Stichprobe zeigt Tabelle 6.3.2.2.

Tabelle 6.3.2.2: Berufsausbildung nach Lebensformen (Angaben in Prozent)

Lebensform	(noch) keine Berufsausbildung	Lehre	Fachschule	FH/ Uni	Sonstiges
Alleinlebend	15,8	54,7	10,4	14,8	4,3
Alleinerziehend	13,8	51,7	13,8	8,6	12,1
Verheiratet mit und ohne Kinder	8,8	59,8	12,9	15,6	2,9
Verheiratet mit Kindern	8,2	58,9	13,4	17,1	2,5
Verheiratet ohne Kinder	9,8	61,3	12,1	13,2	3,6
Nichteheliche Lebensgemeinschaft	5,9	61,8	14,5	14,5	3,3
Ledig mit Eltern oder mit Vater oder Mutter	41,3	37,4	5,2	13,5	2,6
Insgesamt	12,9	56,8	12,1	14,9	3,4
Absolute Häufigkeiten	282	1275	267	334	78

FH = Fachhochschulabschluss

Mehr als die Hälfte der Befragten (56,8 %) hat eine Lehre absolviert. An zweiter Stelle folgen die Fachhochschul- bzw. Hochschulabsolventinnen und -absolventen mit 14,9 %. 12,1 % der Befragten haben eine Fachschule erfolgreich besucht. 12,9 % können noch keine Berufsausbildung vorweisen oder haben keine Berufsausbildung abgeschlossen.

Nach dem Haushaltstyp gegliedert zeigt sich, dass etwa sechs von zehn der Verheirateten mit und ohne Kinder sowie der Personen in nichtehelichen Lebensgemeinschaften erfolgreich eine Lehre abgeschlossen haben. Das Segment der Fachhochschul- und Hochschulabsolventen ist besonders hoch bei den Verheirateten mit Kindern (17,1 %) vertreten. Demgegenüber können lediglich 8,6 % der Alleinlebenden einen Fachhochschul- oder Hochschulabschluss vorweisen. Über keine bzw. noch keine Berufsausbildung verfügen vor allem die Ledigen, die mit den Eltern leben (41,3 %), sowie die Alleinlebenden (15,8 %) und die Alleinerziehenden (13,8 %).

Auch bei der Berufsausbildung bildet – ähnlich den Schulabschlüssen – die Zugehörigkeit zu einer bestimmten Alterskohorte bzw. Generation der Befragten eine entscheidende Variable, wie zusätzliche, hier nicht ausgewiesene Auswertungen zeigen konnten: So haben 16,9 % der 60-jährigen keine Berufsausbildung abgeschlossen. In der Altersgruppe der 45-59-jährigen betrifft dies nur 7,2 % bzw. 6,6 % in der Alterskohorte der 30-44-jährigen. Bei den 18-29-jährigen beträgt die Quote 28,9 % – auf Grund des hohen Anteils noch in der Ausbildung befindlicher Personen.

Geschlechtsspezifische Unterschiede können lediglich bei den Fachhochschul- und Hochschulabsolventen registriert werden (in der Tabelle nicht ausgewiesen): Der männliche Anteil ist hier doppelt so hoch wie der weibliche (16,5 % versus 8,1 %). Auch hier spielen intergenerative Effekte eine Rolle.

Insgesamt spiegelt die Aufschlüsselung der Schul- und Berufsschulabschlüsse nach Haushaltstypen und Altersklassen getrennt die Effekte der Bildungsexpansion seit Beginn der 1970er Jahre wider: eine Zunahme des Anteils der Fachhochschul- bzw. Hochschulreife bei den erworbenen Bildungsabschlüssen in den Altersgruppen der 18-29-jährigen sowie der 30-44-jährigen.

6.3.2.2 Ermittlung von Armutsschwellen im Bereich Bildung und Ausbildung

Bildung und Beschäftigung

Dem Faktor Bildung kommt nicht nur im Rahmen der Partizipationschancen am kulturellen Leben ein entscheidender Stellenwert zu. Im Kontext der sich seit den 1970er Jahren abzeichnenden zunehmenden Verknappung von Arbeits- und Ausbildungsplätzen haben formal im Bildungssystem erworbene Zertifikate auch als Selektionskriterien auf dem Arbeitsmarkt einen immer stärkeren Einfluss.

Schulabschluss

Zwar können niedrigere bzw. nicht vorhandene Abschlüsse im Bereich der schulischen Erstausbildung als Risikofaktoren für ein „Abrutschen" in Armutslagen betrachtet werden. Dieses als Automatismus darzustellen, wäre jedoch verfehlt: Erst im Zuge der Bildungsexpansion seit Beginn der 1970er Jahre hat eine Umwertung formaler Bildungszertifikate – einhergehend mit einer Abwertung niedrigerer Abschlüsse – stattgefunden. Sie wird unter anderem dafür verantwortlich gemacht, dass das Abitur heute der meist erworbene Schulabschluss ist (Palentien 1998).

Im Gegensatz hierzu war es noch vor einigen Jahren möglich, auch mit niedrigeren bzw. nicht vorhandenen Bildungszertifikaten solche beruflichen Karrieren zu beginnen, die heute nur noch Abiturientinnen und Abiturienten bzw. Hochschulabsolventinnen und -absolventen vorbehalten sind.

Für eine Bewertung des Faktors „Bildung“ als Indikator für Armut ergibt sich hieraus, dass dieser Bereich immer mit anderen Faktoren, die auf eine Benachteiligung hinweisen, gemeinsam ausgewertet werden muss. So kann zwar das Merkmal „niedrige Bildung“ als ein Risikofaktor bezeichnet werden. Dieses alleine ist aber nur bedingt aussagekräftig. So können Personen, die sich z. B. in inner- oder überbetrieblichen Ausbildungsangeboten – trotz eines niedrigen formalen Schulabschlusses – weiterqualifiziert haben und bereits seit längerer Zeit eine gesicherte berufliche Position inne haben, nicht als unterprivilegiert klassifiziert werden.

Für die Ermittlung von Armutsschwellen nach dem Lebenslagenansatz im Rahmen des Projektes „Kommunale Armutsstrukturen am Beispiel der Stadt Gütersloh“ folgte hieraus konkret, dass einer niedrigeren bzw. nicht vorhandenen (formalen) Bildung nur dann Relevanz beigemessen wurde, wenn diese in Kombination auftrat mit a) einer nicht vorhandenen Erwerbstätigkeit oder b) dem Bezug von Arbeitslosengeld/-hilfe oder Sozialhilfe. Diese Personengruppen wurden als bereits in Benachteiligungslagen befindlich identifiziert. Ein akutes Benachteiligungsrisiko bestand dann, wenn eine nicht vorhandene bzw. niedrigere (formale) Bildung gemeinsam mit der Einschätzung auftrat, dass a) der zurzeit ausgeübte Beruf als „unsicher“ bzw. „sehr unsicher“ empfunden wurde, b) die eigene Situation als nahe an der Sozialhilfegrenze definiert wurde, c) die finanzielle Situation als „schlecht“ oder „sehr schlecht“ beurteilt wurde oder d) nur eine befristete Erwerbstätigkeit bestand.

Tabelle 6.3.2.3 zeigt hierzu zunächst das Ergebnis einer gemeinsamen Auswertung des Faktors Bildung mit a) dem derzeitigen Erwerbsstatus, b) dem Bezug von Arbeitslosengeld/-hilfe und c) dem Bezug von Sozialhilfe.

Tabelle 6.3.2.3: Schulausbildung nach ausgewählten Merkmalen (Angaben in Prozent)

	ohne Abschluss	VS/HS	RS	FH/ Abitur	Sonstige	Insgesamt
Erwerbsstatus						
Nicht erwerbstätig	37,7	7,2	7,6	6,7	5,4	7,9
Erwerbstätig	28,3	37,1	55,5	68,1	43,2	50,2
Hausfrau/-mann	17,0	17,4	16,2	13,7	18,9	16,2
Rentner/Pensionär	17,0	38,3	20,7	11,6	32,4	25,8
Arbeitslosengeld/-hilfe						
Ja	15,4	5,1	4,0	3,1	5,4	4,5
Nein	86,4	94,9	96,0	96,9	94,6	95,5
Sozialhilfe						
Ja	23,1	2,4	0,9	1,3	2,7	2,2
Nein	76,9	97,6	99,1	98,7	97,3	97,8
Absolute Häufigkeiten	57	887	659	604	38	2245

Tabelle 6.3.2.3 verdeutlicht den Stellenwert des Faktors Bildung für alle dargestellten Bereiche: 7,9 % der Befragten sind in der Stadt Gütersloh zum Zeitpunkt der Erhebung nicht erwerbstätig. Davon entfällt mit 37,7 % der

höchste Anteil auf die Gruppe ohne Schulabschluss. Demgegenüber weist die Gruppe der Erwerbstätigen den geringsten Anteil aus.

Die Wirkung der Bildung bleibt aber nicht auf den Faktor Erwerbsstatus beschränkt. Sowohl bei den Bezieherinnen und Beziehern von Arbeitslosengeld/-hilfe wie auch bei denjenigen, die ihren Lebensunterhalt durch Sozialhilfe bestreiten (vgl. Tabelle 6.3.2.3), dominiert die Gruppe, die über keinen formalen Bildungsabschluss verfügt. Mit 15,4 % bzw. 23,1 % ist ihr Anteil überdurchschnittlich hoch.

Zusätzlich zu den dargestellten Auswertungsbereichen sind insbesondere für eine Einschätzung von Risikogrenzen die Bildungsabschlüsse derjenigen Personengruppen von Interesse, die meinen, (1.) ihr Arbeitsplatz sei „unsicher“ bzw. „sehr unsicher“, (2.) die angeben, sie befinden sich in einer Lebenssituation, in der sie Sozialhilfe beziehen könnten oder (3.) die ihre finanzielle Situation als „schlecht“ bzw. „sehr schlecht“ einschätzen. Die Ergebnisse bezogen auf diese Fragen stellt Tabelle 6.3.2.4 dar.

Tabelle 6.3.2.4: Schulausbildung nach ausgewählten Merkmalen (Angaben in Prozent)

	ohne Abschluss	VS/HS	RS	FH/ Abitur	Sonstige	Insgesamt
Arbeitsplatz						
Unsicher	57,1	21,2	13,7	14,5	25,0	17,0
Sicher	42,8	78,7	86,3	85,5	75,0	83,0
Aktuell Anspruch auf Sozialhilfe						
Ja	37,5	10,8	3,8	6,5	11,8	9,0
Nein	62,5	89,2	96,2	93,5	88,2	91,0
Einschätzung finanzielle Situation						
Sehr gut	7,7	9,2	13,9	19,0	16,2	13,1
Gut	25,0	46,4	49,0	51,7	37,8	47,8
Mittelmäßig	32,7	35,1	29,1	22,9	32,4	30,2
Schlecht	19,2	6,4	5,3	5,0	13,5	6,2
Sehr schlecht	15,4	2,9	2,7	1,3	-	2,7
Heute erwerbstätig						
Nein	57,1	15,1	12,2	7,5	16,7	13,0
Ja, VZ unbefristet	22,9	58,1	56,7	65,1	38,9	58,6
Ja, VZ befristet	5,7	2,9	3,0	4,1	5,6	3,5
Ja, TZ unbefristet	11,4	20,4	25,3	20,4	33,3	21,9
Ja, TZ befristet	2,9	3,4	2,8	2,8	5,6	3,1
Absolute Häufigkeiten	57	887	659	604	38	2245

VZ = Vollzeit, TZ = Teilzeit

Diejenigen Befragten, die über keinen allgemeinen Schulabschluss verfügen, kommen auch überwiegend zu einer negativen Einschätzung ihrer zum Befragungszeitpunkt vorherrschenden Situation. Dieses betrifft die finanzielle Situation: im Gegensatz zu allen anderen Gruppen wird sie insbesondere von den Befragten ohne Schulabschluss als „schlecht“ (19,2 %) oder „sehr schlecht“ (15,4 %) bezeichnet. Darüber hinaus meint mehr als jeder Dritte

(37,5 %), einen Anspruch auf Sozialhilfe zu haben. Ein fehlender Schulabschluss wirkt sich auch auf die Sicherheit des Arbeitsplatzes aus: 57,1 % derjenigen, die nur über einen unsicheren Arbeitsplatz verfügen, können keinen Schulabschluss vorweisen.

Ferner kann festgestellt werden, dass Personen ohne Abschluss überdurchschnittlich häufig befristete Beschäftigungsverhältnisse aufweisen.

Insgesamt wird deutlich, dass ein unmittelbarer Zusammenhang zwischen dem Erreichen schulischer Abschlusszertifikate und der finanziellen und erwerbsbezogenen Einschätzung der Situation besteht. Unter der Annahme, dass die Einschätzungen derjenigen, die angeben, einen unsicheren Arbeitsplatz zu besitzen, als ein Indikator den Verlust des Arbeitsplatzes prognostizieren und unter der Annahme, dass schlechtere formale Qualifikationen auch zu einer schlechteren Wiedereingliederung in den Arbeitsmarkt führen, muss gerade diese Personengruppe mit großer Sorgfalt betrachtet werden: Hier scheinen sich mehrere Faktoren, die auf Langzeitarmutskarrieren hindeuten, zu vereinen. Gleiches gilt für diejenigen, die sich bereits in Benachteiligungssituationen, z. B. durch den Verlust des Arbeitsplatzes, befinden.

Eine genauere Analyse derjenigen, die von derartigen Desintegrationsprozessen im Bereich der Bildung betroffen sind, zeigt Tabelle 6.3.2.5. Hierin werden die Ergebnisse nach Geschlecht, Sozialraum, Nationalität, dem Wirtschaftsbereich und der Stellung im Beruf aufgeschlüsselt.

Überwiegend die weiblichen Befragten sind es, die keinen allgemeinbildenden Bildungsabschluss erworben haben. 29,8 % der männlichen Befragten stehen einem Anteil von 70,2 % der weiblichen Befragten gegenüber.

Neben dem Geschlecht der Befragten bildet die Nationalität eine zentrale Hintergrundvariable: Zwar stellen die Deutschen in der Gruppe derjenigen, die keinen Bildungsabschluss nachweisen können, einen Anteil von (66,7 %) gegenüber 33,3 % Ausländern. Allerdings ist zu berücksichtigen, dass der Anteil der Ausländerinnen und Ausländer in der vorliegenden Studie lediglich 4,6 % beträgt. Mit anderen Worten: Ihrem relativen Anteil entsprechend haben überdurchschnittlich viele Ausländerinnen und Ausländer keinen allgemeinbildenden Schulabschluss erworben. In Bezug auf die erworbenen Schulabschlüsse variiert ihr Anteil lediglich zwischen 3,0 % (Volksschul-/Hauptschulabschluss und Fachhochschulreife/Abitur) und 3,6 % (Realschulabschluss). Hier dominieren eindeutig die deutschen Befragten mit 97 % (Realschulabschluss) respektive 96,4 % (Volksschul-/Hauptschulabschluss und Fachhochschulreife/Abitur).

Tabelle 6.3.2.5: Schulausbildung nach ausgewählten Merkmalen (Angaben in Prozent)

	Ohne Abschluss	VS/HS	RS	FH/ Abitur	Sonstige	Insgesamt
Geschlecht						
Männlich	29,8	41,3	41,0	46,5	44,7	42,4
Weiblich	70,2	38,5	5,9	53,5	55,3	57,6
Sozialraum						
Innenstadt	26,8	8,6	12,0	16,5	13,2	12,2
Nord	7,1	14,8	14,4	11,5	5,3	13,4
Miele	1,8	5,5	6,5	4,0	5,3	5,3
Sundern	5,4	6,8	9,1	9,2	5,3	8,0
Kattenstroth	17,9	15,2	12,5	15,6	23,7	14,7
Pavenstädt	5,4	9,5	8,7	11,0	7,9	9,5
Blankenhagen	7,1	5,0	2,9	3,2	10,5	4,0
Isselhorst	5,4	5,5	6,4	6,3	5,3	6,0
Avenwedde	3,6	4,8	4,7	4,3	10,5	4,7
Friedrichsdorf	3,6	6,2	6,1	6,7	-	6,1
Avd. Mitte/West	3,6	8,8	8,2	6,0	5,3	7,7
Spexard	12,5	9,4	8,5	5,8	7,9	8,2
Nationalität						
Deutsche	66,7	96,4	97,0	96,4	71,1	95,4
Ausländer	33,3	3,6	3,0	3,6	28,9	4,6
Berufliche Stellung						
Arbeiter	72,1	51,5	15,7	9,6	33,3	30,2
Selbstständige	7,0	5,4	8,0	14,1	8,3	8,4
Angestellte	20,9	39,9	70,6	53,2	50,0	52,4
Beamte	-	3,2	5,7	23,1	8,3	8,9
Wirtschaftsbereich						
Land-Forstwirtschaft	15,0	3,2	0,3	0,6	-	1,9
Energiewirtschaft	-	1,9	1,7	1,7	-	1,7
Verarbeitendes Gewerbe	30,0	38,9	23,2	18,2	32,3	28,6
Baugewerbe	7,5	6,6	4,4	3,2	6,5	5,1
Handel	17,5	15,4	20,5	10,8	12,9	15,8
Verkehrs- und Nachrichten	-	1,6	1,2	1,7	6,5	1,5
Kreditinstitute/Versicherungen	-	1,3	5,1	5,1	3,2	3,4
Dienstleist./freie Berufe	30,0	28,5	38,2	49,0	32,3	36,7
Org. ohne Erwerbszweck	-	1,3	1,5	3,6	3,2	1,9
Gebietskörperschaften	-	1,3	3,9	6,1	3,2	3,3
Absolute Häufigkeiten	57	887	659	604	38	2245

Nach Sozialräumen differenziert ergibt sich ein ambivalentes Bild: Jeder Vierte (26,8 %) der Befragten ohne Schulabschluss lebt in der Innenstadt. Gleichzeitig dominiert die Innenstadt bei den höchsten Schulabschlüssen mit

16,5 %. Auf den Rängen zwei und drei mit den höchsten Anteilen ohne Schulabschluss folgen die Sozialräume Kattenstroth mit 17,9 %, und Spexard mit 12,5 %, wobei in Kattenstroth eine ähnliche Ambivalenz wie in der Innenstadt festzustellen ist. Hier beträgt der Anteil des höchsten Schulabschlusses 15,6 %.

Die Analyse nach der Stellung im Beruf zeigt deutlich, dass die Arbeiterinnen und Arbeiter mit 72 % den weitaus höchsten Anteil der Befragten ausmachen, die keinen allgemeinbildenden schulischen Abschluss vorweisen können. Demgegenüber haben insbesondere die Angestellten sowie die Beamtinnen und Beamten mittlere (Realschulabschluss) und höhere Bildungsabschlüsse (Fachhochschulreife/Abitur) erworben.

Differenzen ergeben sich darüber hinaus, wenn man die Aufschlüsselung nach Wirtschaftsbereichen betrachtet. Sowohl im verarbeitenden Gewerbe als auch im Bereich Dienstleistungen/freie Berufe mit jeweils 30 %, in der Land-Forstwirtschaft mit 15 % können relativ viele Erwerbstätige keine abgeschlossene Schulausbildung vorweisen. Kann für den Bereich Dienstleistung/freie Berufe noch eine relativ breite Streuung der Abschlüsse konstatiert werden – dieser Bereich beschäftigt auch die meisten Abiturientinnen und Abiturienten – so gilt dieses nicht für das verarbeitende Gewerbe sowie die Land- und Forstwirtschaft. Mit einem Anteil von 38,9 % dominiert im verarbeitenden Gewerbe der Volks- und Hauptschulabschluss.

Insbesondere auf Grund des zusätzlichen Ergebnisses, dass der zweitgrößte Anteil der Bevölkerung in der Stadt Gütersloh zum Zeitpunkt der Befragung im verarbeitenden Gewerbe tätig war, stimmt dieser Befund nachdenklich.

Berufliche Ausbildung

Das Erreichen schulischer und beruflicher Ausbildungsabschlüsse stehen in einem engen Zusammenhang zueinander. Formale Schulzertifikate stellen in vielen Bereichen die Zugangsberechtigung zu beruflichen Ausbildungsverhältnissen dar. Oftmals beginnt deshalb mit dem Nicht-Vorhandensein eines Schulabschlusses ein Prozess, der über die (nicht vorhandene oder geringe) Ausbildung in Arbeitslosigkeit bzw. unsichere Beschäftigungsverhältnisse mündet.

Obwohl die Wahrscheinlichkeit eines solchen sich selbst verstärkenden negativen Prozesses hoch ist, darf aber auch hier – ähnlich dem Schulabschluss – kein Automatismus unterstellt werden.

Tabelle 6.3.2.6 stellt aus diesem Grund den Zusammenhang zwischen beruflicher Ausbildung in Bezug zum Erwerbsstatus, zum Arbeitslosengeld/-hilfe, zur Sozialhilfe, zur Arbeitsplatzsicherheit, zum Einkommen, zur Erwerbstätigkeit sowie zur finanziellen Situation dar.

Tabelle 6.3.2.6: Berufsausbildung nach ausgewählten Merkmalen (Angaben in Prozent)

	Keine	Lehre	Fachschule	UNI/FH	Sonstige	Insgesamt
Status						
Nicht erwerbstätig	17,2	7,1	6,3	5,0	6,6	7,8
Erwerbstätig	23,2	50,0	51,6	71,8	51,3	50,4
Hausfrau/-mann	22,7	16,5	18,0	10,0	9,2	16,2
Rentner/Pensionär	36,9	26,4	24,2	13,3	32,9	25,7
Arbeitslosengeld/-hilfe						
Ja	6,8	4,7	3,0	3,3	2,6	4,5
Nein	93,2	95,3	97,0	96,7	97,4	95,5
Sozialhilfe						
Ja	8,7	1,5	1,2	0,7	1,3	2,1
Nein	91,3	98,5	98,8	99,3	98,7	97,9
Arbeitsplatz						
Unsicher	28,3	17,3	14,3	13,6	23,8	17,0
Sicher	71,7	82,7	85,7	86,4	76,2	83,0
Aktuell Anspruch auf Sozialhilfe						
Ja	22,6	6,7	8,0	2,6	10,8	9,0
Nein	77,4	93,3	92,0	97,4	89,2	91,0
Einschätzung finanzielle Situation						
Sehr gut	4,8	12,5	12,3	24,5	8,2	13,2
Gut	41,6	47,5	53,6	50,7	42,5	47,9
Mittelmäßig	37,7	31,0	27,8	20,5	41,1	30,2
Schlecht	10,4	6,4	4,4	3,4	6,8	6,2
Sehr schlecht	5,6	2,6	2,0	1,0	1,4	2,6
Heute erwerbstätig						
Nein	36,7	12,5	8,4	7,5	9,1	12,7
Ja, VZ unbefristet	30,0	58,2	60,8	70,6	59,1	58,8
Ja, VZ befristet	10,0	3,4	1,4	2,6	2,3	3,5
Ja, TZ unbefristet	18,9	22,5	28,7	16,2	27,3	21,9
Ja, TZ befristet	4,4	3,4	0,7	3,1	2,3	3,1
Absolute Häufigkeit	282	1275	267	334	78	2236

VZ = Vollzeit, TZ = Teilzeit

Tabelle 6.3.2.6 verdeutlicht zahlreiche Übereinstimmungen zwischen der Gruppe der beruflich Nicht-Qualifizierten und denjenigen, die keinen Schulabschluss erworben haben: Auch die beruflich Nicht-Qualifizierten stellen den größten Anteil an den Nicht-Erwerbstätigen dar. Gleiches gilt für die Gruppe der Arbeitslosengeld/-hilfe- sowie die der Sozialhilfebezieherinnen und -bezieher.

Übereinstimmungen zeigen sich aber nicht nur hinsichtlich der bereits in Benachteiligungssituationen lebenden Personen, sondern auch in Bezug auf die bereits dargestellten Risikogruppen. Sowohl bezogen auf das Merkmal Arbeitsplatzsicherheit bzw. -unsicherheit wie auch auf die Einschätzung der finanziellen Situation und den derzeitigen Erwerbsstatus werden die starken negativen Beurteilungen deutlich. Diejenigen, die über keine berufliche Ausbildung verfügen, dominieren mit 22,6 % bei der Einschätzung nach einem aktuellen Anspruch auf Sozialhilfe sowie mit 28,3 % bei der Frage nach der derzeitigen Arbeitsplatzunsicherheit und bei der Beurteilung der derzeitigen finanziellen Situation als „schlecht“ oder „sehr schlecht“ (16 %).

Tabelle 6.3.2.7: Berufsausbildung nach ausgewählten Merkmalen (Angaben in Prozent)

	keine	Lehre	Fachschule	UNI/FH	Sonstige	Insgesamt
Geschlecht						
männlich	24,5	44,2	36,7	54,8	41,0	42,3
weiblich	75,5	55,8	63,3	45,2	59,0	57,7
Sozialraum						
Innenstadt	15,4	10,0	12,8	16,3	14,1	12,1
Nord	13,6	14,0	12,0	13,9	3,8	13,4
Miele	5,4	5,6	5,3	3,9	7,7	5,4
Sundern	7,5	7,9	9,0	7,8	7,7	8,0
Kattenstroth	14,3	14,8	14,7	16,6	10,3	14,8
Pavenstädt	9,6	9,7	10,2	8,7	7,7	9,5
Blankenhagen	6,8	3,9	3,4	2,1	6,4	4,0
Isselhorst	5,7	5,8	5,6	6,9	7,7	6,0
Avenwedde - Bhf	4,3	5,0	5,6	4,2	-	4,7
Friedrichsdorf	3,6	6,4	6,4	6,9	6,4	6,1
Avd. Mitte/West	4,6	8,4	9,4	6,6	6,4	7,7
Spexard	9,3	8,3	5,6	6,0	21,8	8,2
Nationalität						
Deutsche	86,8	96,9	98,1	97,0	88,5	95,5
Ausländer	13,2	3,1	1,9	3,0	11,5	4,5
Berufliche Stellung						
Arbeiter	74,5	33,7	15,1	2,4	26,5	30,1
Selbständige	9,1	6,4	8,6	15,3	16,2	8,5
Angestellte	16,4	56,1	71,0	43,4	48,5	52,5
Beamte	-	3,8	5,3	38,9	8,8	8,9
Wirtschaftsbereich						
Land-Forstwirtschaft	9,4	1,3	0,4	1,1	3,1	1,9
Energiewirtschaft	0,6	2,0	1,7	1,5	-	1,7
Verarbeitendes Gewerbe	38,4	31,9	25,1	11,9	24,6	28,6
Baugewerbe	2,5	5,9	4,3	3,7	6,2	5,1
Handel	17,6	18,9	13,6	5,2	9,2	15,9
Verkehrs- und Nachrichter	1,9	1,4	2,1	1,1	1,5	1,5
Kreditinstitute/Versich.	0,6	3,4	6,0	4,1	-	3,5
Dienstleist./freie Berufe	28,9	32,1	40,4	54,1	50,8	36,6
Org. ohne Erwerbszweck	-	1,1	2,1	6,3	3,1	1,9
Gebietskörperschaften	-	2,0	4,3	10,8	1,5	3,3
Absolute Häufigkeiten	282	1275	267	334	78	2236

Ähnlich der vorstehenden Analyse werden auch bezüglich der Hintergrundvariablen zahlreiche Übereinstimmungen zwischen der beruflichen und der schulischen Ausbildung sichtbar. Sie sind zusammenfassend in Tabelle 6.3.2.7 dargestellt.

Tabelle 6.3.2.7 spiegelt die hohen geschlechtsspezifischen Unterschiede bezogen auf die Gruppe der Nicht-Qualifizierten wider. Mit 75,5 % dominieren hier die weiblichen Befragten. Ein ähnlicher Trend lässt sich auch für die Nationalität der Befragten feststellen. So überwiegt zwar auch hier – wie bei den Schulabschlüssen – absolut gesehen die Gruppe der Deutschen, wenn es um das Nicht-Vorhandensein eines Berufsabschlusses geht. Relativ betrachtet ist der Anteil jedoch bei den ausländischen Bürgerinnen und Bürgern wesentlich größer.

Erwerbstätigkeit

Neben den Schulabschlüssen sowie der Berufsausbildung kommt dem Erwerbsstatus, also der zum Zeitpunkt der Befragung vorherrschenden Arbeitssituation der Personen, eine wichtige Bedeutung zu. Sie ermöglicht es nicht nur, als Hintergrundvariable verschiedene Themengebiete einer genaueren Analyse zu unterziehen, wie z. B. familienpolitischen Themen. Dem Faktor Erwerbstätigkeit kommt darüber hinaus bei der Bestimmung von Armut nach dem Lebenslagenansatz (Hauser et al. 1994) eine große Bedeutung zu, weil dieser Bereich in unserer Gesellschaft soziale Anerkennung und Prestige bestimmt.

Tabelle 6.3.2.8 stellt den Erwerbsstatus der Bevölkerung der Stadt Gütersloh auf der Grundlage der Befragungsergebnisse dar.

Mit 47,9 % bilden die Erwerbstätigen den größten Anteil der Bevölkerung in der Stadt Gütersloh. Rentnerinnen und Rentner sowie Pensionärinnen und Pensionäre bilden mit 24,2 % die zweitgrößte Gruppe, gefolgt von den Hausfrauen und Hausmännern mit 15,3 %. Der Anteil der nicht Erwerbstätigen beträgt 7,4 %, und 5,1 % der Befragten befinden sich in der Ausbildung.

Gut zwei Drittel (65,5 %) der Alleinerziehenden sind berufstätig. Ähnlich hohe Werte erzielen die nichtehelichen Lebensgemeinschaften (64,2 %) und die Verheirateten mit Kindern (58,1 %). Auffällig ist, dass jeder Zweite der Ledigen, die mit den Eltern leben, noch eine Ausbildung absolviert. Bei den Befragten in nicht ehelicher Lebensgemeinschaft ist jeweils jeder Zehnte in einer Ausbildung oder Rentnerin oder Rentner bzw. Pensionärin oder Pensionär.

Tabelle 6.3.2.8: Erwerbsstatus (Angaben in Prozent)

Lebensform	Nicht erwerbstätig	Erwerbstätig	Hausfrau/ Hausmann	Rentner/ Pensionär	In Ausbildung
Alleinlebende	7,4	42,7	2,3	44,3	3,3
Alleinerziehende	20,7	65,5	6,9	5,2	1,7
Verheiratet mit und ohne Kinder	6,1	48,9	21,9	22,4	0,7
Verheiratet mit Kindern	6,8	58,1	28,2	6,2	0,7
Verheiratet ohne Kinder	4,9	34,1	11,7	48,6	0,7
Nichteheliche Lebensgemeinschaft	7,3	64,2	7,9	10,6	0,7
Ledig mit Eltern oder mit Vater oder Mutter	15,7	32,7	-	1,3	50,3
Insgesamt	7,4	47,9	15,3	24,2	5,1
Absolute Häufigkeit	167	1065	344	546	116

Die 18-29-jährigen weisen mit 12,4 % die größte Erwerbslosenquote auf. Die beiden mittleren Altersgruppen (67,6 % bei den 45-59-jährigen und 65,7 % bei den 30- bis 44-jährigen) weisen dagegen die höchste Erwerbsquote auf. Bemerkenswert ist, dass der Anteil der Hausfrauen/-männer bei den 30-44-jährigen (Familienhaushalte) überdurchschnittlich hoch ist. 86,2 % der 60-jährigen und älteren sind Rentnerinnen oder Rentner bzw. Pensionärinnen oder Pensionäre.

Berufliche Stellung

Im Fragebogen wurde die berufliche Stellung nach den geläufigen Kategorien: Arbeiterinnen oder Arbeiter, Angestellte, Beamtinnen oder Beamte sowie Selbständige erhoben. Die Ergebnisse bildet Tabelle 6.3.2.9 ab.

Tabelle 6.3.2.9: Berufliche Stellung (Angaben in Prozent)

Lebensform	Arbeiter	Selbständige	Angestellte	Beamte
Alleinlebende	30,9	9,7	51,3	8,6
Alleinerziehende	34,0	7,5	50,9	7,5
Verheiratet mit und ohne Kinder	29,4	8,0	53,0	9,6
Verheiratet mit Kindern	27,7	7,8	55,0	9,0
Verheiratet ohne Kinder	32,1	8,3	49,1	10,6
Nichteheliche Lebensgemeinschaft	26,0	9,4	59,1	5,5
Ledig mit Eltern oder mit Vater oder Mutter	45,9	8,2	39,2	6,6
Insgesamt	30,6	8,3	52,3	8,8
Absolute Häufigkeit	608	169	1051	179

Mehr als jede(r) zweite in der Stadt Gütersloh Erwerbstätige ist Angestellte oder Angestellter.

Mit deutlichem Abstand folgen dann die Arbeiterinnen und Arbeiter (30,6 %). Beamtinnen und Beamte sowie Selbstständige sind mit 8,8 respektive 8,3 % vertreten.

Frauen sind vor allem als Angestellte (62,2 %) tätig. Zwar ist der Anteil der männlichen Befragten bei den Angestellten mit 39,2 % ebenfalls hoch. Er ist aber nur geringfügig höher als der Anteil der Arbeiterinnen und Arbeiter. Bei den Beamtinnen und Beamten dominieren die männlichen Befragten (13,1 %) deutlich gegenüber den weiblichen (5,4 %).

Vollzeit und Teilzeitbeschäftigung

Die Beschäftigungsstrukturen „Vollzeit-“ und „Teilzeitbeschäftigung“ wurden in der Studie anhand der Frage: „Sind Sie heute erwerbstätig?“ durch die Merkmalsausprägungen „unbefristet“ und „befristet“ untersucht. Ziel dieser Frageformulierung war es, ähnlich der Frage nach der Stellung im Beruf mit der Ermittlung von Beschäftigungsstrukturen bildungsökonomische und bildungssoziologische Fragestellungen zu analysieren. Tabelle 6.3.2.10 zeigt hierzu eine Auswertung nach „Vollzeit“- oder „Teilzeit“-Beschäftigten differenziert nach der Lebensform.

Tabelle 6.3.2.10: Vollzeit und Teilzeitbeschäftigung (Angaben in Prozent)

	Art der Erwerbstätigkeit				
Lebensform	**Nein**	**VZ unbefristet**	**VZ befristet**	**TZ unbefristet**	**TZ befristet**
Alleinlebende	54,5	41,2	1,1	2,1	1,1
Alleinerziehende	28,1	26,3	7,0	35,1	3,5
Verheiratet mit und ohne Kinder	47,7	31,1	1,3	17,3	2,5
Verheiratet mit Kindern	37,5	34,9	1,5	22,8	3,3
Verheiratet ohne Kinder	64,3	25,0	1,1	8,3	1,3
Nichteheliche Lebensgemeinschaft	26,1	55,2	4,5	11,9	2,2
Ledig mit Eltern oder mit Vater oder Mutter	31,2	48,1	14,3	5,2	1,3
Insgesamt	46,7	34,7	2,2	14,1	2,2
Absolute Häufigkeit	982	720	44	298	46

46,7 % der Befragten geben an, nicht erwerbstätig zu sein. Mehr als ein Drittel (34,7 %) sind Vollzeit unbefristet beschäftigt. 14,1 %, also etwa jeder Siebte, geht einer unbefristen Teilzeitbeschäftigung nach. Die Beschäftigungsformen „Vollzeit befristet“ sowie „Teilzeit befristet“ spielen mit jeweils 2,2 % für alle Befragten eine untergeordnete Rolle.

Die Untergliederung nach Haushaltstypen verdeutlicht, dass bei der Gruppe der Verheirateten mit Kindern 37,5 % nicht erwerbstätig, 34,9 % Vollzeit unbefristet beschäftigt und 22,8 % Teilzeit unbefristet beschäftigt sind. Das deutet darauf hin, dass hier offenbar geschlechtsspezifische Mechanismen wirken.

Ambivalent zeigt sich die Beschäftigungsstruktur bei den Alleinlebenden und bei den Alleinerziehenden. Bei den allein Lebenden sind zum einen mehr als die Hälfte auf Grund des Alters nicht mehr erwerbstätig, zum anderen gehen die jüngeren Singles einer unbefristeten Vollzeitbeschäftigung nach.

Mehr als jeder Dritte (35,1 %) Alleinerziehende übt einen „Teilzeitjob" aus. Lediglich ein Viertel (26,3 %) ist Vollzeit unbefristet beschäftigt. Sowohl die befristete Vollzeit- als auch befristete Teilzeittätigkeit ist mit 7,0 % sowie 3,5 % über dem Durchschnitt angesiedelt.

Nach Altersgruppen differenziert wird deutlich, dass insbesondere in der Altersklasse der 30-44-jährigen (Familienhaushalte) die Teilzeitbeschäftigung (22,8 %) dominiert. Mit 18,4 % fällt die Quote in der nächsten Altersklasse etwas niedriger aus. Von den jungen Erwachsenen weist jeder Zweite einen Vollzeitarbeitsplatz auf. Jeder Zehnte der jungen Erwachsenen gibt jedoch an, nur einen befristeten Vollzeitarbeitsplatz zu haben.

Jede zweite Frau (54,3 %) ist nicht erwerbstätig, 23,0 % der Frauen sind unbefristet teilzeitbeschäftigt und 3 % befristet teilzeitbeschäftigt. Männer sind zu 57,1 % Vollzeit unbefristet beschäftigt gegenüber 18,3 % bei den Frauen.

6.3.2.3 Ermittlung von Armutsschwellen im Bereich Arbeit

Die Entwicklung des Arbeitsmarktes war 1987 und 1998 das beherrschende Thema der Bundestagswahlkämpfe. Umfragen ergaben, dass schon für die Jugendlichen der Verlust des Arbeitsplatzes bzw. der Nicht-Erhalt eines Ausbildungsplatzes die größte Sorge darstellte (Jugendwerk der dt. Shell 1997) und noch immer darstellt (Jugendwerk der dt. Shell 2000).

Laut den Angaben der Bundesanstalt für Arbeit waren zur Jahreswende 1997/98 4.521.600 Menschen als arbeitslos gemeldet. Von November bis Dezember nahm die Zahl der Arbeitslosen um ca. 200.000 Personen zu. Damit stieg zum Zeitpunkt der Befragung die Arbeitslosigkeit in der Bundesrepublik mit unvermindertem Tempo. Hinzu kamen zum Stichtag der Befragung weitere 1,95 Millionen verdeckte Arbeitslose. Dieser Personenkreis musste ungewollt Kurzarbeit leisten, nahm an Arbeitsbeschaffungsmaßnahmen teil, befand sich in Umschulungsmaßnahmen oder im Vorruhestand. Danach waren im Jahre 1997 rd. 6,34 Millionen Menschen in der Bundesrepublik ohne Arbeit. Mit anderen Worten: Jeder sechste (rd. 16 %) Arbeitsfähige und -willige konnte am Erwerbsleben nicht partizipieren (Bundesministerium für Arbeit und Sozialordnung 2001).

Besonders hoch war im Jahre 1997 mit 20,5 % die Arbeitslosenquote bei den Ausländerinnen und Ausländern. Als dramatisch wurde zudem die Lage insbesondere bei den Langzeitarbeitslosen angesehen: Mehr als 1,5 Millionen Frauen und Männerwaren über ein Jahr als erwerbslos gemeldet.

Vor dem Hintergrund dieser Entwicklung wurde im Rahmen des Projekts „Kommunale Armutsstrukturen am Beispiel der Stadt Gütersloh“ versucht, auch für die Stadt Gütersloh Armutsschwellen hinsichtlich des Faktors Arbeit bzw. Erwerbstätigkeit zu identifizieren. Zu diesem Zweck beinhaltete der Fragebogen eine Reihe von Fragen zur Erwerbstätigkeit, deren Ergebnisse in den nachfolgenden Tabellen ausgewiesen sind.

Erwerbstätigkeit

Tabelle 6.3.2.11 zeigt deutlich, dass die „Nicht Erwerbstätigen“ in Kombination mit anderen Merkmalen (Bezug von Sozialhilfe, subjektiver Anspruch auf Sozialhilfe, Einschätzung der eigenen finanziellen Situation) erheblich mehr Armutsrisiken aufweisen als alle anderen Statusgruppen.

Tabelle 6.3.2.11: Erwerbsstatus nach ausgewählten Merkmalen (Angaben in Prozent)

	Nicht erwerbs-tätig	Erwerbs-tätig	Hausfrau/-mann	Rentner/ Pensionäre	Insgesamt
Sozialhilfe					
Ja	13,3	1,1	2,6	0,7	2,2
Nein	86,7	98,9	97,4	99,3	97,8
Anspruch auf Sozialhilfe					
Ja	30,0	5,0	8,3	6,8	9,0
Nein	70,0	95,0	91,7	93,2	91,0
Finanzielle Situation					
Sehr gut	8,4	14,7	10,7	12,9	13,1
Gut	29,9	46,0	47,5	57,1	47,8
Mittelmäßig	35,3	31,9	30,9	25,0	30,2
Schlecht	15,6	5,3	7,7	3,9	6,1
Sehr schlecht	10,8	2,1	3,3	1,1	2,7
Absolute Häufigkeit	167	1065	344	546	116

13,3 % der „Nicht Erwerbstätigen“ sind Sozialhilfeempfänger. Bei den anderen Statusgruppen ist diese Quote deutlich niedriger: Erwerbstätige (1,1 %), Hausfrauen/-männer (2,6 %) und Rentner (0,7 %) beziehen nur zu einem verschwindend geringen Anteil Hilfe zum Lebensunterhalt.

Tabelle 6.3.2.12: Erwerbsstatus nach ausgewählten Merkmalen (Angaben in Prozent)

	Nicht erwerbstätig	Erwerbstätig	Hausfrau/ Hausmann	Rentner/ Pensionäre	Insgesamt
Geschlecht					
Männlich	31,1	51,6	2,3	49,6	41,5
Weiblich	68,9	48,4	97,7	50,4	58,5
Sozialraum					
Innenstadt	18,0	11,8	12,5	11,5	12,3
Nord	13,2	10,2	15,1	18,5	13,4
Miele	1,8	5,5	4,9	6,4	5,3
Sundern	13,8	6,3	9,0	7,1	7,6
Kattenstroth	13,8	15,6	13,7	14,3	14,8
Pavenstädt	8,4	8,5	11,0	11,2	9,6
Blankenhagen	3,6	3,7	4,4	4,9	4,1
Isselhorst	7,2	5,7	4,9	6,4	5,9
Avenwedde	5,4	5,7	4,4	3,1	4,8
Friedrichsdorf	4,8	7,2	4,7	5,3	6,1
Avd. Mitte/West	4,2	10,6	8,1	4,0	8,0
Spexard	6,0	9,4	7,3	7,1	8,2
Nationalität					
Deutsche	88,0	95,5	93,0	99,3	95,5
Ausländer	12,0	4,5	7,0	0,7	4,5
Berufliche Stellung					
Arbeiter	42,2	25,3	30,0	37,0	30,2
Selbständige	8,1	11,0	2,7	6,8	8,5
Angestellte	46,7	53,9	63,1	45,0	52,4
Beamte	3,0	9,9	4,1	11,2	8,9
Alter					
18-29 Jahre	25,6	13,9	11,1	0,2	10,8
30-44 Jahre	38,4	48,2	49,6	0,9	35,5
45-59 Jahre	28,0	34,7	30,3	8,3	26,6
60 Jahre und älter	7,9	3,2	9,0	90,6	27,0
Absolute Häufigkeit	167	1065	344	546	116

Entsprechend stellt sich die finanzielle Situation der „Nicht Erwerbstätigen" im Vergleich mit den anderen Gruppen dar: Mehr als ein Viertel (26,4 %) der Erwerbslosen beurteilen ihre finanzielle Situation als „schlecht" bzw. „sehr schlecht" gegenüber 7,4 % der Erwerbstätigen. Darüber hinaus meinen drei von zehn der „Nicht Erwerbstätigen", dass sie aktuell einen Anspruch auf Sozialhilfe haben.

Um die Situation der „Nicht Erwerbstätigen" genauer beschreiben zu können, wurden eine Reihe von Hintergrundvariablen einbezogen, die in Tabelle 6.3.2.12 ausgewiesen sind.

Mehr als zwei Drittel (68,9 %) der „Nicht Erwerbstätigen" sind Frauen. Nach Sozialräumen differenziert konzentrieren sich die Erwerbslosen vornehmlich in den Sozialräumen Innenstadt (18,0 %), Sundern und Kattenstroth mit jeweils 13,8 %. Unterdurchschnittlich sind die Quoten in den Sozialräumen Avenwedde Mitte/West (4,2 %) und Friedrichsdorf (4,8 %).

Verglichen mit dem Anteil an der Gesamtbevölkerung ist die Quote der Ausländerinnen und Ausländer bei den „Nicht Erwerbstätigen" überdurchschnittlich hoch (12,0 %): Mehr als jeder Zehnte der „Nicht Erwerbstätigen" ist Ausländerin oder Ausländer bei einem Anteil von 4,5 % an allen Befragten.

Die Analyse der „Nicht Erwerbstätigen" nach der Stellung im Beruf zeigt deutlich, dass die Arbeiterinnen und Arbeiter (42,2 %) die größte Gruppe darstellen. Darüber hinaus wird deutlich, dass jeder Vierte (25,6 %) der „Nicht Erwerbstätigen" der Altersklasse der 18-29-jährigen angehört: Insgesamt ist diese Altersklasse in der Untersuchung mit einem Anteil von 10,8 % vertreten.

Art der Beschäftigung

Neben dem Erwerbsstatus sind weitere Faktoren relevant, die die Art der Beschäftigung widerspiegeln („Vollzeit unbefristet", „Vollzeit befristet", „Teilzeit unbefristet" sowie „Teilzeit befristet"). Zudem wurde die Einschätzung der Sicherheit des Arbeitsplatzes in die Analyse einbezogen. In Tabelle 6.3.2.13 sind hierzu die prozentualen Anteile der Befragten nach der Art ihrer Beschäftigung sowie nach ausgewählten Merkmalen dargestellt.

Tabelle 6.3.2.13 zeigt, dass in der Gruppe der Erwerbstätigen 9,1 % der Befragten in befristeten Vollzeitstellen Sozialhilfe beziehen gegenüber 0,9 % aller Erwerbstätigen. Analog hierzu beurteilen insbesondere Beschäftigte in befristeten Positionen ihre finanzielle Lage als „schlecht" (14,0 %). Zum Vergleich: Bei den Befragten in unbefristeten Arbeitsverhältnissen ist der Anteil derjenigen nur halb so hoch (6,8 %), die ihre finanzielle Situation als „schlecht" oder „sehr schlecht" einstufen. Ein Anteil von 7,7 % der Befragten mit befristeten Vollzeitstellen schätzt, aktuell einen Anspruch auf Sozialhilfe zu haben – gegenüber 3,9 % aller Erwerbstätigen.

Tabelle 6.3.2.13: Art der Beschäftigung nach ausgewählten Merkmalen (Angaben in Prozent)

	Vollzeit unbefristet	Vollzeit befristet	Teilzeit unbefristet	Teilzeit befristet	Insgesamt
Sozialhilfe					
ja	0,1	9,1	1,3	2,2	0,9
nein	99,1	90,9	98,7	97,8	99,1
Anspruch auf Sozialhilfe					
Ja	3,2	7,7	4,8	4,8	3,9
Nein	96,8	92,3	95,2	95,2	96,1
Finanzielle Situation					
Sehr gut	14,8	9,3	14,2	15,2	14,4
Gut	45,6	30,2	51,4	39,1	46,3
Mittelmäßig	32,9	46,5	27,4	32,6	31,9
Schlecht	5,1	14,0	5,1	8,7	5,6
Sehr schlecht	1,7	-	2,0	4,3	1,8
Absolute Häufigkeiten	720	44	298	46	1908

Eine Analyse der Beschäftigungsart („Vollzeit unbefristet", „Vollzeit befristet", „Teilzeit unbefristet" sowie „Teilzeit befristet") mit Hintergrundvariablen liefert Tabelle 6.3.2.14.

Insbesondere Frauen sind in Teilzeitstellen beschäftigt. 94,5 % der unbefristeten und 78,4 % der befristeten Teilzeitstellen sind mit Frauen besetzt.

Gemessen an ihrem Anteil an der Gesamtbevölkerung ist der Anteil der Ausländerinnen und Ausländer bei den befristeten Vollzeitstellen überdurchschnittlich hoch. Er beträgt 23,8 %. Darüber hinaus bilden die Arbeiterinnen und Arbeiter (46,3 %) das Gros der befristeten Vollzeitstellen. Mehr als vier von zehn dieser Stellen werden von der Altersgruppe der 18-29-jährigen besetzt. Angesiedelt sind die befristeten Arbeitsplätze vor allem in den Wirtschaftsbereichen „Verarbeitendes Gewerbe" (39,5 %), und im „Dienstleistungsbereich" (39,5 %).

Die Differenzierung nach Sozialräumen zeigt, dass vor allem in Spexard (21,4 %), Kattenstroth und Pavenstädt (jeweils 19,0 %) der Anteil der befristeten Vollzeitstellen überdurchschnittlich hoch ist. Im Vergleich hierzu ist die Quote in den Sozialräumen Isselhorst, Avenwedde Bhf. und Friedrichsdorf niedrig.

Tabelle 6.3.2.14: Art der Beschäftigung nach ausgewählten Merkmalen (Angaben in Prozent)

	Vollzeit unbefristet	Vollzeit Befristet	Teilzeit unbefristet	Teilzeit Befristet	Insgesamt
Geschlecht					
Männlich	69,8	64,3	5,6	21,6	48,9
Weiblich	30,2	35,7	94,4	78,4	51,1
Sozialraum					
Innenstadt	12,9	9,5	9,8	10,8	12,6
Nord	11,6	2,4	7,9	16,2	10,5
Miele	5,5	7,1	4,1	8,1	4,9
Sundern	6,5	4,8	6,8	2,7	7,4
Kattenstroth	14,7	19,0	16,9	10,8	15,5
Pavenstädt	7,5	19,0	10,5	-	8,4
Blankenhagen	2,8	7,1	3,4	16,2	3,7
Isselhorst	5,9	2,4	5,3	5,4	5,8
Avenwedde	5,5	2,4	6,0	8,1	5,5
Friedrichsdorf	7,6	2,4	7,1	10,8	6,9
Avd. Mitte/West	10,7	2,4	12,0	8,1	9,8
Spexard	8,8	21,4	10,2	2,7	9,0
Nationalität					
Deutsche	95,5	76,2	98,9	97,3	94,6
Ausländer	4,5	23,8	1,1	2,7	5,4
Berufliche Stellung					
Arbeiter	28,7	46,3	11,5	35,1	27,2
Selbständige	11,5	12,2	9,2	5,4	10,4
Angestellte	46,7	41,5	75,5	56,8	53,4
Beamte	13,1	-	3,8	2,7	9,0
Alter					
18-29 Jahre	25,6	13,9	11,1	0,2	10,8
30-44 Jahre	38,4	48,2	49,6	0,9	35,5
45-59 Jahre	28,0	34,7	30,3	8,3	26,6
60 Jahre und älter	7,9	3,2	9,0	90,6	27,0
Wirtschaftsbereich					
Land-, Forstwirtschaft	1,0	-	-	-	0,9
Energiewirtschaft	2,5	5,3	0,4	-	2,0
Verarb. Gewerbe	31,0	39,5	10,8	31,4	26,9
Baugewerbe	6,7	5,3	2,4	2,9	5,7
Handel	12,2	10,5	21,5	14,3	14,8
Verkehr/Nachrichten	1,9	-	-	-	1,2
Kreditwesen	3,4	-	5,2	-	3,8
Dienstl./freie Berufe	34,1	39,5	55,4	48,6	38,7
Org. o. Erwerbszweck	2,7	-	1,6	2,9	2,2
Gebietskörperschaften	4,5	-	2,8	-	3,7
Absolute Häufigkeit	720	44	298	46	1908

Sicherheit des Arbeitsplatzes

Neben den befristeten Arbeitsverhältnissen ist insbesondere die Einschätzung der Sicherheit des Arbeitsplatzes für die Ermittlung von Armutsschwellen im Bereich der Erwerbstätigkeit von Bedeutung. Hierzu zeigt Tabelle 6.3.2.15 die Ergebnisse.

Tabelle 6.3.2.15: Sicherheit des Arbeitsplatzes nach ausgewählten Merkmalen (Angaben in Prozent)

	Arbeitsplatz unsicher	Arbeitsplatz sicher	Insgesamt
Sozialhilfe			
Ja	2,1	0,7	0,9
Nein	97,9	99,3	99,1
Anspruch auf Sozialhilfe			
Ja	5,7	3,6	4,1
Nein	94,9	96,4	95,9
Finanzielle Situation			
Sehr gut	10,6	15,2	14,4
Gut	33,3	48,7	46,0
Mittelmäßig	44,4	23,6	32,2
Schlecht	9,5	4,7	5,5
Sehr schlecht	2,1	1,8	1,8
Absolute Häufigkeit	191	922	1113

Die Befragten, die ihren Arbeitsplatz als „unsicher" bezeichnen, beziehen zu 2,1 % Sozialhilfe gegenüber einem Anteil von 0,7 % der Erwerbstätigen, die ihre Arbeitsstelle als „sicher" bezeichnen. Darüber hinaus beurteilt mehr als jeder Zehnte (11,6 %) derjenigen, die einen unsicheren Arbeitsplatz innehaben, die eigene finanzielle Lage als „schlecht" bzw. „sehr schlecht". Zum Vergleich: Bei Erwerbstätigen mit einem sicheren Arbeitsplatz sind es lediglich 6,5 %. Entsprechend fällt auch die subjektive Einschätzung hinsichtlich des aktuellen Anspruchs auf Sozialhilfe aus: 5,7 % der Befragten mit einem unsicheren Arbeitsplatz bezeichnen sich als sozialhilfeberechtigt gegenüber 3,6 % der Befragten mit einem sicheren Arbeitsplatz.

In Tabelle 6.3.2.16 wird die Einschätzung der „Sicherheit" bzw. „Unsicherheit" des Arbeitsplatzes mit relevanten Hintergrundvariablen in Beziehung gesetzt. Die Befragten, die ihrer Einschätzung nach über einen „unsicheren" Arbeitsplatz verfügen, rekrutieren sich überdurchschnittlich aus der Gruppe der Arbeiterinnen und Arbeiter. Hier beträgt der Anteil 42,9 %. Gleiches gilt mit 19,8 % für die Altersklasse der 18-29-jährigen. Betrachtet man die Ergebnisse nach den für das Gebiet der Stadt Gütersloh gebildeten Sozialräumen, so zeigt sich, dass die größte Gruppe derjenigen, die angibt, über einen „unsicheren" Arbeitsplatz zu verfügen, mit 15,7 % aus Kattenstroth stammt.

Tabelle 6.3.2.16: Sicherheit des Arbeitsplatzes nach ausgewählten Merkmalen (Angaben in Prozent)

	Arbeitsplatz unsicher	Arbeitsplatz sicher	Insgesamt
Geschlecht			
Männlich	53,4	51,1	51,5
Weiblich	46,6	48,9	48,5
Sozialraum			
Innenstadt	15,2	11,1	11,8
Nord	7,3	11,1	10,4
Miele	6,7	5,2	5,5
Sundern	3,4	6,8	6,3
Kattenstroth	15,7	15,4	15,5
Pavenstädt	8,4	8,3	8,3
Blankenhagen	5,6	3,2	3,6
Isselhorst	3,9	6,0	5,7
Avenwedde	9,0	4,9	5,6
Friedrichsdorf	7,3	7,4	7,4
Avd. Mitte/West	6,7	11,4	10,6
Spexard	10,7	9,1	9,4
Nationalität			
Deutsche	93,8	95,9	95,6
Ausländer	6,2	4,1	4,4
Berufliche Stellung			
Arbeiter	42,9	21,7	25,3
Selbstständige	11,4	10,6	10,7
Angestellte	42,3	56,3	53,9
Beamte	3,4	11,4	10,1
Alter			
18-29 Jahre	19,8	13,1	14,2
30-44 Jahre	38,4	50,0	48,1
45-59 Jahre	39,5	34,1	35,0
60 Jahre und älter	2,8	2,8	2,7
Wirtschaftsbereich			
Land-, Forstwirtschaft	2,5	0,4	0,7
Energiewirtschaft	0,6	2,2	1,9
Verarb. Gewerbe	35,8	24,4	26,3
Baugewerbe	6,8	5,1	5,4
Handel	9,9	15,6	14,6
Verkehr/Nachrichten	0,6	1,4	1,3
Kreditwesen	2,5	3,7	3,5
Dienstl./freie Berufe	39,5	40,4	40,3
Org. o. Erwerbszweck	-	-	-
Gebietskörperschaften	1,9	4,1	3,7
Absolute Häufigkeit	191	922	1113

6.3.2.4 Der Bereich des Wohnens und der Wohnraumversorgung

Einen besonderen Stellenwert in der Befragung nahm die Wohnsituation der Bevölkerung in der Stadt Gütersloh ein. Insbesondere im Lebenslagenkonzept und im Deprivationsansatz bildet der Aspekt des Wohnens und der Wohnraumversorgung einen bedeutsamen Faktor (Hanesch et al. 1994, Andreß 1999): So entscheidet der Wohnraum unter anderem maßgeblich darüber, wie stark sich eine Person an gesellschaftlichen und kulturellen Prozessen beteiligen kann.

Die Einkommens- und Verbrauchsstichprobe aus dem Jahr 1993 ermittelte, dass 45 % der Haushalte im eigenen Haus oder in der eigenen Wohnung leben. Mit zunehmender Haushaltsgröße steigt die Eigentumsquote. In den alten Bundesländern beträgt die Eigentumsquote bei Haushalten mit zwei Personen annähernd 50 % und steigt bei den Haushalten mit 4 bzw. 5 und mehr Personen auf über 60 % an (Klocke, Hurrelmann & Palentien 1997).

Mieterinnen und Mieter/Wohneigentum

Um zunächst einen Überblick darüber zu erhalten, wie sich die Situation im Bereich des Wohnens in der Stadt Gütersloh zum Zeitpunkt der Befragung in der Stadt Gütersloh darstellt, weist Tabelle 6.3.2.17 den Anteil der Mieterinnen und Mieter sowie der Wohneigentümerinnen und -eigentümer nach Haushaltsformen aus.

Tabelle 6.3.2.17: Mieterinnen und Mieter/Wohneigentümerinnen und Wohneigentümer (Angaben in Prozent)

Lebensform	Wohneigentümerinnen und Wohneigentümer	Mieterinnen und Mieter
Alleinlebende	36,5	63,5
Alleinerziehende	24,1	75,9
Verheiratet mit und ohne Kinder	68,4	31,6
Verheiratet mit Kindern	64,2	35,8
Verheiratet ohne Kinder	75,2	24,8
Nichteheliche Lebensgemeinschaft	36,2	63,8
Ledig mit Eltern oder mit Vater oder Mutter	60,5	39,5
Insgesamt	58,4	41,6
Absolute Häufigkeit	1314	925

Aufgeschlüsselt nach Haushaltstypen wird ersichtlich, dass insbesondere allein Erziehende mit 75,9 %, Personen in nichtehelichen Lebensgemeinschaften mit 63,8 % und Alleinlebende mit 63,5 % zur Miete wohnen. Die Wohneigentumsquote ist besonders hoch bei Verheirateten ohne Kinder – mit 75,2 % – und Verheirateten mit Kindern – mit 64,2 %.

Tabelle 6.3.2.18: Mieterinnen und Mieter/Wohneigentümerinnen und -eigentümer nach Haushaltsgröße und Sozialraum (Angaben in Prozent)

Haushaltsgröße	**Wohneigentümerinnen und Wohneigentümer**	**Mieterinnen und Mieter**
1 Person	36,5	63,5
2 Personen	64,5	35,5
3 Personen	55,7	44,3
4 Personen	67,2	32,8
5 Personen	64,0	36,0
Insgesamt	58,4	41,6
Sozialraum		
Innenstadt	32,5	67,5
Nord	54,6	45,4
Miele	57,0	43,0
Sundern	58,4	41,6
Kattenstroth	62,3	37,7
Pavenstädt	51,6	48,4
Blankenhagen	64,8	35,2
Isselhorst	59,9	40,1
Avenwedde-Bhf	77,8	22,2
Friedrichsdorf	81,9	18,1
Avenwedde Mitte/West	71,8	28,2
Spexard	60,7	39,3
Insgesamt	58,4	41,6
Absolute Häufigkeit	1314	925

Tabelle 6.3.2.18 weist den Anteil der Mieterinnen und Mieter sowie der Wohneigentümerinnen und Wohneigentümer nach der Haushaltsgröße und Sozialraum differenziert aus.

Die Analyse nach Haushaltsgröße und Sozialräumen zeigt, dass die ermittelten Wohneigentumsquoten in der Stadt Gütersloh den Trend für die alten Bundesländer widerspiegeln, den die Daten der Einkommens- und Verbraucherstudie aus dem Jahre 1993 abbilden. Bei Einpersonenhaushalten beträgt der Anteil der Eigentümerinnen und Eigentümer 36,5 %, bei den Zweipersonenhaushalten sind es 64,5 %. Mit Ausnahme der Haushalte mit drei Personen (55,7 %) liegt die Quote bei den Mehrpersonenhaushalten jeweils über 60 %.

Aufgeschlüsselt nach Sozialräumen kann festgestellt werden, dass zwei Drittel (67,5 %) der Befragten in der Innenstadt zur Miete wohnen. In allen anderen Sozialräumen überwiegt die Gruppe der Eigentümerinnen und Eigentümer. Besonders hohe Werte erreichen die Sozialräume Friedrichsdorf (81,9 %), Avenwedde-Bahnhof (77,8 %) und Avenwedde Mitte/West (71,8 %).

Zusätzliche Auswertungen zeigen darüber hinaus, dass mit dem Alter die Quote der Wohneigentümerinnen und -eigentümer stetig zunimmt. Der Anteil steigt von 33,7 % bei den jungen Erwachsenen über 52,4 % bei den 30-44-jährigen sowie 72,6 % in der Altersgruppe der 45-59-jährigen und ist bei den Seniorinnen und Senioren (68,9 %) etwas rückläufig.

6.3.2.5 Ermittlung von Armutsschwellen im Bereich des Wohnens und der Wohnraumversorgung

Ähnlich den Bereichen Erwerbstätigkeit und Bildung/Ausbildung gilt es auch für die Ermittlung von Armutsschwellen im Bereich des Wohnens und der Wohnraumversorgung, eine Verbindung dieser Faktoren mit Kontextvariablen herzustellen. So können die geringe Größe einer Wohnung sowie hohe finanzielle Aufwendungen für das Wohnen als Armutsrisikofaktoren bezeichnet werden. Für die Bewertung bedarf es aber immer auch einer Einordnung beider Faktoren hinsichtlich der Haushaltsgröße und der Höhe des Einkommens.

Sowohl die Größe der Wohnung als auch die Kosten für das Wohnen wurden in der Erhebung berücksichtigt. Die Ergebnisse zu diesen Fragenkomplexen werden im Folgenden zunächst deskriptiv und dann analysierend dargestellt. Die Betrachtung erfolgt für Mieterinnen und Mieter sowie Wohneigentümerinnen und Wohneigentümer getrennt.

Durchschnittliche Wohnraumgröße

Tabelle 6.3.2.19 zeigt zunächst die Ergebnisse hinsichtlich der Wohnraumgröße bezogen auf die Lebensform der Befragten.

Betrachtet man zunächst den Gesamtmittelwert aus Tabelle 6.3.2.19, so wird deutlich, dass die durchschnittliche Mietwohnungsgröße in der Stadt Gütersloh 81 m² beträgt. Auffallend ist hierbei eine relativ große Streuung: Die kleinste Wohnung beläuft sich auf 20 m², die größte Wohnung ist 350 m² groß.

Tabelle 6.3.2.19: Wohnungsgröße in Quadratmeter nach Lebensformen

a) Mieterinnen und Mieter (N = 906)

	Mittelwert	Minimum	Maximum
Alleinlebende	62	20	180
Alleinerziehende	77	40	140
Verheiratete mit Kindern	94	25	350
Verheiratete ohne Kinder	81	45	140
Nichteheliche Lebensgemeinschaften	82	36	240
Ledige mit Eltern	93	80	110
Insgesamt	81	20	350

b) Wohneigentümerinnen und -eigentümer (N = 1264)

	Mittelwert	Minimum	Maximum
Alleinlebende	93	15	250
Alleinerziehende	109	60	210
Verheiratete mit Kindern	128	50	300
Verheiratete ohne Kinder	115	34	300
Nichteheliche Lebensgemeinschaften	106	15	170
Ledige mit Eltern	123	40	300
Insgesamt	119	15	300

Bezieht man in die Betrachtung auch diejenigen Bürgerinnen und Bürger ein, die Eigentümerinnen und Eigentümer von Wohnungen bzw. Häusern sind, wird deutlich, dass die Wohnsituation in der Stadt Gütersloh als komfortabel bezeichnet werden kann. Die durchschnittliche Wohnraumgröße erhöht sich gegenüber der durchschnittlichen Mietwohnungsgröße und beträgt 118 m².

Je nach Lebensform variiert die Größe des zur Verfügung stehenden Wohnraums. So verfügen die Alleinlebenden – mit 62 m² – über den geringsten Wohnraum. In den größten Mietwohnungen wohnen mit 103 bzw. 107 m² sowohl Alleinerziehende wie auch Verheiratete mit drei Kindern.

Ähnlich den Gesamtmittelwerten kann auch bezogen auf die nach allen Lebensformen getrennten Werte noch ein Anstieg festgestellt werden, wenn das Haus oder die Wohnung käuflich erworben wurde: Die Durchschnittsgröße wird in diesem Fall von den Verheirateten mit 3 und von den Alleinerziehenden mit 3 Kindern weit überschritten (vgl. Tabelle 6.3.2.20.) Für beide Gruppen muss jedoch die geringe Fallzahl in der Erhebung berücksichtigt werden.

Wohnraumgröße nach Personen

Aussagekräftig ist die Größe einer Wohnung vor allem dann, wenn man die zur Verfügung stehende Fläche in Relation zur Haushaltsgröße betrachtet. Die Ergebnisse dieser Analyse sind in Tabelle 6.3.2.20 angeführt.

Bezieht man die Zahl der Personen, die in einem Haushalt leben, in die Berechnung mit ein, dann relativieren sich die auf den ersten Blick komfortablen Wohnungsgrößen. Während der Wert für die Alleinlebenden konstant bleibt, verändert sich insbesondere der zur Verfügung stehende Wohnraum kinderreicher Familien: Reduziert sich die durchschnittliche Pro-Kopf-Quadratmeterzahl bei den Verheirateten mit 4 Kindern bereits auf 16,3 m², so müssen die Verheirateten mit 5 Kindern eine Einschränkung auf gar 10,5 m² pro Person hinnehmen. Die Durchschnittswohngröße bei den Ledigen mit Eltern mit 5 Personen beträgt 18,5 m² pro Person.

Tabelle 6.3.2.20: Wohnungsgröße nach Lebensformen und Anzahl der Personen im Haushalt

a) Mieterinnen und Mieter (N = 906)

	Mittelwert	m^2 pro Person	Minimum	Maximum
Alleinlebende	62	60	20	180
Alleinerziehend mit 1 Kind	74	37	40	104
Alleinerziehend mit 2 Kindern	69	34,5	40	86
Alleinerziehend mit 3 Kindern	103	34,3	70	140
Verheiratet mit 1 Kind	90	30	26	240
Verheiratet mit 2 Kindern	94	23,75	54	200
Verheiratet mit 3 Kindern	107	21,4	67	190
Verheiratet mit 4 Kindern	98	16,3	25	131
Verheiratet mit 5 Kindern	81	10,57	54	114
Verheiratet ohne Kinder	115	57,5	34	300
Nichteheliche Lebensgemeinschaften				
mit 1 Kind	89	29,6	54	160
mit 2 Kindern	91	22,75	57	200
Ledige mit Eltern 2 Personen	81	40,5	59	100
Ledige mit Eltern 3 Personen	84	28	53	
Ledige mit Eltern 4 Personen	100	26,25	67	150
Ledige mit Eltern 5 Personen	92,5	18,5	80	110

b) Wohneigentümerinnen und -eigentümer (N = 1264)

	Mittelwert	m^2 pro Person	Minimum	Maximum
Alleinlebende	93	93	15	250
Alleinerziehend mit 1 Kind	94	47	60	120
Alleinerziehend mit 2 Kindern	107	35,6	75	160
Alleinerziehend mit 3 Kindern	-	-	-	-
Verheiratet mit 1 Kind	120	40	50	250
Verheiratet mit 2 Kindern	131	32,75	56	280
Verheiratet mit 3 Kindern	136	27,2	58	300
Verheiratet mit 4 Kindern	138	23	85	200
Verheiratet mit 5 Kindern	-	-	-	-
Verheiratet ohne Kinder	115	57,5	34	300
Nichteheliche Lebensgemeinscha				
mit 1 Kind	110	36,6	60	170
mit 2 Kindern	112,5	28,12	70	140
mit 3 Kindern	145	29	125	165
Ledige mit Eltern 2 Personen	83	41,5	45	120
Ledige mit Eltern 3 Personen	117	39	45	120
Ledige mit Eltern 4 Personen	137	34,25	40	300
Ledige mit Eltern 5 Personen	148	29,6	80	250

Bezieht man die Zahl der Personen, die in einem Haushalt leben, in die Berechnung mit ein, dann relativieren sich die auf den ersten Blick komfortablen Wohnungsgrößen. Während der Wert für die Alleinlebenden konstant bleibt, verändert sich insbesondere der zur Verfügung stehende Wohnraum kinderreicher Familien: Reduziert sich die durchschnittliche Pro-Kopf-Quadratmeterzahl bei den Verheirateten mit 4 Kindern bereits auf 16,3 m², so müssen die Verheirateten mit 5 Kindern eine Einschränkung auf gar 10,5 m² pro Person hinnehmen. Die Durchschnittswohngröße bei den Ledigen mit Eltern mit 5 Personen beträgt 18,5 m² pro Person.

Dieser Trend – eine zunehmende Einschränkung der relativen Wohngröße mit der Zunahme der Anzahl der im Haushalt lebenden Personen, die v. a. mit der Anzahl der Kinder im Haushalt schwankt – beschränkt sich nicht nur auf die Mieterinnen und Mieter. Allerdings verfügen die Eigentümerinnen und Eigentümer von Wohnungen oder Häusern durchschnittlich über 10 m² mehr Wohnfläche pro Person als die Mieterinnen und Mieter.

Wohnraumgröße nach ausgewählten Merkmalen

Für die Ermittlung von Armutsgrenzen ist insbesondere die Wohnsituation derjenigen Gruppen von Relevanz, die entweder bereits in Armut leben – dies betrifft z. B. die Bezieherinnen und Bezieher von Sozialhilfe – oder die potenziell von Armut bedroht sind.

Einen Überblick über die Situation von Sozialhilfeempfängerinnen und -empfängern, Bezieherinnen und Beziehern von Arbeitslosengeld und -hilfe sowie von ausländischen Mitbürgerinnen und Mitbürgern gibt Tabelle 6.3.2.21.

Tabelle 6.3.2.21: Wohnungsgröße – Mieterinnen und Mieter – (Angaben in Quadratmeter)

	Sozialhilfe		Nationalität		Arbeitslosengeld/-hilfe	
	Ja	Nein	Deutsche	Ausländer	Ja	Nein
1-Personen-Haushalt	50	63	63	60	57	63
2-Personen-Haushalt	68	79	78	78	66	79
3-Personen-Haushalt	70	88	89	76	83	89
4-Personen-Haushalt	87	99	100	85	88	100
5-Personen-Haushalt	98	110	114	87	116	109
6-Personen-Haushalt	80	98	104	76	131	96
7-Personen-Haushalt	88	67	93	79	83	80
8-Personen-Haushalt	-	82	91	73	-	-
Insgesamt	70	82	81	78	79	82
Absolute Häufigkeit	50	2193	2149	107	100	2143

Die Empfängerinnen und Empfänger von Sozialhilfe und Arbeitslosengeld bzw. -hilfe verfügen über weniger Wohnraum als diejenigen, die nicht auf den Bezug von Sozialhilfe oder Lohnersatzleistungen angewiesen sind.

Zwar steigt auch bei diesem Personenkreis die Wohnungsgröße mit der Haushaltsgröße an, jedoch müssen sie im Durchschnitt mit ca. 10 m² weniger Wohnfläche pro Haushalt auskommen als diejenigen, die keine staatlichen Unterstützung beziehen.

Darüber hinaus weist Tabelle 6.3.2.21 einen Vergleich zwischen den durchschnittlichen Wohnungsgrößen nach Nationalität aus. Im Vergleich zu den deutschen Befragten müssen Ausländerinnen und Ausländer mit weniger Wohnraum auskommen. Dies gilt insbesondere für Haushalte mit vier und mehr Personen. Im Hinblick auf die Wohnsituation können Ausländerinnen und Ausländer als benachteiligt identifiziert werden.

Durchschnittliche Wohnraumkosten

Relevant für die Einschätzung des Faktors Wohnen ist aber nicht nur die zur Verfügung stehende Fläche. Ein besonderer Stellenwert entfällt auch auf die aufzuwendende Miete für die Wohnung bezogen auf das Einkommen. Die Ergebnisse der Auswertung zu diesem Fragenkomplex sind in Tabelle 6.3.2.22. ausgewiesen

Tabelle 6.3.2.22: Durchschnittsmiete in DM nach Lebensformen

	Mittelwert	Minimum	Maximum
Alleinlebend	783	380	1.950
Alleinerziehende (ins.)	909	517	1.550
Alleinerziehend mit 1 Kind	868	517	1.280
Alleinerziehend mit 2 Kindern	723	550	830
Alleinerziehend mit 3 Kindern	-	-	-
Verheiratet mit Kinder (ins.)	1.212	370	2.300
Verheiratet mit 1 Kind	1.175	550	2.300
Verheiratet mit 2 Kindern	1.154	370	2.050
Verheiratet mit 3 Kindern	1.448	800	2.170
Verheiratet mit 4 Kindern	1.456	990	1.900
Verheiratet mit 5 Kindern	-	-	-
Verheiratet ohne Kinder	975	505	2.300
Nichteheliche Lebensgemeinschaften (ins.)	997	400	1.870
ohne Kind	928	400	1.600
mit 1 Kind	1.297	680	1.870
mit 2 Kindern	-	-	
Ledige mit Eltern	1.056	728	1.300

Mit zunehmender Wohnraumgröße sind auch höhere Kosten verbunden. Da insbesondere Familien mit Kindern – absolut gesehen – den meisten Wohnraum beanspruchen, zählen diese auch zu denjenigen Gruppen, die monatlich die höchsten Beträge an Mietzahlungen zu leisten haben: Liegt die durchschnittliche monatliche Miete der Alleinlebenden bei rund 780 DM, so steigt diese bei den Verheirateten mit 4 Kindern auf rund 1.400 DM. Beachtlich ist hierbei die Streuung von 990 DM bis hin zu 1.900 DM. Die Alleinerziehenden wenden monatlich rund 900 DM für ihre Miete auf.

Zwar zählen die Alleinerziehenden sowohl bei der Beanspruchung des Wohnraums als auch bei der monatlichen Mietzahlung nicht zu den Spitzengruppen. Anders stellt sich dieses Bild jedoch dar, setzt man die Miete in Relation zu dem zur Verfügung stehenden Einkommen (vgl. Tabelle 6.3.2.23).

Tabelle 6.3.2.23: Miete/Einkommen Relation (N =750)

	Mittelwert
Alleinlebende	0,37
Alleinerziehende	0,52
Verheiratete mit Kindern	0,335
Verheiratete ohne Kinder	0,29
Nichteheliche Lebensgemeinschaften	0,30
Ledige mit Eltern	0,30
Insgesamt	0,33

Danach wenden Alleinerziehende im Durchschnitt mehr als die Hälfte ihres Einkommens (52 %) für die Miete auf. Auch für die Bezieherinnen und Bezieher von Arbeitslosengeld und -hilfe (56 %) sowie für die Ausländerinnen und Ausländer (45 %) gelten ähnliche Miete/Einkommen-Relationen. Gemessen am durchschnittlichen Wert von 30 % in der Stadt Gütersloh, der dem Durchschnittswert der Bundesrepublik Deutschland entspricht (Bundesministerium für Arbeit und Sozialordnung 2001), können demnach sowohl die Alleinerziehenden, die Arbeitslosengeld- und -hilfeempfängerinnnen und -empfänger als auch die Ausländerinnen und Ausländer als besonders belastet bezeichnet werden.

Tabelle 6.3.2.24: Sozialräume – Durchschnittliche Wohnungsgröße, Miete und Miete/Einkommen-Relation

Sozialraum	Größe der Wohnung	Miete	Relation Miete/Einkommen
Innenstadt	81	978	0,38
Nord	80	963	0,32
Miele	74	879	0,27
Sundern	81	1.095	0,31
Kattenstroth	81	1.174	0,40
Pavenstädt	79	964	0,31
Blankenhagen	71	876	0,58
Isselhorst	84	1.112	0,31
Avd.-Bahnhof	93	1.201	0,30
Friedrichsdorf	88	1.130	0,40
Avd. Mitte/West	90	1.142	0,36
Spexard	80	1.000	0,38
Insgesamt	81	1.023	0,33

Tabelle 6.3.2.24 gibt Auskunft über die durchschnittliche Wohnungsgröße, die Miete sowie die Miete/Einkommen-Relation aufgeschlüsselt nach Sozialräumen.

Eine erhebliche regionale Differenzierung der Miete/Einkommen-Relationen ist feststellbar. Das ungünstigste Verhältnis findet sich im Sozialraum Blankenhagen. Hier werden durchschnittlich 58 % der monatlichen Einnahmen für die Miete aufgewendet. Es folgen die Sozialräume Kattenstroth und Friedrichsdorf, in denen 40 % der monatlichen Einnahmen auf die Miete entfallen.

Stellt man die vorhergehenden Auswertungen in Rechnung und berücksichtigt gleichermaßen die im Sozialraum Blankenhagen– im Vergleich zu Friedrichsdorf und Kattenstroth – niedrigen durchschnittlichen monatlichen Mieten, so scheint im Sozialraum Blankenhagen insbesondere der Faktor Einkommen, in Friedrichsdorf und Kattenstroth insbesondere der Faktor Ausgaben für dieses Ungleichgewicht verantwortlich zu sein.

Subjektive Bewertung der Wohnsituation

Die bisherigen Auswertungsschritte haben gezeigt, dass insbesondere Alleinerziehende, Familien mit Kindern sowie Arbeitslose, Sozialhilfeempfängerinnen und -empfänger sowie Ausländerinnen und Ausländer hinsichtlich des Faktors Wohnen als benachteiligt gelten können. Wie diese als Benachteiligte identifizierten ihre Wohnsituation subjektiv einschätzen, zeigen die Ergebnisse zusätzlicher Auswertungen. Der subjektiven Bewertung liegen folgende Fragen zu Grunde: (1.) „Wie beurteilen Sie insgesamt die Größe Ihrer Wohnung?“ und (2.) „Wie beurteilen Sie den Zustand des Hauses?“

Mehr als jeder vierte Mieter (27,1 %) beurteilt die Größe seiner Wohnung als zu klein. Besonders hoch ist dieser Anteil bei den Bezieherinnen und Beziehern von Sozialhilfe mit 47,9 % sowie Arbeitslosengeld/-hilfe mit 43,5 %. Darüber hinaus empfinden vor allem Ausländerinnen und Ausländer (42,5 %), Familien mit Kindern (42,9 %) und Alleinerziehende (40,9 %) die Größe ihres Wohnraums als zu klein.

63,8 % bezeichnen die Größe ihrer Wohnung als „gerade richtig“. Überdurchschnittlich hohe Anteile weisen hier die Rentnerinnen und Rentner sowie Pensionäre (81,7 %) sowie die Alleinlebenden (70,3 %) auf. Gerade diese beiden Gruppen sind es darüber hinaus, die ihre Wohnung überdurchschnittlich häufig als „zu groß“ (11,3 % und 15,7 %) einschätzen.

Der Zustand des Hauses wird von mehr als 60 % der befragten Mieterinnen und Mieter als „gut“ bezeichnet wird. Deutlich wird zudem, dass – ähnlich wie bei der Beurteilung der Größe der Wohnung – insbesondere Alleinerziehende (38,6 %), Sozialhilfeempfängerinnen und -empfänger (41,3 %) sowie Ausländerinnen und Ausländer (45,0 %) den Zustand des Hauses eher negativ beurteilen. Dementsprechend zeigen sich auch insbesondere bei diesen Kategorien signifikante Abweichungen.

6.3.2.6 Zusammenfassende Ermittlung von Armutsschwellen nach dem Lebenslagenansatz

Der Lebenslagenansatz versucht – im Gegensatz zum Einkommensansatz – Armut als mehrdimensionales Phänomen zu betrachten. Armut wird nicht nur nach *einem* Indikator bestimmt. Vielmehr müssen Benachteiligungen in mehreren Bereichen vorliegen, um eine Person oder einen Haushalt als arm im Sinne dieses Ansatzes bezeichnen zu können.

Für die Ermittlung von Armutsschwellen nach dem Lebenslagenansatz in der Stadt Gütersloh wurden vier Bereiche berücksichtigt: Das Einkommen, Die Bildung/Ausbildung, die Erwerbstätigkeit sowie das Wohnen. Mittels verschiedener Fragen wurden alle Bereiche im Fragebogen berücksichtigt.

Übersicht 6.3.3.1 dokumentiert die zusammengefassten Ergebnisse im Überblick: Für jeden Bereich wurden hierzu zwei zentrale Fragestellungen aufgenommen. Sie werden nach den verschiedenen – auch im Text genannten – Merkmalen, wie z. B. dem Geschlecht, untergliedert dargestellt. Ein Kreuz in den Tabellenreihen weist eine Benachteiligung bezogen auf das in den Tabellenspalten genannte Armutskriterium auf.

Betrachtet man Übersicht 6.3.3.1, so wird ein differenziertes Bild der Armutssituation in der Stadt Gütersloh nach dem Lebenslagenansatz deutlich. Die wesentlichen Ergebnisse hinsichtlich der Armutsbetroffenheit können für die Stadt Gütersloh wie folgt zusammengefasst werden:

1. *Armut ist weiblich*: Außer für den Bereich Wohnen, für den keine geschlechtsspezifische Betrachtung vorgenommen wurde, da sich die Angaben auf den Haushalt, nicht jedoch auf die einzelne Person beziehen, zeigt sich sowohl für den Bereich Bildung/Ausbildung wie auch für den Bereich Beschäftigung eine durchgehend stärkere Benachteiligung von Frauen.
2. *Armut steht in einem engen Zusammenhang zur Nationalität*: Ähnlich dem Geschlecht kann auch für die ausländischen Bürgerinnen und Bürger eine überdurchschnittliche Benachteiligung in allen dargestellten Bereichen festgestellt werden.
3. *Alleinerziehende sind von Armutslagen besonders betroffen*: Für alle drei Bereiche kann eine besondere Armutsbetroffenheit für die Alleinerziehenden festgestellt werden.
4. *Armut steht in einem engen Zusammenhang zur Bildung/Ausbildung*: Insbesondere diejenigen, die über eine niedrige bzw. über gar keine Bildung/Ausbildung verfügen, sind von Benachteiligungssituationen betroffen.
5. *Armut betrifft vor allem die Arbeiterinnen und Arbeiter*: Betrachtet man die Ergebnisse nach dem Erwerbsstatus sowie nach dem Erwerbsbereich, so wird deutlich, dass es die Arbeiterinnen und Arbeiter sind, die eine starke Betroffenheit durch Benachteiligungssituationen aufweisen.
6. *Überdurchschnittlich betroffen von Armut sind die Erwerbsbereiche Land- und Forstwirtschaft, verarbeitendes Gewerbe sowie der Dienstleistungssektor*: Für alle drei Erwerbsbereiche kann für mindestens zwei der dargestellten Definitionskriterien eine Benachteiligung konstatiert werden.
7. *Armut betrifft auch die jüngere Generation*: Bis auf den Bereich Bildung/Ausbildung sind es vor allem die 18-29-jährigen, die von Deprivation betroffen sind.
8. *Von Armut Betroffene leben – regional betrachtet – vor allem in den Sozialräumen Innenstadt, Kattenstroth, Sundern und Spexard*: Sind es im Sozialraum Innenstadt insbesondere die Bereiche Bildung/Ausbildung und Beschäftigung und im Sozialraum Sundern die Bereiche Beschäftigung und Wohnen, so finden sich in den Sozialräumen Spexard und Kattenstroth überdurchschnittlich viele Personen, die in allen drei Bereichen als arm bezeichnet werden müssen.

Übersicht 6.3.2.1: Armut in der Stadt Gütersloh – Ergebnisse der Befragung

	Einkommensansatz	Lebenslagenansatz						Subjektive Deprivation
	Äquivalenzgewichtetes Durchschnittseinkommen	Bildung		Erwerbsstatus		Wohnen		
	relative Armut (50%-Schwelle)	keinen Schulabschluss	Keine Berufsausbildung	nicht erwerbstätig	unsicherer Arbeitsplatz	Einschätzung der Wohnsituation „zu klein"	Miete-Einkommens-Relation schlecht	
Geschlecht				*		*	*	
männlich					X			
weiblich		X	X					
Sozialraum								
Innenstadt		X	X	X	X			X
Nord		X						
Miele								
Sundern	X			X		X		
Kattenstroth		X	X	X	X		X	
Pavenstädt								X
Blankenhagen						X	X	
Isselhorst								

* nicht erfasst, da Angaben nicht personenbezogen

Fortsetzung: Übersicht 6.3.2.1: Armut in der Stadt Gütersloh – Ergebnisse der Befragung

	Einkommensansatz	**Lebenslagenansatz**						**Subjektive Deprivation**
	Äquivalenzgewichtetes Durchschnittseinkommen	**Bildung**		**Erwerbsstatus**		**Wohnen**		
	relative Armut (50%-Schwelle)	keinen Schulabschluss	Keine Berufsausbildung	nicht erwerbstätig	unsicherer Arbeitsplatz	Einschätzung der Wohnsituation „zu klein“	Miete-Einkommens-Relation schlecht	
Avd. Bhf	X							
Friedrichsdorf								
Avd. Mitte/West								
Spexard	X	X			X	X		X
Nationalität								
Deutsche								
Ausländer	X	X	X	X	X	X	X	X
Berufl. Stellung								
Arbeiter	X	X	X	X	X	X	X	X
Selbständige								
Angestellte								
Beamte								
Alter								
18-29 Jahre	X			X	X	X	X	X
30-44 Jahre								

Fortsetzung: Übersicht 6.3.2.1: Armut in der Stadt Gütersloh – Ergebnisse der Befragung

	Einkommensansatz	**Lebenslagenansatz**						**Subjektive Deprivation**
	Äquivalenzgewichtetes Durchschnittseinkommen	**Bildung**		**Erwerbsstatus**		**Wohnen**		
	relative Armut (50%-Schwelle)	keinen Schulabschluss	Keine Berufsausbildung	nicht erwerbstätig	unsicherer Arbeitsplatz	Einschätzung der Wohnsituation „zu klein“	Miete-Einkommens-Relation schlecht	
45-59 Jahre		X						
60 Jahre und älter			X					
Erwerbstätigkeit								
nicht erwerbstätig	X	X				X	X	X
erwerbstätig					X			
Hausfrau/-mann								
Renner/Pensionär			X					
Bezieher von...								
Arbeitslosengeld/ -hilfe	X	X	X				X	X
Sozialhilfe	X	X	X	X	X	X	X	X
Einschätzung:								
Arbeitsplatz unsicher		X	X				X	X
Anspruch Sozialhilfe	X	X	X	X	X	X	X	X

Fortsetzung: Übersicht 6.3.2.1: Armut in der Stadt Gütersloh – Ergebnisse der Befragung

	Einkommensansatz	**Lebenslagenansatz**						**Subjektive Deprivation**
	Äquivalenzgewichtetes Durchschnittseinkommen	**Bildung**		**Erwerbsstatus**		**Wohnen**		
	relative Armut (50%-Schwelle)	keinen Schulabschluss	Keine Berufsausbildung	nicht erwerbstätig	unsicherer Arbeitsplatz	Einschätzung der Wohnsituation „zu klein"	Miete-Einkommens-Relation schlecht	
Finanzsituation gut/sehr gut								
Finanzsituation schlecht/ sehr schlecht	X	X	X	X	X	X	X	X
Alleinlebende					X			
Alleinerziehende	X	X		X			X	X
Verh. mit Kindern						X		
Verh. ohne Kinder								
Nichteheliche Lebensgem.								X
Ledig (mit Eltern)	X		X					

Risikogruppen kommunaler Armut nach dem Lebenslagenansatz am Beispiel der Stadt Gütersloh

Neben der dargestellten Situation der Armut in der Stadt Gütersloh ist es auf der Grundlage der dargestellten Ergebnisse auch möglich, das Armutsrisiko für spezifische Bevölkerungsgruppen nachzuzeichnen. Hierbei handelt es sich um solche Personengruppen, die derzeit zwar noch nicht als arm bezeichnet werden müssen, bei denen aber verschiedene Merkmale auf ein hohes Risiko hindeuten, zu einem späteren Zeitpunkt in Armutslagen zu geraten. Diese Gruppen gilt es insbesondere dann in den Mittelpunkt der Aufmerksamkeit zu stellen, sollen kommunale Aktivitäten präventiv, also auf die Vermeidung von Armut, ausgerichtet sein.

Unter dem Aspekt *Bildung/Ausbildung* sind insbesondere diejenigen Personen als Risikogruppe zu bezeichnen, die weder über eine schulische noch über eine berufliche Ausbildung verfügen: Bezogen auf die Stadt Gütersloh sind von dieser Situation, also sowohl dem Nicht-Vorhandensein einer schulischen wie auch dem Nicht-Vorhandensein eines beruflichen Ausbildungsabschlusses, 2,5 % der Bevölkerung betroffen.

Im Bereich *Erwerbstätigkeit* sind insbesondere diejenigen Personen als Risikogruppe zu bezeichnen, die sich in befristeten Arbeitsverhältnissen befinden und die eine hohe Arbeitsplatzunsicherheit angegeben haben. In der Stadt Gütersloh macht diese Gruppe einen Anteil von insgesamt rund 4 % aus. Hiervon zählen bereits – trotz eines bestehenden Arbeitsverhältnisses – 7,9 % zu den Bezieherinnen und Beziehern von Arbeitslosengeld/-hilfe und Sozialhilfe.

Im Bereich *Wohnen* können vor allem diejenigen Personengruppen als Risikogruppen bezeichnet werden, die sowohl durch eine geringe Wohngröße als auch durch hohe Mietzahlungen – im Verhältnis zu ihrem Einkommen – belastet sind. Diese Gruppe, die nur zu einem sehr geringen Anteil Eigentum von Wohnungen und Häusern aufweist, stellt ca. 17,2 % der Gesamtbevölkerung.

Verbindet man in der Analyse die dargestellten Risikomerkmale für die Bereiche Bildung/Ausbildung, Erwerbstätigkeit und Wohnen, dann erhält man eine Personengruppe, die alle Risikomerkmale aufweist. Hierbei handelt es sich um solche Bürgerinnen und Bürger, die weder über einen beruflichen noch über einen schulischen Abschluss verfügen, die sich in befristeten Arbeitsverhältnissen befinden und gleichzeitig angeben, dass diese Arbeitsverhältnisse unsicher sind, und die über 40 % ihrer monatlichen Einkünfte für Mietzahlungen aufwenden müssen. Diese Gruppe, die besonders in den Sozialräumen Innenstadt, Kattenstroth und Spexard lebt, stellt einen Anteil von rund 2 % der Gesamtbevölkerung.

6.3.3 Der Ansatz der subjektiven Deprivation[8]

Wird Armut heute nach dem Lebenslagenansatz als eine Benachteiligung von Menschen im Hinblick auf mindestens zwei der gesellschaftlichen Bereiche *Wohnen, Bildung, Erwerbsarbeit* und *Einkommen* bezeichnet, so beinhaltet der Ansatz der subjektiven Deprivation eine andere Herangehensweise: Ausgehend von der Beobachtung, dass der subjektiven Bewertung der eigenen Situation als „arm“ durch die Betroffenen eine erhebliche Gewichtung zukommt – sie ist z. B. maßgeblich für den Lebensstandard verantwortlich –, wird bei diesem Konzept die Definition nicht von „außen“, also von Seiten Dritter vorgenommen. Vielmehr wird den Befragten selbst die Möglichkeit gegeben, ihre Situation zu beschreiben, sich also als „arm“ zu bezeichnen. Diese Möglichkeit bezieht sich auf unterschiedliche Lebensbereiche.

Gemessen wird beim Ansatz der subjektiven Deprivation zunächst, welche allgemeinen Ausstattungsmerkmale aus Sicht der Befragten den notwendigen Lebensstandard in einer Gesellschaft bestimmen. Hierbei wird empirisch der allgemein notwendige Lebensstandard aus Sicht der Betroffenen ermittelt. Als arm werden dann die Personen oder Haushalte klassifiziert, die über eine bestimmte Anzahl dieser als notwendig angesehenen Ausstattungsmerkmale des Lebensstandards nicht verfügen. Konkret gliedert sich die Ermittlung von Armutsquoten auf der Grundlage des subjektiven Deprivationsansatzes in zwei Schritte:

1. Schritt: Bei allen relevanten Variablen werden diejenigen Items isoliert, von denen mindestens 66 % der Befragten der Meinung sind, dass sie zum notwendigen Lebensstandard („unbedingt notwendig“ oder „eher notwendig“) in der Bundesrepublik Deutschland gehören (Andreß & Lipsmeier 1998, S. 45).

---

8 Die Berechnung der subjektiven Deprivation geht zurück auf die Arbeiten von Hans-Jürgen Andreß und Gero Lipsmeier (Universität Bielefeld), die uns freundlicherweise erlaubt haben, das Instrument für den Familien- und Sozialbericht für die Stadt Gütersloh zu übernehmen (siehe hierzu auch Andreß, H.-J. & Lipsmeier, G. 1995, Andreß, H.-J. et al. 1996, Andreß, H.-J./Lipsmeier, G. 1998).

Tabelle 6.3.3.1 weist die Anteile der von den Befragten als notwendig und als nicht notwendig erachteten Items zum Lebensstandard aus.

Tabelle 6.3.3.1: Items, die zum notwendigen Lebensstandard gezählt bzw. nicht gezählt werden

Zum notwendigen Lebensstandard gehört ... (mindestens 66 Prozent Zustimmung)	**Prozent**
... ein Auto	84
... mindestens ein einwöchiger Urlaub weg von zu Hause pro Jahr	83
... in einer guten Wohngegend leben	85
... ein Garten oder eine Terrasse	80
... Gas-, Wasser-, Heizungs- und Stromrechnungen ohne Probleme zahlen können	99
... Behandlungen in Anspruch nehmen können, die von der Krankenkasse nicht vollständig finanziert werden, wie z. B. Zahnersatz, Brille, Pflegeleistungen	95
... mindestens einmal im Jahr ein größeres Geschenk für die Familienangehörigen oder die Freunde kaufen können (ca. 50,- DM)	80
... Finanzielle Rücklagen, z. B. Sparguthaben, Lebensversicherung	91
Zum notwendigen Lebensstandard gehört nicht... (weniger als 66 % Zustimmung)	**Prozent**
... alle zwei Wochen einmal abends ausgehen	54
... neue Kleidung kaufen, auch wenn die alte noch nicht abgetragen ist	39
... sich ein Hobby leisten können, das Geld kostet	55

Da sich einige der vorgelegten Items auf die spezifische Situation von Haushalten mit Kindern bezieht, zeigt Tabelle 6.3.3.2 die von diesen Haushalten zusätzlich zum Lebensstandard gezählten Ausstattungsmerkmale.

2. Schritt: Bezogen auf die Items, die in der Stadt Gütersloh dem notwendigen Lebensstandard zugeordnet werden, wird nun geprüft, ob sich die Befragten sich diese Dinge selbst leisten können bzw. ob sie diese besitzen oder ob sie sich diese Dinge aus „finanziellen Gründen" nicht leisten können bzw. diese aus anderen Gründen nicht besitzen. Jedes auf Grund finanzieller Gegebenheiten fehlende Ausstattungsmerkmal wird als Deprivation aufgefasst.

Hierzu wurden allen Befragten die acht als notwendig bezeichneten Items (Tabelle 6.3.3.1) vorgelegt. Hinzu kommen die 4 Items (Tabelle 6.3.3.2), die sich auf Haushalte mit Kindern beziehen. Insgesamt liegen also 12 Items vor, die von den Befragten als „notwendig" eingestuft werden. Danach ergeben sich folgende Versorgungs- bzw. Deprivationsmöglichkeiten der Familien: Kein Item fehlt (100 % Versorgungsgrad), bis zu 8 oder bis zu 12 Items fehlen (völlige Deprivation).

Tabelle 6.3.3.2: Zum notwendigen Lebensstandard von Haushalten mit Kindern erachtete Ausstattungsmerkmale

Item	Prozent
... eine außerschulische Ausbildung, z. B. Musik-, Sport- oder Sprachunterricht	91
... Kindergeburtstag mit vielen Freundinnen und Freunden feiern	78
... für jedes Kind über 10 Jahre ein eigenes Schlafzimmer	88
... Spielzeug und Freizeitartikel für die Kinder, z. B. ein Fahrrad, ein Computer oder Sportgerät	92

Unter der Annahme, dass Deprivation gegeben ist, sobald 25 % der als „notwendig“ erachteten Ausstattungsmerkmale des allgemein akzeptierten Lebensstandards fehlen, ergibt sich für die deprivationsbasierte Armutsquote folgendes Bild: In den Haushalten ohne Kinder kommen 8 als „lebensnotwendig“ eingeschätzte Items zur Anwendung. 25 % hiervon entsprechen 2 Items. Mit anderen Worten: Fehlen in diesen Haushalten mindestens 2 der als notwendig erachteten Items, dann liegt eine Armutssituation vor.

In Haushalten mit Kindern kommen 12 als „notwendig“ eingeschätzte Items zur Anwendung. 25 % hiervon entsprechen 3 Items. Mit anderen Worten: Fehlen in diesen Haushalten mindestens 3 der als notwendig erachteten Items, dann liegt eine Armutssituation vor.

Über diese 25 %-Schwellensetzung hinaus ist es möglich, beide Haushaltstypen zusammenzufassen und die Armutsquote gemeinsam auszuweisen. Tabelle 6.3.3.3 zeigt die auf dieser Grundlage ermittelte deprivationsbedingte Armutsquote.

Tabelle 6.3.3.3: Deprivationsbasierte Armutsquote

	N in der Stichprobe	Anteil in Prozent
Deprivation	203 Haushalte	9,3
keine Deprivation	1.976 Haushalte	90,7

Die deprivationsbasierte Armutsquote beträgt in der Stadt Gütersloh 9 %. Im Vergleich hierzu wird von Andreß (1999) eine Quote von 10 % ermittelt. Es muss nun im Weiteren geprüft werden, welche Bevölkerungsgruppen nach dem Konzept der subjektiven Deprivation besonders von Armut betroffen sind.

Deprivationsbasierte Armut in der Stadt Gütersloh nach Lebensformen

Tabelle 6.3.3.4: Deprivationsbasierte Armut in der Stadt Gütersloh nach Lebensformen (Angaben in Prozent)

Lebensform	Deprivation	keine Deprivation
Alleinlebende	14,2	85,8
Alleinerziehende (insg.)	33,3	66,7
Alleinerziehend mit 1 Kind	21,2	78,8
Alleinerziehend mit 2 Kindern	47,1	52,9
Alleinerziehend mit 3 Kindern	60,0	40,0
Verheiratet mit Kindern (insg.)	6,7	93,3
Verheiratet mit 1 Kind	5,1	94,9
Verheiratet mit 2 Kindern	3,7	96,3
Verheiratet mit 3 Kindern	11,2	88,8
Verheiratet mit 4 Kindern	35,1	64,9
Verheiratet ohne Kinder	4,3	95,7
Nichteheliche Lebensgemeinschaften	16,8	83,2
ohne Kind	19,5	80,5
mit 1 Kind	15,4	84,6
mit 2 Kindern	27,3	72,7
Ledige mit Eltern	14,8	85,2
Insgesamt	9,3	90,7
Absolute Häufigkeit	203	1976

Tabelle 6.3.3.4 spiegelt das Ausmaß deprivationsbasierter Armut in der Stadt Gütersloh nach Lebensformen wider.

Vor allem Alleinerziehende sind zu einem Drittel von subjektiver Deprivation betroffen. Im Vergleich hierzu ist die Armutsquote bei den Verheirateten mit Kindern unterdurchschnittlich ausgeprägt (6,7 %). Erst bei drei Kindern im Haushalt erreicht die Quote mit 11,2 % einen leicht überdurchschnittlichen Anteil. Demgegenüber steigt die Deprivation bei den Alleinerziehenden parallel zur Anzahl der Kinder stetig an.

Darüber hinaus sind von subjektiver Deprivation vornehmlich die nichtehelichen Lebensgemeinschaften mit 16,8 % sowie Ledige, die mit ihren Eltern zusammenleben (14,8 %), betroffen. Beide Lebensformen konstituieren sich überwiegend aus Mitgliedern der Altersklasse der 18-29-jährigen, die sich zudem häufig in einem Ausbildungsverhältnis befinden. Besonders niedrig fällt die Armutsquote mit 4,3 % bei den Verheirateten ohne Kinder aus.

Deprivationsbasierte Armut nach ausgewählten Merkmalen

Die Ergebnisse der Analyse deprivationsbasierter Armut nach den Merkmalen Alter, Familienstand, Haushaltsgröße, Status, Staatsangehörigkeit, Bezug von Arbeitslosengeld/-hilfe, Bezug von Sozialhilfe, Schulabschluss, Berufsausbildung, Stellung im Beruf sowie der derzeitigen Erwerbstätigkeit weist Tabelle 6.3.3.5 aus.

Tabelle 6.3.3.5: Deprivationsbasierte Armut in Gütersloh nach ausgewählten Merkmalen (Angaben in Prozent)

	Deprivation	keine Deprivation
Altersgruppen		
18-29 Jahre	18,9	81,1
30-44 Jahre	9,4	90,6
45-60 Jahre	7,1	92,9
60 Jahre und älter	5,6	94,3
Familienstand		
Verheiratet	5,8	94,2
Verheiratet, dauernd getrennt lebend	30,3	69,7
Ledig	17,4	82,6
Geschieden	23,3	76,7
Verwitwet	6,7	93,3
Haushaltsgröße		
1 Person	14,4	85,6
2 Personen	6,3	93,7
3 Personen	9,0	91,0
4 Personen	5,1	94,9
5 Personen und mehr	19,2	80,8
Erwerbsstatus		
Nicht erwerbstätig	30,4	69,6
Erwerbstätig	7,0	93,0
Hausfrau/-mann	8,7	91,3
Rentner/Pensionäre	6,2	93,8
In Ausbildung	15,0	85,0
Staatsangehörigkeit		
Deutsche	8,3	91,7
Ausländer	30,7	69,3
Arbeitslosengeld/-hilfe		
Ja	38,3	61,7
Nein	7,9	92,1
Sozialhilfe		
Ja	66,0	34,0
Nein	8,0	92,0
Schulabschuss		
ohne Abschluss	43,4	56,5
Volks-/Hauptschulabschluss	11,3	88,7
Fachhochschulreife/Abitur	6,8	93,2
Sonstige	2,8	97,2
Berufsausbildung		
(noch) keine Berufsausbildung	20,7	79,3
Lehre	7,9	92,1
Fachschule	7,9	92,2
Fachhochschule/Universität	4,9	95,1
Sonstige	8,2	91,8
Stellung im Beruf		
Arbeiter	16,2	83,8
Angestellte	4,5	95,5
Beamte	3,4	96,6
Selbständige	6,7	93,3

	Deprivation	keine Deprivation
Heute erwerbstätig		
Ja, vollzeit unbefristet	6,3	93,7
Ja, vollzeit befristet	26,2	73,8
Ja, teilzeit unbefristet	4,8	95,2
Ja, teilzeit befristet	9,3	90,7
Nein	11,1	88,9
Absolute Häufigkeit	203	1976

Zwei Drittel der Bezieherinnen und Bezieher von Sozialhilfe sind nach dem Konzept der subjektiven Deprivation als arm zu bezeichnen. Weiterhin sind insbesondere die Empfängerinnen und Empfänger von Arbeitslosengeld/-hilfe – mit 38,3 % – sowie die ausländischen Mitbürgerinnen und Mitbürger – mit 30,7 % – von deprivationsbasierter Armut betroffen.

Die Unterscheidung nach Altersklassen macht deutlich, dass die Generation der 18-29-jährigen (18,9 %) von Armut nach dem Ansatz der subjektiven Deprivation betroffen ist. Unterdurchschnittliche Armutsquoten (7,1 %) weisen die 45-59-jährigen sowie die 60-jährigen und älteren mit 5,6 % auf.

Hiermit belegt – ähnlich der Ermittlung der Einkommensarmut – auch das Konzept der subjektiven Deprivation, dass Altersarmut in der Stadt Gütersloh eher niedrig ausgeprägt ist. Bei den Verwitweten beträgt die Quote 6,7 %.

Die Analyse nach der Haushaltsgröße spiegelt kein einheitliches Bild wider. Festgestellt werden kann jedoch, dass die Verbreitung von Armut in Haushalten mit 5 und mehr Personen (19,2 %) und in Ein-Personen-Haushalten (14,4 %) hoch ist.

Ähnlich den Ergebnissen der anderen Ansätze zeigt sich auch in den nach dem Konzept der deprivationsbasierten Armut ermittelten Befunden, dass vornehmlich diejenigen Personen von Armut betroffen sind, die keinen allgemeinbildenden Schulabschluss erworben haben (43,4 %). Leicht über dem Durchschnitt sind die Volksschul- und Hauptschulabsolventen mit 11,3 % angesiedelt. Im Vergleich hierzu schneiden Absolventen der Realschule (6,0 %) und des Gymnasiums (6,8 %) erheblich besser ab.

Ein gleiches Bild ergibt sich bei den Berufausbildungsabschlüssen. Während jeder Fünfte (20,7 %) ohne Abschluss als arm zu bezeichnen ist, sind bei den Inhabern von Berufsausbildungsabschlüssen die Armutsraten unter dem Durchschnitt angesiedelt. Am niedrigsten fällt die Quote bei den Absolventinnen und Absolventen der Fachhochschulen und Universitäten mit 4,9 % aus.

Das Ausmaß der Armut ist abhängig von der Stellung im Beruf: Nur die Gruppe der Arbeiterinnen und Arbeiter liegt mit 16,2 % deutlich über dem Durchschnitt. Sowohl Selbstständige (6,7 %) und Angestellte (4,5 %) als auch Beamte (3,4 %) sind von subjektiver Deprivation nur gering betroffen.

Darüber hinaus ist zu konstatieren, dass die Art des Beschäftigungsverhältnisses von zentraler Bedeutung ist. Hauptsächlich befristete Arbeitsverhältnisse tragen dazu bei, dass die subjektive Deprivation überdurchschnittlich hoch ausfällt.

An erster Stelle sind hier diejenigen zu nennen, die Vollzeit befristet beschäftigt sind. Die Deprivationsrate dieser Gruppe beträgt 26,2 %.

Aspekte der zum Lebensstandard zählenden und aus finanziellen Gründen fehlenden Items

Die bisherigen Analysen haben gezeigt, dass vor allem Alleinerziehende, die Altersklasse der 18-29-jährigen, Ausländerinnen und Ausländer, Bürgerinnen und Bürger ohne Schul- und Berufsabschluss sowie Arbeiterinnen und Arbeiter von subjektiver Deprivation betroffen sind. Diese Personengruppen geben bei allen vorgegebenen Items überdurchschnittlich häufig an, sich diese aus finanziellen Gründen nicht leisten zu können.

Bei den Alleinlebenden sind die Items „neue Kleidung kaufen", sowie „finanzielle Rücklagen" überdurchschnittlich hoch vertreten. Bei den Verheirateten mit Kindern betrifft dies die Items „neue Kleidung kaufen" und „Abends ausgehen".

In den nichtehelichen Lebensgemeinschaften mangelt es aus finanziellen Gründen häufig an den Items „Auto", „Urlaub", „Abends ausgehen", „sich ein Hobby leisten können" und an finanziellen Rücklagen. Von den Ledigen, die mit ihren Eltern zusammenleben, werden vorrangig das „Auto" sowie „finanzielle Rücklagen" erwähnt.

Deprivationsbasierte Armut in Westdeutschland

Vergleicht man die für die Stadt Gütersloh ermittelten Ergebnisse mit denen von Andreß & Lipsmeier (1998),[9] die ihre Aussagen auf die Erwerbsbevölkerung der Bundesrepublik Deutschland beziehen, so werden zahlreiche Übereinstimmungen deutlich.

Andreß & Lipsmeier (1998) ermitteln einen Anteil von 10 % der Befragten, die als arm zu bezeichnen sind. Besonders hoch ist das Ausmaß der Deprivation bei den Bezieherinnen und Beziehern von Sozialhilfe. Mehr als die Hälfte dieser Gruppe muss mindestens ein notwendiges Item entbehren. Darüber hinaus sind mit 20 % vor allem jüngere Personen (18-29-jährige) von Deprivation betroffen. Erklärt wird dies damit, dass jüngere Personen vielfach noch nicht über die „notwendige" Ausstattung verfügen, weil sie ihre Einkünfte für zukünftige Investitionen sparen.

Unterschiede ergeben sich lediglich hinsichtlich einer Haushaltsgröße (1-Personen-Haushalt). Werden in der Studie von Andreß & Lipsmeier (1998) 3 % als arm bezeichnet, so beträgt der Anteil in der Stadt Gütersloh 14,4 %. Der Grund hierfür liegt vermutlich in der unterschiedlichen Zielpopulation.

Bei der Studie von Andreß & Lipsmeier (1998) wurde lediglich die erwerbsfähige Bevölkerung befragt. In der hier dargestellten Untersuchung „Kommunale Armutsstrukturen am Beispiel der Stadt Gütersloh" war das Auswahlkriterium die Volljährigkeit der Personen.

---

9 Der Zeitraum der Erhebung erstreckte sich vom September 1994 bis zum Januar 1995. Befragt wurde die bundesdeutsche Wohnbevölkerung im Alter zwischen 25 und 65 Jahren (erwerbsfähige Bevölkerung) in 3.600 privaten Haushalten in drei Kommunen der alten und neuen Bundesländer mit einer vergleichbaren Struktur. Darüber hinaus wurden 700 Sozialhilfeempfänger aus neun Kommunen in mehreren Bundesländern befragt. Insgesamt wurden bei der postalischen Befragung 1.204 Fragebögen zurückgesandt.

Tabelle 6.3.3.6: Armut in Gütersloh nach Sozialräumen

Sozialraum	Deprivation	Keine Deprivation
Innenstadt	13,0	87,0
Nord	9,2	90,8
Miele	10,3	89,7
Sundern	8,6	91,4
Kattenstroth	9,0	91,0
Pavenstädt	11,0	89,0
Blankenhagen	5,9	94,1
Isselhorst	8,5	91,5
Avenwedde-Bhf.	5,8	94,2
Friedrichsdorf	4,0	96,0
Avd. Mitte/West	7,0	93,0
Spexard	12,6	87,4
Insgesamt	9,3	90,7
Absolute Häufigkeit	203	1976

Deprivationsbasierte Armut in der Stadt Gütersloh nach Sozialräumen

Das Ausmaß der Verbreitung von Armut nach dem Ansatz der subjektiven Deprivation in den einzelnen Sozialräumen in Gütersloh gibt Tabelle 6.3.3.6 wider.

Wie die bisherigen Analysen gezeigt haben, sind insbesondere die Sozialräume Innenstadt (13,0 %), Spexard (12,6 %) und Pavenstädt (11,0 %) von Armut betroffen. Dagegen weisen die Sozialräume Friedrichsdorf (4,0 %), Avenwedde-Bhf. (5,8 %) und Blankenhagen (5,9 %) im Hinblick auf die deprivationsbasierte Armutsquote niedrige Anteile auf.

6.3.4 Zusammenfassende Betrachtung der Ergebnisse der Armutsmessung in der Stadt Gütersloh

Betrachtet man die Ergebnisse der vorgenannten Analysen zusammenfassend, so kann bezogen auf die Ermittlung von Armutsquoten mittels des Ansatzes des äquivalenzgewichteten Durchschnittseinkommens festgestellt werden, dass das durchschnittliche Nettoeinkommen der Haushalte in der Stadt Gütersloh zum Zeitpunkt der Befragung rund 4.000 DM beträgt. Deutlich unter dem Durchschnitt liegt das monatliche Nettoeinkommen der Alleinerziehenden mit knapp 2.300 DM sowie das der Alleinlebenden mit gut 2.600 DM. Zwar liegt das Durchschnittseinkommen bei den Verheirateten mit Kindern (rd. 4.700 DM) relativ hoch. Allerdings ist in Rechnung zu stellen, dass in Familienhaushalten mehrere Personen mit dem Einkommen auskommen müssen. Ebenfalls über dem Durchschnitt liegt das monatlich verfügbare Nettoeinkommen der Verheirateten ohne Kinder mit 4.400 DM.

Um eine Vergleichbarkeit der Haushaltseinkommen über die unterschiedlichen Lebensformen herzustellen, wurde das monatliche Nettoeinkommen der Haushalte in Beziehung zu Anzahl und Alter der Haushaltsmitglieder gesetzt. Das so ermittelte äquivalenzgewichtete Durchschnittseinkommen ermöglicht es, unterschiedlich große Haushalte miteinander zu vergleichen. Die Berechnung erfolgt mittels der Regelsatzproportionen des Bundessozialhilfegesetzes. Hiermit wurde dem Umstand Rechnung getragen, dass Haushalte mit mehreren Personen rationeller haushalten können. Definitorisch wird die Hälfte dieses äquivalenzgewichteten Durchschnittseinkommens als Armutsschwelle festgelegt.

Das äquivalenzgewichtete durchschnittliche Haushaltseinkommen pro Monat und Haushalt beträgt in der Stadt Gütersloh zum Zeitpunkt der Durchführung der Untersuchung 1.981 DM. Das sozioökonomische Panel (SOEP) ermittelte für Westdeutschland im Jahre 1995 ein Äquivalenzeinkommen von 1.870 DM. Somit liegt der Gütersloher Wert rund 110 DM über dem Durchschnittswert in Westdeutschland. Zu berücksichtigen ist hierbei jedoch die zeitliche Differenz der Befragungen.

Die Armutsgrenze (50 %-Schwelle) beträgt in der Stadt Gütersloh pro Monat und Person 990 DM gegenüber 935 DM in Westdeutschland im Jahre 1995. Danach sind in Gütersloh 13 % aller Haushalte von relativer Einkommensarmut betroffen. Das sozioökonomische Panel ermittelte 1995 ebenfalls eine Armutsrate von 13 %.

Betrachtet man die Ergebnisse der Armutsmessung nach Lebensformen, so zeigt sich, dass vor allem Alleinerziehende von relativer Einkommensarmut betroffen sind. Gleichfalls überproportional betroffen sind Ledige, die mit ihren Eltern oder einem Elternteil zusammenleben.

Darüber hinaus sind von Einkommensarmut insbesondere Haushalte mit mehreren Kindern betroffen: Die Hälfte der Alleinerziehenden lebt bereits bei zwei Kindern im Haushalt in relativer Einkommensarmut. Für den Haushaltstyp „Verheiratet mit Kindern“ ist festzustellen, dass bereits ab dem zweiten Kind die Armutsrate überdurchschnittlich hoch ausfällt.

Das sozioökonomische Panel (SOEP) ermittelte für das Jahr 1995 ähnliche Befunde: Vier von zehn Haushalten mit nur einem Elternteil leben in Einkommensarmut. In Familienhaushalten mit drei und mehr Kindern betrifft Armut fast jeden dritten Haushalt. Im zeitlichen Vergleich von 1985 bis 1995 ermittelte das Panel einen Anstieg der Armutsrate in Einelternhaushalten von 28 % auf 42 %.

In der Stadt Gütersloh sind vor allem Sozialhilfeempfängerinnen und –empfänger, die Bezieherinnen und Bezieher von Arbeitslosengeld/-hilfe sowie die ausländischen Bürgerinnen und Bürger von Armut nach dem Einkommensansatz betroffen. Darüber hinaus sind es – nach soziodemographischen Merkmalen untergliedert – insbesondere Haushalte mit mehreren Personen und die jüngeren Altersklassen, die von Armut betroffen sind.

Die Analyse nach sozioökonomischen Merkmalen ergibt, dass vornehmlich Personen ohne Schul- und Berufsabschluss, Arbeiterinnen und Arbeiter sowie Personen in befristeten Beschäftigungsverhältnissen als einkommensarm zu bezeichnen sind.

Die Ergebnisse des sozioökonomischen Panels aus dem Jahre 1995 weisen in die gleiche Richtung. Im zeitlichen Vergleich von 1985 bis 1995 zeigt sich, dass vor allem bei den Ausländerinnen und Ausländern, den Hauptschulabsolventinnen und -absolventen und den Arbeitslosen eine deutliche Zunahme der Einkommensarmut zu verzeichnen ist.

Hinsichtlich des Lebenslagenkonzepts, und hier speziell für die Bereiche Arbeit und Erwerbstätigkeit, lassen sich zwei Gruppen identifizieren, die von Armut besonders betroffen sind: Eine erste Gruppe, die durch den Verlust des Arbeitsplatzes im Hinblick auf den Faktor Erwerbstätigkeit bereits als unterprivilegiert bezeichnet werden kann. Die zweite Gruppe zeichnet sich dadurch aus, dass sie beim Faktor Erwerbstätigkeit ein hohes Risiko aufweist, in die Armut abzurutschen. Besonders Beschäftigte in befristeten Arbeitsverhältnissen oder mit einer subjektiv empfundenen hohen Arbeitsplatzunsicherheit gehören zu dieser Gruppe. Als potenziell von Armut bedroht können diejenigen Personen bezeichnet werden, die sowohl befristet beschäftigt sind als auch einen unsicheren Arbeitsplatz innehaben.

In der Stadt Gütersloh entfällt auf diese Gruppe zum Zeitpunkt der Befragung ein Anteil von insgesamt rund 4 %. Aus dieser Gruppe beziehen bereits – trotz bestehenden Arbeitsverhältnisses – 7,9 % Arbeitslosengeld/-hilfe oder Sozialhilfe. Zwar zeigen sich in der Auswertung unter geschlechtsspezifischen Gesichtspunkten nur geringe Differenzen: 50,8 % weiblichen stehen 49,2 % männliche befristet Beschäftigte mit einem unsicheren Arbeitsplatz gegenüber. Untergliedert man diese Ergebnisse jedoch nochmals in die Kategorien „Vollzeit" und „Teilzeit", so wird insbesondere bei den in Teilzeit Beschäftigten der große Anteil der Frauen deutlich. Überdurchschnittlich betroffen sind darüber hinaus die ausländischen Bürgerinnen und Bürger.

Nach regionalen Kriterien stellt sich eine besondere Betroffenheit durch die dargestellten Risikomerkmale im Sozialraum Spexard dar. Hier sind es 19,0 % aller Befragten, die diese Merkmalsdoppelung aufweisen. Erstellt man eine Rangskala nach Sozialräumen, so folgen auf den Plätzen 2 und 3 Kattenstroth mit 15,9 % und Pavenstädt – mit 14,3 %.

Das Konzept der Lebenslage basiert auf der Annahme, dass Unterversorgungslagen mindestens in zwei Bereichen bestehen müssen, um von relativer Lebenslagenarmut zu sprechen. Für die Ermittlung von Armutsschwellen in der Stadt Gütersloh wurden hierzu zusätzlich – neben dem Bereich Arbeit und Erwerbstätigkeit – auch die Bereiche Wohnen sowie Bildung und Ausbildung in der Analyse berücksichtigt.

Betrachtet man die Ergebnisse für die Bereiche Bildung und Ausbildung, so zeigen sich insgesamt zwischen der Gruppe derjenigen Befragten, die keinen allgemeinbildenden Schulabschluss erworben haben, und derjenigen, die über keinen beruflichen Abschluss verfügen, zahlreiche Übereinstimmungen. Diese Übereinstimmungen, die sich bei der Analyse nach Sozialräumen und Wirtschaftszweigen fortsetzen, belegen den zu Beginn der Auswertung dargelegten Prozess, dass Benachteiligungen im Bereich der schulischen Bildung ihren Niederschlag in zahlreichen Folgedeprivationen finden. Sie wirken sich insbesondere im Bereich der Erwerbstätigkeit und des Einkommens aus.

Besonders bedroht von Armut sind diejenigen Bevölkerungsgruppen, die weder eine schulische noch eine berufliche Ausbildung erworben haben. Zwar befinden sie sich bei Erwerbstätigkeit noch nicht in einer Armutslage, gleichwohl können sie jedoch auf Grund ihrer geringen schulischen und beruflichen Qualifikation als „Hochrisikogruppen“ bezeichnet werden. Besonders von Langzeitarmutskarrieren sind sie dann betroffen, wenn sie ihren Arbeitsplatz verloren haben.

In der Stadt Gütersloh sind hiervon 2,5 % der Bevölkerung betroffen. Davon sind annähernd vier von Fünf (77,8 %) Bezieherinnen und Bezieher von Arbeitslosengeld/-hilfe. Drei Viertel bestreiten ihren Lebensunterhalt durch den Bezug von Sozialhilfe.

Von denjenigen, die sich (noch) im Arbeitsprozess befinden, sind 9,1 % Vollzeit unbefristet oder Teilzeit unbefristet Beschäftigte. Ihnen stehen 12,1 % befristet Beschäftigte gegenüber. Trotz dieser Beschäftigungsverhältnisse gibt jeder Zweite aus dieser Gruppe an, einen Anspruch auf Sozialhilfe zu haben. Eingelöst haben diesen Anspruch hiervon fast zwei Drittel (63,7 %).

Sowohl in der Gruppe derjenigen, die vom Ausbildungs- und Bildungsstatus betrachtet als bereits in Armut befindlich bezeichnet werden müssen, als auch in der Gruppe derjenigen, die von Armut bedroht sind, dominieren die Frauen und die ausländischen Bürgerinnen und Bürger.

Im Bereich Wohnen ist nicht nur die Wohnungsgröße, sondern vor allem die Relation der monatlichen Miete im Verhältnis zu den monatlichen Einnahmen, von Relevanz. Als benachteiligt in diesem Bereich können vor allem diejenigen Personengruppen bezeichnet werden, die hinsichtlich beider Faktoren Benachteiligungen aufweisen, also sowohl eine kleine Wohnung haben und im Verhältnis zu ihrem Einkommen mit relativ hohen Mieten belastet sind.

Betrachtet man die vorstehenden Auswertungen und gleicht man die in beiden Kategorien genannten Bevölkerungsgruppen miteinander ab, so sind hiervon überwiegend kinderreiche ausländische Familien sowie Alleinerziehende, Sozialhilfeempfängerinnen und -empfänger und Arbeitslose betroffen. Sie müssen etwa die Hälfte ihrer Einkünfte für die Miete aufwenden. Gleichzeitig steht ihnen im Vergleich zu anderen Bevölkerungsgruppen durchschnittlich weniger Wohnfläche zur Verfügung.

Bei diesen als benachteiligt identifizierten Gruppen ergibt sich darüber hinaus auch nach subjektiven Kriterien (inwieweit die Wohnung als zu groß oder zu klein empfunden wird bzw. wie der Zustand des bewohnten Hauses bewertet wird) eine nicht zufriedenstellende Wohnsituation.

Neben den bereits in unterprivilegierten Lebensverhältnissen befindlichen Familien sind insbesondere für präventive Maßnahmen diejenigen Personengruppen von Relevanz, die sich noch nicht in Armut befinden, für die jedoch ein erhöhtes Armutsrisiko besteht. Stellt man das Risikomerkmal „antizipierter Verlust des Arbeitsplatzes“, das sich in den vorangegangenen Analysen schon mehrere Male als valider Indikator herausgestellt hat, auch für diese Betrachtung in den Mittelpunkt der Auswertung, so wird deutlich, dass es sich hierbei vor allem um solche Personen handelt, die mit einer Miete-Einkommens-Relation von 35 % über dem Bevölkerungsdurchschnitt der Stadt Gütersloh liegen. Zum Vergleich: Die Einkommens-Miete-Relation bei denjenigen Personen, die angeben, ihr Arbeitsplatz sei „sicher" oder „sehr sicher", beträgt lediglich 30 %.

Sollen Krisensituationen, die eine Verkettung sozialer Abstiegsprozesse darstellen, verhindert werden, so müssen – neben kinderreichen ausländischen Familien – insbesondere diejenigen Personen im Mittelpunkt von Aktivitäten der Armutsprävention stehen, denen bei einem möglichen Verlust des Arbeitsplatzes auch ein Verlust der Wohnung bevorsteht: Diese Gruppe mit einem Anteil von 17,2 % der Bevölkerung besteht vorwiegend aus Alleinstehenden, Alleinerziehenden und Familien mit Kindern. Zudem besteht diese Gruppe nur zu einem sehr geringen Anteil aus Eigentümerinnen und Eigentümern von Wohnungen/Häusern.

Das Armutskonzept „subjektive Deprivation" (siehe hierzu auch die Kapitel 3 und 4) ist in erster Linie dadurch gekennzeichnet, dass die Befragten entscheiden, welche Aspekte des täglichen Lebens zum allgemein akzeptierten Lebensstandard gehören. Von besonderem Interesse ist die daran anknüpfende Ermittlung von Personenkreisen, die sich diesen gemeinhin zu Grunde gelegten Lebensstandard aus finanziellen Gründen nicht leisten können. Als Kriterium für eine Armutslage wurde das Fehlen von 25 % der von den Befragten für „unbedingt notwendig" erachteten Ausstattungsmerkmale des allgemein akzeptierten Lebensstandards vorgegeben. Dieses Fehlen wird dann als Deprivation definiert.

Als „notwendig" zum Lebensstandard gehörend wurden die folgenden Items ermittelt (mindestens 66 % Zustimmung der Befragten):

- ein Auto
- ein einwöchiger Urlaub weg von zu Hause im Jahr
- eine gute Wohngegend
- ein Garten oder Terrasse
- die Gas-, Wasser-, Heizungs- und Stromrechnungen bezahlen können
- Behandlungen in Anspruch nehmen können, die von der Krankenkasse nicht vollständig finanziert werden
- ein Geschenk kaufen können
- finanzielle Rücklagen haben

Als „nicht unbedingt notwendig" wurden die nachfolgend aufgeführten Items identifiziert (weniger als 66 % Zustimmung der Befragten):

- alle zwei Wochen abends ausgehen
- sich neue Kleidung kaufen
- sich ein Hobby leisten können

Haushalte mit Kindern haben zusätzlich zu den oben angegebenen die folgenden Items als „notwendig" eingeschätzt (mindestens 66 % Zustimmung):

- eine außerschulische Ausbildung
- einen Kindergeburtstag feiern
- ein eigenes Schlafzimmer für jedes Kind über 10 Jahre
- sich Spielzeug leisten können

Nach dem Ansatz der subjektiven Deprivation beträgt das Ausmaß der Armut in Gütersloh 9,3 %.

Nach Lebensformen gegliedert sind vor allem Alleinerziehende (ein Drittel) von Armut betroffen. Zudem weisen Alleinlebende, nichteheliche Lebensgemeinschaften und Ledige, die mit ihren Eltern zusammenleben, überdurchschnittlich hohe Armutsquoten auf. Verheiratete mit Kindern sind ab dem dritten Kind im Haushalt von subjektiver Deprivation betroffen. Verheiratete ohne Kinder weisen die geringste Quote auf.

Besonders betroffen von der deprivationsbasierten Armut sind in Gütersloh Sozialhilfeempfänger, Bezieher von Arbeitslosengeld/-hilfe sowie die ausländischen Bürgerinnen und Bürger.

Aufgeschlüsselt nach soziodemographischen Merkmalen zeigt sich, dass vornehmlich jüngere Personen als arm einzustufen sind. Dagegen ist die Armutsquote der 60-jährigen und älteren erheblich niedriger. Nach Haushaltsgröße differenziert sind sowohl Ein-Personen-Haushalte als auch Haushalte mit 5 und mehr Personen überdurchschnittlich arm.

Nach sozioökonomischen Merkmalen betrachtet zeigt sich, dass Personen ohne Schul- und Berufsabschluss, Arbeiterinnen und Arbeiter sowie Beschäftigte in befristeten Arbeitsverhältnissen nach dem Deprivationsansatz in Armut leben.

6.4 Lebenslagen in der Stadt Gütersloh – eine multivariate Auswertung

Neben einer deskriptiven Auswertung der Ergebnisse, die eine sehr genaue Betrachtung der Lebens- und Armutssituation ermöglicht, wurden die Daten zusätzlich mit einem multivariaten Auswertungsverfahren, der Clusteranalyse, analysiert. Ziel der Clusteranalyse ist es, die Fälle einer Stichprobe so zu gruppieren, dass die einzelnen in einer Gruppe zusammengefassten Fälle möglichst homogen, die Gruppen – bzw. die Cluster – sich jedoch möglichst deutlich voneinander unterscheiden. Im Zentrum der Clusteranalyse steht also das Bestreben, Fälle nach bestimmten Merkmalen zusammenzufassen, also zu typisieren.

6.4.1 Das Verfahren der Clusteranalyse

Gegenüber dem t-Test, der eine Stichprobe nach nur *einem* Merkmal gliedert, besteht der Vorzug der Clusteranalyse darin, dass sie eine Gliederung nach (beliebig) vielen Merkmalen gestattet. Dementsprechend zählt die Clusteranalyse auch zu den *multivariaten* Datenauswertungsverfahren: Sie bietet ein standardisiertes Verfahren an, Gruppen von Objekten (z. B. Personen) zu bilden, in dem mehrere Merkmale gleichzeitig berücksichtigt werden können. Die Möglichkeit, verschiedene Kriterien sowie unterschiedliche Methoden für die Berechnung der Ähnlichkeit der Fälle sowie der Bildung der Cluster anzuwenden, gewährleistet hierbei, dass trotz Standardisierung das Verfahren den jeweiligen Unterschieden von Datensätzen angepasst werden kann. Darüber hinaus gelten bei der Anwendung der Clusteranalyse nur geringe Anforderungen an die Datenqualität (Bardeleben 1996, S. 211). Zusätzlich zu den geringen Anforderungen hinsichtlich der Datenqualität zeichnet sich die Clusteranalyse – im Gegensatz zu anderen multivariaten Auswertungsverfahren – noch durch einen weiteren Vorteil aus: So werden keine linearen Zusammenhänge zwischen den Ausgangsvariablen der Analyse vorausgesetzt.

In die Clusteranalyse sollten nur solche Variablen einbezogen werden, die von Relevanz für die anvisierte Klassifikation sein könnten (die konkrete Auswahl der Klassifikationsmerkmale wird weiter unten genauer dargestellt). Sie bilden als Merkmalsvariablen von Objekten den Ausgangspunkt eines jeden clusteranalytischen Verfahrens. Darüber hinaus entscheiden sie neben der angewandten Strategie für das Auffinden optimaler Clusterlösungen sowie den darin implizierten vorherigen Festlegungen, wie mit fehlenden Werten umgegangen wird, wesentlich über das Ergebnis der Analyse.

6.4.1.1 Strategien zum Auffinden optimaler Clusterlösungen

Das Auffinden optimaler Clusterlösungen stellt eines der Hauptziele der Arbeit mit diesem Verfahren dar. Hierin impliziert ist die Entscheidung darüber, welche Cluster-Anzahl eine optimale Lösung verbürgt. Inhaltliche Kriterien sind für diese Entscheidung ebenso relevant wie formale: insbesondere die erklärte Streuung und die proportionale Reduktion von Fehlern (Bacher 1994, S. 316): Ausgewählt wird eine Clusteranzahl, die zum einen zu einer deutlichen Reduktion von Fehlern führt, zum anderen solche Cluster ausweist, deren Profile sich möglichst deutlich voneinander unterscheiden. Eine Überprüfung, ob diese Bedingungen erfüllt sind, wird mit einer neuen Stichprobe durchgeführt. Stabil ist eine gefundene Clusterlösung dann, wenn sich hierbei gleiche oder ähnliche Clusterstrukturen bilden. Diese erfordert allerdings eine zweite Personenstichprobe, was in der Regel forschungspraktisch nur in sehr seltenen Fällen realisiert werden kann.

Eine alternative Herangehensweise zur Kontrolle der Stabilität einer gefundenen Clusteranalyse stellt die sog. Halbierungsmethode (Split-half-method) dar. Bei der Halbierungsmethode wird die Stichprobe per Zufall in zwei gleich große Teile gespalten und es werden jeweils unabhängig voneinander Clusteranalysen durchgeführt. Ergeben sich Clusterlösungen, die gleich oder sehr ähnlich sind, wird das Ergebnis der Analyse als stabil bezeichnet.

6.4.1.2 Der Umgang mit fehlenden Werten

Neben der Frage, welches die optimale Anzahl der Cluster ist, stellt der Umgang mit fehlenden Werten bei diesem Verfahren eine gewichtige Entscheidung dar. Im Mittelpunkt steht hierbei die Fragestellung, ob Fälle, bei denen die Werte für bestimmte Variablen nicht vorhandenen sind (sog. missing values), komplett ausgeschlossen werden oder – statt eines Ausschlusses – der Median als Schätzwert eingesetzt werden soll.

Der komplette Ausschluss eines Falles führt oftmals dazu, dass schnell ein erheblicher Teil einer gesamten Stichprobe wegen eines oder mehrerer nicht vorhandener Werte für die Analyse verloren geht. Das Ersetzen eines Wertes durch einen Mittelwert der Variablen, in der Regel durch den Median, kann wiederum dazu führen, dass zwar in der Analyse alle Fälle berücksichtigt werden, sich jedoch im ungünstigsten Fall eine spezielle Gruppe herausbildet, die als sog. „Durchschnittscluster" alle Dimensionen der Auswertung tangiert. „Das Durchschnittscluster wäre dann als ein Artefakt einzustufen, wenn es überwiegend aus Fällen besteht, deren fehlende Werte zuvor durch den Mittel- bzw. Medianwert ersetzt wurden" (Ulbrich-Hermann 1998, S. 80).

Letztlich gibt es für das Problem des Umgangs mit fehlenden Werten im Rahmen einer Clusteranalyse keine einheitliche Vorgehensweise. Unter Berücksichtigung aller möglichen Determinanten obliegt diese Entscheidung der einzelnen Forscherin oder dem einzelnen Forscher.

Eingang in eine Clusteranalyse finden entweder, wie bereits dargestellt, Variablen oder durch eine im vorhinein durchgeführte Faktorenanalyse ermittelte Faktorenwerte, wie im vorliegenden Fall.

6.4.2 Die Faktorenanalyse

Ziel der Faktorenanalyse ist es, den durch eine Vielzahl an Variablen dargestellten hohen Grad an Komplexität dadurch handhabbarer und interpretierbarer zu machen, dass Hintergrundvariablen, also hinter einer Gruppe von Einzelvariablen stehende Dimensionen, ermittelt werden. Sie werden als Faktoren bzw. als Hauptkomponenten bezeichnet

Zu diesem Zweck geht die Faktorenanalyse von den Ergebnissen der Interkorrelationen von Variablen aus: Eine Vielzahl hoch miteinander korrelierender Variablen wird auf wenige varianzstarke Faktoren reduziert. Aufgabe der Analytikerin oder des Analytikers ist es dann, diese zu benennen und zu interpretieren.

Die Durchführung einer Faktorenanalyse kann auf verschiedenen Wegen erfolgen. In der Regel wird sie in vier Schritten durchgeführt: (1.) Der Erstellung von Korrelationsmatrizen, (2.) der Extraktion von Faktoren, (3.) der Rotation von Faktoren und (4.) der Ermittlung von Faktorenwerten.

Die Erstellung von Korrelationsmatrizen

Korrelationsmatrizen sind die Voraussetzung für die Bildung der Faktoren. Sie geben Auskunft über die Stärke des Zusammenhangs zwischen den in die Analyse eingegangenen Variablen. Weisen Variablen nur eine sehr geringe Korrelation zu anderen Variablen auf, so bleiben sie in der Analyse in der Regel unberücksichtigt. In die vorliegende Auswertung der Daten gingen in einem ersten Schritt 35 Variablen ein, die zum Ziel hatten, inhaltlich alle im Fragebogen enthaltenen Ansätze zur Erfassung von Armut widerzuspiegeln. Nach der Korrelation der Variablen wurde die Anzahl auf 21 reduziert. Konkret handelt es sich hierbei um die in Übersicht 6.4.1 dargestellten Variablen.

Die Extraktion von Faktoren

Die Extraktion der Faktoren kann auf unterschiedliche Weise erfolgen, z. B. mittels der Hauptachsenmethode, der Kleinste-Quadrate-Methode oder, wie im vorliegenden Fall angewendet, der Hauptkomponentenmethode. Sie wird weitaus am häufigsten genutzt.

Übersicht 6.4.2.1: In der Analyse verbliebene Variablen

Item	Fragestellung
F31A1	Allgemeiner Schulabschluss (ohne Abschluss, Volks-/Hauptschulabschluss, Realschulabschluss, Fachhochschulreife/Abitur, Sonstiges)
F32A1	Berufsausbildung ((noch) keine Berufsausbildung, Lehre, Fachschule, Fachhochschule/Universität, Sonstige)
F33	Erwerbstätigkeit (nicht erwerbstätig, erwerbstätig, Hausfrau/Hausmann, Rentner/Pensionär, in Ausbildung)
F34	Berufliche Stellung (Arbeiter, Selbständige, Angestellte, Beamte)
F36	Heutige Erwerbstätigkeit (vollzeit unbefristet, vollzeit befristet, teilzeit unbefristet, teilzeit befristet, nicht erwerbstätig)
F37	Sicherheit des Arbeitsplatzes (sehr unsicher, unsicher, sicher, sehr sicher)
F48	Wohnungsgröße (Fläche in qm)
F49	Anzahl der Räume
F50	Beurteilung der Wohnungsgröße (viel zu klein, etwas zu klein, gerade richtig, etwas zu groß, viel zu groß)
F53	Mietverhältnis (Miete ja/nein)
F60A1	Haushaltseinkünfte (eigenes Einkommen oder Einkommen der Partnerin/des Partners)
F60A2	Haushaltseinkünfte (Arbeitslosengeld oder -hilfe)
F60A3	Haushaltseinkünfte (Einnahmen aus Vermietung und Verpachtung)
F60A4	Haushaltseinkünfte (Sozialhilfe)
F60A5	Haushaltseinkünfte (Rente, Pensionen)
F60A6	Haushaltseinkünfte (Bafög, Stipendium, Ausbildungshilfe)
F61A1	Bezug von Arbeitslosengeld, -hilfe oder Sozialhilfe während der letzten 5 Jahre (ja, nein)
F68	Einschätzung der finanziellen Situation (sehr gut, gut, mittelmäßig, schlecht, sehr schlecht)
F72	Finanzielle Rücklagen (ja, nein)
F75	Private Schulden (ja, nein)

Die Rotation von Faktoren

Ziel der Faktorenanalyse ist die Verringerung von Komplexität im Faktorenmodell. Ginge es ausschließlich darum, nur wenige „Hintergrundvariablen" zu identifizieren, wäre es sinnlos, würde die Anzahl der Faktoren auch nach der Extraktion der Faktoren der Anzahl der Variablen entsprechen. Dann hätte man nämlich mit Hilfe des Faktorenmodells keine sparsamere Beschreibung der sozialen Realität erhalten.

Tabelle 6.4.2.1: Matrix der rotierten Faktorenladungen

	Komponente					
	1	**2**	**3**	**4**	**5**	**6**
	Einkommen/ Finanzielle Situation	**Qualität der Wohnverhältnisse**	**Bildung/ Ausbildung**	**Finanz. Situierung**	**Bezug Transferleistungen Arbeit**	**Transferleistungen Ausbildung**
F60A1 Eigenes Einkommen	,873					
F0A5 Rente, Pensionen	-,844					
F33 Status	-,769					
F36 Heute erwerbstätig	,710					
F48 Große Wohnung		,866				
F49 Anzahl Räume		,865				
F53 Mieter		-,660				
F50 Beurteilung Wohnung		,544				
F60A3 Vermietung, -pachtung		,300				
F31A1 Selbst Schulabschluss			,784			
F32A1 Selbst Berufsausbildung			,775			
F34 Berufliche Stellung			,716			
F68 Finanzielle Situation				,683		
F75 Schulden				,678		
F72 Rücklagen				-,672		
F60A4 Sozialhilfe				,424		-,309
F52 Zustand Haus				,408		

	Komponente					
	1	2	3	4	5	6
	Einkommen/ Finanzielle Situation	Qualität der Wohnverhältnisse	Bildung/ Ausbildung	Finanz. Situierung	Bezug Transferleistungen Arbeit	Transferleistungen Ausbildung
F60A2 Arbeitslosengeld/-hilfe					,813	
F61A1 In den letzten 5 Jahren Leistung bezogen					,747	
F37 Arbeitsplatz sicher						-,686
F60A6 BaFöG, Stipendium						,604

Extraktionsmethode: Hauptkomponentenanalyse
Rotationsmethode: Varimax mit Kaiser-Normalisierung.
[a] Die Rotation ist in 6 Iterationen konvergiert.
Dargestellt in der Matrix sind aus Gründen der Übersichtlichkeit ausschließlich Faktorenladungen $\geq$ 0,30.

Die Interpretation der Faktoren

Zum Kernstück einer Faktorenanalyse zählt die Interpretation der berechneten Faktoren, die in der sortierten Darstellung der rotierten Faktorenmatrix in Tabelle 6.4.2 dargestellt sind.

Die Variablen F60A1 (Eigenes Einkommen) sowie F48 (Größe der Wohnung) laden mit einem Wert von.87 und .71 jeweils positiv auf den ersten Faktor. Negativ laden die Variablen F36 (Heute erwerbstätig) und F33 (Status) mit einem Wert von -.84 und -.77.

Die erste positiv auf den Faktor ladenden Variable (F60A1) drückt den aktiven Bezug monetärer Mittel durch Arbeit aus. Hiermit sollte ermittelt werden, inwieweit die Befragten von Unterstützungs- und Transferleistungen abhängig sind oder ihren finanziellen Bedarf durch Erwerbstätigkeit decken. Da es möglich ist, dass Personen zusätzlich zu ihrem eigenen Arbeitseinkommen öffentliche Transferleistungen in Anspruch nehmen, z. B. wenn es sich um eine Teilzeiterwerbstätigkeit handelt, wurde in der Variablen F36 nochmals explizit nach der Art der Erwerbstätigkeit gefragt.

Positiv – im Sinne der Interpretation der Antwortmöglichkeiten im Hinblick auf die im Mittelpunkt der Untersuchung stehende Armutsthematik und auch im Sinne der Kodierung der Antworten – wurde die Situation dann bewertet, wenn die monetären Aufwendungen zur Lebensführung durch den Bezug eines eigenen Einkommens (F60A1) auf Grund einer – möglichst unbefristeten vollzeitlichen – Erwerbstätigkeit realisiert werden.

Negativ – auch hier sowohl im Sinne inhaltlicher Interpretation als auch im Sinne der Kodierung – wurde eine Situation dann bewertet, wenn Personen und Haushalte öffentliche Unterstützungs- und Transferleistungen zur Bestreitung ihres Lebensunterhalts benötigen. Dies schließt den Bezug von Renten und Pensionen, wie er in der Variable F60A5 abgefragt wird, unabhängig von der Höhe und der im ersten Kapitel der Arbeit thematisierten Ambivalenz des Phänomens der Altersarmut ebenso ein wie den gegenwärtigen Erwerbsstatus (F33). Die Variable F33 hat die Merkmalsausprägungen: „nicht erwerbstätig" und „erwerbstätig", „Hausfrau/Hausmann", „Rentner/Pensionär" und „in Ausbildung". Sowohl dieses Merkmal als auch die dargestellten Variablen thematisieren die finanzielle Situation der Befragten, die sich dann auch in der zusammenfassenden inhaltlichen Überschrift „Einkommen/Finanzielle Situation" widerspiegelt.

Die Variablen, die auf den zweiten Faktor laden, thematisieren den Bereich Wohnen: Größe der Wohnung mit einem Wert von .87, Anzahl der Räume mit einem Wert von .86, Beurteilung der Qualität der Wohnung mit einem Wert von .54 sowie mit einem Wert von .30 die Frage nach zusätzlichen Einnahmen aus Vermietung und Verpachtung. Negativ auf den zweiten Faktor lädt ausschließlich die Variable F53 (Mieter oder Wohn- bzw. Hauseigentümer) mit einem Wert von .-67.

Angesichts der auf den Faktor 2 ladenden Variablen wurde die inhaltliche Dimension unter dem Titel „Qualität der Wohnverhältnisse" zusammengefasst.

Faktor 3 trägt die Bezeichnung „Niveau der Bildung und Ausbildung". Die auf diesen Faktor ladenden Variablen bilden die bildungs- und ausbildungsbezogenen Merkmale der Befragung. Die Variable F31A1 (Schulabschluss) lädt mit einem Wert von .78 auf den dritten Faktor und die Variable F32A2 (beruflicher Abschluss) mit einem Wert von .77. Die Variable F34 (Stellung im Beruf) lädt mit einem Wert von .72. Auf Grund des Zusammenhangs zwischen der Stellung im Beruf und den erreichten Bildungs- und Ausbildungszertifikaten erscheint die zusammenfassende Benennung der inhaltlichen Dimension des dritten Faktors mit dem Titel „Bildung und Ausbildung" zulässig.

Faktor 4 trägt – als Ausdruck der inhaltlichen Dimension der auf ihn ladenden Variablen – die Überschrift „Finanzielle Situierung". Am höchsten lädt mit .68 die Variable F68 (finanzielle Situation der Befragten). Die Befragten wurden gebeten, ihre finanzielle Situation einzuschätzen und anzugeben, ob sie mit dem Geld, das ihnen zur Verfügung steht, eher „gut" oder „schlecht" auskommen.

Analysiert man die Rangfolge der Variablen des Faktors 4 weiter, so folgt mit einem Wert von .42, das Merkmal F60A4 (Bezug von Sozialhilfe). Schließlich folgt die Variable F52 (Zustand des Hauses) mit einem Wert von .41. Der Zustand des Hauses – die Merkmalsausprägungen reichten von „in einem guten Zustand" bis hin zu „abbruchreif" – kann als Indikator für finanzielle Situierung des Haushaltes angesehen werden.

Die Variable F72 (finanzielle Rücklagen) lädt mit einem negativen Wert von -.67 auf den vierten Faktor. In diesem Zusammenhang wurde danach gefragt, inwieweit bei den Befragten Möglichkeiten zur Abschwächung monetärer Engpässe vorhanden sind.

Die Frage lautete „Haben Sie finanzielle Rücklagen, über die Sie ggf. verfügen können (Ersparnisse, Geldanlagen usw.)?"

Der vorletzte Faktor 5, der nur noch einen relativ geringen Anteil an der Gesamtvarianz erklärt, lässt sich mit dem Begriff „Transferleistungen Arbeit" beschreiben. Dieser Faktor steht in engem Zusammenhang zum sechsten Faktor „Transferleistungen Ausbildung".

Auf Faktor 5 laden zwei Variablen. Mit einem Wert von .81 lädt die Variable F60A2 (Bezug von Arbeitslosengeld und Arbeitslosenhilfe) sowie die Variable F61A1 (Bezug von Arbeitslosengeld, -hilfe oder Sozialhilfe in den letzten 5 Jahren). Beide Variablen sind inhaltlich nah verwandt und thematisieren die finanzielle Situation von Arbeitslosen.

Ein ähnliches Bild zeigt die Analyse der auf Faktor 6 ladenden Variablen. Hier sind es jedoch nicht die im Fall von Faktor 5 angeführten monetären Dimensionen – auch wenn die Variable F60A4 (Bezug von Sozialhilfe) mit einem Wert von -.31 Eingang gefunden hat. Vielmehr sind es die Variablen F37 (Einschätzung der Sicherheit des Arbeitsplatzes) und F60A6 (Bezug eines Stipendiums, z. B. Bafög) die auf diesen Faktor mit Werten von -.69 (F37) und .60 (F60A6) laden. Diese Merkmale beschreiben recht gut die Situation von Studierenden oder anderen Auszubildenden. In finanzieller Hinsicht müssen sie sich auf Grund ihrer Ausbildungssituation vorübergehend einschränken. Daher ist es naheliegend, diesen Faktor mit dem Titel „Transferleistungen Bildung" zu benennen.

6.4.3 Ergebnisse der Clusteranalyse

Nachdem mit Hilfe der Faktorenanalyse eine Klassifizierung der Variablen vorgenommen wurde, münden diese gewonnenen Faktoren und die aus ihnen abgeleiteten Faktorenwerte, welche die Ausprägungen der einzelnen Personen auf den jeweiligen Faktoren angeben, in die Cluster-analyse ein.

Um insbesondere die Lebenslage der von Armut Betroffenen darzustellen, ist es notwendig, zusätzlich zu den in Übersicht 6.4.1 dargestellten Ergebnissen Hintergrundvariablen (siehe Tabellen im Anhang) in die Interpretation einzubinden. Die Herangehensweise orientiert sich an den vorgelegten Armutskonzepten, wobei das Lebenslagenkonzept den Schwerpunkt bildet. Dieses Verfahren ist auch von Relevanz, sollen – wie im nachfolgenden Teil der Arbeit – die Folgen von Armut vor allem in Bezug auf die Gruppe der Jugendlichen und jungen Erwachsenen dargestellt und Strategien der Prävention von Armut und sozialer Benachteiligung abgeleitet werden.

6.4.4 *Beschreibung der sechs gewonnenen Cluster*

Die Übersicht 6.4.4.1 zeigt zunächst einige Ergebnisse der Clusteranalyse im Überblick.

Übersicht 6.4.4.1: Lebenslagen-Typen nach Clustern – Stadt Gütersloh

	Cluster 1: Die mobilen Karrieristen	**Cluster 2: Die gutsituierten Etablierten**	**Cluster 3: Die wohlhabenden Alten**	**Cluster 4: Die Unter-Durchschnittlichen**	**Cluster 5: Die prekär Lebenden**	**Cluster 6: Die von Langzeitarmut Betroffenen**
Haushalt - Lebensform	Verheiratete mit Kindern und relativ hoher Anteil von Ledigen	Verheiratete mit Kindern dominieren	Verheiratet ohne Kinder und Alleinlebende	Verheiratete mit Kindern, Nichteheliche Lebensgemeinschaften	hoher Anteil von Alleinerziehenden sowie von getrennt Lebenden und Geschiedenen	Verheiratete mit Kindern, Nichteheliche Lebensgemeinschaften und Ledig mit Eltern
Alter	30-44-jährige	vornehmlich 45-49-jährige und 30-44-jährige	60 Jahre und älter	Die Altersklassen 18-29 und 30-44 überwiegen	hoher Anteil der 18-29-jährigen	18-29-jährige und 45-59-jährige bilden die Schwerpunkte
Schulabschluss	Abitur	Realschulabschluss	Volks-/ Hauptschulabschluss	Volks-/ Hauptschulabschluss	Volks-/ Hauptschulabschluss und ohne Schulabschluss	Volks-/ Hauptschulabschluss
Berufsausbildung	Fachhochschule/ Universität	Lehre	Lehre, keine Berufsausbildung	Lehre, noch keine abgeschlossene Berufsausbildung	noch keine abgeschlossene Berufsausbildung, Lehre	Lehre
Status	erwerbstätig	erwerbstätig	Rentner/Pensionär	erwerbstätig	Hausfrau/ Hausmann	nicht erwerbstätig
Stellung im Beruf	Angestellte, Beamte	Angestellte	Arbeiter	Arbeiter	Arbeiter	Arbeiter

Fortsetzung: Übersicht 6.4.4.1: Lebenslagen-Typen nach Clustern – Stadt Gütersloh

	Cluster 1: Die mobilen Karrieristen	**Cluster 2: Die gutsituierten Etablierten**	**Cluster 3: Die wohlhabenden Alten**	**Cluster 4: Die Unter-Durchschnittlichen**	**Cluster 5: Die prekär Lebenden**	**Cluster 6: Die von Langzeitarmut Betroffenen**
Erwerbstätig	vollzeit unbefristet	vollzeit unbefristet, teilzeit unbefristet	nicht erwerbstätig	vollzeit unbefristet	nicht erwerbstätig, Vollzeit befristet	nicht erwerbstätig
Arbeit suchen	-	-	-	geringfügig	ja	ja
Chancen Arbeitsplatz	-	-	-	gering	sehr gering	sehr gering
Einkommensgruppe	höhere Klassen	höhere Klassen	mittlere Klassen	mittlere Klassen	niedrigere Klassen	niedrigere Klassen
Finanzielle Situation	sehr gut/gut	sehr gut/gut	gut	mittelmäßig/schlecht	schlecht/sehr schlecht	schlecht/sehr schlecht

Cluster 1: Die mobilen Karrieristen (N = 279)

Mit 279 Befragten (15,5 %) vereinigt dieses Cluster (15,5 %) die besonders hoch Qualifizierten. Drei Viertel haben die Fachhochschulreife bzw. Hochschulreife erworben und 61,3 % können einen Fachhochschul- bzw. Hochschulabschluss vorweisen. 79,2 % sind erwerbstätig und in der Mehrzahl als Angestellte tätig (62,4 %). Aber auch der Anteil der Beamtinnen und Beamten fällt mit 26,2 % überdurchschnittlich hoch aus. Die Sicherheit des Arbeitsplatzes – in der Regel Vollzeit-unbefristet – wird als sehr hoch angegeben.

Entsprechend dem Bildungsniveau und der Stellung im Beruf gestaltet sich die finanzielle Situation dieser Personen. Es dominieren die höheren Einkommensklassen (ab 4.500 DM monatliches Haushaltsnetto-Einkommen aufwärts). Dementsprechend wird auch die finanzielle Situation als sehr gut oder gut angegeben.

Die – wenn auch potenzielle – Mobilität dieser Gruppe wird deutlich, betrachtet man eher standortbindende Faktoren, wie z. B. Wohn- oder Hauseigentum. Obwohl die höheren Einkommensklassen in diesem Cluster eindeutig dominieren, wird dieses Einkommen im Vergleich zum Beispiel zu der Gruppe der gutsituierten Etablierten nur zu einem sehr geringen Anteil in Wohneigentum investiert, so dass die meisten Befragten zur Miete wohnen.

Insbesondere der hohe schulische und berufliche Status, kombiniert mit einem hohen Einkommen und die Flexibilität hinsichtlich des Wohnortes, legen es nahe, dieses Cluster als *die mobilen Karrieristen* zu benennen.

Die mobilen Karrieristen gehören überwiegend der Altersklasse der 30-44-jährigen an, sind zu einem großen Teil verheiratet und haben Kinder. Aber auch der Anteil der Ledigen mit knapp einem Viertel fällt überdurchschnittlich aus. Geschlechtsspezifische und sozialraumbezogene Besonderheiten sind nicht erkennbar, lediglich der Sozialraum Innenstadt ist ein wenig überrepräsentiert.

Cluster 2: Die gutsituierten Etablierten (N = 697)

Cluster 2 spiegelt mit 697 Personen (38,7 %) die weitaus größte Gruppe in der Stadt Gütersloh wider. Davon sind ca. drei Viertel in unbefristeten Arbeitsverhältnissen beschäftigt. Neben Vollzeit-Stellen (47,8 %) sind vor allem Teilzeit-Stellen (26,3 %) wie in keinem anderen Cluster verbreitet. Generell wird die Sicherheit des Arbeitsplatzes als sehr hoch eingestuft.

Typisch ist der hohe Anteil mittlerer Bildungsabschlüsse sowie eine abgeschlossene Berufsausbildung und die Dominanz der Angestellten. Das monatliche Nettohaushaltseinkommen fällt überdurchschnittlich hoch aus und auch der Anteil der Wohnungs- oder Hauseigentümer erreicht mit 72,2 % einen hohen Wert. Darüber hinaus werden weitere Einkünfte durch Vermietung und Verpachtung erzielt. Angesichts der sicheren Erwerbssituation, der vergleichsweise guten schulischen und beruflichen Qualifikation sowie der zufriedenstellenden finanziellen Situation und des Besitzes von Wohn- und Hauseigentum kann diese Gruppe als *die gutsituierten Etablierten* bezeichnet werden. Im Vergleich zu den mobilen Karrieristen fällt die schulische und berufliche Qualifikation der gutsituierten Etablieren im Durchschnitt niedriger aus (signifikant geringerer Anteil von Hochschulreife und Hochschulabschluss), dafür dominieren sie aber deutlich beim Wohn- und Hauseigentum. Dies hat allerdings eine geringere räumliche Mobilität zur Folge. In finanzieller Hinsicht sind beide Cluster ähnlich.

Die gutsituierten Etablierten sind in der Regel verheiratet und haben Kinder. Andere Lebensformen spielen nur eine untergeordnete Rolle. Bei den Altersklassen dominieren die mittleren Jahrgänge (30-44 Jahre: 46,6 % und 45-59 Jahre: 38,3 %). Mit 61,4 % dominieren eindeutig die Frauen. Das dürfte vor allem auf die dieses Cluster prägende Teilzeit-Beschäftigung zurückzuführen sein, die darin begründet ist, dass Frauen für die Interviewerinnen und Interviewer eher anzutreffen waren als die Männer. Nach Sozialräumen betrachtet ergibt sich keine spezifische Verteilung.

Cluster 3: Die wohlhabenden Alten (N = 456)

Den Schwerpunkt in Cluster 3 mit 456 Personen (25,3 %) bilden die 60-jährigen und älteren, die gemeinhin als die Seniorinnen und Senioren bezeichnet werden. Dieser Personenkreis bezieht in der Regel eine Rente oder Pension, die finanzielle Lage wird als gut beurteilt und das monatliche Nettoeinkommen bewegt sich überwiegend zwischen 2.500 und 3.500 DM. Der Anteil der Wohnungs- oder Hauseigentümer erreicht mit 72,4 % den höchsten Wert aller Cluster.

Bei der schulischen Ausbildung dominiert mit 58,1 % klar der Volks-/Hauptschulabschluss, gefolgt vom Realschulabschluss mit 26,3 %. Im Anschluss an die Schulausbildung absolvierten fast zwei Drittel eine berufliche Ausbildung (Lehre). Für die Erwerbsbiographie dieser Gruppe ist typisch, dass ausschließlich unbefristete Vollzeit-Stellen ausgeübt wurden. Befristete oder Teilzeit-Arbeitsverhältnisse während der aktiven Zeit hat es überhaupt nicht gegeben. In der Gegenwart – siehe hier insbesondere die gutsituierten Etablierten – ist das nicht mehr vorstellbar.

Unter Berücksichtigung der Altersstruktur, der insgesamt zufriedenstellenden finanziellen Situation (neben einer Rente oder Pension werden auch durch Vermietung oder Verpachtung Einnahmen erzielt) sowie der komfortablen Wohn- und Hauseigentumsverhältnisse kann diese Gruppe als *die wohlhabenden Alten* beschrieben werden.

Von den wohlhabenden Alten leben 30,7 % in einem Ein-Personen- Haushalt. Dieser hohe Wert wird nicht annähernd von einem anderen Cluster erreicht. So erreichen beispielsweise die mobilen Karrieristen mit 18,6 % den zweithöchsten Wert. Dieser Effekt wird in den Sozialwissenschaften als die Singularisierung im Alter bezeichnet. Mehr als die Hälfte ist verheiratet, allerdings haben die Kinder die elterliche Wohnung längst verlassen. Sozialraumbezogen können nur geringe Differenzen ermittelt werden. Mit 19,3 % leben überdurchschnittlich viele wohlhabende Alte im Sozialraum Nord, während der Sozialraum Avenwedde Mitte/West unterrepräsentiert ist.

Cluster 4: Die Unter-Durchschnittlichen (N = 232)

In diesem Cluster versammeln sich 232 Befragte (12,9 %). Es unterscheidet sich sowohl nach den allgemeinen als auch nach den beruflichen Bildungsabschlüssen deutlich von den ersten beiden Clustern – siehe hierzu Cluster 1 (die mobilen Karrieristen) und Cluster 2 (die gutsituierten Etablierten). Es ist durch nicht vorhandene oder nur niedrige Abschlüsse geprägt. 52,9 % verfügen über den Volks-/Hauptschulabschluss und 5,3 % haben keinen Schulabschluss erreicht. Die meisten haben eine Berufsausbildung (Lehre) abgeschlossen, was allerdings auf 13,2 % nicht zutrifft.

Knapp drei Viertel der Befragten sind erwerbstätig. Davon ist das Gros (56 %) unbefristet Vollzeit beschäftigt. 12,9 % sind unbefristet Teilzeit beschäftigt. Der Anteil in befristeten Beschäftigungsverhältnissen fällt mit 3,9 % (Vollzeit) und 4,3 % (Teilzeit) leicht überdurchschnittlich aus. Die Arbeitsplatzsicherheit wird insgesamt noch relativ hoch bewertet, allerdings stufen die mobilen Karrieristen und die gutsituierten Etablierten die Sicherheit ihre Arbeitsplatzes signifikant höher ein. Etwas mehr als die Hälfte hat eine Anstellung als Arbeiterin oder Arbeiter, während ein gutes Drittel als Angestellte tätig ist.

Leicht überdurchschnittlich fällt der Anteil derjenigen Befragten aus, die eine Vollzeit- oder Teilzeitstelle suchen. Die Chancen, eine derartige Beschäftigung zu finden, wird allerdings mehrheitlich als gering angesehen. Im Vergleich zu den bisher vorgestellten Clustern sind erstmals arbeitsmarktpolitische Aspekte wie die Suche und das Finden eines Arbeitsplatzes von Relevanz.

Das monatliche Nettoeinkommen liegt schwerpunktmäßig zwischen 1.800 DM und 4.500 DM. Die finanzielle Situation wird dementsprechend mehrheitlich als mittelmäßig, aber immerhin von 18,5 % als schlecht und sogar von 6,5 % als sehr schlecht bezeichnet. Dies spiegelt auch der Wohnstatus der Befragten wider: Drei Viertel sind Mieter.

Die bisher dargestellten Befunde hinsichtlich der schulischen und beruflichen Qualifikation, der Erwerbssituation, der finanziellen Situation sowie des Wohnstatus haben gezeigt, dass die Lebenslage dieses Personenkreises in vielen Bereichen Ähnlichkeiten mit der „unteren Mittelschicht" aufweist. Im Vergleich zu den mobilen Karrieristen und den gutsituierten Etablierten stellt sich ihre Situation bei den oben genannten Merkmalen deutlich ungünstiger dar. Daher erscheint es angemessen, dieses Cluster *die Unter-Durchschnittlichen* zu nennen. Im Hinblick auf zukünftige Risiken – vor allem auf dem Arbeitsmarkt – werden präventive und intervenierende Maßnahmen für die Unter-Durchschnittlichen notwendig sein.

Die Unter-Durchschnittlichen sind in den meisten Fällen verheiratet und haben Kinder. Zudem finden sich hier überdurchschnittlich nichteheliche Lebensgemeinschaften. Hiermit einhergehend ist jeder Fünfte ledig. Die Altersgruppen der 18-29-jährigen und die der 30-44-jährigen weisen die mit Abstand höchsten Anteile auf. Lediglich die prekär Lebenden (Cluster 5) haben in der jüngsten Altersklasse einen höheren Anteil. Die Frauen erreichen einen Anteil von 58,2 %. Die Verteilung über die Sozialräume weist keine Auffälligkeiten auf.

Cluster 5: Die prekär Lebenden (N = 76)

In diesem Cluster stehen mit 76 Befragten (4,2 %) die Frauen im Mittelpunkt. In keinem anderen Cluster fällt mit zwei Dritteln (65,8 %) ihr Anteil so hoch aus. Nach Lebensformen stellen die Verheirateten mit Kindern (40,8 %) die größte Gruppe vor den Alleinerziehenden (21,1 %). Von besonderer Bedeutung ist, dass die Kinderzahl in den befragten Haushalten überdurchschnittlich hoch ausfällt. So sind in 51,6 % der Haushalte mindestens zwei Kinder, in 25 % der Haushalte mindestens drei Kinder und in 17,2 % der Haushalte vier oder mehr Kinder. In 6,3 % der Haushalte sind es sogar fünf Kinder. Auch diese Werte werden in den anderen Clustern nicht annähernd erreicht. Zudem ist der hohe Anteil der 18-29-jährigen (25,0 %) auffällig.

Wie die Analysen bereits deutlich gezeigt haben, sind in erster Linie Alleinerziehende von Benachteiligungslagen betroffen. Defizite sind hauptsächlich im qualifikatorischen Bereich beobachtbar. So können 10,5 % keinen allgemeinbildenden Schulabschluss vorweisen und 56,5 % haben lediglich einen Volks-/Hauptschulabschluss erworben. Die mittleren und höheren Schulabschlüsse werden nur unterdurchschnittlich erreicht. 57,9 % der Befragten haben eine berufliche Ausbildung (Lehre) absolviert. Allerdings haben 25 % der Befragten keinen beruflichen Schulabschluss erlangt.

Wie die niedrige schulische und berufliche Qualifikation, aber auch der hohe Anteil Alleinerziehender nahe legen, sind mehr als zwei Drittel (68,4 %) nicht erwerbstätig. Nur jeder Zehnte – dieser Anteil wird von keinem anderen Cluster unterboten – ist unbefristet Vollzeit beschäftigt. Überdurchschnittlich vertreten sind die befristeten Arbeitsverhältnisse: Vollzeit (7,9 %) und Teilzeit (3,9 %). Von den Erwerbstätigen in diesem Cluster beurteilt jeder dritte seinen Arbeitsplatz als unsicher. Nach der Stellung im Beruf sind die meisten als Arbeiterin oder Arbeiter tätig. Auf der Suche nach einem Arbeitsplatz sind 17,3 % (Vollzeit) und 13,3 % (Teilzeit). Mit anderen Worten: Fast jeder Dritte (30,6 %) sucht eine Arbeitsstelle. Die Chancen, eine Anstellung zu finden, werden jedoch von mehr als der Hälfte skeptisch gesehen.

Die finanzielle Situation stellt sich für diese Gruppe eher bescheiden dar. 47,2 %, also fast die Hälfte verfügt über ein monatliches Nettoeinkommen unter 1.800 DM. 14,3 % müssen sogar mit weniger als 1.000 DM pro Monat auskommen. 47,4 % sind Sozialhilfebezieher. Die Tatsache, dass alle Sozialhilfeempfänger in diesem Cluster vertreten sind, verdeutlicht die (prekäre) Lebenslage dieses Personenkreises. Konsequenterweise wird die finanzielle Lage mehrheitlich als mittelmäßig, schlecht und sehr schlecht bezeichnet. Nicht überraschend ist, dass fast drei Viertel zur Miete wohnen.

Angesichts der erheblichen Defizite in allen Bereichen, die für Lebenslage von Personen bedeutsam sind, ist es naheliegend, dieses Cluster als *die prekär Lebenden* zu bezeichnen.

Jeder Fünfte der prekär Lebenden ist ledig, 5,3 % sind getrennt lebend, und 15,8 % sind geschieden. Nach Sozialräumen betrachtet ergeben sich Schwerpunkte in Spexard und in der Innenstadt. Dagegen ist der Sozialraum Avenwedde Mitte/West deutlich unterrepräsentiert.

Cluster 6: Die von Langzeitarmut Betroffenen (N = 62)

Drei Viertel der in Cluster 6 zusammengefassten 62 Befragten (3,4 %) sind nicht erwerbstätig. Der Anteil der unbefristet Vollzeit-Erwerbstätigen beträgt nur 14,5 % und liegt nur geringfügig über dem Anteil bei den prekär Lebenden. 32,8 % sind auf der Suche nach einer Vollzeit-Stelle, eine Teilzeit-Stelle wird von 9,8 % gesucht. Somit sind 42,6 % der Befragten arbeitssuchend. Die Chancen auf dem Arbeitsmarkt werden allerdings von mehr als der Hälfte als sehr gering bewertet. Der Lebensunterhalt wird in der Regel durch den Bezug von Arbeitslosengeld bzw. Arbeitslosenhilfe bestritten.

48,4 % haben den Volks-/Hauptschulabschluss erlangt, und 64,4 % können eine Berufsausbildung (Lehre) vorweisen. Jeder Fünfte hingegen verfügt über keinen berufsbildenden Abschluss. Besonders charakteristisch für dieses Cluster ist die heterogene Altersstruktur. Hier versammeln sich vor allem die jüngeren, also die 18-29-jährigen sowie die Gruppe der älteren, also die der 45-59-jährigen. Gestaltet sich heute für Jugendliche und junge Erwachsene vor allem der erste Einstieg bzw. der Übergang vom Ausbildungs- zum ersten Arbeitsmarkt als eine wesentliche Hürde, so werden die 45-59-jährigen oftmals als zu alt für eine bestimmte berufliche Positionen erachtet. Sind sie einmal aus dem Arbeitsmarkt ausgeschieden, erfolgt ein Wiedereinstieg nur in sehr seltenen Fällen.

Die überwiegenden Lebensformen spiegeln auch die Alterstruktur wider. Während die Jüngeren vornehmlich ledig sind, in nichtehelichen Lebensgemeinschaften leben oder noch bei den Eltern wohnen, sind die Älteren meistens verheiratet und haben Kinder. Zudem sind sie überdurchschnittlich häufig geschieden oder getrennt lebend.

Bei der Zuordnung nach Einkommen überwiegen die unteren Einkommensklassen. Dieser Situation entsprechend beurteilt der überwiegende Teil dieser Gruppe auch seine finanzielle Situation als schlecht oder sehr schlecht. Angesichts der ungünstigen Chancen dieser Befragten, wieder auf dem Arbeitsmarkt tritt zu fassen, fällt die Benennung dieses Clusters mit der Bezeichnung *die von Langzeitarmut Betroffenen* auch prospektiv aus.

Bei den von Langzeitarmut Betroffenen bestehen keine sozialraumbezogenen Unterschiede. Das Geschlechterverhältnis der von Langzeitarmut Betroffenen ist mit 48,4 % Frauen im Vergleich zu 51,6 % Männern nahezu ausgeglichen.

Zusammenfassende Betrachtung der sechs Cluster

Betrachtet man die Ergebnisse der Clusteranalyse zusammenfassend, so wird deutlich, dass unter der Fragestellung der Arbeit, Armuts- und Benachteiligungslagen darzustellen, insbesondere die Cluster vier, fünf und sechs, also *die Unter-Durchschnittlichen*, *die prekär Lebenden* sowie *die von Langzeitarmut Betroffenen* fokussiert werden müssen. Zwar besteht auch für die in den ersten beiden Clustern vereinten Personen, also die mobilen Karrieristen und die gutsituierten Etablierten, potenziell ein Risiko, kritische Lebensereignisse zu erleben – beispielsweise durch den Verlust des Arbeitsplatzes. Die Faktoren Bildung und Ausbildung sowie Einkommen erhöhen jedoch für diese Gruppen die Wahrscheinlichkeit, dass es sich lediglich um vorübergehende Benachteiligungen handelt, deren Folgen durch vorhandene Ressourcen und Netzwerke abgeschwächt werden können. Ein solches Netzwerk stellt z. B. die Arbeitslosenversicherung dar, von der dieser Personenkreis auf Grund der bereits länger eingezahlten Beiträge in vollem Umfang profitieren würde, und zwar auf hohem Niveau.

Eine andere Gruppe, die von dem derzeit in der Bundesrepublik Deutschland noch vorhandenen Sozialversicherungssystem profitiert, ist die im dritten Cluster versammelte Gruppe der wohlhabenden Alten. Auch wenn alle Prognosen das Problem der Altersarmut nicht als behoben, sondern durch die bei den derzeitigen Älteren oftmals vorhandenen langen Erwerbsbiographien, die in dieser Form und Verbreitung bei den heutigen Arbeitnehmerinnen und Arbeitnehmern nur schwerlich erreicht werden, nur als „vertagt“ betrachten, kann für den überwiegenden Teil der heute lebenden Rentnerinnen und Rentner sowie Pensionärinnen und Pensionäre keine akut vorhandene Benachteiligung konstatiert werden. Ganz im Gegenteil: ein großer Anteil Älterer beurteilt die eigene finanzielle Situation sogar als gut.
Anders gestaltet sich die Situation, betrachtet man die folgenden drei Cluster, angefangen von Cluster 4, den *Unter-Durchschnittlichen*, über Cluster 5, den *prekär Lebenden*, bis hin zu Cluster 6, den *von Langzeit-Armut Betroffenen*.

Betrachtet man Cluster 4, so kann zwar festgestellt werden, dass der größte Anteil derer, die hier zusammengefasst sind, noch erwerbstätig ist. Die finanzielle Situation wird jedoch als mittelmäßig und schlecht beurteilt. Dieses Cluster ist das erste, das auch Personen beinhaltet, die mit der Situation, eine neue Arbeits- bzw. Ausbildungsstelle suchen zu müssen, bereits Erfahrungen gesammelt haben.
Bildungs- und ausbildungsmäßig verfügen die Personen des Clusters 4 mit dem Vorhandensein eines Volks- bzw. Hauptschulabschlusses über die Minimalvoraussetzungen. Allerdings verweist der große Anteil derer, die für sich nur geringe Chancen auf dem Arbeitsmarkt sehen, auf ein Problempotenzial, das spätestens im Fall eintretender Arbeitslosigkeit zu tatsächlichen Problemlagen führen kann.

Kritische Lebensereignisse betreffen aber nicht nur den Verlust von Erwerbstätigkeit und Einkommen. Als solche können auch plötzlich notwendig werdende finanzielle Aufwendungen verstanden werden. Hier ist bei den im vierten Cluster vereinten Personen davon auszugehen, dass finanzielle Rücklagen solche Aufwendungen nur in geringem Maß noch auffangen können. Das Einkommen bewegt sich auf einem mittleren Niveau. Übersteigen die Aufwendungen jedoch einen antizipierten Umfang, kann dies zu monetären Belastungen führen, die sich auch über die monetäre Dimension hinaus auswirken können (siehe hierzu das folgende Kapitel).

Die bedeutendsten Unterschiede zwischen den Personen, die dem Cluster 4 zugeordnet wurden, und denen, die im Cluster 5 vereint sind, sind die Lebensform und die Stellung im Beruf: Sind es in Cluster 4 vor allem Verheiratete mit Kindern und in nicht-ehelichen Lebensgemeinschaften Lebende, so befindet sich im Cluster 5 ein großer Anteil Alleinerziehender sowie getrennt Lebender und geschiedener. Altersmäßig liegt hier der Schwerpunkt bei den jüngeren, von denen zwar ein kleinerer Teil bereits eine Lehre absolviert, der größere Anteil aber noch keine Berufsausbildung abgeschlossen hat.

Es handelt sich also bei einem überragenden Anteil der in Cluster 5 befindlichen Personen um solche, die sich in Übergangspositionen befinden, entweder – durch den Alleinerziehenden-Status zwischen Familie und Beruf oder durch den Ausbildungsstatus zwischen Ausbildung und Arbeitsmarkt. Prekär gestalten sich diese Konstellationen insbesondere auf Grund relativ schlechter Rahmenbedingungen, z. B. im Bereich Bildung – die meisten kommen, sofern sie überhaupt einen Abschluss nachweisen können, nicht über der Volks- bzw. Hauptschulabschluss hinaus –, verbunden mit einer sehr pessimistischen Einschätzung der Chancen, einen Arbeits- oder Ausbildungsplatz zu erhalten.

Im Gegensatz zu Cluster 4 bezeichnet der überwiegende Teil der in Cluster 5 gruppierten Personen die finanzielle Situation als schlecht oder als sehr schlecht. Das monatliche Haushaltsnettoeinkommen liegt deutlich unter dem Durchschnitt. Konnte bei den Cluster 4 zugeordneten Personen noch davon ausgegangen werden, dass z. B. nicht-antizipierbare finanzielle Aufwendungen in einer gewissen Größenordnung noch aufgefangen werden können, so gilt dieses für die Personen in Cluster 5 nicht mehr. Rücklagen sind nicht vorhanden. Dies zeigt der hohe Anteil der Befragten, der in den letzten fünf Jahren bereits auf laufende Hilfe zum Lebensunterhalt angewiesen war.

Bei dieser Gruppe muss davon ausgegangen werden, dass der „normale“ Alltag unter nicht unerheblichen Einschränkungen bewältigt werden muß. Für darüber hinausgehende Ereignisse sind daher keinerlei Ressourcen vorhanden. Dass diese Situation ähnlich auch auf nicht-monetäre Bereiche ausgeweitet werden kann, wird im folgenden Kapitel herausgearbeitet.
Sofern man die Cluster 5 und 6 als Sequenz begreift, könnte Cluster 6 auch als eine Darstellung der Folgen betrachtet werden, wenn die im Cluster 5 dargestellten prekären Lebenslagen – zum Beispiel durch einen Misserfolg beim Übergang von der Ausbildung in den Arbeitsmarkt – scheitern und in Armutslagen münden.

Der Schwerpunkt der in Cluster 6 vereinten Personen liegt bei den Nicht-Erwerbstätigen. Betrachtet man die Hauptaltersgruppen des Clusters 6, so fällt besonders auf, dass es sich hierbei um zwei Gruppen handelt, die beide in der Regel durch den Status der Erwerbstätigkeit gekennzeichnet sein sollten, nämlich die Gruppe der 18-29-jährigen und die 45-59-jährigen. Die extrem hohe Arbeitslosigkeit ist es jedoch, die bei den in Cluster 6 vereinten Personen strukturtypisch ist. Darüber hinaus weist dieses Cluster den größten Anteil an Bezieherinnen und Beziehern der Transferleistungen Arbeitslosengeld bzw. Arbeitslosenhilfe auf.

Die vor dem Bezug der Leistungen ausgeübten Beschäftigungen können jedoch keinesfalls mit denen zum Beispiel der mobilen Karrieristen (Cluster 1) oder der gutsituierten Etablierten (Cluster 2) verglichen werden – unter anderem vermittelt durch den Faktor Bildung und Ausbildung. Entsprechend gering fällt auch die Höhe der in Anspruch genommenen Leistungen aus. Die finanzielle Situation wird daher durchgehend als schlecht oder sehr schlecht beurteilt.

Für die gesamte Betrachtung der durch die Analyse gewonnenen Cluster ist im Hinblick auf die Themenstellung der Arbeit noch festzustellen, dass es insbesondere die Cluster vier, fünf und sechs sind, in denen Jugendliche und junge Erwachsene dominieren. Bis auf Cluster 6, wo diese Altersgruppe einen Anteil von 14,8 % stellt, bilden sie die größte Gruppe sowohl bei den „Unter-Durchschnittlichen", mit 22,5 %, als auch bei den in prekären Lebenslagen Lebenden, mit 25 %.

7. Bedingungsfaktoren und Folgen von Armut im Kindes- und Jugendalter

In der Bundesrepublik wachsen immer mehr Kinder und Jugendliche in Armut auf. Seit einigen Jahren zeigen sozialwissenschaftliche Studien, dass Kinder und Jugendliche inzwischen diejenigen Gruppen sind, die am häufigsten von Armut bedroht sind (Hanesch et al. 1994, Hauser 1995, Bieback & Milz 1995, Geißler 1996). Die absolute Zahl der Kinder und Jugendlichen unter 15 Jahren, die in der Bundesrepublik in Armut leben, liegt bei etwa 2,8 Millionen. Damit wächst jedes fünfte Kind und jede(r) fünfte Jugendliche im Alter bis zu 15 Jahren in (Einkommens-)Armut auf (Statistisches Bundesamt 1997, S. 523).

Das Thema „Kinder und Jugendliche in Armut" wurde in den modernen Wohlfahrtsgesellschaften, besonders in der Bundesrepublik Deutschland, seit geraumer Zeit als erledigt oder zumindest als vernachlässigbare Größe angesehen. Die sozialstaatliche Kompensation sozialer Ungleichheit in ihrer Extremausprägung Armut wurde als Garant für eine unbeschwerte und chancenreiche Kindheit und Jugend gesehen. Zwar gab es immer soziale „Randgruppen" und einkommensschwache Haushalte, in denen auch Kinder und Jugendliche heranwuchsen, aber diese Haushalte waren zum einen nicht sehr häufig und zum anderen wurden die Expansion des Bildungswesens, die Dynamik des Arbeitsmarkts sowie allgemeine Wohlstandszuwächse gerade auch für diese Kinder und Jugendlichen als ausreichende Chancen zur Teilhabe betrachtet.

In den 1990er Jahren hat sich diese Situation grundlegend geändert. Wachsende Arbeitslosigkeit bedroht die Jugendlichen nicht erst bei ihrem Eintritt in die Berufswelt, sondern greift über die Arbeitslosigkeit der Eltern schon früh in die kindliche und jugendliche Sozialisation ein. Hinzu tritt eine neuartige „Spreizung" der Sozialstruktur, eine Zunahme an den Polen „arm" und „reich" des sozialen Ungleichheitsspektrums. Das heißt: heute existieren mehr Haushalte, die im Bereich der Armut und des „prekären Wohlstands" (Hübinger 1996) leben, ebenso wie eine wachsende Zahl von Haushalten im gehobenen Einkommensbereich (Zimmermann 1995).

Tabelle 7.1 gibt einen Überblick über die Armutsbetroffenheit der Kinder und Jugendlichen in der Bundesrepublik nach dem Kriterium der Einkommensarmut. Dabei kann festgehalten werden, dass gegenüber den Zahlen von 1990 sich im Jahre 1995 die Struktur der Armut in West- und Ostdeutschland angeglichen hat. Der Überblick über die Daten macht deutlich, dass Kinder und Jugendliche überproportional stark von Armut betroffen sind. So sind im Jahre 1995 13 % der West- und 11,5 % der Ostdeutschen arm. Die Altersgruppe der Kinder und Jugendlichen unter 15 Jahren weist dabei deutlich erhöhte Armutsquoten von 21,8 % in West- und von 19,7 % in Ostdeutschland auf. Des weiteren zeigt die Tabelle, dass kinderreiche Familien, alleinerziehende Haushalte sowie ausländische Haushalte besonders von Armut betroffen sind.

Tabelle 7.1: Kinder und Jugendliche in Einkommensarmut (Angaben in Prozent)

	West		Ost	
	1990	1995	1990	1995
Personen in Armut				
Insgesamt	10,5	13,0	3,4	11,5
Kinder unter 15 Jahren	16,7	21,8	5,1	19,7
Haushalte in Armut				
Deutscher Haushaltsvorstand	9,4	10,0	3,4	11,5
Migranten	26,3	26,1	-	-
Familien mit drei und mehr Kindern	26,0	31,4	9,3	46,2
Alleinerziehende	36,2	42,4	16,1	35,5

Quelle: Statistisches Bundesamt 1997, S. 523f.; Datenbasis: SOEP 1984-1995.

Die starke Betroffenheit der Kinder und Jugendlichen von Armut hängt mit den strukturellen Veränderungen in der Gruppe der Armutsbevölkerung zusammen:

- Bis etwa zur Mitte der 1980er Jahre galt, dass überwiegend ältere Menschen und hierunter insbesondere Frauen mit unzureichender Rente in Armut lebten. Heute ist die Hauptursache für die Betroffenheit von Armut die Arbeitslosigkeit. Arbeitslosigkeit bezieht sich auf Personen im erwerbsfähigen Alter, also Menschen im Alter von etwa 20 bis 55 Jahren, die in der überwiegenden Zahl in Familien leben und dort die Elterngeneration darstellen.
- Weiterhin hat der Anteil Alleinerziehender an der Gesamtbevölkerung in den letzten Jahren stark zugenommen. Insgesamt sind etwa 15 % aller Familien in der Bundesrepublik Deutschland Einelternfamilien. Von diesen Familien leben vier von zehn in Einkommensarmut (vgl. Tab. 7.1).
- Kinderreiche Familien stellen eine weitere Bevölkerungsgruppe, die von Armut bedroht ist. Kinder verursachen in der Bundesrepublik monatliche Kosten, die gegenwärtig, je nach Haushaltstyp, mit etwa 400 bis 800 DM pro Kind zu veranschlagen sind. So setzt die OECD den Einkommensbedarf für Kinder unter 14 Jahren auf 50 % des Äquivalenzwertes eines Erwachsenen und die aktuellen Regelsätze der Sozialhilfe setzten den Einkommensbedarf auf 65 % des Haushaltsvorstandes fest. Bei drei und mehr Kindern können monatliche Ausgaben zusammenkommen, die eine Normalverdiener-Familie in den Bereich der Einkommensarmut drängen. Entsprechende Berechnungen zeigen, dass Familien mit drei und mehr Kindern in Ostdeutschland zu 46 % und in Westdeutschland zu 31 % arm sind (Tab. 7.1).

Diese Entwicklungen in den letzten Jahren machen zusammengenommen deutlich, warum Kinder und Jugendliche so stark von Armut betroffen sind. Neben einer wachsenden Minderheit der Kinder und Jugendlichen, die in Armutsverhältnissen aufwachsen, lebt auf der anderen Seite des sozialen Spektrums aber eine ebenfalls wachsende Zahl in sehr wohlhabenden Familien (Bundesministerium für Arbeit und Sozialordnung 2000).

Diese Scherenentwicklung des Lebensstandards in der Bundesrepublik Deutschland führt dazu, dass die gesellschaftliche Norm des „guten Lebens" für immer weniger Kinder und Jugendliche erreichbar ist. Dabei ist zu berücksichtigen, dass Kinder und Jugendliche ihre Teilhabechancen in Konsum und Freizeit an einer sozialen Welt orientieren, die ganz überwiegend dem Lebensstil der oberen Hälfte des sozialen Spektrums entspringt. Auch das „Mithalten-Können" innerhalb der näheren Freundesgruppe, in Nachbarschaft oder Schule ist wichtig und fordert permanent Vergleichsprozesse heraus. Die kommerzielle Werbung und Darstellungen in den Massenmedien verstärken diese Tendenzen.

Aufwachsen in Armut kann deshalb zu einer psychosozialen Belastung fortschreiten, die einen Ausschluss aus vielen sozialen und kulturellen Lebensbereichen nach sich zieht und damit die Startchancen nachhaltig beeinträchtigt. Für Kinder und Jugendliche haben Armutssituationen daher oftmals einen schicksalhaften Charakter, denn sie können die Auswirkungen weniger kaschieren als die Erwachsenen. Können Erwachsene freigewählte Entscheidungen des Verzichts „vorspielen", so wird ein Nicht-Mithalten-Können in kindlichen und jugendlichen Alltagsroutinen von den Gleichaltrigen schnell als Mangel entlarvt. In dieser Situation ist ein sich selbst verstärkender Prozess der sozialen Randstellung, der negativen Zuschreibung und Erwartungshaltung der sozialen Umwelt erwartbar (Böhnisch 1995).

Lange Zeit standen insbesondere in den Sozialwissenschaften vor allem die „Sonnenseiten" der Verschiebung der Lebenssituation aller Bevölkerungsgruppen in Richtung einer Individualisierung im Fokus der Aufmerksamkeit. Traditionelle Bindungen an Herkunft und Rollenvorgaben bauen sich hiernach ab. Schon für Kinder und Jugendliche sind infolgedessen die Freiheitsgrade zur Gestaltung ihrer individuellen Lebensweise und ihrer subjektiven Lebenswelt durch einen eigenständigen Lebensstil stark angestiegen. Ehemals eher durch soziale Klassen und Schichten manifestierte Trennungen, in die jemand hineingeboren wurde, werden hiernach durch individuelle Entscheidungsoptionen aufgehoben, soziale Milieus werden durchmischt.

Trotz gesellschaftlicher Individualisierungstendenzen hat jedoch keine Nivellierung sozialer Ungleichheiten stattgefunden: Betrachtet man die dargestellten Ergebnisse zusammenfassend, so wird deutlich, dass es – neben ausländischen Bürgerinnen und Bürgern – vor allem Kinder und Jugendliche sind, die als von Armut betroffen bezeichnet werden können. Erleben sie heute *zum einen* im Kontext eines Aufwachsens in kinderreichen Familien nach allen dargestellten Ansätzen, auch über die Stadt Gütersloh hinaus, Armut vermittelt über ihre Eltern, so treten sie, *zum anderen*, an der ersten Schwelle zum Arbeits- bzw. Ausbildungsmarkt erneut in die Armutspopulation ein.

Insbesondere in Bezug auf das Erleben relativer Armut in der Lebensphase Kindheit und Jugend werden diese über soziale Vergleichsprozesse vermittelt; stress- und langfristig sozialisatiorisch wirkende Faktoren stehen hierbei in einer engen Verbindung.

7.1 Handlungs-, sozialisations- und stresstheoretische Grundlagen

Grundlage einer Vielzahl theoretischer Betrachtungen der Lebensphase Jugend sind handlungstheoretische Modelle. Ihr Ziel ist die Erklärung der Genese von Sozialität, Identität und Individualität, die individuelle und gesellschaftliche Bezüge sowie institutionelle Kontexte berücksichtigt. Sie haben ihren Ausgangspunkt vielfach im handlungstheoretischen Konzept G. H. Meads (1934; 1968).

Im Zusammenhang mit Meads Intention, das „Ich" als sozial Entstandenes zu begreifen, sind in seiner Konzeption Identität und Sozialität über den Begriff des Handelns eng miteinander verbunden. Eine wesentliche Voraussetzung von Handeln in diesem Ansatz ist das Erkennen von und das Leben in Lebenswelten, die von den subjektiv handelnden Individuen als objektive Wirklichkeit wahrgenommen werden. Erkennen im Mead'schen Sinne ist geprägt durch eine „sinnphysische Wahrnehmung" von Dingen „unserer Umwelt, mit denen wir umgehen, [die auf die] Sinnesorgane unseres Körpers einströmen und von dessen Zentralnervensystem verarbeitet werden" (Schmitz 1984, S. 99). Die Historizität der Dinge setzt voraus, dass diese als interpretierte, also mit einer anhaftenden Bedeutung versehen, erkannt werden müssen. Die Bedeutung selbst entsteht in der Relation des Organismus zu seiner Umwelt, also durch Handeln: In der sozialen Handlung ist der „Mechanismus der Bedeutung vor dem Auftreten des Bewußtseins der Bedeutung gegeben. Die Handlung oder anpassende Reaktion des zweiten Organismus gibt der Gebärde des ersten Organismus ihren jeweiligen Sinn" (Mead 1968, S. 115).

Die Fähigkeit, durch signifikante Symbolisierung die Reaktion des Anderen zu antizipieren, um in einem zweiten Schritt ein Handeln auszubilden, das den Verhaltenserwartungen des „generalisierten Anderen" entspricht, verdeutlicht Mead in der Darstellung kindlicher Spielformen mit den Begriffen „play" und „game".

„Play" bezeichnet das nachahmende Spiel, bei dem das Kind die Möglichkeit hat, die Rolle des Anderen zu mimen und ohne Folgen auch zu wechseln. Als Voraussetzung für dieses Üben von Verhaltensantizipation darf der Andere nicht spezifischer Träger einer Rolle von Bedeutung sein. Vielmehr muss „seine Person für das Handlungssubjekt – durch 'Personalisierung' – die Lebenswelt als eine Gesamtheit von Verhaltenserwartungen ausdrücken" (Schmitz 1984, S. 100).

Die Verhaltenserwartungen mehrerer Personen kennzeichnen „game"; diese Erwartungen muss das Handlungssubjekt übernehmen. Die „Anderen sind dabei aber keineswegs unzusammenhängende Teile, sondern Funktionsinhaber in arbeitsteilig zielgerichteten Gruppen. Der Handelnde muß sich an einem für alle Handelnden gültigen Ziel orientieren" (Joas 1991, S. 139). Die eigene Rolle kann nicht spontan gewechselt werden.

Dieses Handeln, dass die einzelne Person nur noch als Rollenträger auftritt, bezeichnet Schmitz (1984) als charakteristisch für das der Erwachsenen. Interaktion ist ein Prozess der ständigen Überprüfung der Vorstellung, die man sich von der Alter-Rolle macht, ein tentativer Prozess.

Sozialisierte „Persönlichkeit entsteht in seiner [Meads, C. P.] Konzeption als Produkt zweier Größen, der eher sozialen Komponente des 'Me' und der eher psychischen Komponente des 'I'„ (Hurrelmann 1990, S. 49). Das „I“, das einen konstitutiven Antriebsüberschuss zur Grundlage hat, bezeichnet zudem das Prinzip der Spontaneität und Kreativität. Der Antriebsüberschuss wird durch das „Me“ kanalisiert. Soll ein einheitliches Selbstbild entstehen, müssen die „Mes“ synthetisiert werden. Die Folge ist die Entstehung von „self“, „Ich-Identität als einheitliche und doch auf Verständigung mit stufenweise immer mehr Partnern hin offene und flexible Selbstbewertung und Handlungsorientierung“ (Joas 1991, S. 139). Im gleichen Zuge entwickelt sich eine stabile und ihrer Bedürfnisse sichere Persönlichkeitsstruktur.

Eingang gefunden in neuere theoretische Modelle der Sozialisation haben die Grundlegungen Meads vor allem in den Ansatz des „produktiv-realitätsverarbeitenden Subjekts“ (Hurrelmann 1983; Hurrelmann 1988; Hurrelmann, Mürmann & Wissinger 1986). Ziel dieses Ansatzes ist es insgesamt, in der Sozialisationstheorie die reduktionistischen und eindimensionalen Positionen in Soziologie und Psychologie, die sich durch einen Zuschnitt ihrer Erklärungsansätze entweder auf „Makro“- oder auf „Mikro“-Dimensionen der Realität auszeichnen, zu überwinden. Umfassend werden aus diesem Grund die gesellschaftlichen, institutionellen und organisatorischen Kontexte, insbesondere die Rahmenbedingungen familialer, peer-group-bezogener und schulischer Sozialisation als Bedingungen der Persönlichkeitsentwicklung mitberücksichtigt (Hurrelmann 1983).

Ausgangsannahme des Modells des „produktiv-realitätsverarbeitenden Subjekts“ ist das Verständnis von einem produktiv und kreativ seine Umwelt gestaltenden und verarbeitenden Individuum. Im Vordergrund steht die dialektische, interdependente und interaktive Beziehung zwischen Mensch und Umwelt, die eine Analyse von Persönlichkeitsbildung und -entwicklung innerhalb sozialer Interaktionsstrukturen zulässt: „Gesellschaftliche Bedingungen beeinflussen, determinieren aber nicht die menschlichen Bewußtseins- und Handlungsstrukturen. Menschliches Bewußtsein und menschliches Handeln ist kein mechanischer Ausdruck der sozialen Strukturen. Vielmehr bilden sich aus dieser Theorie die sozialen Strukturen aus den wechselseitigen Beziehungen der Menschen untereinander“ (Hurrelmann 1983).

Sozialisation bezeichnet die Entwicklung, in der sich ein mit einer biologischen Grundausstattung versehener Organismus zu einer sozial handlungsfähigen Persönlichkeit bildet. Dieser Prozess findet über den Lebenslauf hinweg und in Auseinandersetzung mit den Lebensbedingungen statt (Heitmeyer & Hurrelmann 1992). Ich-Identität ist das normativ gesetzte Ziel dieses Prozesses (Hurrelmann & Ulich 1982; Erikson 1966). Das sich in der Adoleszenz entwickelnde Selbstbild und autonome Selbstgefühl (Mansel & Hurrelmann 1991, S. 11), die Erfahrung des „Selbst als Subjekt“ (Nunner-Winkler 1985, S. 480) oder auch die Fähigkeit, seine Lebensgeschichte bzw. Biographie zu übernehmen, „sich darüber klarzuwerden, wer man sein will“ (Habermas 1981, S. 150), wird sozialisationstheoretisch prozessual und mit dem Erwerb von Handlungskompetenz zur Bewältigung der sich aus den für die Jugendphase als typisch zu erachtenden Entwicklungsaufgaben ergebenden Anforderungen verbunden.

Insgesamt handelt es sich bei dem Modell des produktiv seine Realität verarbeitenden Subjekts um eine auf die Jugendphase spezifizierte Darstellung tentativer Interaktionsprozesse: „Persönlichkeitsbildung und -entwicklung wird als ein Geschehen begriffen, auf dessen Verlauf und Ergebnis eine Person selbst in allen Abschnitten des Lebenslaufs Einfluß hat" (Hurrelmann 1990, S. 77).

Abweichende und auffällige Formen der Persönlichkeitsentwicklung entstehen als Folge einer Unausgewogenheit individueller und sozialer Ressourcen gegenüber ereignis- und situationsspezifischen Handlungsanforderungen, also als eine Störung eines Gleichgewichtsstadiums zwischen sozial-ökologischen, körperlich-physiologischen und innerpsychischen Prozessen. Sind personelle Fähigkeiten und Fertigkeiten sowie soziale Ressourcen nur unzureichend vorhanden, dann fehlen die Voraussetzungen für ein autonomes und zielorientiertes Handeln. Stress, der sich in sozial, psychisch und organisch „auffälligen" Formen der Persönlichkeitsentwicklung und des Verhaltens niederschlagen kann, kann die Folge sein (Hurrelmann 1990).

Der Begriff „Stress" wurde von Cannon (1914) in die humanwissenschaftliche Diskussion eingeführt. Cannon und später auch Selye befassten sich mit der Reaktion des Organismus auf physikalische Umwelteinflüsse. Durch Selye, der zu den bekanntesten Stressforschern zählt, hat das Stresskonzept zu seiner heutigen Verbreitung gefunden (Semmer 1988).

Die Grundannahme stresstheoretischer Betrachtungen ist, dass verschiedene Situationen eine besondere Anpassungsleistung erfordern. Wenn diese Anpassungsleistungen von zu langer Dauer oder zu hoher Intensität sind, dann können sie Folgen sowohl für die psychische als auch für die physische Gesundheit haben. Die entscheidenden Merkmale der Situationen werden vor allem qualitativ definiert.

Theoriegeschichtlich fand eine Entwicklung stresstheoretischer Modelle ausgehend von dem sogenannten Stimulus- und Reaktionskonzept statt: Das Stimuluskonzept benannte – unabhängig von der emotionalen Bedeutung – vor allem äußere Ereignisse selbst als Stress oder als Auslöser von Stress. Jede Reaktion auf diese Ereignisse konnte somit auch als Stressreaktion bezeichnet werden. Beim Reaktionskonzept wurde allein von der Reaktion der Person ausgegangen: Physiologische, verhaltensbezogene und emotionale Veränderungen einer Person dienten der Identifikation von Stressoren.

Vor allem das beiden Ansätzen zu Grunde liegende mechanistische S-R-Schema, mit dem die große interindividuelle Variabilität von Reaktionen auf gleiche Bedingungen nicht erklärbar war, führte zu einer Verstärkung der Forschung in eine andere Richtung: den transaktionalen Stressansätzen und den Ressourcenansätzen.

Liegt das Hauptaugenmerk der Ressourcenkonzepte besonders auf internen und externen Ressourcen, die einer Person zur Bewältigung von Stress zur Verfügung stehen, so betrachten die transaktionalen Ansätze Stress als Ergebnis einer Interaktion zwischen Person und Umwelt (Badura & Pfaff 1989). Im Vordergrund stehen hier die kognitiven Einschätzungs- und Bewertungsprozesse.

Neben rein biologischen und psychologischen Betrachtungsweisen zeichnet sich die Stressforschung durch eine sehr frühe eigenständige Konzeptionierung – auch in sozialpsychologischer Hinsicht – aus, wenngleich zwischen den einzelnen und disziplinär geprägten Ansätzen zahlreiche Verbindungen bestehen. So liegt fast allen Stresskonzepten die Annahme eines Ungleichgewichts zu Grunde, wie es zum Beispiel Semmer (1988) und Badura und Pfaff (1989) definieren. Semmer beschreibt Stress als eine Anforderung aus der Umgebung (oder auch aus der Person selbst), die über ein – wie auch immer definiertes – „Normalausmaß“ hinausgeht und damit Anlass zu einer besonderen Bewältigungsreaktion („Coping“) gibt (Semmer 1988, S. 744). Badura und Pfaff (1989, S. 644) stellen fest, dass Stress immer dann stattfindet, „wenn eine Diskrepanz oder ein Konflikt besteht zwischen Lebensbedingungen, Zwängen und Erwartungen auf der einen Seite und individuell gegebenen Bedürfnissen, Fähigkeiten und Ressourcen auf der anderen – und dieses Mißverhältnis vom einzelnen als sein Wohlbefinden bedrohend oder beeinträchtigend erfahren wird.“

Neben diesen definitorischen Übereinstimmungen können darüber hinaus jegliche psychischen und sozialen Prozesse – trotz disziplinär unterschiedlicher Schwerpunkte – nur an den „biologischen“ Träger gebunden beschrieben werden (Nitsch 1981, S. 52), so dass auch die konzeptionellen Grenzen lediglich als theoretische den jeweiligen Fokus der Betrachtung beschreiben.

Im Hinblick auf den dieser Arbeit zu Grunde gelegten handlungs- und sozialisationstheoretischen Zugang zur Beschreibung der Strukturen der Lebensphase Jugend sollen vor allem zwei unterschiedliche Foki verwendet werden: Anknüpfend an die in den einzelnen Lebensbereichen Familie, Schule und Freizeit dargestellten Veränderungen, sollen die sich aus diesen Veränderungen ergebenden Belastungen und Anforderungen, die den Prozess der Integration kennzeichnen, mittels eines eher als psychologisch zu bezeichnenden Ansatzes, dem von Lazarus, aufgezeigt werden. Dieses geschieht anhand ausgewählter empirischer Befunde der neueren Stress- und Belastungsforschung.

Jugendliche sind heute aber nicht nur in allen lebensweltlichen Bereichen einer Vielzahl an Handlungs- und Bewältigungsanforderungen ausgesetzt. Sie müssen darüber hinaus alle diese Anforderungen koordinieren und eine eigene Identität ausbilden, sich also individuieren. Zur Explikation dieser sich aus dem Prozess der Individuation und der Spezifität der Lebensphase Jugend ergebender Anforderungen und Belastungen wird ein eher als soziologisch zu bezeichnender Ansatz, der von Pearlin, aufgegriffen. Auf Grund der bislang nur unzureichend vorliegenden Operationalisierung ist diese Darstellung als eine rein theoretische gestaltet.

7.1.1 Der Ansatz von Lazarus

Lazarus (1966; Lazarus & Launier 1981) entwickelt ein Stresskonzept, dem das metatheoretische Konzept der Transaktion zu Grunde liegt. Einseitig reiz- und reaktionsorientierte Ansätze sucht er hiermit zu überwinden (Lazarus & Launier 1981; Niemann 1992): Ausschließlich reizorientierte Ansätze neigen zu einer Ausblendung psychischer Vermittlungsprozesse; sie betrachten Stress als ein störungsreaktionsinduzierendes Ereignis und sehen in äußeren Reizkonstellationen die Determinanten von Stressreaktionen. In ihrer Logik der positivistischen oder behavioristischen S-R-Tradition sind sie jedoch nicht in der Lage, innere Motive, Gedanken und Gefühle als Mediatoren zu berücksichtigen (Lazarus & Launier 1981), und somit ungeeignet, individuell unterschiedliche Reaktionen zu erklären. So findet bei den ausschließlich reaktionsorientierten Modellen eine Ausblendung der Ursachen statt. Stress wird hier als Antwort oder Reaktion auf Umwelt- oder Lebensereignisse verstanden, also als „Anpassungsreaktion des Organismus auf extern bedingte Notfälle" (Lazarus & Launier 1981), ohne die Konstitution von Stressoren erklären zu können.

Der transaktionale Ansatz von Lazarus geht von diesen Schwächen rein reiz- und reaktionsorientierter Modelle aus und nimmt eine umfassendere Definition von Stress vor. Verstanden wird hierunter jede innere oder äußere Anforderung, die die Anpassungsfähigkeit eines Individuums auf der sozialen und/oder organischen Ebene beansprucht oder übersteigt. Stress kann sich in diesem Sinne sowohl auf soziale, individuelle wie auch auf organische Ebenen beziehen (Lazarus & Launier 1981, S. 226). Eine Beanspruchung solcher Anpassungsfähigkeit liegt immer dann vor, wenn Fähigkeiten mobilisiert werden müssen: „Je größer die Mobilisierung ist, desto größer ist der Aufwand und desto fraglicher wird das Ergebnis" (Lazarus & Launier 1981, S. 226). Stress im transaktionalen Ansatz beschreibt demnach einen Prozess. Er hat seinen Ausgangspunkt in nicht vorhandenen notwendigen oder als individuell nicht hinreichend eingeschätzten Reaktionen, mit denen Anforderungen bewältigt werden könnten.

Kognitive Bewertungen

Ein entscheidender Stellenwert kommt im Modell von Lazarus den kognitiven Einschätzungsprozessen bzw. Bewertungen („cognitive appraisal") zu: Sie beziehen sich zum einen auf die Bedeutung, die die Situation für das Wohlbefinden der Person hat („primäre Bewertung"), und zum anderen auf die Bewältigungsressourcen, über die eine Person verfügt („sekundäre Bewertung").

Bei der „primären Bewertung" kann eine Person ein Ereignis entweder als (1) irrelevant, (2) günstig/positiv oder (3) stressend betrachten: Gilt für die Bewertung eines Ereignisses als „irrelevant", dass das Ereignis von der Person als ohne jede Auswirkung betrachtet wird, so bedeutet eine „günstige" oder „positive" Einschätzung, dass ein Ereignis als Zeichen für Sicherheit und eine positive Lage gesehen wird. Die „stressende" Bewertung kann in drei Formen auftreten, als:

1. Schädigung/Verlust („harm-loss"), die sich auf eine bereits eingetretene Schädigung bezieht,
2. Bedrohung („threat"), die eine antizipierte Schädigung oder einen antizipierten Verlust betrifft, bei der also ein Person davon ausgeht, ein Problem nicht bewältigen zu können, und
3. Herausforderung („challenge"), die die eher positive Bewertung einer Transaktion betrifft, bei der also eine Person annimmt, dass sie in der Lage sein wird, das Problem zu bewältigen.

Die Kategorien der „primären Bewertung“ können in zahlreiche Subkategorien unterteilt werden. Ihr Unterschied zu den „sekundären Bewertungen“ liegt nicht in der zeitlichen Dimension; es ist keine zeitliche Abfolge impliziert. Vielmehr liegt dieser im Gegenstand, also in dem, „was bewertet wird“, begründet (Lazarus & Launier 1981, S. 238).

Die „sekundäre Bewertung“ bezieht sich auf die Bewältigungsfähigkeiten und -möglichkeiten, die sich in Form von Kognitionen bereits vor der „primären Bewertung“ bilden können. Der entscheidende Gesichtspunkt ist hierbei, dass sowohl die Gestaltung der Bewältigungsmaßnahmen einer unter Stress stehenden Person als auch die Ausformung primärer Bewertungsprozesse von der sekundären Bewertung beeinflusst wird. Dieses interdependente Verhältnis primärer und sekundärer Bewertung ist es letztlich, das psychologischen Stress konstituiert: „Eine potentielle Schädigung ist dann keine Schädigung, wenn die Person damit leicht fertig werden kann, und wenn sie so bewertet wird, entsteht nur geringe oder keine Bedrohung. Die Fähigkeiten, die eine Person für verfügbar hält, werden psychologisch den vorhandenen Gefahren und Schädigungen gegenübergestellt und bilden einen entscheidenden kognitiven Faktor in der Entstehung der psychologischen Stressreaktion“ (Lazarus & Launier 1981, S. 240).

Bewältigung

Lazarus klassifiziert Bewältigung in (a) verhaltensorientierte und (b) intrapsychische Anstrengungen, die er auf der Grundlage der Defizite bisheriger Auffassungen entwickelt. Diese Defizite bestehen darin, dass

(1.) der Akzent vielfach auf strukturelle Aspekte des Bewältigungsverhaltens bzw. der Bewältigungsdispositionen, nicht jedoch auf Bewältigungsprozesse gelegt wird,
(2.) die Beschreibung und Messung von Bewältigungsprozessen als komplexe Verbindung verhaltensmäßiger, intrapsychischer, präventiver und restitutiver Prozesse, die in Abhängigkeit von der Zeit, den jeweiligen Umständen und der Identifizierung der Determinanten erfolgen muss, methodisch nicht angegangen wird,
(3.) die Beschreibung durch das Fehlen einer brauchbaren Theorie erschwert wird, mit der Folge, dass eine eindeutige Definition derjenigen Vorgänge, die als Bewältigung klassifiziert werden sollen, vielfach nicht besteht,
(4.) der Aktivitätsbereich der meisten Bewältigungsuntersuchungen zu eng ausgerichtet ist und in zu starkem Maße Abwehrprozesse fokussiert werden,
(5.) die Befassung mit diesen Abwehrmechanismen zu einer Überbewertung des Scheiterns der Bewältigung geführt hat (Lazarus & Launier 1981, S. 241).

In Anlehnung an Piagets (1952) Unterscheidung zwischen Assimilation und Akkomodation entwickelt Lazarus zwei Kategorien von Bewältigungsmodi. Betreffen diese zum einen die Änderung der gestörten Transaktion (instrumentell), so steht zum anderen die Regulierung der Emotion (Palliation) im Vordergrund. Eingang gefunden haben in das Modell der Transaktion zeitliche Orientierungen, instrumenteller Schwerpunkt, relevante Bewertungen und der thematische Charakter des Bewältigungsprozesses.

Die Änderung der gestörten Transaktion kann auf die Umwelt, das Selbst oder auf beides gerichtet sein. Sie ist unabhängig davon, ob es sich um eine vorangegangene oder gegenwärtige Schädigung bzw. Verlust oder um eine zukunftsbezogene Bedrohung oder Herausforderung handelt. Im Mittelpunkt steht hierbei, dass eine bei sich selbst oder in der Umwelt wahrgenommene Barriere zwischen dem Ist- und dem Soll-Zustand durch ein aktives und problemlösendes Herangehen an die Situation beseitigt wird (Störmer-Labonté 1991).

Die Regulation von Emotionen stellt einen wichtigen Aspekt der Bewältigung aus drei Gründen dar:

(1.) Stressemotionen sind schmerzlich und quälend,
(2.) Anpassungsprozesse können durch starke Emotionen, durch eine Ablenkung selektiver Aufmerksamkeit überlagert werden und
(3.) länger andauernder psychologischer Stress führt zu einer chronischen physiologischen Mobilisierung und kann körperliche Erkrankungen zur Folge haben.

Neben den zwei genannten Kategorien von Bewältigungsmodi, Problemlösung und Selbstberuhigung, können aber noch weitere Bewältigungsfunktionen in Betracht gezogen werden, so zum Beispiel die Erhaltung der eigenen Möglichkeiten (a), das Tolerieren oder Ertragen von affektivem Stress (b) oder das Bewahren einer positiven Lebensmoral (c):

(a) Nicht immer ist es möglich, die äußeren Bedingungen durch ein wirkungsvolles Handeln zu ändern. Vielmehr kann es notwendig werden, sich aus bestimmten Gegebenheiten zurückzuziehen oder sie zu ertragen. Die hierin implizite Flexibilität hat zum Ziel, die eigenen Möglichkeiten zu erhalten.
(b) Zu den zentralen psychologischen Formen menschlichen Leidens zählt der affektive Distress, der in einigen Stressformen nicht beeinflusst, sondern nur hingenommen werden kann. Ziel einer stressenden Auseinandersetzung mit inneren Konflikten oder der Umwelt ist es auch hier, handlungsfähig zu bleiben und affektiven Distress auszuhalten oder zu tolerieren.
(c) Eine andere Form der wirksamen Bewältigung kann das Vermeiden einer Entmutigung durch beeinträchtigende oder bedrohende Lebensbedingungen sein. Hierbei geht es insgesamt darum, trotz eines Verlustes, einer Niederlage oder einer unabwendbaren Bedrohung eine positive Lebensmoral aufrechtzuerhalten.

Für jede Bewältigungsfunktion, vor allem aber für die Änderung der gestörten Transaktion und für die Regulation der Emotionen, sind vier Strategien bzw. Bewältigungsformen möglich, die – analytisch – untergliedert werden können, in (1) Informationssuche, (2) direkte Aktion, (3) Aktionshemmung und (4) intrapsychische Formen:

(1.) Die *Informationssuche* dient als Grundlage zur Veränderung einer Transaktion. Gleichzeitig kann sie aber auch eingesetzt werden, um eine Transaktion besser kontrollierbar erscheinen zu lassen oder um zu einer Neuinterpretation einer Transaktion zu gelangen. Ziel kann es darüber hinaus sein, herauszufinden, welche Veränderungen in der Umwelt oder bei der eigenen Person vorgenommen werden müssen, um eine stressende Transaktion zu bewältigen.
(2.) Die *direkte Aktion*, die die eigene Person oder die Umwelt fokussiert, kann sowohl instrumentell als auch emotionsregulierend sein. Darüber hinaus kommt ihr die Funktion zu, eine vorangegangene Schädigung bzw. einen Verlust zu überwinden oder einer zukunftsbezogenen Bedrohung auszuweichen.

(3.) Der direkten Aktion sehr ähnlich ist die *Aktionshemmung*. Sie stellt die aus einer komplexen sozialen und intrapsychischen Welt erwachsenen tatsächlichen und moralischen Zwänge und Gefahren in Rechnung und führt zu einer Konformität mit den situativen und intrapsychischen Gegebenheiten.

(4.) Unter *intrapsychischen* Bewältigungsformen werden alle diejenigen kognitiven Prozesse subsumiert, die Emotionen durch eine Verbesserung des Wohlbefindens einer Person regulieren. Sie können das Selbst oder die Umwelt akzentuieren. Neben einem instrumentellen Wert dieser Form als Aufmerksamkeitslenkung kann sie darauf gerichtet sein, negative emotionale Zustände zu vermindern, in ihrer Qualität zu verändern oder eine vorangegangene Schädigung bzw. einen vorangegangenen Verlust neu zu interpretieren. Außerdem kann sie sich auf eine zukünftige Schädigung oder Bedrohung beziehen (Lazarus & Launier 1981).

Für welche Form der Bewältigung sich eine Person entscheidet, hängt von zahlreichen Faktoren ab. Situations- und Umweltkonfigurationen sind hierbei genauso wichtige Faktoren wie der Grad der Ungewissheit, der Grad der Bedrohung, das Vorliegen eines Konfliktes und der Grad der Hilflosigkeit:

- Besteht ein hoher Grad an Ungewissheit, so ist die Wahrscheinlichkeit groß, dass statt der direkten Aktion zunächst eine Bewältigung mittels Informationssuche gewählt wird. Ein Scheitern dürfte verstärkt intrapsychische Bewältigungsformen anregen. Mit dem Ansteigen des Grades der Bedrohung nehmen die sogenannten primitiven Bewältigungsformen, Wut, Panik etc., zu.
- Konflikten kommt deshalb ein bedeutender Stellenwert zu, da sie notwendig zu einer Vereitelung eines Impulses, Zieles oder einer Wertungsdisposition führen, wenn in diesem Sinne gehandelt wird. Sie ermöglichen demnach keine Lösung ohne Schaden, so dass direkte Aktionen hiermit lahmgelegt sind und die Person auf intrapsychische Bewältigungsformen zurückgreifen muss: „Körperlicher Distress muß irgendwie reguliert und psychischer Distress toleriert oder abgewehrt werden“ (Lazarus & Launier 1981, S. 257).
- Eine direkte Aktion ist auch dann nicht möglich, wenn es sich um eine bereits zugezogene Schädigung oder um einen sich bereits zugezogenen Verlust handelt. Gleiches gilt, wenn eine zukünftige Schädigung unvermeidbar ist. In diesem Fall handelt es sich um eine Hilflosigkeit, die ausschließlich in einer Akzeptanz, einem Tolerieren oder einer Neuinterpretation münden kann.Insgesamt hängen die Bewältigungsfaktoren stark von vermittelnden kognitiven Faktoren ab. Ein bedeutender Einfluss kommt aber auch individuellen Dispositionen sowie sozialen und materiellen Ressourcen zu.

7.1.2 Der Ansatz von Pearlin

Einen stresstheoretischen Ansatz, der – im Vergleich zu Lazarus – als stärker soziologisch bezeichnet werden kann, entwickelt Pearlin (1987; 1991): Die Entstehung von Stress wird von Pearlin als komplexes Zusammenwirken unterschiedlicher sozialer und personaler Faktoren beschrieben. Soziale und ökonomische Rahmenbedingungen, Alter, Geschlecht, Schichtzugehörigkeit, berufliche Position aber auch die ethnische Zugehörigkeit und institutionelle Kontexte, wie z. B. die Rollen, die jemand in Familie und Nachbarschaft einnimmt, haben in seinem Modell einen bedeutenden Einfluss. Sie werden als Ursachen von Belastungen angenommen.

Insgesamt ist Pearlins Ansatz durch drei Hauptkomponenten gekennzeichnet:

- die Stressoren, also diejenigen Bedingungen, die als Belastungen in Stress münden,
- die Mediatoren, protektive Faktoren, die den Effekt von Stressoren vermindern können, und
- den Stress selbst, der sich in verschiedenen Formen manifestieren kann.

Ähnlich dem Konzept von Lazarus werden von Pearlin als Stressoren alle Bedingungen und Erfahrungen bezeichnet, die eine Person belasten und aus denen Stress erwachsen kann. Hierzu zählen zum einen punktuell und temporär begrenzt auftretende kritische Lebensereignisse und Veränderungen. Ihr belastender Charakter besteht vor allem in qualitativen Aspekten, z. B. in der Unerwartetheit, Unvorhergesehenheit und Unerwünschtheit eines Ereignisses. Zum anderen werden hierunter aber auch dauerhaft bestehende, chronische und regelmäßig wiederkehrende Belastungen subsumiert, die vor allem aus sozialen Rollenkonflikten erwachsen können: „Thus, conflicts, problems and frustrations within marriage, in parent-child relations, in occupation or breadwinning have been documented as being potent precursors of emotional distress" (Pearlin 1987, S. 56).

Soziale Rollenkonflikte stehen vielfach in einer Verbindung zu kritischen Lebensereignissen. Diese Verbindung kann sich in einer Verlagerung ausdrücken: Aus bereits bestehenden Belastungen können sich (1.) neue Belastungen auf einer anderen Ebene und (2.) in anderen Lebensbereichen ergeben, die dann zu einer Verstärkung des Belastungspotenzials führen: „When this diffusion of stressors takes place, key elements of self concept, such as self-esteem and mastery, can be eroded, and when this occurs, there is even greater vulnerability to depression and other stressors" (Pearlin 1987, S. 59). Als Beispiel hierfür können die aus einer Arbeitslosigkeit resultierenden Depressionen angeführt werden. Diese Depressionen sind nur selten eine direkte Folge der Arbeitslosigkeit, sondern vielmehr die Auswirkungen der aus diesem Zustand sich entwickelnden Belastungen in der Partnerschaft, im finanziellen Bereich etc.

Depressionen sind nach Pearlin nur eine, wenn auch die wichtigste Ausdrucksform von sozialem Stress. Manifestationen können darüber hinaus in verschiedenen anderen Bereichen des Organismus stattfinden.

Neben dem psychischen und emotionalen Bereich betrifft dieses den Gesundheitszustand generell, die Funktion verschiedener Organe, das endokrine System, das Immunsystem usw.

Bewältigung

Entscheidenden Einfluss auf die Entstehung von Stress, aber auch auf die Lebensmoral, die soziale Anpassung sowie auf die Folgen von Stresserleben hat – neben den Stressepisoden selbst – die Art, wie Belastungen und Anforderungen bewältigt werden. Pearlin blendet zwar kognitive Bewältigungsprozesse nicht aus, im Mittelpunkt seines Bewältigungsansatzes stehen jedoch die auf Personen, Situationen und die Umwelt bezogenen Konfigurationen.

Pearlin spricht im Zusammenhang von Bewältigung von Mediatoren. Die Funktion dieser Mediatoren, zu denen er coping und social support zählt, muss in Abhängigkeit zu den Stressoren betrachtet werden: Wenn es sich um aus tief verwurzelten sozialen Problemen entstehenden Stress handelt, z. B. in Verbindung mit Geschlechts-, Schichtzugehörigkeit etc., können Mediatoren lediglich die Effekte der Stressoren abmildern, nicht jedoch das Entstehen von Stress vollständig verhindern. Hierzu bedarf es z. B. sozialpolitischer Interventionen: „Indeed, to confuse social problems with individual responsibility can only add to the demoralization and sense of failure that people may already bear" (Pearlin 1987, S. 57). Handelt es sich beispielsweise um dauerhaft bestehende, chronische und regelmäßig wiederkehrende Belastungen, aus denen wiederum chronische Stressoren resultieren, dann müssen sich die coping- und social-support-Bemühungen sowohl auf die ursprünglichen als auch auf die Folge-Belastungsquellen richten.

Social support wird von Pearlin als qualitatives Moment eines sozialen Netzwerks betrachtet, das soziologisch vor allem deshalb von besonderem Interesse ist, weil es institutionelle und organisatorische Ressourcen sozialer Unterstützung miteinbezieht. Genauso wie jedoch Ungleichverteilungen gesellschaftlichen Wohlstands und sozialen Status bestehen, muss aber auch hier von Ungleichverteilungen ausgegangen werden. Auf der informellen Ebene sind diejenigen Instanzen eines sozialen Netzwerks als social-support-Quellen von Bedeutung, die sich durch eine direkte, aktive und intensive Interaktion kennzeichnen lassen. Eine solche Interaktion wird eher zu Personen als zu sozialen Gruppen hergestellt, ist also durch qualitative und weniger durch quantitative Merkmale charakterisiert (Pearlin 1985, S. 45).

Die Funktionen von coping und social support bleiben im Konzept Pearlins – ähnlich wie bei Lazarus – nicht auf den Prozess der Bewältigung von Stress begrenzt, sondern betreffen vielmehr auch den Prozess seiner Entstehung. In einer engen Verbindung zu emotionalem Distress und aus Stressoren erwachsenen Depressionen stehen coping und social support vor allem dann, wenn es dem Einzelnen nicht gelingt, mit Belastungen, Anforderungen oder aus Stressoren erwachsenem Distress umzugehen.

Insgesamt zeichnet sich der Ansatz Pearlins durch eine Verbindung psychologischer und handlungstheoretisch-soziologischer Modelle aus: Weder sind die Stressoren allein für die Entstehung von Stress verantwortlich, noch die sozialen Ressourcen allein für ihre Verminderung. Personellen Dispositionen, dem Umgang eines Individuums mit Stressoren, die aus Status und Rollen in sozial und wirtschaftlich geprägten Institutionen entstehen, ihren Auswirkungen auf das Selbstverständnis, aber auch der Fähigkeit, Instanzen sozialer Unterstützung zu mobilisieren, kommt eine entscheidende Bedeutung zu (Pearlin 1991, S. 171).

7.2 Armut und Benachteiligungen in unterschiedlichen Lebenssituationen

Die Jugendphase ist, dies konnte im vorhergehenden dargestellt werden, nicht nur durch einen Prozess der Integration gekennzeichnet. Jugendliche müssen darüber hinaus die Vielzahl der sich in allen lebensweltlichen Bereichen an sie stellenden Handlungsanforderungen koordinieren, sich also individuieren. Im Unterschied zur Integration setzt diese Individuation, die in zahlreichen sozialisationstheoretischen Betrachtungen in Identität mündet (Oevermann 1972; 1979; Aufenanger & Lenssen 1986), eine Distanz zu den in den einzelnen lebensweltlichen Bereichen geltenden Handlungs- und Rollennormen voraus; sie geht mit einer „Fähigkeit, an zunehmend komplexen Handlungssystemen teilzunehmen“ einher (Döbert, Habermas & Nunner-Winkler 1977, S. 22).

Die Entwicklung dieser Fähigkeit beginnt bereits in der Kindheitsphase. Dieses heißt jedoch nicht, dass die Genese einer Identität mit dem Eintritt in die Jugendphase abgeschlossen ist. Vielmehr unterscheiden sich in der Jugendphase die Rollen von denen der Kindheitsphase qualitativ: Sie sind auf das Gesamtsystem bezogen und beinhalten Erwartungen an die Autonomie des Jugendlichen. Eine Relativierung findet nicht mehr nur an den peers statt, zusätzlich beschränkt sich diese nicht mehr ausschließlich auf Familienrollen. Im Zuge hypothetischer Einstellungen werden vielmehr normative Geltungsansprüche suspendiert: Jugendliche haben zu lernen, soziale Handlungs- und Rollennormen in ihrer Geltung zu hinterfragen.

Die Voraussetzung für dieses Hinterfragen von Handlungs- und Rollennormen ist, dass die Differenz zwischen „bestehenden (faktisch überlieferten) Konventionen“ und „rechtfertigungsfähigen Normen“ erkannt wird. Gerade diese zu erlernende Differenz ist es jedoch, die auf Grund einer zunehmenden Komplexität der einzelnen lebensweltlichen Bereiche mit einer steigenden Anzahl an Anforderungen für Jugendliche verbunden ist.

In vielen Fällen werden heute bereits Kinder von ihren Eltern während eines Tages zu verschiedenen sozialen Treffpunkten transportiert. Es gibt nur wenige Bereiche, in denen sie sich spontan auf eigenen Antrieb in der Wohnumwelt bewegen können. Die Folge ist, dass Kinder ihren Lebensraum nicht schrittweise und selbstinitiiert erweitern. Sie leben vielmehr in voneinander abgetrennten sozialen Feldern („Sozialen Inseln“), deren Zusammenhang, wie Zeiher (1989) herausarbeitet, das Kind selbst nicht sinnlich wahrnehmen kann. Die Lebenszeit ist in Stücke geteilt und die Aufenthaltsbereiche sind voneinander abgetrennt. Einzelne Beziehungen und soziale Kontakte in den verschiedenen verinselten Bereichen hängen nicht miteinander zusammen, sondern folgen jeweils ihrer eigenen Logik und haben ihren eigenen Rhythmus. So wie Kinder in dieser Lebenssituation nur erschwert mit eigenen Mitteln ein sinnvolles Ganzes herauskristallisieren können (Melzer & Sünker 1989), so führt die im Kontext gesellschaftlicher Ausdifferenzierungsprozesse gestiegene Verschiedenartigkeit der Erwartungen und Anforderungen auch für Jugendliche zu zunehmend erschwerten Prozessen der Individuation.

Jugendliche handeln heute in unterschiedlichsten Lebensbereichen, in denen sie verschiedenste und teilweise nur schwer miteinander vereinbare Rollen auszubilden haben. Ferchhoff (1993) klassifiziert diese in insgesamt zwölf unterschiedliche Rollen: Jugend ist hiernach zum Beispiel Schul- und Bildungsjugend, arbeitsferne Jugend, Gegenwartsjugend, Leitbild- und Expertenjugend, Kaufkraft- und Konsumjugend, umsorgte Mutterjugend, familiale Versorgungsjugend etc.

Konstitutiv für die Ausbildung von Identität, die auf der Subjektebene tendenziell mit Individualität zusammenfällt, ist Selbstwahrnehmung des Subjekts als Subjekt, also dass sich das Individuum in der Erfahrung seiner Selbst als unvertretbar erachtet und in dieser Unvertretbarkeit die Freiheit seiner eigenen Person erfährt, „indem es sich selbst als Quelle seiner Überzeugungen und Handlungen begreift“ (Nunner-Winkler 1985, S. 472). Ist es einerseits die „binnenperspektivisch“ zunehmende Komplexität der einzelnen lebensweltlichen Bereiche, die den Prozess der Inividuation mit einer großen Anzahl an Anforderungen verbindet, so kann andererseits gerade die Vielzahl der lebensweltlichen Handlungsbereiche als eine Ursache für Belastungen im Jugendalter bezeichnet werden. Gemeinsam mit personellen Faktoren können sie – nach Pearlin – als sozial und wirtschaftlich geprägte Rahmenbedingungen ihren Niederschlag in sozialen Rollenkonflikten finden und stehen in einer engen Verbindung zu Belastungen, die sich oftmals sowohl in anderen Lebensbereichen wie auch auf anderen Ebenen entwickeln.

Die Folgen einer veränderten Lebenswelt, die im vorhergehenden als Indizes für die Bereiche Schule, Freizeit und Familie dargestellt wurden, betreffen aber nicht nur den Prozess der Individuation. Darüber hinaus finden sie ihren Niederschlag in vielfältigen Konfliktsituationen und haben zahlreiche Auswirkungen, die neuartige Anforderungen an Jugendliche betreffen. Sie werden im folgenden für die von Armut betroffenen Kinder und Jugendlichen auf der Heuristik des Ansatzes von Lazarus und Launier (1981) genauer betrachtet.

7.2.1 Der Bereich Bildung und Ausbildung

Für den Bildungsbereich konnte gezeigt werden, dass Jugendliche und ihre Eltern heute verstärkt und frühzeitiger die Möglichkeit wahrnehmen, sich mit gesellschaftlich hoch angesehenen Bildungsabschlüssen Optionen zu erschließen und offenzuhalten. Der schulische Bereich gewinnt damit im Jugendalter eine zentrale Bedeutung – auch, wenn es um eine Betrachtung der Ausgangsquellen für Anforderungen im Jugendalter geht:

1. Die Schule nimmt eine gesellschaftlich wirkungsvolle Definition und Kategorisierung von Leistungserfolg und Leistungsversagen vor, wie sie in dieser Weise in keiner anderen gesellschaftlichen Institution erfolgt, die sich mit Kindern und Jugendlichen beschäftigt. Kann diese Kategorisierung als „leistungsschwach“ oder „versagend“ zum einen zu einer Verunsicherung des Selbstwertgefühls führen, so kann hiermit zum anderen eine Minderung späterer sozialer und beruflicher Chancen einhergehen. Kinder, Jugendliche und ihre Eltern sind sich dieser Auswirkungen bewusst (Mansel & Hurrelmann 1992).
2. Die Schule spiegelt individuelle Chancenbedingungen wider, die sie als Institution selbst nicht beeinflussen kann. Dieses gilt besonders für die intellektuelle Leistungsfähigkeit

der Kinder und Jugendlichen und die soziale Anpassungsbereitschaft an die schulischen Bedingungen (Brusten & Hurrelmann 1973). Die Ausgangsbedingungen für die hierdurch bedingten eher sozialen Deprivationen werden zwar in außerschulischen Kontexten gelegt, jedoch von Kindern und Jugendlichen in der Schule erfahren.

3. Heute wird von jedem Jugendlichen mindestens ein mittlerer schulischer Abschluss erwartet. Trotz guter Leistungen in der Schule ist jedoch nicht sichergestellt, dass Jugendliche die Möglichkeit haben, einen Beruf auszuüben bzw. zu erlernen, der ihren Fähigkeiten und Fertigkeiten, ihren Interessen, Ansprüchen und Erwartungen entspricht. Vielen Jugendlichen bleiben Entwicklungs- und Entfaltungsmöglichkeiten verwehrt oder werden zumindest drastisch beschnitten. Diese Begrenzung ihrer Zukunftsperspektiven nehmen die Jugendlichen vielfach bereits im Vorfeld des Statusübergangs, d.h. noch während der Pflichtschulzeit, wahr. Die wirtschaftliche und gesellschaftliche Situation trägt damit in die Schule Bedingungen hinein, die selbst hohe Belastungen mit sich bringen können (Mansel & Hurrelmann 1992).

Die zunehmende Verschulung der Lebensphase Jugend, mit der ein Trend zu höherer schulischer Qualifikation einhergeht, hat insgesamt dazu geführt, dass sich der Wettbewerb um möglichst hochwertige Bildungszertifikate verschärft hat. Die bereits im Vorfeld dargestellte Bildungsbeteiligung hat verdeutlicht, dass es sich hierbei jedoch um einen Konkurrenzkampf mit „ungleichen Ausgangsbedingungen“ (Hurrelmann 1990, S. 145) handelt: Soziale, kognitive, motivationale, sprachliche und emotionale Kompetenzen stehen in einem engen Zusammenhang mit familialen Rollenstrukturen und den dadurch bedingten Interaktionsstrukturen der Familie, dem Erziehungsstil, dem Beziehungsklima sowie dem Anregungs- und Anforderungspotenzial. Sie sind von ökonomischen, kulturellen, sozialen und materiellen Lebensbedingungen geprägt: „Je nach Familienlage entwickeln sich unterschiedliche Strategien der Auseinandersetzung mit der sozialen Umwelt, die zu unterschiedlichen Formen und Verfahren der Informationsverarbeitung und Stilen schulischen Lernens führen, wobei die spezifischen Ausprägungen bei Kindern aus sozial benachteiligten Familien in der Schule meist nicht angemessen aufgenommen werden“ (Hurrelmann & Wolf 1986, S. 23).

Die Entscheidung, ob es sich bei einer Situation um eine solche handelt, die Stress auslöst, ist abhängig von der kognitiven Bewertung und der Auseinandersetzung mit ihr. Lazarus und Launier (1981, S. 233) stellen diese Bewertung einerseits in einen engen Zusammenhang zum Einfluss eines Geschehens auf das Wohlbefinden („primäre Bewertung“) und andererseits zu den Bewältigungsressourcen, über die eine Person verfügt oder zu verfügen glaubt („sekundäre Bewertung“): Informationen entscheiden darüber, ob ein Ereignis für eine Person als irrelevant und ohne jede Auswirkung betrachtet wird oder ob es sich z.B. um eine günstige und positive Einschätzung handelt. In diesem Fall wird das Geschehen als Zeichen für Sicherheit und eine positive Lage gesehen. Von Stress im Sinne von Lazarus und Launier (1981) kann dann gesprochen werden, wenn eine Situation als Schädigung oder Verlust, Bedrohung oder Herausforderung eingeschätzt wird.

Dem schulischen Bereich kommt heute in der Bedeutung für Schülerinnen und Schüler – auch subjektiv – ein entscheidender Stellenwert zu. Er steht in einer direkten Verbindung zu schulischen Leistungen. Anspruchsvolle Ziele an eine eigene Berufstätigkeit, aber auch adaptierte elterliche Erwartungen haben dazu geführt, dass nur eine „verschwindende Minderheit" der Schülerinnen und Schüler nach Engel und Hurrelmann (1994, S. 63) schulische Leistungen als irrelevant erachtet. Eine längsschnittliche Betrachtung von 491 Jugendlichen allgemeinbildender Schulen im Land Nordrhein-Westfalen, die zu vier Messzeitpunkten (zwischen 1986 und 1989) befragt wurden, zeigt, dass im Durchschnitt der Werte aller vier Messzeitpunkte rund 95 % angeben, ihnen sei es „wichtig" oder „sehr wichtig", in der Schule gute Leistungen zu zeigen (Engel & Hurrelmann 1994, S. 63).

Die Diskrepanz zwischen Anforderungen und Kompetenzen zeigen die Antworten auf eine Frage nach den subjektiven Problemlagen: Schulleistungen stehen bei allen Befragungszeitpunkten an der Spitze der von den gleichen Schülerinnen und Schülern genannten Probleme (Engel & Hurrelmann 1994, S. 60).

Vielfach führen nicht erst tatsächliche schulische Misserfolge zu Belastungen. Bereits die Befürchtung, scheitern zu können, kann eine starke Verunsicherung nach sich ziehen (Mansel & Hurrelmann 1992). Zu jeder Zeit droht ein Versagen – neben der Zurückstellung vom Schulbesuch – mit einer Jahrgangswiederholung, Schulzurückstufung oder dem Nichterreichen eines Schulabschlusses sanktioniert zu werden – eine Belastung, die in ihren Charakteristika von Badura und Pfaff (1989) als strukturelles Kennzeichen moderner Industriegesellschaften beschrieben wird.

Der maßgebliche Hintergrund, vor dem die sozialliberale Regierung in der Wende zu den siebziger Jahren die Bildungsreform einleitete, war es, den Kreislauf der Vererbung von Statuspositionen aufzubrechen. Insbesondere auf Grund des wachsenden Bedarfs an Fachkräften sowie der Erhaltung der wirtschaftlichen Konkurrenzfähigkeit sollte es Kindern aus Arbeiterfamilien ermöglicht werden, eine weiterführende Schule zu besuchen.

Dieses hat jedoch nicht zu einer Angleichung im Hinblick auf schichtspezifische Benachteiligungen geführt. Helsper (1992, S. 361) zeigt hierzu, dass 1988 jedes zweite Beamtenkind, aber nur jedes zehnte Arbeiterkind ein Gymnasium besucht. Die Ergebnisse eigener Auswertung zeigen, dass durch die Öffnung höherqualifizierender Schulen zwar der Anteil der Kinder aus Arbeiterfamilien an den Gymnasien von 1972 bis 1990 um 6,6 % erhöht werden konnte. Er hat sich hiermit fast verdoppelt. Stellt man aber das seinerzeit bestehende sehr geringe Niveau von Kindern aus Arbeiterfamilien, die sich auf dem Gymnasien befanden, in Rechnung, so haben – relativ gesehen – vor allem Kinder aus Familien von der Öffnung des Schulsystems profitiert, deren Haushaltsvorstand verbeamtet ist oder die aus Angestelltenfamilien stammen. Der Anteil der Beamtenkinder nahm in dem genannten Zeitraum um 14,4 %, der der Angestelltenkinder um 7,6 % zu (Mansel & Palentien 1997).

Der sich in diesen Daten ausdrückende Trend, nachdem im Jahr 1990 die Chance für ein Beamtenkind ein Gymnasium zu besuchen noch fünf mal höher war als für ein Kind, das in einer Arbeiterfamilie aufgewachsen ist, setzt sich heute weiter fort. Die Folge dieses Trends ist, dass die Schule zunehmend in die Situation gerät, sowohl auf der curricularen wie auch auf der sozialen Ebene mit den Folgen einer Entwicklung konfrontiert zu werden, die sie selbst zu verstetigen scheint. Vielfach findet diese Entwicklung in späteren Lebensphasen ihre Fortsetzung: Dauerhafte oder vorübergehende Arbeitslosigkeitspassagen führen gerade bei Jugendlichen und jungen Erwachsenen dazu, dass diese zu den am meisten von Armut bedrohten Bevölkerungsgruppen zählen. Hurrelmann (1990, S. 145) kommt aus diesem Grund zu dem Fazit: „Der relative Schulbesuch der 16-18jährigen hat sich innerhalb von drei Jahrzehnten erheblich verlagert, er hat sich jedoch in seiner sozialstrukturellen Beschaffenheit kaum verändert."

Die Auswirkungen, die von einem Erleben schulischen Misserfolgs und einer starken schulischen Konkurrenz für einen wachsenden Anteil Schülerinnen und Schüler unter Jugendlichen ausgehen, bleiben nicht auf den schulischen Bereich beschränkt. Sie können die gesamte Persönlichkeit eines jungen Menschen betreffen. Rheinberg (1982) hat hierzu dargestellt, dass je mehr die Lehrer verschiedene Schüler durch ihre eigene Interpretation vergleichen und Schüler vergleichend beurteilen, diese desto stärker in ihren selbstwertbezogenen Kognitionen betroffen sind. Die große Bedeutung der schulischen Umwelt sowie der Eltern stellt Fend (1986) dar: Die Ergebnisse seiner Untersuchungen zeigen, dass sowohl der schulischen Leistungsbeurteilung als auch den familialen Interaktionsstrukturen ein einzelner Stellenwert im Hinblick auf die emotionalen Reaktionsmuster auf Erfolg und Misserfolg von Schülerinnen und Schülern zukommt. Darüber hinaus können sich die elterlichen Einflüsse und die schulische Umwelt auch verbindend auswirken: „Ist das Ausmaß der elterlichen Überforderung hoch, dann differenziert ein niedriger oder hoher Leistungsdruck in der Schule nicht mehr zwischen dem Angstniveau der Schüler. Unter beiden Bedingungen ist das Angstniveau eher hoch. In der Konstellation einer geringen elterlichen Überforderung erweist sich aber der wahrgenommene schulische Leistungsdruck als bedeutsam. Werden die Kinder nicht von den Eltern in hohem Maße gestoßen, angetrieben oder gar überfordert, dann werden schulische Einflüsse in dieser Richtung besonders wirksam" (Fend 1986, S. 75).

7.2.2 Der Freizeit- und Konsumbereich

Die Veränderung der Lebenssituation Jugendlicher, das immer längere Verweilen einer zunehmenden Anzahl an Jugendlichen in Bildungseinrichtungen, hat Folgen auch für den Freizeit- und Konsumbereich: Eine – im Generationenvergleich – gestiegene finanzielle Ausstattung geht mit einer Zunahme an disponibler Zeit einher. Diese Zeit wird von Jugendlichen weniger als noch vor einigen Jahren mit strukturierten und institutionalisierten Aktivitäten verbracht. Zwar weist die Shell-Studie für den Zeitraum von 1954 bis 1985 keine gravierenden Abwanderungstendenzen von z.B. Vereinen aus (Zinnecker 1987). Neuere Studien konstatieren jedoch, dass gerade in städtischen Regionen traditionelle Organisationen Schwierigkeiten haben, Jugendliche in ihre Aktivitäten einzubinden (Ferchhoff 1993). Heute ist es die Gleichaltrigengruppe, der ein in ihrer Bedeutung für Jugendliche – und somit auch in der Sozialisationsforschung – entscheidender Stellenwert zukommt (Kolip 1993).

In der Peer-Group werden zahlreiche Faktoren verortet, die überwiegend dem Bereich der Persönlichkeits- und Identitätsbildung sowie ihrer rückhaltverbürgenden Funktion in Problemsituationen zugerechnet werden (Hurrelmann, Rosewitz & Wolf 1985; Kolip 1993; Krappmann 1991): „Sie sorgt für ausgleichenden Status und erleichtert auch die Emanzipation vom Elternhaus, sie übermittelt schichtspezifische Wertvorstellungen, ist Zentrum des Widerstandes gegen die Autorität der Erwachsenen und dient als wichtigste Trainingssituation des Jugendalters“ (Ausubel 1976, S. 327).

Neben diesen eher positiven Faktoren, die der Gleichaltrigengruppe für Jugendliche zugeschrieben werden, gehen von ihr aber auch vielfältige und sich im Vergleich zum schulischen Bereich qualitativ unterscheidende Anforderungsstrukturen aus: Können Jugendcliquen einerseits als eine Reaktion auf Deprivationseffekte betrachtet werden, als eine „Flucht in ein Gruppenprestige“ und als eine aufmerksamkeitssichernde soziale Konfiguration, so gilt andererseits, dass auch in diesen Gruppen vielfach Frustration, die Enttäuschung von Zugehörigkeit und Anerkennung nach den jeweils geltenden Standards, so z. B. im Bereich des Konsums, zu neuen Deprivationserlebnissen führen.

Gleichaltrigengruppen sind heute die wichtigsten Gemeinschaftsräume, in denen Jugendliche ihre Freizeit verbringen (Krüger & Thole 1992). Diese Freizeit gerät jedoch zunehmend unter einen Kommerzialisierungsdruck (Engel & Hurrelmann 1989). In ihr werden Wettbewerbe um Anerkennung und Prestige auch über das Ausmaß von Konsum ausgetragen. Kleidung und Konsumgüter haben darüber hinaus einen gruppenstilprägenden Einfluss (Ziehe 1991). Die finanzielle Ausstattung Jugendlicher erhält in diesem Zusammenhang eine große Bedeutung: „Materieller Wohlstand fördert schon unter Jugendlichen neidvolle Vergleiche und ist so gesehen eine ernsthafte Quelle für psychosoziale Belastungen, die in der ungefestigten Phase der jugendlichen Persönlichkeitsentwicklung zu erheblichen Irritationen führen kann „ (Hurrelmann 1990a, S. 179). Gelingt es den Jugendlichen nicht, die angezielte Gruppenakzeptanz und -positionierung zu erhalten, können erhebliche Verunsicherungen, Verhaltensschwierigkeiten und auch auffällige und abweichende Verhaltensweisen die Folge sein. Sie können, wenn die Erfahrung von Jugendlichen bereits gemacht wurde, als Schädigung bzw. Verlust im Sinne der „primären Bewertung“ von Lazarus und Launier (1981) betrachtet werden, oder als Bedrohung, wenn eine Schädigung bzw. ein Verlust antizipiert wird. In diesem Kontext muss zum Beispiel der Gebrauch legaler und illegaler Drogen im Jugendalter betrachtet werden. Ihm kommen instrumentelle, soziale, integrative und demonstrative Komponenten zu, mit denen, dies zeigt Nordlohne (1992) in ihren Ergebnissen, Jugendliche das materiell ausbleibende Gruppenprestige in der Gleichaltrigengruppe zu erlangen suchen.

7.2.3 Der Bereich der Familie

Die Peer-Group-Orientierung von Jugendlichen wird heute im Kontext sozialer Ablösungsprozesse Jugendlicher vom Elternhaus betrachtet: In dem Maß, wie die Eltern ihre Bindungskraft im zweiten Lebensjahrzehnt verlieren, gewinnen Cliquen und Freundesgruppen an Bedeutung. Sie steht aber auch im Zusammenhang mit gesellschaftlichen Veränderungsprozessen, die die Familie als Institution, dies wurde dargestellt, sowohl in ihrer „äußeren“ Struktur als auch in ihrem inneren Bereich betreffen. Jugendliche sind mit diesen Veränderungen über das zurzeit in Familien angestrebte Ideal der Gleichberechtigung Jugendlicher und der Selbständigkeit der Kinder konfrontiert: Es ist ein Verhältnis des Aushandelns von Optionen und ein partnerschaftliches Beziehungsgefüge zwischen den Kindern und ihren Eltern entstanden, das sich beispielsweise in anderen und zurückgegangenen elterlichen Disziplinierungsmaßnahmen oder in einer geringeren Beaufsichtigung der Kinder zeigt (Mansel & Hurrelmann 1991; Schulz 1983). So stehen diesen „Sonnenseiten" andererseits jedoch auch hier zahlreiche „Schattenseiten" (Heitmeyer & Olk 1990) gegenüber, die Hornstein (1990, S. 96/97) in einem „Gestaltwandel" in den Konflikten zwischen Jugendlichen und ihren Eltern verankert:

(1.) Die zunehmende Verschulung der Lebensphase Jugend hat ein Bildungsgefälle zwischen Jugendlichen und ihren Eltern verursacht. Heranwachsende haben einen wissensmäßigen Vorsprung gegenüber der älteren Generation, der sich auch in technischen und kulturellen Fertigkeiten ausdrückt. Die noch vor einigen Jahrzehnten vorhandene Überlegenheit der Älteren hat sich hierdurch in eine Unterlegenheit verkehrt.

(2.) Jugendliche erlangen heute früher eine emotionale, soziale und kulturelle Reife. Sie hat auch zu einer Vorverlagerung emotionaler Ablösungsprozesse von den Eltern geführt. Dieser Ablösung steht jedoch eine längere ökonomische Abhängigkeit Jugendlicher von ihren Eltern gegenüber. Diskrepanzen können sich dann ergeben, wenn dem Gefühl Jugendlicher, selbständig und autonom entscheiden zu können, ein von den Eltern – aus der finanziellen Abhängigkeit heraus – formulierter Kontroll- und Unterordnungsanspruch entgegengesetzt wird.

(3.) Der von den Eltern erwartete Kontroll- und Unterordnungsanspruch kann durch die gestiegene Bedeutung der Gleichaltrigengruppe eine zusätzliche Verschärfung erfahren, wenn die durch die Gleichaltrigengruppe geprägte Symbolwelt im Widerspruch zu den kulturellen Ausdrucksformen der Erwachsenenwelt steht.

Dass diese Konflikte zwischen Eltern und ihren Kindern keine Seltenheit darstellen, zeigen die Ergebnisse der Untersuchungen von Engel und Hurrelmann (1994): Sie stellen in der Auswertung ihrer längsschnittlichen Jugendbefragung dar, dass es über den Beobachtungszeitraum hinweg zu einer Verdoppelung der relativen Häufigkeit gelegentlicher bzw. häufiger Streits vor allem im Verhältnis der Töchter zu ihren Vätern und der Söhne zu ihren Müttern kommt (von 13 % auf 26 % im Falle der weiblichen Jugendlichen und von 8 % auf 16 % im Falle der männlichen Jugendlichen). Als häufigster Grund für Meinungsverschiedenheiten wird hierbei die „Unordentlichkeit" der Jugendlichen, gefolgt vom „Zuhause nicht helfen wollen", „Schulleistungen" und dem „abendlichen Ausgehen" genannt.

Die Wahrscheinlichkeit für Streit ist dann hoch, wenn das zu den Eltern bestehende Verhältnis bereits bei der Erstbefragung als durch Streit geprägt angegeben wurde (Engel & Hurrelmann 1994, S. 78).

Der belastende und das Wohlbefinden negativ beeinflussende Charakter familialer Konflikte kann am Beispiel schulleistungsbezogener Auseinandersetzungen mit den Eltern verdeutlicht werden: Mansel und Hurrelmann (1989) stellen auf der Basis einer repräsentativen Schülerbefragung fest, dass sich die emotionale Befindlichkeit von ohnehin mit Schulschwierigkeiten belasteten Schülerinnen und Schülern weiter verschlechtert, wenn Leistungsprobleme zu Konflikten mit den Eltern führen.

Engel und Hurrelmann (1994) konkretisieren dieses im Hinblick auf Konflikte, die mit dem Nicht-Entsprechen jugendlicher Leistungen gegenüber elterlichen Erwartungen verbunden sind. Ein ähnliches Ergebnis wurde bereits von Fend (1986) berichtet.

Neben dem belastenden Charakter kommt gerade der Familie auch ein Stellenwert als Bewältigungsinstanz zu. Neidhardt (1966) benennt diese Funktion der Familie als die des sozialen Rückhalts bzw. des Spannungsausgleichs (Neidhardt 1966, S. 67). Gerade ihr kommt im Jugendalter eine entscheidende Bedeutung zu. So steht im Jugendalter den biologischen, psychischen und sozialen Anforderungen das Risiko der Überschätzung der Leistungs- und Bewältigungskapazität gegenüber. Für Jugendliche steht im Vordergrund, die vielfältigen Anforderungen, aus denen oftmals Überforderungen erwachsen, zu bewältigen. Die lebenszeitlich vorverlagerte emotionale, jedoch ökonomisch erst sehr spät einsetzende Selbständigkeit hat Auswirkungen aber auch auf die Familie im Bereich ihrer elementaren Funktionen. Familie wies bislang identitätsstiftende und -verbürgende Gewissheitsquellen auf. Sie sind es, die den Ausschnitt des familialen „Klimas sozialen Rückhalts“ (Nestmann 1988, S. 124) qualitativ definieren, die jedoch, im Kontext der aus den zeitlichen Diskrepanzen entstehenden Konfliktlagen, mit denen gleichzeitig eine Freisetzung traditioneller Rollenzwänge einhergeht, zunehmend als fragwürdig bezeichnet werden müssen: Entstehen hierdurch zum einen neue Anforderungsstrukturen, die ihre Ursache in einem „permanenten innerfamilialen Beziehungsmanagement“ (Hurrelmann 1991b, S. 440) haben, so folgt hieraus zum anderen auch ein Aufweichen oder ein Verlust familialer und rückhaltverbürgender Bezüge für Jugendliche (Palentien 1994).

Neben diesen eher direkten Auswirkungen, die ungünstige familiale Lagen für Kinder und Jugendliche haben können, treten noch zahlreiche indirekte Auswirkungen, die z. B. die gesundheitliche Situation betreffen.

Klocke und Hurrelmann (1995) befragten in Nordrhein-Westfalen insgesamt 3.328 Schülerinnen und Schüler aller Schulformen im Alter von 11, 13 und 15 Jahren über die berufliche Tätigkeit des Vaters und der Mutter, über deren Schulbildung sowie über Aspekte ihres Gesundheitszustands und gesundheitsrelevanter Verhaltensweisen. Der Sozialschichtindex wurde in dieser Studie gebildet aus dem Statusrang der elterlichen Berufe sowie nach vorhandenen finanziellen Ressourcen (siehe hierzu auch das folgende Kapitel).

Die Ergebnisse dieser Untersuchung zeigen für Schülerinnen und Schüler aus den unteren sozialen Positionen in nahezu allen Gesundheitsindikatoren eine schlechtere Bewertung ihrer Situation: Je niedriger die Position in der Priviligiertenstruktur einer Gesellschaft, desto niedriger ist auch die Qualität der Gesundheit: Nur jedes fünfte Kind aus der unteren, aber jedes zweite Kind aus der oberen sozialen Position bewertet den eigenen Gesundheitszustand mit sehr gut. Bei den psychovegetativen Erscheinungsbildern wird der soziale Unterschied besonders deutlich, da sie als Symptome von Überlastungsreaktionen des Körpers auch die psychosoziale Situation der Betroffenen mit einer gewissen Latenz widerspiegeln.

Armut bedingt aber nicht nur häufig hohe Belastungen der Kinder, die sich ähnlich der für die Eltern dargestellten Mechanismen auf die gesundheitliche Situation auswirken können. Sie kann auch Auswirkungen auf die grundlegend mit der Familie verbundene Funktionen, wie z. B. das Familienklima oder die Funktion der sozialen Unterstützung, haben:

- Durch ihr Verhalten dienen Eltern generell als Modelle für den Umgang mit Gefühlen, Aggressionen und Bewältigungsstrategien. Betroffen sind hierneben aber auch soziale Kompetenzen, der Umgang mit Drogen und Arzneimitteln und das Ernährungs- und Hygieneverhalten (Bandura 1979).
- Eltern haben in frühen Jahren großen Einfluss auf den Attributionsstil ihrer Kinder. Dieser schlägt sich in Gewohnheiten der ursächlichen Zuschreibung von Ereignissen in der Umwelt nieder. Dies wiederum wirkt sich auf Motivationen zum Handeln aus. Ebenso ist hierdurch auch die Wahrnehmung von Kontrollierbarkeit der eigenen Umwelt betroffen.
- Durch das Zusammenleben in der Familie werden grundsätzliche soziale Fertigkeiten erlernt und erprobt. Sie sind die Voraussetzungen für ein stabiles Selbstbewusstsein und eine eigene unabhängige Identität.
- Die Familie, also nicht allein die Eltern, vermittelt ebenfalls die nächstliegenden Formen eines Unterstützungsnetzwerkes. Dieses ist mehr oder weniger in der Lage, Probleme und kritische Ereignisse zu kompensieren.

Untersuchungen, die sich dem solidarischen Familienzusammenhalt im Kontext sozialer Veränderungen widmen, zeigen zwar, dass sich die Befürchtung vieler Älterer, dass die Renten der jetzigen Elterngeneration nicht mehr gesichert seien, in einer neuen Abhängigkeit der Eltern von den Jugendlichen auswirken kann. Sie kann sich in einen solidarischen Umgang in einer elterlichen Unterstützung der Jugendlichen ausdrücken (Schütze 1992, S. 343). Anders stellt sich diese Situation jedoch dar, wenn die von den sozialen Veränderungen Betroffenen ein Gefühl der Hoffnungslosigkeit entwickeln, also wenn z. B. die Suche nach einem Ausbildungs- oder Arbeitsplatz erfolglos bleibt: In diesem Fall verschlechtert sich das familiale Klima.

Betroffen wären hiervon vor allem die männlichen Jugendlichen: Im Gegensatz zu ihren weiblichen Altersgenossen werden die männlichen Jugendlichen stärker mit einer Berufstätigkeit assoziiert. Bei Töchtern wird die Mithilfe im elterlichen Haushalt noch immer als Vorbereitung für ein zukünftiges Ehefrauen-Dasein verstanden (Schütze 1992, S. 340).

Dieser Annahme widersprechen jedoch die Ergebnisse zum Beispiel der Studie von Allerbeck und Hoag (1985, S. 60): Sie können zeigen, dass sich die Beziehung Jugendlicher zu ihren Eltern zwischen 1962 und 1983 verschlechtert hat. Geht man von einer steigenden Arbeitslosigkeit insgesamt aus, so hätte sich – würde sich die These von Schütze als richtig erweisen – die Beziehungsqualität verbessern müssen. Hurrelmann (1990) weist dagegen darauf hin, dass Arbeitslosigkeit als ein ausschlaggebender Faktor für familiale Gewalt betrachtet werden muss. Die Ergebnisse einer eigenen Analyse, die am Sonderforschungsbereich „Prävention und Intervention im Kindes- und Jugendalter“ an der Universität Bielefeld durchgeführt wurde (Palentien 1994), zeigen darüber hinaus, dass das Befinden Jugendlicher, das in engem Zusammenhang zum Zusammenhalt der Familie steht, mit den Strukturen von Familie, d. h. der konkreten Ausgestaltung des Eltern-Kind-Verhältnisses in Verbindung steht.

Neben diesen ohnehin schon hohen Anforderungen kommen gerade bei solchen Kindern, die aus ungünstigen sozialen Verhältnissen entstammen, noch zusätzliche Probleme hinzu. Sie stehen in einem engen Zusammenhang zur materiellen und wirtschaftlichen Situation dieser Familien. Ihre Ursache haben diese Probleme in den veränderten Lebens- und Berufsperspektiven von Männern und Frauen: Viele Eltern haben heute das Bestreben, die eigene Persönlichkeit zu entfalten. Dieses Bestreben bleibt dabei nicht nur auf kinderlose Paare beschränkt. Gerade Eltern mit Kindern vergleichen sich oftmals mit Paaren ohne Kinder und fühlen sich auf der Ebene der Entfaltung eines eigenen Lebensstils, der von großer Bedeutung für das Selbstverständnis und das Selbstbild des „modernen Individuums" geworden ist, stark eingeschränkt. Treten neben diese angestrebte Selbstentfaltung noch Beziehungs- und Berufsprobleme, dann kann dieses zu einer Überforderung der Eltern führen.

Überforderungen und Stresserleben, dies konnte an anderer Stelle dargestellt werden, können verschiedene Formen der Belastungsregulation zur Folge haben. Untergliedert werden sie in interiorisierende und exteriorisierende Verarbeitungsformen: Ist bei den nach innen gerichteten problematischen Verarbeitungsformen die eigene Person, das Selbst, die emotionale, psychische oder physische Befindlichkeit Objekt der Schädigung, die die eigene Weiterentwicklung stören und behindern können, so sind bei den nach außen gerichteten Verarbeitungsformen (wie bei aggressiven Verhaltensweisen) fremde Personen oder Gegenstände die zentralen Objekte der Schädigung (Mansel & Hurrelmann 1994). Aggression und Gewalt stellen in diesem Sinne eine exteriorisierende Form der subjektiven Regulation von Belastungen dar.

Die Gefahr, dass Eltern zu „Tätern" werden, ist dann besonders hoch, wenn sie mit ihrem eigenen Leben wegen massiver Berufs-, Partnerschafts- und Selbstwertprobleme nicht zurechtkommen. Aus der Ohnmacht und der eigenen Überforderung richten sie ihre Aggressionen gegen die schwächsten Familienmitglieder, ihre Kinder. Die Folgen sind körperliche, psychische, sexuelle und soziale Misshandlungen, von denen heute über 3 % aller 11 Millionen Kinder und Jugendlichen unter 18 Jahren in der Bundesrepublik Deutschland betroffen sind. Berücksichtigt man zusätzlich noch die in den offiziellen Registrierungen nicht enthaltenen Fälle von gravierender emotionaler Ablehnung, Quälerei und psychosozialer Vernachlässigung, also der eklatanten Nichtbeachtung kindlicher Bedürfnisse und des bewussten und fahrlässigen Unterlassens ihrer gesundheitlichen oder psychischen Förderung, dann ergibt sich ein weiteres Anwachsen dieses Anteils von jungen Menschen, die in ihren Familien unter Fehlhandlungen oder Misshandlungen leiden müssen.

7.3 Problemverhalten und Entwicklungsprobleme

Entwicklungsaufgaben im Jugendalter

Jugendliche müssen in allen gesellschaftlichen Handlungssektoren psychische, soziale, motivationale und praktische Kompetenzen erwerben. Als Basis einer Individuation bilden diese Kompetenzen die Voraussetzung für eine gesellschaftliche Integration, die als Eintritt in das Erwachsenenleben gilt.

Probleme im Individuations- und Integrationsprozess ergeben sich dann, wenn wegen spezifischer personaler oder sozialer Bedingungen vorübergehend oder dauerhaft in einem oder mehreren der Handlungsbereiche Jugendlicher unangemessene oder unzureichende Kompetenzen erworben und die von der sozialen Umwelt erwarteten Fertigkeiten und Fähigkeiten, Motivationen und Dispositionen nicht erbracht werden können. Die Handlungs- und Leistungskompetenzen eines Jugendlichen entsprechen in diesem Fall nicht den jeweils durch institutionelle oder Altersnormen festgelegten vorherrschenden Standards.

Wird eine „Fehl-Passung" von objektiven Anforderungen und subjektiven Kompetenzen nicht durch personale oder soziale Strategien verändert oder bewältigt, dann sind erhebliche individuelle Beanspruchungen und Belastungen bei Jugendlichen zu erwarten. Da jede unbewältigte Entwicklungsaufgabe eine ungünstige Startposition für die Bewältigung einer anderen ist, können sie zu Störungen des weiteren Individuations- und Integrationsprozesses führen. Ein „Problemstau" von mehreren unbewältigten Entwicklungsaufgaben kann darüber hinaus in einer Beeinträchtigung der Bildung von Handlungskompetenzen auch in einzelnen Handlungsbereichen münden (Coleman 1980; Olbrich 1984).

Aufbau von Bewältigungsstilen

Kinder und Jugendliche erlernen im Verlauf der Lebensspanne bestimmte Muster der Problembewältigung und erwerben Kompetenzen, die es ihnen ermöglichen, normative Entwicklungsaufgaben und lebenslaufspezifische Belastungen sowie Krisen mehr oder weniger konstruktiv zu bewältigen. Eine wichtige grundlegende Komponente für den Aufbau von Bewältigungsstilen ist der Grad der aktiven Erschließung einer Problemkonstellation und das Ausmaß, in dem sich Kinder und Jugendliche auf überlieferte Vorgaben für ihre Orientierungen und Problemlösungshandlungen verlassen. Als günstig für eine flexible Problembewältigung erweist sich eine gut strukturierte, aber flexible und eigenaktive Wahrnehmung der sozialen Realität, die für neue Eindrücke und rasche spontane Reaktionen bei neu entstehenden Konstellationen offen ist. Als ungünstig erweisen sich ausweichende und passive Strategien der Reaktion (Moriarty & Toussieng 1980, Oerter 1981).

Die unterschiedliche Ausprägung der Kompetenzen für die Bewältigung eines Problems ist ein maßgeblicher Entscheidungsfaktor dafür, ob eine Problemkonstellation in ihren Folgen und Auswirkungen zu einer Belastung wird oder nicht:

- Eine hohe Problembewältigungskompetenz kann dazu führen, dass ein Jugendlicher trotz einer objektiv ungünstigen Lebenslage auch in schwierigen Konstellationen keine Beeinträchtigung der psychosozialen Befindlichkeit und keine Symptome von Belastungen zeigt. Die Chancen, solche Problembewältigungskompetenzen aufzubauen, sind bei denjenigen Jugendlichen besonders hoch, die von früher Kindheit an ein aktives und aufgeschlossenes Temperament haben, gute Vorbilder in sowie günstige Anregungen und Herausforderungen für die Stärkung und Stabilisierung ihrer Persönlichkeit bei ihren Eltern finden.
- Fehlen günstige Anregungen und Herausforderungen für die Stärkung und Stabilisierung der Persönlichkeit, dann kommt es häufig zu motivationalen und kognitiven Persönlichkeitsmerkmalen, die eine nur defensive oder passive Reaktion auf problematische Lebenslagen und Krisen möglich machen. Die Strategien der Problemanalyse, der Informationssuche, der Beeinflussung der belastenden Bedingungen oder der Veränderung des eigenen Verhaltens sind bei diesen Jugendlichen weniger gut entwickelt; sie haben deshalb für die Anforderungen in verschiedenen Lebensbereichen erheblich ungünstigere „personale Ressourcen“ als ihre Altersgenossen (Keupp 1982; Pearlin & Schooler 1978; Petri 1979).

So bedeutsam die individuellen Bewältigungskompetenzen sind, sie allein sind oftmals nicht ausreichend, um Problemkonstellationen zu meistern. Speziell solche Probleme, die nicht unmittelbar durch das eigene Handeln beeinflussbar und veränderbar sind (z. B. Schulversagen, Arbeitslosigkeit, Beziehungskrisen usw.), können auch bei Jugendlichen mit hohen Bewältigungskompetenzen zu Überforderungen führen (Franz 1983).

7.3.1 Bedingungen für Problembelastungen

Aus einem Missverhältnis zwischen situativen Anforderungen einerseits und eigenen Handlungskompetenzen andererseits entwickeln sich oftmals „untaugliche Lösungen“, die in ihren Erscheinungsformen und Folgen von der sozialen Umwelt als inakzeptabel bezeichnet werden. Dissozialität und Delinquenz, psychosomatische Störungen und gesundheitsgefährdende Verhaltensweisen stellen solche sozial gemiedenen oder geächteten und damit für die jeweiligen Personen prekären Strategien der Reaktion auf Problemkonstellationen dar; in diesem Sinne handelt es sich um „fehlgeleitete“ Formen der Auseinandersetzung mit der eigenen Lebenslage. Dem stehen Formen der Problemverarbeitung gegenüber, die von der sozialen Umwelt als konform anerkannt werden.

Symptome der Problembelastung treten vor allem im Jugendalter – im Vergleich zu anderen Bevölkerungsgruppen – gehäuft auf. Innerhalb der Jugendpopulation sind sie aber nur bei einer Minderheit von insgesamt etwa 25 % bis 30 % zu verzeichnen. Zu ihrer Klassifikation bieten sich analytisch zwei Dimensionen an:

- Zum einen lässt sich nach der „Richtung“ der Problemverarbeitung unterscheiden. Die Problemverarbeitung kann sich nach „außen“, an Bezugspersonen und Institutionen wenden, oder nach „innen“ gerichtet sein, also eine Auseinandersetzung mit dem eigenen Selbst darstellen. Beispiele hierfür sind depressive und aggressive Verhaltensweisen.

- Zum zweiten lassen sich die Erscheinungsformen und Resultate der Problemverarbeitung danach unterscheiden, ob sie von der Gesellschaft als konform oder als deviant gegenüber den gesellschaftlich vorherrschenden Normen und Verhaltenserwartungen eingeschätzt werden. Beispiele hierfür sind Teilnahmen an politischen Demonstrationen und kriminelle Verhaltensweisen.

Vor allem das Auftreten devianten Verhaltens weist auf erhebliche Schwierigkeiten des persönlichen Entwicklungs- und des sozialen Eingliederungsprozesses im Jugendalter hin (Döbert & Nunner-Winkler 1976; Haan 1981; Bohle 1983, S. 244).

7.3.2 Deviantes und kriminelles Verhalten

Deviante Formen der Problemverarbeitung sind dadurch gekennzeichnet, dass sie nicht nur gesellschaftlich unkonventionell und unerwünscht sind, sondern zugleich auch förmlich geächtet und sanktioniert werden, da sie gegen geschriebene oder ungeschriebene Normen verstoßen. Während unter „sozial abweichendem" Verhalten sämtliche normverletzenden und sozial unerwünschten Handlungsweisen – unabhängig von ihrer rechtlichen Strafbarkeit – zusammengefasst werden, bezeichnet „kriminelles" Verhalten nur diejenigen devianten Formen, die nach gesetzlichen Festlegungen strafbar sind (Diebstahl, Körperverletzung, Konsum illegaler Drogen usw.).

Die überwiegende Form devianter Problemverarbeitung im Jugendalter ist die Kriminalität, wenn auch ihre tatsächliche Verbreitung nur äußerst schwer zu erfassen ist. Insbesondere Kriminalstatistiken der Polizei haben nur einen begrenzten Wert für die Beurteilung des Ausmaßes krimineller Handlungen, da sie stark vom Anzeigenverhalten der Bevölkerung und von der Organisation, der Kapazität, den Entscheidungsstrategien, den Zählweisen und den Definitionen der staatlichen Kontrollorgane abhängen (Kaiser 1977, S. 69).

Trotz aller Schwierigkeiten hinsichtlich der genauen Erfassung gilt heute aber als gesichert, dass vor allem Jugendliche aus sozial auffälligen Familien sowie aus Familien mit ungünstigen materiellen und wohnlichen Bedingungen bei kriminellen Verhaltensweisen überrepräsentiert sind. Überrepräsentiert ist in der Kriminalstatistik darüber hinaus der Anteil der Jugendlichen ohne Berufsausbildung und ohne Beschäftigungsverhältnis: Kriminalität bildet vielfach den Endpunkt einer langen Kette von Belastungen durch ungünstige Sozialisationsbedingungen in der Familie, geringen Schulerfolg, fehlenden Schulabschluss, mangelhafte oder fehlende Berufsausbildung und Arbeitslosigkeit.

Anzunehmen, dass es sich bei denjenigen Jugendlichen, die zu diesem problematischen Handlungsmuster Zuflucht nehmen, auch um solche Jugendliche handelt, die sich von den Werten, die in der Gesellschaft vorherrschen, verabschiedet haben, wäre jedoch ein Trugschluss: Wie Engel und Hurrelmann (1992) in einer sozialstrukturellen Analyse nachweisen, teilen gerade delinquent gewordene Jugendliche in einem hohen Grad die vorherrschenden Werte, wonach Erfolg und Überlegenheit die bedeutendsten Ziele darstellen.

An Leistungs- und Prestigeerwartungen zu scheitern, ist nur für diejenigen Personen eine schmerzhafte und enttäuschende Erfahrung, die diese

Erwartungen übernommen und das „Leistungsprinzip" als Verteilungskriterium für gesellschaftliche Privilegien akzeptiert haben.

Für Jugendliche ist es heute eine grundlegende soziale Entwicklungsaufgabe, die notwendige (wenngleich nicht hinreichende) Voraussetzung dafür zu schaffen, im Wirtschafts- bzw. Beschäftigungssystem eine möglichst günstige soziale Position zu erreichen. Ist dieses Ziel bedroht, dann bilden starke Orientierungen an der Leistungs- und Erfolgskultur eine Voraussetzung dafür, statusbezogene Ziele gegebenenfalls auch mit allgemein nicht-akzeptierten, „illegitimen", delinquenten, möglicherweise auch aggressiven Mitteln zu verfolgen (Engel & Hurrelmann 1992), wie z. B. bei schulischen Misserfolgserlebnissen.

Im Falle schulischen Scheiterns versuchen Jugendliche, Statusüberlegenheit auf andere Weise als durch Schulerfolg zu erreichen. Wenn alle übrigen legitimen Kanäle blockiert sind, bleibt die demonstrative Devianz oftmals als ein letzter Weg, Status per „Leistung" zu erzielen. Zahlreiche Studien haben auf den hohen Stellenwert von leistungsbezogenem Versagen sowie der damit verbundenen Wahrnehmung ungünstiger berufs- und bildungsbezogener Zukunftschancen für das Entstehen von Jugendkriminalität hingewiesen (Elliot, Huizinga & Menaro 1989; Jessor, Donovan & Costa 1991).

7.3.3 Drogenkonsum

Unter Drogen werden alle Substanzen subsumiert, die über das Zentralnervensystem die subjektive Befindlichkeit eines Konsumenten direkt oder indirekt beeinflussen. Die Genussmittel Alkohol und Tabak zählen hierzu ebenso wie die illegalen Drogen Haschisch, Halluzinogene, Amphetamine, Opiate (vor allem Heroin) und Kokain. Der Einstieg in den Drogenkonsum erfolgt bei Kindern und Jugendlichen in der Regel über die legalen Drogen Alkohol und Tabak, zunehmend aber auch über Medikamente und Arzneimittel (Nordlohne 1992).

Während kriminelles Verhalten in die Gruppe der konfliktorientierten, überwiegend nach „außen" gerichteten Problemverarbeitungsweisen fällt, gehört der Drogenkonsum zu den nach „innen" gerichteten, rückzugsorientierten Formen der Problemverarbeitung. Jugendliche, die auf Problemkonstellationen im Individuations- und Integrationsprozess mit dem Muster des Drogenkonsums reagieren, wählen den Weg der Manipulation ihrer psychosomatischen Befindlichkeit. Mit psychotropen Substanzen versuchen sie, sich in bessere Stimmungslagen zu versetzen und ihrer alltäglichen Lebenswelt mit künstlich geschaffenen „besseren" Erlebniswelten zu entfliehen: „Es gibt viele Wege, die zum Drogengebrauch führen; aber letztlich ist jeder Drogenkonsum ein Versuch, sich alltäglichen Lebensproblemen und -herausforderungen zu stellen, sich mit ihnen auseinanderzusetzen und eine Form der Bewältigung zu finden, und dabei liegen taugliche und untaugliche, produktive und unproduktive Formen dicht beieinander" (Hurrelmann & Hesse 1991, S. 241).

Drogenkonsum kann rasch zu einer „problematischen Form der Lebensbewältigung" werden – sobald Abhängigkeit und Sucht drohen bzw. wenn er beginnt, eine produktive Weiterentwicklung der Persönlichkeit zu blockieren. Allerdings ist in der Auseinandersetzung mit jugendlichem Substanzkonsum immer zu berücksichtigen, dass dieser zur Befriedigung vielfältiger alters- und entwicklungsbezogener sowie ereignis- und lebenslagenspezifischer Bedürfnisse beiträgt. Der Konsum von Drogen dient u. a als

- demonstrative Vorwegnahme des Erwachsenenverhaltens,
- bewusste Verletzung von elterlichen Kontrollvorstellungen,
- Ausdrucksmittel für sozialen Protest und gesellschaftliche Wertkritik,
- ein „Instrument" bei der Suche nach grenzüberschreitenden, bewusstseinserweiternden Erfahrungen und Erlebnissen,
- Zugangsmöglichkeit zu Freundesgruppen,
- Symbol für die Teilhabe an subkulturellen Lebensstilen,
- Mittel der Lösung frustrierenden Leistungsversagens oder
- Notfallreaktion auf heftige psychische und soziale Entwicklungsstörungen.

Die zu diesen Zusammenhängen vorliegenden Studien (z.B. Jessor & Jessor 1977; Silbereisen & Kastner 1985; Franzkowiak 1986) legen eine große Breite und Vielfalt der subjektiven Motive und Bedürfnisse ihrer Konsumenten offen. Gleichzeitig zeigen sie, dass der Drogenkonsum oftmals fest in den alltäglichen Verhaltensmustern von Jugendlichen verankert ist. Das früheste Lernfeld für das Einüben des Umgangs mit Drogen ist dabei die Familie. Erst mit steigendem Alter orientieren sich Jugendliche an Gleichaltrigengruppen (Engel & Hurrelmann 1989, S. 157): Schon Kinder im Alter von sechs bis zehn Jahren entwickeln erste Vorstellungen über spezifische Charakteristika und Wirkungen von Alkohol und Tabak und über die kulturelle und soziale Wertung dieser Drogen (Dinh, Sarason, Peterson & Onstad 1995), die dann ihrerseits die Initiierung von Substanzkonsum Jahre später beeinflussen.

Tabak und Alkohol

Die Zahl der Neueinsteiger wie der rauchenden Jugendlichen insgesamt ist in den letzten Jahrzehnten deutlich geringer geworden. In der Altersgruppe der 12-25-jährigen ist der Anteil der Raucher in den letzten zwanzig Jahren fast kontinuierlich zurückgegangen. 1997 gaben in den alten Bundesländern nur noch 26% der 12-17-jährigen und 49% der 18-25-jährigen, an, dass sie gelegentliche oder ständige Raucher seien. Festzuhalten ist allerdings auch, dass in der jüngsten Altersgruppe 1997 erstmals wieder ein Anstieg der Konsumentenquoten um fünf Prozentpunkte gegenüber dem Vergleichszeitpunkt von 1993 zu verzeichnen war (BzgA 1998; siehe hierzu auch Kolip 2000; Müller 2000). In den neuen Bundesländern sind die Konsumquoten seit 1993 sogar von 19% bei den 12-17-jährigen auf 34% und bei den 18-25-jährigen von 42% auf 56% gestiegen.

Es bleibt abzuwarten, ob diese Entwicklung nur kurzfristig ist oder eine längerfristige Trendwende signalisiert.

Die Initiierung des Rauchens wird wesentlich von sozialen Einflüssen geprägt, wobei sowohl das familiale Umfeld, vor allem aber die gleichaltrigen Peers eine wichtige Rolle spielen (Fuchs 2000; Jackson 1997). Dabei handelt es sich jedoch nicht um einen nur passiven Beeinflussungsprozess. Vielmehr ist davon auszugehen, dass Jugendliche sich auf Grund bestimmter motivationaler Konstellationen, die vor allem mit Identitätssuche und „Imagebildung" zu tun haben, die jeweiligen Freundesgruppen, in denen spezifische Normen dominieren, durchaus aktiv aussuchen (Ennett & Baumann 1994). Einen weiteren wichtigen Einflussfaktor stellen emotionale Regulationsprozesse dar: Es ist davon auszugehen, dass der Zigarettenkonsum nicht nur von Erwachsenen, sondern bereits von Jugendlichen als Mittel zur Entspannung und Befindlichkeitsverbesserung eingesetzt wird (Byrne, Byrne & Reinhart 1995; Semmer et al. 1987; Willis, DuHamel & Vaccaro 1995) – besonders dort, wo vermehrt Stressereignisse und Belastungserleben durch die Schule oder die Familie auftreten. Eine Rolle bei der Initiierung wie bei der Habitualisierung spielen darüber hinaus anscheinend auch biologisch-genetische Faktoren im Sinne einer differenziellen Sensitivität für die physiologischen Effekte von Nikotin (Heath & Madden 1994; Pomerleau 1995).

Ein Rückgang der Konsumquoten lässt sich auch für den Alkohol konstatieren. Nach der Drogenaffinitätsstudie der BZgA (1998) sind die Prävalenzraten für alle alkoholischen Getränkearten in den letzten zwanzig Jahren deutlich zurückgegangen. So hat sich in den Ländern der alten Bundesrepublik der (mindestens) einmal wöchentliche Bierkonsum von 42 % 1977 auf 24 % im Jahr 1997 fast halbiert, die Raten für Wein sind von 21 % auf 10 %, die von Spirituosen von 17 % auf 5 % gesunken. In den neuen Bundesländern lagen die Raten für mindestens wöchentlichen Konsum bei 23 % für Bier, 7 % für Wein und 6 % für Spirituosen. Allerdings gibt es auch unter den jugendlichen Konsumenten nach wie vor relevante – vor allem männliche – Subgruppen, die riskante Alkoholkonsummuster zeigen. So erwiesen sich in einer Münchener Stichprobe 8,9 % der einbezogenen 16-17-jährigen als alkoholmissbrauchend nach DSM-IV, 3,9 % mussten als alkoholabhängig gelten (Holly, Türk, Nelson, Pfister & Wittchen 1997).

Die Ausgangssituation für die Aufnahme des Alkoholkonsums ist zumindest teilweise mit den Ursachen für Tabakkonsum vergleichbar. So gibt es Parallelen bezüglich der Bedeutung des elterlichen und vor allem des Peereinflusses und auch Belastungs- und Versagenserleben scheint hier eine Rolle zu spielen (siehe Nordlohne 1992; Semmer et al. 1991). Eine genetische Komponente spielt hier wahrscheinlich eine noch größere Rolle als beim Rauchen. Elterlicher Alkoholismus ist – über den Sozialisationseffekt hinaus – offensichtlich ein wichtiger ätiologischer Faktor für die Entstehung von Alkoholmissbrauch und -abhängigkeit (Kaprio et al. 1987; Prescott & Kendler 1999; Schuckit, Goodwin & Winokur 1972). Immer wieder hat es Hinweise auf Selbstkonzeptprobleme bei Alkohol missbrauchenden Jugendlichen gegeben, allerdings stammen viele dieser empirischen Befunde aus Querschnittstudien, während einige Längsschnittuntersuchungen solche Zusammenhänge nicht bestätigen konnten, so dass diese Frage nach wie vor offen ist (zur Diskussion um diesen Punkt siehe Leppin 2000). Zu bestätigen scheint sich dagegen die Annahme einer frühkindlichen Prädisposition für Alkoholmissbrauch und -abhängigkeit, die sich u. a. durch emotionale Labilität, geringe Impulskontrolle, aggressives und antisoziales Verhalten („conduct disorder“) auszeichnet (Block, Block & Keyes 1988; Pulkkinen & Pitthauen 1994, Slutske et al. 1998).

Tabak und Alkohol – so lassen sich diese Befunde zusammenfassen – sind eindeutig die verbreitetsten Drogen in unserem Kulturkreis. Obwohl sie legal sind, müssen sie daher als die gefährlichsten aller Drogen eingestuft werden: Mittel- und langfristig können sie zu Abhängigkeit führen, was vor allem im Fall des Alkoholkonsums mit psychovegetativen Störungen, Lern- und Konzentrationsproblemen und erheblichen Beeinträchtigungen und Blockierungen der weiteren Persönlichkeitsentwicklung einhergehen kann. Verantwortlich sind sie darüber hinaus langfristig – dies gilt für Rauchen und starken Alkoholkonsum – für massenhaft auftretende Gefährdungen der physischen Gesundheit wie Herz-Kreislaufstörungen und Krebskrankheiten. Geschätzt wird, dass etwa 50 % der auftretenden Mortalität im Erwachsenenalter direkt auf verhaltensbezogene Faktoren im Jugendalter zurückgeht (Millstein 1989).

Illegale Drogen

Die Drogenaffinitätsstudie (DAS) der Bundeszentrale für gesundheitliche Aufklärung fand 1997 für die 12-25-jährigen eine lebenszeitbezogene Drogenerfahrung (Lebenszeitprävalenz) für illegale Drogen von 21 % (alte Bundesländer = 22 %, neue Bundesländer = 17 %). Nach konstanten Raten in den achtziger Jahren ist damit in den Neunzigern der Anteil der Jugendlichen mit Drogenerfahrung wieder leicht gestiegen (BzgA 1998).

Die EDPS-Studie, die an 3021 Münchner Jugendlichen im Alter zwischen 14 und 24 Jahren durchgeführt wurde und insofern ausschließlich Aussagen über Jugendliche aus großstädtischen Ballungsräumen zulässt, ergab für 1995 im Vergleich dazu höhere Lebenszeitprävalenzraten von knapp 35 % (Lieb et al. 2000). In dieser Studie wurden 1,6 % der weiblichen und 2,5 % der männlichen Jugendlichen als drogenabhängig eingestuft (nach DSM-IV-Klassifikation), 1,8 % bzw. 4,1 % zeigten missbräuchlichen Konsum (Lieb et al. 2000). Eindeutig am häufigsten war in dieser Stichprobe – wie auch in der Drogenaffinitätsstudie – die Erfahrung mit Haschisch/Marihuana. 33 % der Befragten gaben an, Cannabis mindestens probiert zu haben (DAS alte Bundesländer: 21 %, neue Bundesländer= 12 %). Die Prozentsätze für andere Substanzen sind demgegenüber in beiden Studien deutlich geringer. Die EDPS berichtet eine Lebenszeitprävalenz für Ecstasy von 3,2 % (DAS alte Bundesländer = 4 %, neue Bundesländer = 3,1 %), 4,0 % für Kokain (DAS alte Bundesländer = 2 %), 3,4 % für Opiate und 3,2 % für halluzinogene Substanzen (DAS alte und neue Bundesländer = 2 %) (BzgA 1998; Lieb et al. 2000). Für Aufputschmittel/Speed liegen die Lebenszeitkonsumquoten laut DAS bei 3 % für die alten und 5 % für die neuen Bundesländer.

Als regelmäßige Cannabis-Konsumenten (mindestens 5maliger Gebrauch) bezeichneten sich in der EDPS-Studie 15,5 %. 0,9 % der weiblichen und 2,0 % der männlichen Jugendlichen erfüllten das Abhängigkeitskriterium nach DSM-IV, jeweils 1,7 % bzw. 3,8 % das Missbrauchskriterium. Das durchschnittliche Einstiegsalter für Cannabis liegt in den alten Bundesländern bei 16,7 Jahren (BzgA 1998), das für Speed bei 17, für Ecstasy und LSD bei 17,2 Jahren, Heroin und Kokain folgen mit 18,0 bzw. 18,3 Jahren.

Obwohl der größte Teil der Jugendlichen, der Haschisch konsumiert, hiermit seine „Drogenkarriere“ beendet (Kandel, Kessler & Margulies 1978), setzt eine Minderheit von ihnen diese Karriere fort: Zusätzlich zum Haschisch werden von diesen Jugendlichen oftmals „harte“ illegale Drogen konsumiert oder der Haschischkonsum durch diese härteren Drogen ersetzt (Bachmann, Johnston & Malley 1990). Insgesamt kann davon ausgegangen werden, dass Erfahrungen mit einer Substanz den Konsum weiterer Drogen begünstigen.

So erhöht Rauchen die Wahrscheinlichkeit für intensiveres Alkohohltrinken, häufige Alkoholräusche wiederum machen Cannabiskonsum wahrscheinlicher (BzGA 1998; Lieb et al. 2000), der wiederum eher zum Gebrauch anderer illegaler Drogen wie Ecstasy, LSD, Kokain oder Heroin führt, wobei sich die Wahrscheinlichkeit weiteren (und „härteren") Konsums besonders dann erhöht, wenn bereits mehrere andere Substanzen genommen wurden (BzgA 1998, S. 78).

Der Beginn des Konsums von Haschisch/Marihuana geschieht in vielen Fällen im Sinne eines Probier- und Experimentierverhaltens. Ob es zu regelmäßigem Konsum und dann auch zum Transfer auf „härtere" Substanzen kommt, hängt von Persönlichkeits- und Umweltfaktoren sowie biologischen und psychologischen Rahmenbedingungen für Suchtprozesse ab (Reuband 1990). Die Ausgangskonstellationen für die Aufnahme des Konsums von Haschisch – wie auch anderer illegaler Drogen zeigen Parallelen zu denen des Alkoholmissbrauchs: Auch hier spielt eine familiäre Belastung mit substanziellen Störungen wie der Konsum in der Peer-Gruppe eine Rolle (Lieb et al. 2000). Unter den betroffenen Jugendlichen finden sich auch sehr häufig solche, die tief sitzende Familienkonflikte mit schweren Störungen der zwischenmenschlichen Beziehungen erlebt haben.

In der Drogenaffinitätsstudie wurden die Jugendlichen nach den Gründen für ihren Drogenkonsum befragt. Am häufigsten wurde „Neugier" genannt; gängig – und vor allem auffällig häufiger gegenüber der vorhergehenden Befragung von 1993 – waren jedoch auch Motive, die sich auf den Wunsch nach Entspannung und Anhebung der Stimmung bezogen (BzgA 1998). Darüber hinaus scheint Belastungserleben ein Faktor zu sein, der Drogenkonsum begünstigt (Allison, Adlaf & Mates 1997; Garnefski & Okma 1996; Nordlohne,1992).

Immer wieder diskutiert worden ist auch die Rolle bestimmter Persönlichkeitsstrukturen wie depressiver Neurosen oder unsicher-labiler sowie ängstlich-verschlossener Persönlichkeitsstrukturen, allerdings stellt sich angesichts der meist querschnittlichen Untersuchungen oft die Frage nach der Prä- bzw. Postmorbidität solcher Diagnosen (siehe auch oben zum Thema Alkohol) (Sieber 1988). Relativ gesichert scheint dagegen eine „Störungskontinuität" im Lebenslauf: Ähnlich wie für Alkoholmissbrauch und –abhängigkeit gilt auch für den Konsum illegaler Drogen, dass Kinder, die bereits sehr früh Verhaltensauffälligkeiten und -störungen gezeigt haben, die in einem engen Zusammenhang mit der sozialen Situation stehen, vulnerabler zu sein scheinen (Pedersen, Mastekaasa & Wichstrom 2001).

7.3.4 Formelle und informelle Unterstützungssysteme

Im Kontext der dargestellten Problemlagen kommt der Frage, welche formellen und informellen Unterstützungssysteme die Gestaltung der Lebensphase Jugend beeinflussen, heute eine große Bedeutung zu. Unter „informeller Unterstützung" wird hierbei eine in den „unmittelbaren" Lebensbereichen verankerte Hilfe verstanden: Diese Unterstützung geht von Laien aus (Eltern, Lehrern, Trainern, Kollegen), die diesen Dienst „nebenbei" und ohne eine spezielle Schulung und

Ausbildung leisten. Gleichzeitig nimmt in allen Industriegesellschaften auch die Unterstützung durch Professionelle zu, die Unterstützen und Helfen fachlich erlernt haben und als Beruf ausüben (Psychologen, Ärzte, Seelsorger). Neben die Hilfe durch informelle und professionelle Helferinnen und Helfer tritt immer stärker die formelle Unterstützung. Sie bleibt in staatlichen oder gemeinnützig organisierten Institutionen, teilweise auch in privaten und kommerziellen Einrichtungen geleistet und über Versicherungen oder Direktbezahlungen finanziert.

Informelle Unterstützungssysteme

Im Bereich der informellen Unterstützungssysteme kommt – vor allem für die jüngeren Jugendlichen – der Familie eine erhebliche Bedeutung zu: Sie gewährt sowohl physischen wie auch psychischen Rückhalt. Die sozialisatorische Interaktion in der Familie dient als „Transformationsmedium" für die Impulse und Anforderungen der sozialen und materiellen Umwelt. Sie wirkt hierbei als ein lebenslagenspezifischer Umweltvermittler, wobei die jeweilige Qualität und der Zuschnitt der vermittelten Kompetenz sich als folgewirksam auch für den außerfamilialen Handlungsbereich erweist.

Insgesamt ist das soziale Netzwerk Jugendlicher aus informellen und formellen Unterstützern zusammengesetzt. Im Regelfall bestehen soziale Kontakte zu Eltern, Geschwistern und anderen Verwandten, Freunden und Mitgliedern der Gleichaltrigengruppe (als informelle Unterstützer) und Lehrern und professionellen Unterstützern in medizinischen, psychologischen und sozialarbeiterischen Diensten (als formellen, professionellen Unterstützern). Hinzu kommen die Kontakte zu Einrichtungen der Jugendhilfe, als Jugendverbände und -vereine, Einrichtungen der Jugendfreizeit (Jugendhäuser) und auch Jugendberatungen, die einen Mischcharakter aus formeller und informeller Unterstützung darstellen und gerade deshalb von großer Bedeutung für die Netzwerkgestaltung sind.

Günstig für den Aufbau eines Unterstützungsnetzwerkes ist die möglichst vielfältige und breit angelegte Verknüpfung der Kontakte zu allen genannten Unterstützungssystemen. Bestehen keinerlei Vernetzungen, dann sind die Jugendlichen in Belastungssituationen auf die direkte und punktuelle Unterstützung jeweils eines einzigen Unterstützungssystems angewiesen, die sich in der Regel nicht als effektiv erweist.

Ziel einer Netzwerkbildung ist die Stabilisierung oder Wiederherstellung effektiv funktionierender Unterstützungssysteme. Insofern keine Unterstützungssysteme im alten Wortsinn der „Gemeinde" mehr bestehen, ist es die Aufgabe professioneller Helferinnen und Helfer, das isoliert bestehende formelle und informelle Beziehungsgefüge zu einem sozialen Unterstützungssystem zu „vernetzen". Die professionellen Hilfeinstanzen sind somit Initiator und Begleiter eines Prozesses, in dem die Beziehungen zwischen Menschen neu etabliert werden. Für den spezifischen situativen Kontext bedeutet dies, an den jeweils vorhandenen Verknüpfungspunkten zur Familie und/oder zum Freundeskreis anzusetzen und auf eine Stärkung dieser Beziehungen sowie eine bessere Einbettung dieser Beziehungen in übergreifende soziale Bezugssysteme hinzuarbeiten.

Ergänzungsverhältnis von informeller und professioneller Unterstützung

Inwieweit von der Existenz eines solchen Beziehungsgefüges bei Jugendlichen heute bereits ausgegangen werden kann, zeigen die Ergebnisse eines Forschungsprojekts an der Universität Bielefeld. Ziel der Untersuchung war es, professionelle Helfer und Laienhelfer in ihrer Bedeutsamkeit für die im Durchschnitt 16-jährigen Jugendlichen miteinander zu vergleichen (Hurrelmann & Palentien 1993, 1993a). Im Mittelpunkt stand hierbei die Frage, an wen sich Jugendliche bei persönlichen (auch gesundheitlichen) oder schulisch-beruflichen Problemen, die sie aus eigener Kraft nicht bewältigen können, hilfesuchend wenden und welche Rolle dabei den professionellen medizinischen und psychologischen Unterstützern, insbesondere den Ärztinnen/Ärzten und den Psychologinnen/Psychologen im Kontrast zu den Eltern und Freunden als Laienhelfern zukommt.

Die Ergebnisse der Studie weisen auf den großen Stellenwert hin, den die befragten Jugendlichen den Laienhelfern beimessen: Allen voran gilt dies für die Mütter. Im Verlauf des Jugendalters bis zum Eintritt in das Erwachsenenalter sinkt zwar die Bedeutung der Eltern als Ansprechpartner; betrachtet man jedoch die zum gleichen Zeitpunkt steigende Akzeptanz der – meist gleichgeschlechtlichen – Freunde und Freundinnen, so bleibt insgesamt das Vertrauen in die unterstützende Leistung durch informelle Helfer konstant. Dieses Vertrauen hängt eng mit der Bewertung der Hilfe und Unterstützung durch die Jugendlichen zusammen: Insgesamt 61 % der befragten Jugendlichen geben an, mit der Beratung durch die Mutter zufrieden zu sein; im Blick auf Freunde und Väter waren es nur geringfügig weniger.

Die Rolle der Eltern für die emotionale und praktische Unterstützung ihrer erwachsen werdenden Kinder ist also groß. Allerdings variiert dieser Stellenwert erheblich mit dem Alter der Jugendlichen. Die größten Spannungen mit den Eltern treten in der Altersgruppe der 15- und 16-jährigen auf. Hier kumulieren die Ablösungsprozesse und es kommt häufig zu Streitigkeiten und Auseinandersetzungen. So verwundert es auch nicht, dass es gerade die Jugendlichen in dieser Altersgruppe sind, die unterdurchschnittlich häufig (im Durchschnitt nur zu 42 %) angeben, sich bei persönlichen oder schulischen Problemen an ihren Vater oder ihre Mutter zu wenden.

Auch die Gleichaltrigenkontakte dieser Altersgruppe sind ungewöhnlich: Im Vergleich zu allen anderen Altersgruppen sind die 15- und 16-jährigen am unzufriedensten mit den Unterstützungen und Hilfen durch ihre Freunde oder Freundinnen. Die Stabilität der Freundeskreise ist äußerst gering ausgeprägt: Während über die Hälfte der älteren und über 17 Jahre alten Jugendlichen angibt, einen festen Partner oder eine feste Partnerin zu haben, befinden sich die 15- und 16-jährigen hier in einer Umbruchsituation. Man trifft sich mal mit dem einen oder dem anderen Freund bzw. Freundin, ohne dass sich bereits zuverlässige Beziehungen ergeben haben.

Dauerhafte und stabile Beziehungen zu Gleichaltrigen, die sich als gute Basis für Hilfe und Unterstützung erweisen, entwickeln sich mit einem zunehmenden Alter der Jugendlichen: Die älteren Jugendlichen mit gefestigten Partnerbeziehungen geben in der Untersuchung an, sich bei persönlichen und schulischen Problemen sehr häufig an ihre Freundin oder an ihren Freund zu wenden. Mit rund 94 % stellen sie auch den größten Anteil der mit der erfahrenen Hilfe zufriedenen Jugendlichen dar (Holler & Hurrelmann 1990).

Professionelle Hilfe im Jugendalter

Zur Klärung der Frage, ob Sozialarbeiterinnen und Sozialarbeiter, Psychologinnen und Psychologen oder Ärztinnen und Ärzte als Repräsentanten der professionellen Helfergruppe das brüchige Unterstützungssystem der 15- bis 16-jährigen stabilisieren können, wurden neben der Inanspruchnahme informeller Hilfeinstanzen auch die professionellen Helfer in der Untersuchung berücksichtigt. Die Ergebnisse zeigen hierzu, dass sich im Durchschnitt etwa 10 % der befragten Jugendlichen bei einem persönlichen oder schulisch-beruflichen Problem an eine Beratungsstelle wenden würden. Der entsprechende Wert für Ärztinnen und Ärzte liegt bei etwa 12 %.

Studien zum Inanspruchnahmeverhalten dokumentieren, dass Jugendliche psychosoziale Beratungsstellen bei weitem nicht in dem Maß aufsuchen, wie es ihrer tatsächlichen psychischen Anspannung und Belastung entsprechen würde. Die Gründe hierfür liegen in persönlichen Motiven, aber auch in strukturellen Gegebenheiten (von Troschke & Stößel 1981). Zu letzteren zählt z. B. die Entfernung zu einer Beratungsstelle: So hatten 22 % der im Einzugsgebiet von Beratungsstellen wohnenden Jugendlichen und ihre Familienmitglieder nicht die Möglichkeit, eine Beratungsstelle innerhalb einer Stunde mit öffentlichen Verkehrsmitteln zu erreichen (Presting 1987, S. 211). Besonders ungünstig ist die Situation in ländlich strukturierten Gebieten. Presting stellt hierzu fest, dass die Beratungsstellen in 30 % der ländlichen Regionen für mehr als 100.000 Einwohner zuständig sind: Eine Situation, die in keiner Weise dem Ausmaß an Belastungen und Problemen junger Menschen entspricht. Erschwerend kommen Unsicherheit und Scheu vor der Offenlegung persönlicher Probleme hinzu, die in dieser Altersgruppe zu psychischen Barrieren gegenüber professionellen Formen der Hilfe führen.

Vergleicht man das Inanspruchnahmeverhalten der 15-16-jährigen mit dem anderer Bevölkerungsgruppen, so zeigt sich allerdings, dass die Bereitschaft dieser Altersgruppe, eine psychosoziale Beratungsstelle aufzusuchen, von allen Altersgruppen noch die höchste ist: Insgesamt wagt ein Anteil von 30 % den Schritt zur professionellen Hilfe. Dieser relativ hohe Wert kann im Kontext der starken Ablösungstendenzen von den Eltern gesehen werden. Die Jugendlichen befinden sich am Ende der Pflichtschulzeit, müssen Entscheidungen für den weiteren schulischen und beruflichen Werdegang treffen, erfahren die große Bedeutung von Leistungen und Zensuren, befinden sich im Umstrukturierungsprozess ihrer persönlichen Freundschaftskontakte und haben erste Partner- und Sexualprobleme zu bewältigen.

Einem der Inanspruchnahme psychosozialer Hilfe ähnlichen Muster folgen die Orientierungen der Jugendlichen, wenn es um Ärzte als Ansprechpartner bei persönlichen, psychischen, gesundheitlichen und beruflich-schulischen Problemen geht (Hurrelmann & Palentien 1993, 1993a). Auch hier ist es die Gruppe der 15-16-jährigen, die überdurchschnittlich häufig Hilfe und Unterstützung bei Ärzten sucht.

Insgesamt machen die Ergebnisse der Studie auf das Zusammenspiel von formellen und informellen Unterstützungssystemen im Jugendalter aufmerksam. So kommt der medizinischen und psychosozialen Versorgung, also den Möglichkeiten der professionellen Hilfe und Unterstützung, angesichts der heute zunehmenden Gesundheitsprobleme Jugendlicher zwar eine bedeutende Rolle zu. Die dargestellten Befunde zeigen jedoch eine starke Zurückhaltung Jugendlicher gegenüber diesen Diensten.

Soll es darum gehen, den einzelnen Jugendlichen mit seinen Problemen und in seiner speziellen Lebenslage zu verstehen, dann ist es für eine präventive wie für eine kurative Einflussnahme unabdingbar, Symptome rechtzeitig und richtig zu erkennen und zu bewerten (Remschmidt & Walter 1989). Ausgehend von dieser Zielsetzung müssen Überlegungen angestellt werden, wie im Kontext einer für die Jugendphase typischen Verbindung psychosozialer und medizinischer Probleme die bestehenden Netze professioneller Hilfe weiter ausgebaut und mit den Netzen der Laienhilfe verbunden werden können (Höger 1991). Zusätzlich sollten alle Anstrengungen darauf verwendet werden, Vorurteilen gegenüber professionellen Hilfen entgegenzuwirken.

8. Kinder und Jugendliche in Armut im Fokus kommunaler Armutsprävention

Die Erklärungsfolien in Bezug auf die Entstehung von Kinder- und Jugendarmut konfrontieren vor allem die kommunale Jugendhilfe mit Anforderungen, deren Ursprünge bis zum Anfang des 20. Jahrhunderts zurückreichen. So stellte nach dem ersten Weltkrieg in Deutschland die „allgemeine" Armut eines der am weitesten verbreiteten sozialen Phänomene dar. Der Einzelne war ohne staatliche und organisierte Hilfen auf sich selbst gestellt. Erst 1924 wurden Maßnahmen in einem Gesetz als Recht „in der deutschen Rechtsverordnung über die Fürsorgepflicht (RVF) und die Reichsgrundsätze über Voraussetzungen, Art und Maß der öffentlichen Fürsorge" festgeschrieben und mit privaten und staatlichen wohlfahrtsstaatlichen Organisationen verbunden. Der Fokus sozialer Arbeit wurde auf die arme und belastete Bevölkerung gelenkt. Gleichzeitig begann eine Politisierung sozialer Arbeit, z. B. in den Bereichen der Sozial- und Jugendarbeit oder der Sozialgesetzgebung: „Wohltätigkeit, als Inbegriff individuell motivierter und normativ unterlegter Hilfe wurde durch das rechtlich kodifizierte und organisatorisch differenzierte Fürsorgewesen abgelöst, das eine rationalere, steuerbare und effektivere Leistungserbringung versprach" (Otto 1991, S. 1).

Dieser notwendige Auf- und Ausbau sozialer Arbeit und ein (langsamerer) Ausbau ihrer Profession führte dazu, dass Ansätze sozialer Arbeit nicht mehr nur strukturell für viele, sondern personenbezogen ausgerichtet wurden. Es entstand eine nicht-gewollte und nicht-geplante Dynamik zunehmend ausgebauter Organsiationen, die sich – z. B. durch interne Selektion bestimmter sozialer Bereiche, die Abhängigkeit von öffentlichen Mittelzuweisungen, eine inflexible Verrechtlichung von Problemen u. ä. – mehr und mehr von dem ursprünglichen Ziel des strukturierten, präventiven und für alle zugänglichen Fürsorgewesen entfernten (Otto 1991). Vor allem aus diesem Grund kritisierte Achinger (1959) die starken organisatorischen Einflüsse auf die soziale Arbeit.

Neben vielen Publikationen, aber erstmals quasi „offiziell" beschrieb der dritte Jugendbericht im Jahr 1972 die Unmöglichkeit, die Forderungen der „strukturellen Daseinsfürsorge" unter den seinerzeit gegebenen Bedingungen in die Praxis umzusetzen. Defizite wurden vor allem im professionellen Image der Jugendsozialarbeiterin oder des Jugendsozialarbeiters, der rechtlichen Behandlung, einer mangelnden Entwicklung der Sozialverwaltungsstrukturen, einer fehlenden Kontinuität sozialer Arbeit sowie vorhandener Koordinierungsprobleme in Verwaltung, Organisation und praktischer Arbeit gesehen (Mayer 1995).

Auch noch der fünfte Jugendbericht von 1980 forderte eine kritische Reflexion sozialer Arbeit hinsichtlich ihrer Institutionalisierung, ihrer Verwissenschaftlichung und der technischen Rationalisierung von Handlungsvollzügen der Jugendhilfe (Otto & Flösser 1991). So war die Logik der wohlfahrtsstaatlichen Institutionalisierungsprozesse noch immer auf stets ansteigende, sich wandelnde soziale Probleme mit weiteren organisatorisch-verwaltenden Maßnahmen, vermehrten Hilfs- und Interventionsangeboten und allgemein jeweils auf einseitige Verbesserungen der Organisation und der Profession ausgerichtet.

Diese Entwicklung reichte bis zum Erscheinen des inzwischen achten und neunten Jugendberichts in den 1990er Jahren. Jugendhilfe wird hierin zum einen als Dienstleistungskonzept beschrieben, das sich stärker auf die Seite der Nachfragerinnen und Nachfrager zu stellen habe. Dieses Konzept schließt Modelle der Selbsthilfe und alternativer Versorgungshilfen ein. Es postuliert ein Gleichgewicht des „Dreiecks sozialer Arbeit" (Adressat, Profession und Organisation). Andererseits schreibt es einen bereits in den 1970er Jahren begonnenen Wandel im Selbstverständnis der Arbeit traditioneller Jugendhilfe fort (Otto 1991): Während sich in den 1950er und 1960er Jahren die Maßnahmen traditioneller Jugendhilfe vor allem auf Notstände minderjähriger Adressaten beschränkten, entstand in den 1970er Jahren das Konzept der zusätzlichen sekundären Prävention in benachteiligten Bevölkerungsschichten. In den 1980er und 1990er Jahren kamen vor allem Elemente primärer Prävention für die gesamte Bevölkerung hinzu. So liegt der Schwerpunkt des achten Jugendberichts auf der primären, strukturellen Prävention, die auf lebenswerte und stabile Gesellschaftsverhältnisse mit einem hohen autonomen und sozialen Eigenwert baut (BMJFFG 1990).

Damit kann zusammenfassend festgestellt werden, dass die heute vorherrschende Jugendhilfe seit ihren Anfängen, wie Trauernicht (1995, S. 200) darstellt, zwar „immer einen wesentlichen Bezug zur Armut schon dadurch gehabt, daß die in ihren institutionellen Blick geratenden Kinder, Jugendlichen und deren Familien zu einem wesentlichen Teil den ärmeren oder verarmten Schichten der Bevölkerung zugerechnet wurden und zuzurechnen sind" (Trauernicht 1995, S. 220). Jedoch, so Markert (2000), haben sich mit dem Paradigmenwechsel der Jugendhilfe von Armenpflege und Kontrolle in Richtung zur Prävention auch neue Schwierigkeiten ergeben, die vor allem mit der zunehmenden Unschärfe der heute bestehenden Konturen der Armutspopulation und ihrer entsprechenden Lebens- und Problemlagen zusammenhängen.

8.1 Theoretische Grundlagen von Präventionsmaßnahmen

Da es in den Sozialwissenschaften keinen Konsens über ein zu verwendendes Präventionskategorisierungsmodell gibt, greift die Diskussion heute noch immer auf die zwei am häufigsten verwendeten Kategorisierungsraster der Prävention zurück: Die Kategorisierung von Prävention nach ihrer differenzierten Theoriebezogenheit sowie die zeitbezogene Kategorisierung (Caplan 1964), nach der Prävention in primäre, sekundäre und tertiäre Prävention unterschieden wird. Hinzu kommt eine dritte Kategorisierung von Prävention nach ihrer heuristischen Funktion, auf die Herriger (1986) verweist.

8.1.1 Das zeitbezogene Kategorisierungsmodell

Die primäre Prävention

Die im Bereich der primären Prävention angesiedelten Maßnahmen zielen darauf, durch Aufklärungskampagnen, Anleitungen sowie Vermittlung von Kompetenzhandeln und Beratung meist Kleinkinder und Kinder bzw. Nicht-Betroffene zu informieren, auszubilden und zu stärken, so dass sie ohne staatliche Hilfe im Voraus die Gefahren abweichenden Verhaltens erkennen und einschätzen können und diesen im besten Falle nicht erliegen. Primäre Prävention kann sich auf alle konstant vorhandenen und belastenden Lebensbereiche beziehen, die abweichendes Verhalten (z. B. Gewalt, Sucht, Rassismus) in unterschiedlichen institutionellen Kontexten produzieren. Tendenziell können diese Präventionsmaßnahmen auch als Generalmaßnahmen bezeichnet werden.

Maßnahmen primärer Prävention stellen darüber hinaus vor allem institutionelle und soziale Rahmenbedingungen für die gesamte Bevölkerung dar, z. B. durch den Abbau oder die Verhinderung bzw. Neudefinition eines sozialen Problems wie der Arbeitslosigkeit mit ihren armuts-, sucht- und kriminalitätsfördenden Faktoren. Somit stellen auch strukturelle und sozialpolitische Maßnahmen primäre Prävention dar.

Nach Otto richtet sich primäre Prävention „auf den systemischen Anteil an der Entstehung sozialpolitischer Probleme. Ihre Maßnahmen laufen auf institutionelle Änderungen hinaus. Diese stellen sich aus der Sicht der Subjekte als gewandelte Lebenschancen dar. Sie eröffnen den Subjekten die Chance, nicht in solche Handlungskontexte zu geraten, in denen sie in Kauf nehmen müssen, zu Trägern sozialpolitischer Probleme zu werden" (Otto, 1991, S. 3).

Die sekundäre Prävention

Die Aufgabe sekundärer Prävention ist es, erstes Fehlverhalten bei bestimmten Risikogruppen frühzeitig, also von noch vor Auftreten, zu erkennen und mit Hilfe beratender, behandelnder und betreuender Verfahren abzustellen

(Herriger 1986). Diese zweite Phase präventiver Maßnahmen beeinflusst vor allem die Sozialisationsphasen von Kindern und Jugendlichen durch die sozialen Instanzen der Familie, Schule und peer-groups mit sozialer und organisationsbedingter Sozialisation. Eltern, Lehrerinnen und Lehrer, Freundesgruppen etc. nehmen eine Bereitschaft von Individuen zu abweichenden Verhaltensweisen wahr und reagieren vor einer möglichen Manifestation.

Unter sekundärer Prävention versteht Otto (1991, S. 3) in Anlehnung an Vobruba (1983, S. 29) „den subjektbezogenen Anteil sozialpolitischer Problementstehung". Sie legt den Subjekten Arrangements mit institutionellen Zwängen nahe, die sich aus systematischen Erfordernissen ergeben. Sekundäre Prävention läuft auf flexible, problemabsorbierende Anpassung hinaus.

Die tertiäre Prävention

Im tertiären Bereich geht es um Maßnahmen mit dem Ziel der „Besserung, der Nacherziehung und der Resozialisierung, die auf Personen angewandt werden, die bereits gegen Strafrechtsnormen oder andere Verhaltensnormen verstoßen haben, mit dem Ziel, für die Zukunft erneute Normverstöße dieser Personen zu verhindern" (Herriger 1986, S. 7). Somit ist der Übergang von der Prävention zu Korrektur und Intervention fließend.

Potenziell Deviante können z. B. auf Grund ihres Milieus, ihres Lebensstils, ihrer Gruppendynamik oder ihres Alters und Entwicklungsstands und insbesondere auf Grund ihrer hohen Bereitschaft zu Gewalt, Kriminalität und Drogenkonsum lokalisiert werden (Mayer, 1995). Der Lokalisierung bereits Problembelasteter schließen sich gezielte Maßnahmen an. Ähnlich dem sekundären Bereich richten sich auch die Maßnahmen der tertiären Prävention auf den subjektbezogenen Anteil der Problementstehung.

8.1.2 Das theoriebezogene Kategorisierungsmodell

Eine andere Möglichkeit der Unterscheidung von Präventionsmaßnahmen ist die der Theoriebezogenheit von Prävention. Dabei wird ein deduktives Vorgehen angewandt. So untersuchte Northoff (1997) sozialwissenschaftliche Kriminalitäts- und Sozialisationstheorien auf ihren Präventionsgehalt.

Nach der psychoanalytischen Theorie muss der Schwerpunkt bei Präventionsmaßnahmen, vor allem für die elterliche Beratung zur Gewährleistung frühkindlicher Sozialisationsprozesse, bis zum Alter von ca. 9 Jahren (die Herausbildung des Über-Ichs in der ödipalen Phase als neue, sozialnormative Instanz) liegen. Diese kindliche Entwicklung und die entsprechende Sozialisation der Eltern und später der sozialen Institutionen zur Dominanz des Über-Ichs in der situativen, realen Abwägung des Ichs bedeutet, den Präventionsschwerpunkt zur allgemeinen Vermeidung abweichenden Verhaltens in der primären und sekundären Präventionsphase zu suchen.

Freud geht davon aus, dass die gesellschaftliche Existenz einzig der individuellen Sublimation von Triebenergien zu verdanken ist. Deswegen ist es u. a. für die Sozialisation eines Kindes, Jugendlichen und Erwachsenen mit der Einbettung in gesellschaftliche Funktionalitäten sozial erwünscht, seine

Triebenergien auf soziale, wirtschaftliche, wissenschaftliche, militärische und politische Kontexte zu sublimieren. Dies sind Aufgaben der sekundären und tertiären Prävention bzw. Sozialisation.

Betrachtet man Prävention aus sozialisationstheoretischer Perspektive, dann müsste in jeder Altersstufe zum einen durch positive und negative und zum anderen durch direkte und zeitlich kurzfristige Verstärkungen erfolgen. Demnach wäre unter primärer Sozialisation für Kleinkinder und Kinder vor allem das Lernen am Modell der Eltern sowie deren Verstärkungen bzgl. kindlicher Verhaltensweisen zu verstehen. In der sekundären Prävention der Kinder und Jugendlichen würde das Lernen am Modell bzgl. entsprechender peer-groups und institutioneller Kontexte wie Schule und Arbeitswelten sowie der Abnabelungsprozess von den Eltern hin zur Selbstbestimmtheit und der Hinwendung zu den peer-groups über entsprechende Verstärkungen erfolgen. In der tertiären Prävention der Jugendlichen und Erwachsenen würden Instanzen der sozialen Kontrolle und pädagogische Interventionssysteme im Modell lernen und im operativen Konditionieren die größte Rolle spielen und das unerwünschte abweichende zu erwünschtem konformem Verhalten beeinflussen (Tillmann 1996, S. 55 ff.).

8.1.3 Das Kategorisierungsmodell von Prävention nach ihrer heuristischen Funktion

Herriger (1986) verweist auf eine dritte Möglichkeit der Differenzierung von Prävention, nämlich nach ihrer heuristischen Funktion. Dabei unterscheidet er in personenbezogene und strukturbezogene Prävention. So sind die staatlich institutionalisierten, personenbezogenen Präventionsmaßnahmen historisch und konzeptuell auf drei verschiedene Traditionen zurückzuführen, die alle das Ziel der frühzeitigen Hilfe zur Verhinderung abweichenden Verhaltens und zur Sicherung normkonformen Verhaltens minderjähriger Kinder und Jugendlicher beinhalten. Gemeinsam weisen diese personenbezogenen Präventionsmaßnahmen den unmittelbaren, minderjährigen Adressaten, die notwendige Kooperationsbereitschaft zwischen Profession und Adressaten, die zeitliche und arbeitstechnische Interaktionsintensivität und die begrenzte Rationalisierungsfähigkeit auf. Konkret handelt es sich hierbei um den repressiv-polizeistaatlichen, den konservativ-protektionistisch-karitativen und den gesellschaftskritisch-offensiven Ansatz.

Die repressiv-polizeistaatliche Prävention

Die repressive-polizeistaatliche Form personenbezogener Prävention zielt auf Strafandrohung und Strafdurchsetzung zur Erlangung von Konformität. Er greift hierzu auf ein großes Aufgebot an Überwachungs- und Kontrollinstanzen zurück, um gesellschaftliche Normalität und Ordnung zu gewährleisten.

Die repressive polizeistaatliche Prävention basiert auf den Prinzipien der Generalprävention und der Spezialprävention. Die Generalprävention soll für alle potenziellen Straftäter durch die Sanktionsandrohung des Strafverfolgungsapparates eine allgemeine und umfassende Wirkung erreichen. Durch

Strafandrohung soll normkonformes Verhalten erzwungen werden.

Die Spezialprävention versucht, potenziellen Straftäterinnen und -tätern durch die öffentliche Präsenz von Verurteilungen, also der Darstellung staatlicher Sanktionen, abweichendes Verhalten in seinen Konsequenzen zu verdeutlichen, um konformes Verhalten zu erzeugen (Herriger 1986).

Die konservativ-protektionistisch-karitative Prävention

Die konservativ-protektionistisch-karitativen Ansätze der Prävention versuchen, pädagogische Arbeit zur Verhinderung abweichenden Verhaltens und zur Erreichung sozialer Konformität einzusetzen. In ihrem Mittelpunkt steht die Früherkennung von Störanzeichen und ersten Verhaltensabweichungen, sodann die Aufklärung über rechtliche Verhaltensgrenzen, Vermittlung von alternativen Verhaltenskompetenzen sowie weitere Kompensationsangebote.

Neben der Fokussierung auf den Einzelfall fallen hierunter auch familienbezogene Interventionsstrategien, z. B. in Form einer Behebung chronischer und akuter familiärer Beziehungs- und Interaktionskrisen (Kluge & Hemmert-Halswick 1982).

Damit bauen Ansätze der konservativ-protektionistisch-karitativen Prävention auf Hilfsangebote zum einen für das gefährdete Kind oder den gefährdeten Jugendlichen und zum anderen für das soziale Umfeld des betroffenen Kindes oder Jugendlichen. Ähnlich den repressiv-polizeistaatlichen Ansätzen werden auch hier soziale Probleme dem Individuum zugeschrieben.

Die gesellschaftskritisch-offensive Prävention

Unter den Ansätzen der gesellschaftskritischen-offensiven Prävention werden zum Teil ähnliche Ansätze und Maßnahmen wie unter der protektionistisch personenbezogenen Prävention subsumiert. Die Perspektive der Betrachtung abweichenden Verhaltens stellt sich jedoch anders dar.

Abweichendes Verhalten wird in den Ansätzen der gesellschaftskritischen-offensiven Prävention nicht vorrangig dem Individuum, sondern den gesellschaftlichen Bedingungen zugeschrieben. Die gesellschaftlichen Ursachen für Abweichungen werden analysiert und z. B. durch „eine Reduzierung der Ungleichheit und Ungerechtigkeit in der Gesellschaft" (Kreft & Mielenz, 1980, S. 343) und es werden veränderte und verbesserte Steuer-, Kindergeld- und Sozialhilfegesetze sowie verbesserte infrastrukturelle Angebote für Familien, Behinderte, alte Leute, Kinder und Jugendliche gefordert.

Die präventive Wirkung soll nach diesen Ansätzen sowohl auf einer gesellschaftspolitischen Ebene erreicht werden, z. B. durch die teilweise Abschaffung von Strafrechtsnormen und zahlreichen Definitionen abweichenden Verhaltens nach kontrolltheoretischen Aspekten sowie durch die politische Beteiligung von Benachteiligten, als auch auf einer sozialadministrativ-sozialorganisatorischen Ebene.

Strukturbezogene Prävention

Die Ansätze, die in den Bereich der strukturbezogenen Prävention fallen, versuchen nicht, im Einzelfall präventiv zu helfen, sondern strukturbezogen die Lebensverhältnisse von Familien z. B. benachteiligter Bevölkerungsgruppen (arbeitslose Familien, Großfamilien). Sie zielen insbesondere auf die sozialen Lebensbedingungen familiärer Systeme, um familiäre Sozialisationsprozesse präventiv zu verbessern, so dass eine Selbstregulierungsfähigkeit familiärer Systeme gefördert wird, damit letztlich weniger abweichendes Verhalten entsteht.

Die präventive Veränderung z. B. einer sozialen Lebenslage einer Familie kann hierbei (1.) in der rechtlichen Dimension, (2.) in der ökonomischen Dimension und (3.) in der ökologischen Dimension erreicht werden.

Im Mittelpunkt der rechtlichen Dimension stehen die rechtlichen Rahmenbedingungen des Sozial- und Familienrechts zur Gewährleistung von Unterstützungsleistungen wie die Heraufsetzung des Strafmündigkeitsalters und die Nichtbestrafung von Bagatelldelikten, erzieherische Hilfen, z. B. die Art der Strafen, ebenso wie beratende Hilfen, z. B. das Festsetzen einer Psychotherapie oder Bewährungshilfe auf der einen Seite sowie andererseits die Möglichkeit, z. B. durch Zwangsverordnungen strafrechtliche Eingriffe bei Verwahrlosung und Missbrauch von Kindern vorzunehmen.

Die wirtschaftliche Handlungsfähigkeit steht im Mittelpunkt der ökonomischen Dimension. Hier geht es z. B. um die Verbesserung von Bildung, Arbeit, Einkommen sowie um direkte finanzielle Hilfen wie z. B. Sozialhilfe, Wohn-, Kinder- und Erziehungsgeld sowie Steuerentlastungen für Familien.

Im Mittelpunkt der ökologischen Dimension steht die Verbesserung räumlicher Lebensverhältnisse, z. B. der Wohnungsgröße und -ausstattung, der Integration von Familien, z. B. durch eine Verbesserung der Nachbarschaftsverhältnisse und der Infrastrukturausstattung, beispielsweise durch den Ausbau des öffentlichen Verkehrsnetzes, der Einkaufsmöglichkeiten, eines problemlosen Zugangs zu Schulen, Behörden, Krankenhäusern oder zur Polizei im Rahmen kommunaler Stadtentwicklungs-, Wohnungsbau- und Infrastrukturpolitik (Herriger 1986).

Betrachtet man die dargestellten Ansätze der Prävention zusammenfassend, so lassen sich – trotz ihrer theoretischen Unterschiedlichkeit – interdisziplinäre Kombinationsmöglichkeiten erkennen, auch wenn diese bislang noch zu keiner Vereinheitlichung im Hinblick auf ein universelles Präventionskonzept geführt haben.

Im Hinblick auf die Prävention von Armut können Ansätze und Maßnahmen vor allem nach ihren Interventionsebenen gegliedert werden. Können Ansätze und Maßnahmen der strukturellen, gesellschaftlichen und primären Prävention vor allem auf der Ebene der zentralstaatlichen Politik – beispielsweise der Bundesregierung durch eine Verbesserung der familiären Lebensverhältnisse durch ökonomische und rechtliche Interventionsformen – verortet werden, so lassen sich ökologische Interventionsformen vor allem der kommunalen Politikebene zuordnen (Herriger 1986). Hier kommt der Jugendhilfe ein besonderer Stellenwert zu.

8.2 Armutsrelevante Unterstützungsangebote im Bereich der kommunalen Jugendhilfe

Eine umfassende und detaillierte Darstellung der armutsrelevanten Angebote der öffentlichen Jugendhilfe erscheint nicht nur auf Grund der Vielschichtigkeit materieller und sozialer Deprivationsphänomene, sondern auch auf Grund der Heterogenität der entsprechenden Einrichtungen samt ihrer personalen Ausstattung, regionalen Unterschiede (Chassé 1993) und der Dynamik momentan stattfindender Neuorganisationsprozesse bzw. Modernisierungsvorhaben im Bereich kommunaler (Sozial-) Administrationen kaum realisierbar (Kühn 1995, KGSt-Berichte der letzten Jahre). So hat in den letzten Jahren sowohl eine Entwicklung in Richtung einer Dienstleistungsorientierung des Kinder- und Jugendhilfegesetzes (KJHG) als auch eine erweiterte Funktionsbestimmung stattgefunden, die Jugendhilfe als subsidiäres Sozialisationssystem konzipiert und ihr – neben der Gewährung materieller Hilfen – allgemeinerzieherisch-unterstützende, auf die Ermöglichung einer umfassenden Autonomie subjektiver Lebensführungen abzielende Aufgaben sowie die Funktion einer anwaltschaftlich-politischen Interessenvertretung junger Menschen zuschreibt (Jordan & Sengling 1992, S. 14). Geht es deshalb um eine Darstellung armutsrelevanter Unterstützungsangebote im Bereich der Jugendhilfe, so sollen hier in erster Linie Eckpunkte und Leitlinien aufgezeigt werden, die der Komplexität der kinder- und jugendspezifischen Armuts- und Deprivationsproblematik angemessen sind.

Als traditionelle Angebotssegmente der öffentlichen Jugendhilfe sind in diesem Zusammenhang zum einen die Armutspopulation übergreifende Angebote der (stationären) Kinderbetreuung (Kindergärten, Kindertagesheime, Krippen- und Hortplätze) sowie Einrichtungen der Familienbildung zu nennen. Die armutsbezogene Funktion der genannten Angebote ist vor allem in der reproduktionsbezogenen Kompensation materieller und sozialer Deprivationslagen bzw. in der Förderung beruflicher und schulischer (Re-)Integrationsprozesse zu sehen. Zum anderen sind in diesem Zusammenhang die etablierten Formen institutioneller Beratung zu nennen, deren Angebote u. a. auf die Vermeidung und die Bearbeitung von Armutslagen abzielen. Neben der originären Jugendberatung kommt hierbei insbesondere der Erziehungs- und Familienberatung eine wesentliche Bedeutung zu, da Armutslagen von Kindern und Jugendlichen oftmals über familiale Kontexte vermittelt bzw. erlebt werden.

Nach Angaben der Bundesministeriums für Arbeit und Sozialordnung (2000) gibt es derzeit rund 1.900 Beratungsstellen der Träger familienorientierter Beratung. In ihnen sind ca. 7.500 Fachkräfte tätig. Sie erreichen jährlich rund 600.000 Klientinnen und Klienten.

Die im Deutschen Arbeitskreis für Jugend-, Ehe- und Familienberatung zusammengeschlossenen bundesweiten Träger der Beratung beteiligen sich z. B. im Rahmen der präventiven Einkommens- und Budgetberatung auch direkt an Maßnahmen der Armutsprävention (Bundesministerium für Arbeit und Sozialordnung 2000, S. 248).

Nach Jordan & Sengling (1992) liegen die armutsbezogenen Aufgabenschwerpunkte der Erziehungs- und Familienberatungseinrichtungen in den folgenden Bereichen (siehe hierzu auch Ministerium für Frauen, Jugend, Familie und Gesundheit NRW 2000):

- Unterstützung von Kindern, Jugendlichen und ihren Sorgeberechtigten im Hinblick auf die Bewältigung entstandener Problemlagen (beratende Intervention),
- Entwicklung zeitlich begrenzter, methodisch-strukturierter Beziehungen, um ggfs. Verhaltensänderungen zu bewirken (therapeutische Intervention),
- Unterstützung von Eltern sowie Erzieherinnen und Erziehern u. a., um Probleme von Kindern und Jugendlichen zu erkennen und eigene sowie öffentliche und politische Verarbeitungspotenziale zu stärken (präventive Multiplikatorenarbeit) und
- Einflussnahme im Bereich der Öffentlichkeitsarbeit und der politischen Entscheidungsprozesse im Hinblick auf die Lebenswelten von Kindern und Jugendlichen, um Belastungskonstellationen zu erkennen und abzubauen (präventive Information).

Des Weiteren sind in der Erziehung die etablierten Formen der institutionalisierten Beratungsdienste zu nennen, deren Angebote unter anderem auf die Vermeidung und Verarbeitung von Armutslagen abzielen. Hinzu kommen die Inhalte der Bildungsarbeit in den zurzeit in der Bundesrepublik Deutschland bestehenden 523 Familienbildungsstätten, 208 Familienzentren und 262 bestehenden Mütterzentren (Bundesministerium für Arbeit und Sozialordnung 2000, S. 248).

Neben den dargestellten Potenzialen lässt sich seit einigen Jahren vor dem Hintergrund erheblicher Veränderungsdynamik im Produktions- und Reproduktionssektor ein allgemeiner „Perspektivwandel der Jugendhilfe" nachzeichnen (Kreft & Lukas et al. 1990). Vermehrt werden neue und stärker zielgruppenspezifische Handlungsfelder etabliert, deren Angebote vor allem auf die sozialpädagogische Unterstützung lebenslaufbezogener Risikoereignisse (Filipp 1990) abzielen wie z. B. Schuldnerberatung, Beratung von Selbsthilfegruppen, Streetwork, aber auch Angebote für ausländische oder arbeitslose Jugendliche.

Speziell kommen seit einigen Jahren insbesondere Maßnahmen der Jugendberufshilfe, und hier vor allem „sozialpädagogische Hilfen für junge Menschen im Übergang von der Schule zum Beruf" hinzu, die zum Ziel haben, im Rahmen eines integrierten Handlungssystems aus Jugendhilfe, Arbeitsverwaltung, Schulen und Wirtschaft vor allem benachteiligte Kinder und Jugendliche bei ihrer individuellen Lebensbewältigung (sozial-)pädagogisch zu unterstützten sowie in arbeitsmarktvorbereitende Kurs- und Projektangebote zu integrieren.

Neben den genannten Angebotssegmenten kommt gerade auch jenen Praxisfeldern der Jugendhilfe eine zunehmende Bedeutung zu, die stärker auf die Vermeidung und Kompensation ungleich verteilter Teilhabe- und Chancenstrukturen im Freizeit- und Kulturbereich abzielen. Angesichts der zu Beginn dargestellten Probleme, nach denen eine unzureichende Teilnahme an jugendtypischen Alltagsaktivitäten und mangelnde Teilhabemöglichkeiten im Konsumbereich von Jugendlichen als besonders belastend wahrgenommen werden, rücken auf dieser Ebene Angebote der Jugendkultur- und Bildungsarbeit ebenso wie Maßnahmen der Freizeit- und Ferienpädagogik in das

Blickfeld einer zeitgemäßen Armutsbekämpfung. Ihr Ziel ist es, dazu beizutragen, Kindern und Jugendlichen, deren Zugang zu den sonstigen Bildungsangeboten sich aus unterschiedlichsten Gründen als schwierig darstellt, neue Erlebnis- und Kreativitätshorizonte zu eröffnen und somit letztlich ihre sozialen, kognitiven und kulturellen Kompetenzen zu erhöhen.

In eine ähnliche Richtung zielen Angebote im Bereich der Freizeit- und Medienpädagogik. Insbesondere vor dem Hintergrund einer zunehmenden Kommerzialisierung des Freizeitsektors und der boomenden Entwicklung in der Tourismusbranche auf der einen, unzureichender finanzieller Ressourcen und dadurch reduzierter Teilnahmechancen einer steigenden Zahl von Kindern und Jugendlichen auf der anderen Seite, kommt den von der Jugendhilfe bereitgestellten Freizeit- und Erholungsangeboten eine Relevanz zu.

Betrachtet man die Situation in Nordrhein-Westfalen, so nutzten allein im Jahr 1992 fast 25 Prozent aller jungen Menschen die auf Freiwilligkeit beruhenden Angebote der Jugendarbeit, wobei vor allem Maßnahmen der Kinder- und Jugenderholung (49 % aller Maßnahmen der Jugendarbeit) sowie Leistungen der außerschulischen Jugendbildung (33 % aller entsprechenden Maßnahmen) nachgefragt wurden (Statistisches Bundesamt 1993).

8.3 Inanspruchnahmebarrieren armutsrelevanter Jugendhilfe-Angebote

Im Gegensatz zu den Instanzen informeller Hilfe ist die Inanspruchnahme sozialer Dienste mit einem Prozess verbunden, der in verschiedenen Erklärungsansätzen zur Inspruchnahme als über eine unterschiedliche Anzahl von Stufen verlaufend beschrieben wird und der die Überwindung sowohl struktureller wie auch individueller Barrieren erfordert. Thematisiert wird dieser Prozess vor allem für die Inanspruchnahme medizinischer Versorgungseinrichtungen. So liegen zwar heute zahlreiche Untersuchungen vor, die sich mit ausgewählten Aspekten des Aufsuchens auch professioneller sozialer Hilfeeinrichtungen befassen (Höger 1985; Presting 1987); eine Einordnung dieser Befunde in einen theoretischen Rahmen des Inanspruchnahmeverhaltens professioneller Hilfe findet in der Literatur bislang aber nur selten statt. Weitaus größer ist die Anzahl derer, die, wie Seiffge-Krenke (1994) darstellt, versuchen, die medizinische und die psychosoziale Versorgung gleichzusetzen oder sich – unter dem Stichwort des „Krankheitsverhaltens" – allein mit der Inanspruchnahme medizinischer Hilfeeinrichtungen befassen wie z. B. Siegrist (1975) oder Lehtinen & Väisänen (1978).

Siegrist (1975) stellt die zeitliche und die soziale Organisation des Prozesses des Hilfesuchens in den Vordergrund seines Interesses. Ausgehend von der Fragestellung, welche verschiedenen Stadien das Krankheitsverhalten durchläuft, entwickelt er ein Modell der Inanspruchnahme, das insgesamt vier Stufen beinhaltet:

1. die Symptomwahrnehmung durch den Erkrankten,
2. die Konsultation im Verwandten- und/oder Bekanntenkreis (Laiensystem),
3. a) die Selbstmedikamentation oder
   b) das Laienzuweisungssystem zu halbprofessionellen Beratungsgruppen (Apotheker, Heilpraktiker u. a.) und
4. das Laienzuweisungssystem zum Arzt (Siegrist 1975, S. 96).

Die Stufe der Symptomwahrnehmung durch den Erkrankten stellt den entscheidenden Ausgangspunkt aller Analysen des Krankheitsverhaltens dar. Sie ist kulturell formbar und bildet somit den variierenden Hintergrund der objektiven Symptompräsentation: „Zwischen die Ätiologie einer Krankheit und ihre fachmedizinische Diagnose stellt sich hiermit ein schwer kontrollierbares, vielfältig veränderbares Zwischenglied: die spezifische Form der Selbstwahrnehmung und Erfahrung, die bei Symptomaufmerksamkeit und darauf abzielenden Handlungsentscheidungen notwendig ist" (Siegrist 1975, S. 92). Kompliziert wird dieses Faktum noch dadurch, dass es sowohl schleichende Erkrankungen ohne Symptome als auch persistierende Symptome ohne objektiven Befund gibt, also keine einfache Korrelation zwischen Befinden und Befund besteht.

Das Stadium der Konsultation im Laiensystem bezeichnet den Versuch des Erkrankten, vor der Inanspruchnahme professioneller Hilfe das Problem innerhalb des eigenen Freundes- oder Familienkreises zu lösen: „Die erste Interpretation des Beschwerdebildes, eine Art Selbstdiagnose, erfolgt ebenso wie die Beratung über weitere Schritte des Hilfesuchens innerhalb der am meisten vertrauten Gruppe" (Siegrist 1975, S. 95). Die Reaktionen dieser Gruppe sind entscheidend für den Entschluss des Betroffenen, eine Selbstmedikation zu beginnen bzw. fortzusetzen, sich an eine kompetente Beratungsinstanz, oftmals aber auch halbprofessionelle Beratungspersonen wie z. B. Apotheker, Heilpraktiker etc. zu wenden.

Die Inanspruchnahme medizinischer Versorgungseinrichtungen stellt die vierte Stufe in dem von Siegrist entwickelten Modell des Hilfesuchens dar. Zur Bestimmung der Determinanten, die für den Ausgang einer Entscheidung verantwortlich gemacht werden können, sich an professionelle Hilfen zu wenden, werden von Siegrist ökonomische und institutionelle wie auch sozialpsychologische Erklärungsansätze verwendet, die nochmals in eine soziokulturell erlernte und eine individuell ausschlaggebende Dimension unterteilt werden.

Zu den ökonomischen Erklärungsansätzen zählt Siegrist (1975, S. 97) – auf der Grundlage nationaler Gesundheitsstatistiken der USA – vor allem die finanziellen Belastungen, die durch einen Arztbesuch entstehen. Als Indikatoren einer sozioökonomischen Klassifikation werden sie von den Faktoren der Abkömmlichkeit und des sozialen Drucks ergänzt, der angesichts eines Arztbesuchs entsteht: Er äußert sich in tatsächlich auftretenden oder auch nur subjektiv befürchteten gesellschaftlichen Reaktionen auf einen Arztbesuch, die mit Prestigeverlust, Leistungsversagen etc. eng zusammenhängen.

Die institutionellen Erklärungsansätze des Krankheitsverhaltens befassen sich mit der quantitativen Verfügbarkeit medizinischer Einrichtungen. So können räumliche Distanzen zur nächstgelegenen Arztpraxis sowohl das Aufsuchen einer Arztpraxis verzögern wie auch die Qualität der Arztwahl determinieren.

Ökonomische und institutionelle Determinanten können nicht losgelöst von gelernten Einstellungen und Verhaltensweisen betrachtet werden, die von Siegrist (1975, S. 100) dem Bereich der sozialpsychologischen Erklärungsansätze zugeordnet und in eine soziokulturelle und individuelle Dimension unterteilt werden.

Zu den soziokulturellen Dimensionen zählen vor allem kulturelle und ethnische Variationen des Krankheitsverhaltens, wie sie sich z. B. in unterschiedlichen Schmerztoleranzen äußern. Von Bedeutung sind diese Dimensionen insbesondere in den mit der Einführung westlicher Medizinstandards konfrontierten Entwicklungsländern, wo die westliche Medizin mit eingesessenen Institutionen und Bräuchen kollidiert.

Die individuellen Dimensionen, die in die soziokulturell erlernten Wahrnehmungs- und Verhaltensweisen eingebettet sind, kennzeichnen die spezifischen „Auslösemechanismen" (Siegrist, 1975, S. 102) für konkrete Schritte des Krankheitsverhaltens. Die Art und der Schweregrad einer Erkrankung zählen hierzu ebenso wie die interpersonelle Krise, die eine Erkrankung auslösen kann, das Vorhandensein eines sanktionierenden Partners oder die angenommene Behinderung durch die Folgen einer Krankheit.

Insgesamt werden von Siegrist – je nach dem Problembereich auf der Seite der Symptomwahrnehmung und dem sich darauf beziehenden Gesundheits- oder Krankheitsverhalten – zwei problematische Nutzergruppen, die Gruppe der „underutilizers" und die der „overutilizers", identifiziert: Bei den „underutilizers" handelt es sich „um Personengruppen, welche Vorsorgemaßnahmen und/oder Beratungen im Erkrankungsfall soweit wie möglich vermeiden oder zeitlich hinauszögern sowie um Personengruppen, die sich an falsche Instanzen wenden" (Siegrist 1975, S. 93). Als „overutilizers" wird die Personengruppe charakterisiert, die „den Arzt aufsucht, ohne daß aus ärztlicher Sicht ausreichender Grund dafür besteht" (Siegrist 1975, S. 93).

Neben dem originär auf die Inanspruchnahme medizinischer Versorgungseinrichtungen gerichteten Ansatz von Siegrist schließen andere Modelle, wie z. B. von Lehtinen und Väisänen (1978; s. hierzu auch Seiffge-Krenke 1994) medizinische und therapeutische Hilfsmaßnahmen ein. Ähnlich dem Modell von Siegrist charakterisieren auch Lehtinen und Väisänen (1978) den Prozess bis zur Inanspruchnahme professioneller Hilfe als eine Abfolge von Entscheidungsschritten. Dieser umfasst – anders als Siegrists Ansatz – jedoch insgesamt sieben Stufen, die Seiffge-Krenke (1994) expliziert:

1. die generelle Wahrnehmung von Störungen,
2. das Sich-Gestört-Fühlen und Unter-Störungen-Leiden,
3. die von dem Betroffenen selbst vorgenommene Diagnose (Laiendiagnose) mit dem Resultat, sich als krank zu bezeichnen,
4. die psychisch bewusste oder unbewusste Organisation dieses Krankseins,

5. die Erklärung der eigenen Behandlungsbedürftigkeit, mit dem Resultat, die Hilfe einer anderen Person wahrnehmen zu wollen und sich nicht selbst zu behandeln,
6. die Entscheidung für einen Arzt,
7. die Konsultation eines Arztes und nicht einer anderen Person aus dem Laiensystem.

Lehtinen und Väisänen (1978) unterscheiden die Entscheidungsschritte von der Krankheitswahrnehmung zur Inanspruchnahme professioneller Hilfe in zwei voneinander getrennte Phasen: „Eine Phase, in der Krankheitswahrnehmung des Patienten organisiert wird, sowie eine darauf folgende Phase, in der eine Entscheidung über die Inanspruchnahme medizinischer oder sonstiger fachlicher Hilfe getroffen wird" (Seiffge-Krenke 1994, S. 175).

Im Gegensatz zu Siegrist (1975) und Lehtinen und Väisänen (1978) entwickelt Krause Jacob (1993) ein Modell, das zwar auch für die Inanspruchnahme medizinischer Beratungs- und Behandlungseinrichtungen als Erklärungsheuristik verwendet werden kann. Allerdings stehen im Mittelpunkt ihres Interesses die sozialen Dienste. Gleichzeitig richtet sie ihr Hauptaugenmerk auf die subjektiv auf der Klientenseite ablaufenden Prozesse.

Krause Jacob (1993) untersucht 19 Klientinnen und Klienten unterschiedlicher Altersgruppen und sozialer Schichten, die auf Grund unterschiedlicher psychischer und sozialer Störungen verschiedene Institutionen und Professionelle des medizinischen, psychologischen und sozialen Versorgungssystems aufgesucht haben. Im Zentrum ihrer Untersuchung stehen sowohl die Wege zu wie auch die Wege durch das Netz professioneller Hilfe. Das von ihr auf der Grundlage mehrerer qualitativer Interviews generierte Modell der Inanspruchnahme professioneller Hilfe besteht aus drei Phasen:

1. die Entscheidung zum Aufsuchen professioneller Hilfen,
2. die Suche nach der „zuständigen" Einrichtung oder Person und
3. die Nutzung verschiedenartiger Versorgungsangebote.

Die erste Phase, die Entscheidung zur Nutzung professioneller Hilfe, ist gekennzeichnet durch die individuelle Auseinandersetzung des Einzelnen mit seinen eigenen Grenzen. Sie läuft über zwei Prozesse ab und mündet in der Erkenntnis der Hilfebedürftigkeit: Der erste Prozess bezeichnet die Auseinandersetzung mit Problemen, Symptomen oder Störungen. Die Folge ist eine zunehmende Belastung. Der zweite Prozess beschreibt die Auseinandersetzung mit den individuellen sowie externen, nicht jedoch professionellen Bewältigungsressourcen, die ein Erreichen der Grenzen der individuellen Belastbarkeit voraussetzen.

Für den weiteren Verlauf des Hilfesuchprozesses ist es ausschlaggebend, ob eine Person in beiden Prozessen an ihre Grenzen geraten ist oder nur im Prozess der Bewältigungsversuche: „In dieser ersten Phase der Hilfesuche, der Entscheidungsphase, bestimmt das subjektiv empfundene Ausmaß der Belastung die Möglichkeit, in der Suche eines professionellen Helfers selektiv vorzugehen, und die Entwicklung oder Nicht-Entwicklung von Zielen für die gesuchte Therapie oder Beratung" (Krause Jacob 1993, S. 187).

Die zweite Phase, die Suche nach der „zuständigen" Einrichtung oder Person, ist gekennzeichnet durch die Orientierung des Einzelnen im System professioneller Hilfe. Sie kann direkt oder indirekt erfolgen und mündet darin, dass sich ein professioneller Helfer für den Klienten bzw. die Klientin zuständig erklärt. Determiniert wird diese Phase durch die Intensität der Belastung: „Wer gezielter suchen kann (z. B. weil er weniger belastet ist), kommt u. U. auch schneller an die 'zuständige' Person oder Institution; zumindest hat er die Chance, auf einem direkten Weg dorthin zu gelangen" (Krause Jacob 1993, S. 187).

Die Wege innerhalb des Versorgungssystems, also der Kontakt zu weiteren Hilfsangeboten – nachdem der Eintritt in das Netz professioneller Hilfe erfolgt ist –, sind Gegenstand der dritten Phase. Ausgehend von der Unterteilung des derzeit bestehenden Versorgungsnetzes in a) das medizinische, b) das psychologische und c) das soziale System ist es das Ziel dieser Phase, die individuelle Konstruktion von Versorgungsnetzwerken durch die Professionellen und durch die Nutzerinnen und Nutzer zu beschreiben.

Insgesamt werden von Krause Jacob (1993) drei Typen der Nutzung unterschieden: 1. die Vermittlung, die innerhalb entweder des medizinischen oder des psychosozialen Versorgungssystems erfolgt, 2. die Nutzung von Angeboten, die verschiedene Versorgungssysteme umfasst, und 3. das „Multinutzen" von Versorgungsangeboten (Krause Jacob 1993, S. 196).

Betrachtet man die vorliegenden Ansätze insgesamt, so wird deutlich, dass sich – im Vergleich zu Siegrist (1975) – der Ansatz von Lehtinen und Väisänen (1978) dadurch auszeichnet, dass er die Ebene der Krankheitswahrnehmung expliziter thematisiert. Gemein haben beide Modelle, dass sie die Stadien von der Symptomwahrnehmung bis zur Inanspruchnahme von Hilfeeinrichtungen eher deskriptiv darstellen. Im Mittelpunkt stehen hierbei die Strukturen, die zu einer (Nicht-)Inanspruchnahme medizinischer Hilfen führen: Während sich Siegrist (1975) und Lehtinen & Väisänen (1978) aus einer professionstheoretischen und soziologischen Perspektive dieser Thematik widmen und ihr Hauptaugenmerk auf die „äußeren Zwänge" sowie die Determinanten der „inneren Zwänge" richten, stellt der Ansatz von Krause Jacob (1993) eine Ergänzung dieser Betrachtung um die eher subjektiv auf der Klientenseite ablaufenden Prozesse dar. Sie widmet sich dem Hilfesuchprozess aus einer eher psychologischen Perspektive.

Fasst man beide Modelle zusammen, so kann die (Nicht-)Inanspruchnahme professioneller Hilfen als das Ergebnis eines sowohl ökonomisch und institutionell wie auch (sozial-)psychologisch determinierten Auseinandersetzungsprozesses zwischen der individuellen Definition von Belastungen und der individuellen Definition des institutionsspezifischen Hilfepotenzials gelten.

Konkret wurden in der sozialwissenschaftlichen Auseinandersetzung mit sozialen Diensten bislang vor allem die folgenden Einflussgrößen identifiziert, die im Wesentlichen über die freiwillige Inanspruchnahme sozialer Dienste entscheiden (Ministerium für Frauen, Familie, Jugend und Gesundheit NRW 2000):

Bildungs- und Einkommensfaktoren: In Anlehnung an traditionelle Einschätzungen und Untersuchungen (Petersen 1996, Wagenblass 1994) ist – entgegen dem in Bezug auf das Selbstverständnis und die Funktionsbestimmung formulierten Anspruch – weiterhin von einer bildungs- und einkommensbezogenen Benachteiligung der tatsächlichen Adressaten jugendhilfespezifischer (Unterstützungs-) Leistungen auszugehen: So besuchen Jugendliche, die Kontakt mit Sozialen Diensten bzw. den Hilfen zur Erziehung haben, annähernd doppelt so häufig Haupt- und Gesamtschulen wie ihre Altersgenossen im nordrhein-westfälischen Landesdurchschnitt (Petersen 1996, Wagenblass 1994).

Erwartete und erwartbare professionelle Problemlösungskompetenzen bzw. das öffentliche Erscheinungsbild (Public Image) der entsprechenden Organisationen: Für den Bereich der Jugendhilfe lassen sich in diesem Zusammenhang vergleichsweise positive Ergebnisse und Ausgangsbedingungen nachzeichnen. Wenn auch Jugendliche bei altersspezifischen Problemlagen wie Schulschwierigkeiten in erster Linie informelle Hilfe- und Unterstützungssysteme präferieren, so werden der Jugendhilfe insgesamt doch vorwiegend positive, helfende Vorstellungen zugeschrieben. So zeigt beispielsweise eine neuere Untersuchung eines Bielefelder Forschungsteams (Arbeitsgruppe 'Präventive Jugendhilfe' 1995), dass Jugendämter durchaus als kompetente Problemlösungsinstanz eingestuft werden, dass Sozialarbeiterinnen und Sozialarbeitern vor allem bei der Bewältigung deprivationsrelevanter Problemkonstellationen (z. B.: Gewalt in der Familie; Arbeitslosigkeit) die höchsten Problemlösungskompetenzen zugeschrieben werden (Arbeitsgruppe 'Präventive Jugendhilfe' 1994, 1995, Flösser 1994, S. 49, Deimer & Jaufmann 1987).

Der Grad der Publikumsbezogenheit und (räumlichen) 'Bürgernähe', in deren Zusammenhang insbesondere Fragen der Erreichbarkeit von Einrichtungen sowie ihre (institutionalisierte) Umweltorientierung subsumiert werden: Relevante Merkmale sind in diesem Zusammenhang die Sprechzeiten, die Wartezeiten oder auch die Gestaltung der offiziellen Räumlichkeiten (Grunow & Hegner 1978, Kaufmann 1979).

Darüber hinaus sind – stärker retrospektiv betrachtet – Erfahrungen im konkreten Interaktionsprozess zwischen Sozialarbeiterinnen und Sozialarbeitern sowie Adressatinnen und Adressaten von erheblicher Bedeutung für eine erneute Inanspruchnahme sozialer Unterstützungsangebote. Relevante Aspekte sind in diesem Zusammenhang insbesondere die Transparenz des Problemlösungsprozesses sowie die Möglichkeit zur aktiven Einflussnahme seitens der Adressatinnen und Adressaten (Arbeitsgruppe 'Präventive Jugendhilfe' 1995, Ministerium für Frauen, Familie, Jugend und Gesundheit NRW 2000).

8.4 Anforderungen an die kommunale Armutsprävention

Mit Blick auf die nachgezeichneten Prozesse der Ausdifferenzierung armutsbezogener Problem- und Lebenslagen und eine damit einhergehende Heterogenisierung in Bezug auf die alltagsweltlichen Erfahrungen und Probleminterpretationen der von Armut betroffenen bzw. akut bedrohten Kinder und Jugendlichen entpuppt sich die Anwendung standardisierter Bearbeitungsmuster auf der Ebene professionell erbrachter Unterstützungsleistungen zunehmend als unangebracht. Vielmehr wird die umfassende Beteiligung der Kinder und Jugendlichen am gesamten Problembearbeitungsprozess zu einer zentralen Voraussetzung einer effektiven, d. h. lebenslagen- und situationsangemessenen Gestaltung psycho-sozialer Unterstützungsleistungen. Die individuellen Belastungs- und Ressourcenpotenziale stellen in diesem Zusammenhang den Ausgangspunkt entsprechend differenzierter sozialpädagogischer bzw. sozialarbeiterischer Konzepte dar.

Bezugnehmend auf die dargestellten Ergebnisse der dynamischen Armutsforschung kommt der Jugendhilfe auf dieser Ebene somit insbesondere die Aufgabe zu, die Handlungskompetenzen der in Armut lebenden Kinder und Jugendlichen zu aktivieren, um ihnen auf diese Weise einen 'produktiven' Umgang mit bzw. einen Ausstieg aus der Armut zu ermöglichen. In Anbetracht der Tatsache, dass unter den tatsächlichen Nutzern von Angeboten der öffentlichen Jugendhilfe (nach wie vor) Kinder und Jugendliche aus den unteren sozialen Schichten überrepräsentiert sind (Arbeitsgruppe 'Präventive Jugendhilfe' 1995, Petersen 1996), erhalten in diesem Zusammenhang Empowerment-Strategien (Levy & Simon 1994, Herriger 1991) eine wesentliche Bedeutung. Im Rahmen dieses sozialarbeiterischen Konzepts, in dessen Mittelpunkt die Forderungen nach autonomer Lebensführung und Selbstorganisation stehen, wird also insbesondere die Notwendigkeit betont, „durch professionelle Arbeit die Betroffenen selbst zu 'bemächtigen'" (Keupp 1990, S. 118) und ihnen Optionen und Ressourcen verfügbar zu machen. Hiermit einher geht ein veränderter Blick professioneller sozialer Arbeit auf ihre Klientel: An die Stelle der traditionellen Vorstellung passiver 'Objekte', die die Verantwortung für die Bewältigung der individuellen Problem- und Lebenslagen an den Sozialarbeiter delegieren, vertraut das Konzept des Empowerment auf die subjektiven Kompetenzen und Gestaltungsmöglichkeiten der als 'Subjekt' zu verstehenden Adressaten. Umgesetzt wird dieses „Fortschrittsprogramm der sozialen Arbeit" (Herriger 1991, S. 221) beispielsweise durch einen weitestgehenden Verzicht auf standardisierte Problembearbeitungsstrategien sowie insbesondere durch eine Inszenierung bzw. Stärkung (in)formeller Unterstützungsnetzwerke. Dieses Stiften von Zusammenhängen kann sich konkret beispielsweise darauf beziehen, das direkte soziale Umfeld der von Armut betroffenen Kinder und Jugendlichen zu unterstützen, aber auch darauf abzielen, Kontakte zu institutionalisierten Hilfesystemen oder (informellen) Selbsthilfegruppen herzustellen.

8.5 Armutsberichterstattung und Jugendhilfeplanung

Die besonders im Lebenslagenkonzept hervorgehobene Mehrdimensionalität von Armut, die verschiedene Bereiche relativer Deprivation beinhaltet, lässt sozialtechnische – d. h. an den offiziellen Statistiken orientierte – Konzepte der kommunalen Armutsberichterstattung zunehmend unangebracht erscheinen. Geht man in Anlehnung an die weiter oben dargestellten Ergebnisse davon aus, dass „eine entsprechende Konzeptualisierung von Lebenslagen für Kinder und Jugendliche also auch ihre Bildungschancen, die Betreuungssituation innerhalb und außerhalb der Familie, Spiel- und Freizeitmöglichkeiten, Kontakte zu Gleichaltrigen und gesundheitliche Faktoren zu berücksichtigen (hätte)“ (Walper 1995, S. 185), erscheint mit Blick auf kinder- und jugendbezogene Deprivationslagen eine Vernetzung und prozessorientierte Verstetigung von Sozial- bzw. Armutsberichten mit kommunalen Jugendhilfeplänen (Merchel 1994) unumgänglich.

In Anlehnung an Brülle & Altschiller (1992) ist die konstruktive Funktion eines in dieser Form angelegten Planungs- und Berichterstattungsinstruments vor allem in der Bestimmung und konzeptionellen Fundierung sozialer, pädagogischer und staatlicher Leistungen und Verteilungsmodelle zu sehen. Die reflexive Funktion dieses Indikatorengestützten Instrumentes zielt – vor dem Hintergrund der dargestellten Ergebnisse der Armutsforschung – insbesondere auf einen notwendigen Perspektivenwandel von der individuell-prekären Lebenslage zu den (strukturellen) Verursachungszusammenhängen deprivierter Lebenslagen. Die diskursive Funktion des Konzepts versucht zum einen, auf die Parteinahme für die Situation der von Armut betroffenen bzw. akut bedrohten Kinder und Jugendlichen in jugendhilfespezifischen (z. B. in Form einer stärkeren Politisierung des Jugendhilfeausschusses) und jugendhilfeübergreifenden Politikfeldern (etwa der Wirtschafts- und Arbeitsmarktpolitik) Einfluss zu nehmen. Zum anderen impliziert die diskursive Funktion eine hohe Kommunikations- und Partizipationsintensität, in deren Folge – anhand unterschiedlicher Formen der Betroffenenbeteiligung und einer parallel zu erfolgenden Integration von Aspekten der Organisationsentwicklung in die Planungs- und Berichterstattungsaktivitäten – auch eine höhere (Wahrnehmungs-) Sensibilität der kommunalen Jugendhilfe für deprivierte Lebenslagen erfolgt und damit auch eine der Mehrdimensionalität der Armutsproblematik angemessene Angebotsentwicklung möglich erscheint.

Als eine Möglichkeit, eine solche systematische Entwicklung und Vernetzung gerade im Hinblick auf armutsrelevante Unterstützungsangebote zu leisten, stellt sich im Land Nordrhein-Westfalen der fast flächendeckend implementierte Allgemeine Soziale Dienst (ASD) dar (Ministerium für Frauen, Jugend, Familie und Gesundheit NRW 2000). Zwar kann mit der Einführung des ASD eine – gerade im Hinblick auf bestehende Wechselwirkungen zwischen materiellen Lebensbedingungen und psychischen Entwicklungsprozessen relevante – umfassende Abkehr einzelfallorientierter sozialpädagogischer Handlungsvollzüge nicht generell unterstellt werden (Otto 1991), dennoch kommt ihm gerade auf Grund seines prinzipiell zielgruppen- und problemübergreifenden Arbeitszuschnitts eine wesentliche Bedeutung in Bezug auf die Verhinderung, Wahrnehmung und Unterstützung deprivationsbelasteter Lebenslagen zu. Die Ausfüllung des skizzierten Aufgabenbereichs setzt eine dezentrale, stadtteilorientierte Organisation des ASD voraus, in deren Kontext nicht zuletzt Strategien aufsuchender Jugend- und Sozialarbeit (Becker & Simon 1995) verstärkt umzusetzen sind. Die konkrete organisatorische Ausgestaltung ist im Wesentlichen von der spezifischen Armutsbelastung der jeweiligen Stadt- bzw. Ortsteile abhängig. Anzustreben ist in diesem Zusammenhang etwa die flächendeckende Etablierung von Stadt- bzw. Ortsteilzentren, in denen armutsrelevante Angebote 'bürgernah' und 'niedrigschwellig' institutionalisiert werden können.

Das Ziel eines in dieser Form organisierten ASD bzw. der entsprechenden Stadt- bzw. Ortsteilzentren ist neben der aktiven Einflussnahme auf die sozialräumliche Entwicklung (im Sinne einer Lebensweltorientierung der Jugendhilfe) vor allem auch die Etablierung eines 'Frühwarn- und Verarbeitungssystems' in Bezug auf deprivierte Lebenslagen. „Dabei ist die direkte Möglichkeit des ASD, problemlösend etwa im Sinne materieller Hilfen zu wirken, eher begrenzt" (Trauernicht 1995, S. 229). Vielmehr ergibt sich das spezifische Wirkungspotenzial des ASD insbesondere aus seiner angebotskoordinierenden Funktion, in deren Folge Hilfeleistungen anderer (spezialisierter) Institutionen und Ämter den von Armut betroffenen bzw. akut bedrohten Kindern und Jugendlichen (sowie deren Familien) zugänglich gemacht werden.

Es ist naheliegend, dass ein in dieser Form institutionalisierter ASD – in Anlehnung an die zu Beginn skizzierte Funktionsbestimmung kommunaler Jugendhilfe – neben der unterstützenden Tätigkeit im Bereich der Gewährung materieller Hilfen, vor allem auch allgemeinerzieherisch-unterstützende und anwaltschaftlich-politische Aufgaben erfüllt. Dies bedeutet nicht zuletzt, dass der ASD die von ihm erkannten Versorgungsdefizite im kommunalen Politik- und Öffentlichkeitssystem in parteiischer Form thematisiert.

Soweit dies möglich und praktikabel ist, sollten die armutsrelevanten Angebote der kommunalen Jugendhilfe als offene Angebote konzipiert werden, da andernfalls die subjektive Angst vor Stigmatisierungsprozessen die individuelle Leistungsinanspruchnahme erschwert bzw. sich kontraproduktiv auf intendierte Vergesellschaftungseffekte auswirkt. So haben Erfahrungen in der Vergangenheit gezeigt, dass eine auf die Armutspopulation zugespitzte Ausrichtung der Angebote leicht zu einer Nicht-Inanspruchnahme seitens der anvisierten Adressaten führt. Anders formuliert: Eine eher offene Gestaltung der Angebote vermindert zum einen die subjektiv empfundene Angst vor Stigmatisierungsprozessen und erhöht die Wahrscheinlichkeit, dass die Angebote von sozial an den Rand gedrängten Personengruppen in Anspruch genommen werden.

Wenden sich Jugendliche an professionelle Beratungseinrichtungen, dann ist dieses Aufsuchen von Einrichtungen – im Kontext funktionaler, insbesondere schulischer Problemlagen – wesentlich häufiger fremd- und von Lehrerinnen und Lehrern sowie Eltern als von den Betroffenen selbst initiiert. Dies zeigen alle Studien gleichermaßen.

So kommen Höger, Quistorp, Bahr und Breull (1984), die im zweiten Halbjahr 1982 die Erstkontakte von vier Erziehungsberatungsstellen untersucht haben, auf einen Anteil von 23 % aller Aufsuchenden, bei denen die Schule diese Kontaktaufnahme anregte. 18 % der Betroffenen erhielten die Anregung zur Vorstellung durch Ärzte und in Kliniken, während sich der Anteil der Selbstmelder auf 16 % belief.

Sundström, Rössler, Schmidt, an der Heiden und Jung (1987) haben auf der Grundlage von Jahresberichten und Episodendokumentationen in einer Studie zwei neuartige kinder- und jugendpsychiatrische Versorgungsangebote mit Erziehungsberatungsstellen verglichen. Sie können für eine der beiden Beratungsstellen den (höchsten) Anteil der Zuweisungen (37 %) als schulisch-initiiert nachweisen. Zwar beläuft sich der festgestellte Anteil schulisch-initiierter Zuweisungen in der zweiten in der Studie berücksichtigten Erziehungsberatungsstelle lediglich auf rund 9 % und rangiert damit hinter dem selbst veranlassten Aufsuchen durch die Betroffenen.

Inwieweit in diese Kategorie („Eigeninitiative“) auch die elterninitiierten Zuweisungen eingeflossen sind, die nicht separat ausgewiesen werden, bleibt aber bei Sundström, Rössler, Schmidt, an der Heiden und Jung (1987) ebenso fraglich wie in der Studie von Höger (1985).

Deutlich wird jedoch, fasst man die dargestellten Prozentwerte zusammen und bezieht man andere Studien, wie z. B. von Breuer, Köhl, Nienhaus und Richter (1988) in die Interpretation ein, dass es in allen Untersuchungen die Fremdzuweisungen sind, die die Eigeninitiativen der Betroffenen überwiegen.

Breuer, Köhl, Nienhaus und Richter (1988), die im Rahmen des Modellverbundes „Ambulante psychiatrische und psychotherapeutisch/psychosomatische Versorgung“ (Bundesminister für Jugend, Familie, Frauen und Gesundheit 1988) über die Erfahrungen der psychosozialen Kontakt- und Beratungsstelle Laubach berichteten, kommen zu dem Ergebnis, dass zwei Drittel der Klienten die Beratungsstelle aufsuchen, „nachdem sie von dem Mitarbeiter einer anderen Institution darauf aufmerksam gemacht wurden bzw. ihnen der Besuch angeraten wurde. Dabei handelte es sich bei den zuweisenden Institutionen hauptsächlich um Ärzte in Praxis und Krankenhaus, überregional angesiedelte Kliniken sowie um Mitarbeiter in Schulen und Kindergärten“ (Bundesminister für Jugend, Familie, Frauen und Gesundheit 1988, S. 31).

Zusammenfassend kann festgestellt werden, dass die Inanspruchnahme professioneller beraterischer Dienste für Jugendliche heute noch immer einen Eintritt in eine „qualitativ neue Sozialbeziehung“ zu bedeuten scheint (v. Ferber 1986). Jugendliche stehen hierbei häufig vor der Situation, erstmals zu Personen außerhalb ihrer bisher erlebten Sozialbeziehungen Kontakt aufnehmen zu müssen, ohne vorhersehen zu können, was sie genau erwartet. Erschwerend kommen mangelnde Informationen über die Möglichkeiten und den Verlauf der Beratung/Behandlung, Vorurteile gegenüber Beraterinnen und Beratern, aber auch eine Scham vor dem Bekanntwerden eines Problems hinzu.

Da die Wirksamkeit jeglicher Interventionen davon abhängt, „inwieweit die geschaffenen Einrichtungen und angebotenen Dienste tatsächlich in die Lebenslage ihrer Zielgruppe eingehen, also bei Bedarf verfügbar sind" (Kaufmann 1982, S. 77), müssen Ansätze und Maßnahmen der Armutsprävention, sollen diese erfolgreich sein, auf der Ebene des alltäglichen Handelns ansetzen, im konkreten Lebensraum und der Lebenslage des Einzelnen, also im Stadtteil bzw. Quartier. Ähnlich den neueren Ansätzen der Armutsforschung sollten Ansätze der Armutsprävention dabei alle – auch die über das Einkommen bzw. Vermögen hinausgehenden – Ressourcen berücksichtigen, die einer Person oder einem Haushalt zur Verfügung stehen, etwa die Zugangsmöglichkeiten zur sozialen Infrastruktur, die sich in den Bereichen Wohnen, Bildung, soziale Zugehörigkeit und gesellschaftliche Anerkennung ausdrücken. Geht es um die Prävention von Armutslagen sollten sich Ansätze und Maßnahmen darüber hinaus nicht auf die von Armut Betroffenen beschränken, sondern vielmehr auch auf die in prekären Lebenslagen befindlichen Personen und Haushalte zielen.

9. Das Projekt „Sozialraumbezogene Armutsprävention“ in der Stadt Gütersloh

9.1 Anlage des Projekts

Prekäre Lebenslagen sind die Vorstufe von Armut. Mit ihrer Prävention wird ein Beitrag zur Armutsprävention bzw. zum Abbau von Armut geleistet. Derartige problematische Lebenslagen und die Risiken, in solche zu geraten, werden in der kommunalen Gemeinschaft besonders virulent und sichtbar. Hinzu kommt, dass im föderalen Zuständigkeitsgefüge der bundesdeutschen Verwaltungsebenen Leistungen zur Bewältigung von Armutsproblemen zumeist den örtlichen Ebenen übertragen sind (Sozial- und Jugendhilfe, Gesundheitshilfen, Wohnungshilfen usw.). Dementsprechend war es das Ziel des Projektes, an dieser Stelle Ansatzpunkte für ein früh- und rechtzeitiges Gegensteuern herauszuarbeiten.

Übersicht 9.1.1: Unterversorgungsindikatoren auf der Ebene des Haushalts

Lebensbereiche	Indikatoren
Wohnen	teure Wohnung nicht hinreichender Wohnraum Wohngeldbezug Schlechte Wohnökologie Obdachlosigkeit/Nichtsesshaftigkeit
Gesundheit	Körperliche Krankheit Behinderung (schwerwiegend) Psychische Krankheit Suchtverhalten (Alkohol, Medikamente, Drogen) Pflegebedürftigkeit
Arbeit und Erwerbstätigkeit	Langzeitarbeitslosigkeit Unsicherheit der beruflichen Stellung (z. B. Befristung) Bezug von Arbeitslosen-/Sozialhilfe
Bildung und Ausbildung	kein Schulabschluss kein beruflichen Abschluss Abbruch der schulischen/beruflichen Ausbildung Fehlqualifizierung
Finanzen	Verschuldung/Überschuldung Zahlungsrückstände/Mietrückstände Einkommensmangel
Soziale Integration/Erziehung	Soziale Isolation Erziehungsprobleme/-gewalt akute schulische Probleme der Kinder Delinquenz/Gewalt

Die theoretische Ausgangsbasis des Projekts „Sozialraumbezogene Armutsprävention in der Stadt Gütersloh" geht von der Feststellung aus, dass Armut heute nicht mehr als gesellschaftliches Randphänomen betrachtet werden kann, sondern größere Teile der Bevölkerung betrifft, insbesondere Kinder und Jugendliche. Hinzu kommen zahlreiche Personen und Haushalte, die sich in so genannten „prekären Lebenslagen" befinden. Soll, so die Ausgangsannahme des Projekts, eine weitere Verbreitung von Armut verhindert werden, dann muss Prävention diese beiden Gruppen erreichen. Darüber hinaus sollten, da Armut eine Verkettung von Desintegrationsprozessen nach sich ziehen kann, wie im Rahmen der Analyse der Folgen des Aufwachsens in Armut deutlich wurde, neben den von ihr betroffenen Bevölkerungsgruppen auch möglichst umfassend die Problemdimensionen nach ihren Handlungsfeldern, wie z. B. Wohnen, Gesundheit, Bildung, Berücksichtigung finden. Konkret wurden hierzu so genannte Unterversorgungsindikatoren entwickelt, die in Übersicht 9.1.1 dargestellt sind.

Übersicht 9.1.2: Unterversorgungsindikatoren auf der Ebene der Kommune

Lebensbereiche	Indikatoren
Wohnen	starke Zu- bzw. Abwanderungen
	Wohnraummangel
	nicht hinreichendes Angebot adäquater Wohnungen
	hohe Wohngeldausgaben
	Gettoisierung/soziale Polarisierung
	Überdurchschnittlicher Anteil Obdachloser/Wohnungsloser/ Nichtsesshafter
Gesundheit	Starke, ausgeprägte Morbidität (physisch/psychisch)
	Starke Verbreitung von Sucht und Abhängigkeit
	Hohe Ausgaben im Pflege- und Behindertenbereich
	Unzureichendes medizinisches Versorgungsangebot
Arbeit und Erwerbstätigkeit	Hohe Ausgaben im Bereich von Sozialleistungen
	Hoher Anteil von Langzeitarbeitslosen
	Starke industrielle Abwanderungstendenzen (geringe Einnahmen)
	Gering ausgeprägtes Dienstleistungsangebot
Bildung und Ausbildung	Hoher Anteil gering Qualifizierter
	Geringes Angebot im Bereich von Maßnahmen zur Qualifizierung/Weiterbildung
	Hoher Anteil von Schulabbrüchen
Finanzen	Geringere steuerliche Einkünfte
	Starke Frequentierung beraterischer Hilfe
Soziale Integration/ Erziehung	Hohe Delinquenz- und Kriminalitätsverbreitung
	Nicht hinreichend ausgeprägte Vereinsstrukturen
	Starke Frequentierung professioneller beraterischer Hilfen

Als gravierende Veränderung für einen Haushalt zählt beispielsweise der Verlust des Arbeitsplatzes oder der Abbruch der Schul- und Berufsausbildung. Erziehungsprobleme, Suchtverhalten oder Verschuldungskarrieren können die Folge sein.

An dieser Stelle sollten niedrigschwellige Beratungs- und Hilfsangebote vorgehalten werden, um die Kompetenzen solcher Haushalte zu stärken: Hilfen zur Selbsthilfe, Bürgerbeteiligung und -nähe sind hier die zentralen Stichworte.

Desintegrationsprozesse finden aber nicht nur auf der Ebene des einzelnen Haushalts statt. Ihre Dimensionen lassen sich – über Haushalte vermittelt – auch auf der kommunalen Ebene nachzeichnen, wie Übersicht 9.1.2 deutlich macht.

Betrachtet man z. B. den Bereich des Wohnens, so zeigt sich, dass starke Wanderungsbewegungen (Zu- bzw. Abwanderung) häufig zu einer Veränderung der Sozialstruktur innerhalb einer gesamten Kommune führen und teilweise mit der Gettoisierung bestimmter Stadtteile einhergehen.

Die Zielsetzung des Projekts bestand darin, präventive Strategien und Maßnahmen an den angeführten Merkmalen der Unterversorgung anzusetzen. Dies sollte sowohl auf der Ebene der Haushalte als auch in den Sozialräumen der Kommune geschehen und konkret in drei Schritten ausgeführt werden:

1. Die sich in kommunalen Problemlagen abzeichnenden Folgen prekärer Lebens- und Armutslagen sollten identifiziert werden,
2. Kommunale Strategien und Initiativen zur Vermeidung prekärer Lebens- und Armutslagen sollten entwickelt werden, um dann
3. kommunale Strategien und Initiativen zur Vermeidung prekärer Lebens- und Armutslagen zu initiieren.

Alle Ansätze und Maßnahmen sollten darüber hinaus – im Sinne so genannter „best cases“ – (1.) über das Einkommen und das Vermögen hinausgehende Ressourcen berücksichtigen, (2.) eine möglichst weite Vernetzung aufweisen sowie (3.) nachhaltig und (4.) erfolgreich sein.

(1.) Unter das Kriterium „über das Einkommen und das Vermögen hinausgehende Ressourcen“ fallen Initiativen, die die Zugangsmöglichkeiten einzelner Personen zur sozialen Infrastruktur erhöhen und entsprechend auf die Steigerung der Handlungs- und Bewältigungskompetenzen des Einzelnen gerichtet sind.
(2.) „Vernetzung“ steht für die Anbindung der Aktivitäten an bereits bestehende kommunale und wohlfahrtsstaatliche Einrichtungen und Institutionen sowie an die Lebenswelt der von prekären Lebenslagen und Armut Betroffenen.
(3.) „Nachhaltigkeit“ bedeutet die dauerhafte Sicherung und Verstetigung der Initiativen, also die Verankerung der Aktivitäten auf Seiten ihrer Adressaten.
(4.) Der Erfolg bemisst sich an der Akzeptanz der Initiative auf Seiten der Zielgruppe und an einer wahrnehmbaren bzw. messbaren Verbesserung der individuellen Situation.

Ausgehend von den Ergebnissen eines durch das Bundesministerium für Familie, Frauen, Jugend und Senioren im Jahre 1998 geförderten Fachkolloquiums, in dessen Rahmen von kommunaler Seite einhellig ein dringlicher Bedarf nach informationeller und interaktiver Infrastruktur zur Umsetzung von Strategien zur Vermeidung bzw. Abschwächung der Folgen prekärer Lebens- und Armutslagen deutlich wurde (Palentien, Hurrelmann & Herlth 1999), bestand das Ziel des Projektes darin, exemplarisch eine Kommune, die Stadt Gütersloh, in die Lage zu versetzen, Desintegrationsprozesse zu erkennen, die sich auf der individuellen (haushaltsbezogenen) Ebene ereignen und die sich im kommunalen Raum widerspiegeln, um dann Maßnahmen der Prävention zu initiieren.

9.2 Vorgehensweise des Projekts

Zur Durchführung des Projektes wurde – im Anschluss an die in Kapitel 6 dargestellte bevölkerungsbezogene Bestandsaufnahme von Armutslagen – zunächst eine weitere Bestandsaufnahme geplant und durchgeführt, jedoch diesmal aus der Perspektive der in den Sozialräumen handelnden Akteure (der Fragebogen befindet sich im Anhang). Hiermit sollte eine zeitnähere Bestandsaufnahme der Probleme und der bestehenden Ansätze und Initiativen zur Prävention von Armutslagen eingeholt werden.

Zusätzlich sollten konkrete thematische Anknüpfungspunkte für einen anschließenden Besuch derjenigen, die den Fragebogen ausfüllen sollten, ermöglicht werden.

Die Untersuchung sollte als Gliederungsschema die im Jahre 1996 im Rahmen der Jugendhilfeplanung abgegrenzten Sozialräume verwenden.

Bereits im Februar 1996 hatte das Jugend- und Sportamt der Stadt Gütersloh der Gesellschaft für Beratung sozialer Innovation und Informationstechnologie („GEBIT") den Auftrag erteilt, eine gezielte Anpassung der Jugendhilfeangebote an die Bedürfnisse der Gütersloher Bevölkerung vorzunehmen. Grundlage der Planung bildeten 12 Sozialräume, die für sich gesehen je eine gewachsene räumliche und soziale Einheit bilden. Diese Gliederung sollte den unterschiedlichen Lebens- und Problemlagen sowie Wünschen und Bedürfnissen von Kindern, Jugendlichen und ihren Familien Rechnung tragen. Bezogen auf diese 12 Sozialräume wurden zunächst alle vorhandenen Sozialdaten ausgewertet. Darüber hinaus wurden in den 12 Sozialräumen sog. „Runde Tische" eingerichtet, an denen leitfadengesteuerte Gespräche durchgeführt wurden, um die konkrete Jugendhilfesituation in den Lebensräumen zu bewerten (siehe hierzu Anlage 2 sowie Kapitel 6 der vorliegenden Arbeit).

9.2.1 Die Sozialräume

Zum Zeitpunkt der Erhebung waren in der Stadt Gütersloh rund 100.000 Einwohnerinnen und Einwohner gemeldet, die sich auf fünf Stadtteile verteilten. Da diese Stadtteile jedoch nur zum Teil auch die Lebensräume der Bürgerinnen und Bürger widerspiegelten, wurde die Stadt im Rahmen der Jugendhilfeplanung im Jahre 1996 in 12 Sozialräume unterteilt. Jeder Sozialraum bildet für sich gesehen eine gewachsene räumliche und soziale Einheit.

In gemeinsamen Arbeitssitzungen haben Vertreterinnen und Vertreter des Jugendhilfeausschusses, des Jugendamtes, der freien Träger und des

Beratungsunternehmens GEBIT das Beteiligungsmodell für den Einstieg in das Jugendhilfeplanungsverfahren erarbeitet, das mit seiner Arbeit im Dezember 1994 begann:

Für jeden Sozialraum in der Stadt Gütersloh wurde ein Fachkräfte-Arbeitskreis (AKS) installiert. Die Mitglieder der unterschiedlichen Arbeitskreise trafen sich etwa 3-5-mal, um die Lebenssituation der Bevölkerung in dem jeweiligen Sozialraum differenziert zu beschreiben.

Auf Stadt-Ebene wurde ein Arbeitskreis aus Vertretern freier Träger, weiterer sozialer Organisationen und des Jugendamtes eingerichtet, der analog der Aufgabenstellung der Fachkräfte-Arbeitskreise die Lebenssituation der Bevölkerung in der gesamten Stadt Gütersloh analysierte.

Die Zielgruppen des Kinder- und Jugendhilfegesetzes (KJHG) (Kinder, Jugendliche und Familien) wurden über vielfältige Formen wie kleinere Projekte, Einzelaktionen, Befragungen u. a. m. angesprochen, um ihre eigene Lebenssituation genauer zu beschreiben (Betroffenen-Arbeitskreis).

Alle Arbeitskreise beschrieben die Situation der Bevölkerung, Problemlagen und Zukunftserwartungen entlang des folgenden Leitfadens, der sich aus sechs Bereichen zusammensetzt:

1. Soziale und demografische Situation der Bevölkerung im SR,
2. Wohnsituation im SR,
3. Arbeitssituation im SR,
4. Dienstleistungsangebote (Angebote von Organisationen),
4.1 Sonstige soziale Initiativen/Angebote,
4.2 Informelle Treffpunkte,
4.3 Informelle Unterstützungssysteme,
5. Problemlagen im SR,
6. Zukünftige Entwicklung im SR.

Die Einschätzungen der Arbeitskreisteilnehmerinnen und -teilnehmer wurden schriftlich dokumentiert und jeder Person zugänglich gemacht. Darüber hinaus bildeten sie – neben quantitativen Daten – die Grundlage für die qualitative Beschreibung des Sozialraums. Die gesamten Ergebnisse flossen in die Arbeit der Gesamtkonferenz ein, wurden dort ausgetauscht und zu einem gemeinsamen Bild verdichtet.

Die ursprünglichen Sozialraumgrenzen wurden im Anschluss daran nochmals verschoben, neu gezogen und endgültig festgelegt – mit dem Ergebnis, dass die Stadt Gütersloh im Einzelnen in zwölf Sozialräume unterteilt ist: Innenstadt, Nord, Miele, Sundern, Kattenstroth, Pavenstädt, Blankenhagen, Isselhorst, Avenwedde-Bahnhof, Friedrichsdorf, Avenwedde-Mitte und Spexard:

Der Sozialraum Innenstadt zählt mit 11.417 Einwohnerinnen und Einwohnern zu den großen Sozialräumen in der Stadt Gütersloh. Dieses gilt sowohl hinsichtlich der Anzahl dort lebenden Menschen als auch hinsichtlich der im Sozialraum vorhandenen Angebote, z. B. im Bereich des Konsums. Dementsprechend fällt es schwer, ein einheitliches Bild vom Sozialraum Innenstadt zu zeichnen: Unterschiedliche Einkommensniveaus, unterschiedliche Nationalitäten, unterschiedliche Bildungsniveaus treffen in der Innenstadt aufeinander und leben dort räumlich dicht nebeneinander.

Dieses enge Nebeneinander führt dazu, dass sich im Sozialraum Innenstadt kleinere Sozialräume bilden. Diese bestehen teilweise nur aus einigen Häuserzeilen oder Straßen. Aufgebrochen wird diese Heterogenität in Einrichtungen wie z. B. Schulen. Insbesondere im Primar- und Sekundarstufenbereich treffen verschiedene Personen aus den unterschiedlichen kleineren Sozialräumen aufeinander.

Die Identifikation mit dem Sozialraum Innenstadt ist nicht sehr ausgeprägt. Ähnlich den Soziotopen, den einzelnen Straßenzügen oder Teilstadtteilen, in denen die Bewohnerinnen und Bewohner des Sozialraums Innenstadt leben, zeigt sich ein hoher Identifikationsgrad. Dieser bezieht sich nur selten auf den gesamten Bereich der Innenstadt. Auch hierin spiegelt sich ein hohes Maß der Heterogenität wider.

Einige Einrichtungen, wie z. B. Schulen, haben auf diese Vielfalt bereits reagiert. Dort bestehen spezielle Angebote, z. B. im Bereich der Sprachförderung. Gleiches gilt für die nicht-schulischen Angebote, z. B. das Jugendzentrum in der Innenstadt. Die Annahme dieses und ähnlicher Angebote scheint einerseits unter den Vorurteilen seitens der Betroffenen zu leiden. Deutlich wird dies insbesondere beim Jugendzentrum. Andererseits ist diese mangelnde Akzeptanz in mangelnder Information begründet.

Der Sozialraum Nord zählt mit 11.269 Einwohnerinnen und Einwohnern ebenfalls zu den größeren Sozialräumen der Stadt Gütersloh. Zudem zeichnet er sich durch eine überdurchschnittliche Heterogenität aus, die sich – neben der sozialen Situation der Bürgerinnen und Bürger – auch in der räumlichen Struktur dieses Sozialraums niederschlägt: Während der südliche Teil sehr alt und traditionell ist, entstand der nördliche Teil erst nach dem Zweiten Weltkrieg.

Die Annahme, diese Zweiteilung des Sozialraums würde auch die Bevölkerungsstruktur beschreiben, wäre jedoch verfehlt. Vielmehr befinden sich im Sozialraum vielfältige kleinere Einheiten, die – ähnlich dem Sozialraum Innenstadt – oftmals nur durch Straßenzüge voneinander getrennt werden. Dieses betrifft z. B. die im Sozialraum Nord befindlichen Hochhäuser, die eine starke Frequentierung durch Ausländerinnen und Ausländer aufweisen.

Dem steht auf der anderen Seite des Spektrums der Bereich „Mohnspark“ gegenüber, der durch neu entstehende Einfamilienhäuser durchmischt ist und in dem vor allem besser verdienende Angestellte sowie Facharbeiterinnen und -arbeiter wohnen.

Eng verknüpft mit der strukturellen Situation des Sozialraums Nord ist die familiäre Situation der Bürgerinnen und Bürger. Sie spiegelt die Uneinheitlichkeit der sozialen Gegebenheiten wider. Neben einem engen Zusammenleben von eher ärmeren und eher reicheren Einwohnerinnen und Einwohnern finden sich in Nord zahlreiche Großfamilien mit vielen Kindern und Alleinerziehende. Sie wohnen vor allem in der „Fröbelstraße“. Hinzu kommt noch ein großer Anteil junger Familien, die sich bevorzugt im Neubaugebiet ansiedeln, sowie älterer Menschen, deren Wahrnehmung aber eher gering ist.

Der Sozialraum Miele zählt mit 4.951 Einwohnerinnen und Einwohnern von der Größe her zu den mittleren Sozialräumen in der Stadt Gütersloh. Dieses Bild spiegelt sich auch in der räumlichen Struktur wider: Neben einer größeren Fläche, die im Sozialraum von der Industrie eingenommen wird und einem größeren Anteil an Blockbebauung finden sich in Miele, hier vor allem im westlichen Teil, auch zahlreiche Eigenheime sowie Ein- und Zweifamilienhäuser.

Der räumlichen Struktur entsprechend zeigt sich die soziale Situation der Bewohnerinnen und Bewohner des Sozialraums. Es handelt sich überwiegend um Arbeiterinnen und Arbeiter, Aus- und Übersiedler und kinderreiche Familien sowie – räumlich hiervon getrennt – Gutsituierte.

Anzunehmen, dieses soziale Miteinander würde im Alltag zu einem größeren Ausmaß an Spannungen führen, wäre jedoch verfehlt. Vielmehr wirkt sich diese Situation in einer eher als gering zu bezeichnenden Identifikation mit dem Sozialraum aus: Die Soziotope, so der Bericht der Gebit-Untersuchung, sind voneinander getrennt – man lebt nebeneinander her.

Der Sozialraum Sundern zählt mit 7.463 Einwohnerinnen und Einwohnern zu den größeren Gebieten in der Stadt Gütersloh. Gerade in den letzten Jahren hat in Sundern eine erhebliche Zunahme der Bevölkerung stattgefunden, bedingt vor allem durch das Entstehen mehrerer Neubaugebiete, die vor allem von Familien mit Kindern genutzt werden.

Die Wohn- und Lebensqualität in Sundern wird in diesen Neubaugebieten als sehr hoch bezeichnet. In anderen Gebieten jedoch, wie bei fast allen größeren Sozialräumen in der Stadt Gütersloh, als eher gering – eine Heterogenität, die die gesamte Struktur des Sozialraums Sundern kennzeichnet. So wird, wie dem Bericht der sozialräumlichen Jugendhilfeplanung zu entnehmen ist, noch immer unterschieden in die sog. „Altsunderaner“, die im Kernbereich dieses Stadtteils leben, und den Hinzugezogenen, die oftmals aus anderen Sozialräumen nach Sundern ziehen.

Die Gruppe der Hinzugezogenen ist es dann auch, für die, betrachtet man die Ergebnisse der Befragung der Gebit-Untersuchung im Rahmen von Aktivitäten der kommunalen Armutsprävention Handlungsbedarf gesehen wird. Dies betrifft besonders allein erziehende Frauen sowie Familien mit mehreren Kindern.

Der Sozialraum Kattenstroth ist mit 15.373 Einwohnerinnen und Einwohnern der größte Sozial-raum in der Stadt Gütersloh. Diese Größe bleibt nicht auf die Anzahl der Einwohnerinnen und Einwohner beschränkt. Sie spiegelt sich auch in seiner Heterogenität und Vielfalt wider. In Kattenstroth wohnen Alte neben Jungen, Ausländerinnen und Ausländer neben Deutschen, Familien neben Ledigen, oft jedoch nicht durchmischt, wie in anderen Sozialräumen, sondern in homogenen Gebieten.

Die Gebietsstruktur macht Kattenstroths zu einem nur schwer mit einem Schlagwort zu charakterisierenden Teil der Stadt Gütersloh: Kattenstroth ist das „Handelszentrum“ von Gütersloh.

Hier finden sich zahlreiche Bau-, Groß- und Supermärkte, Kattenstroth ist „Erweiterungs- und Expansionsland“ für die Stadt Gütersloh und zeichnet sich gleichzeitig durch das Entstehen neuer Einfamilienhausgebiete aus, in denen sich vor allem Familien mit Kindern ansiedeln.

Gerade in den Wohngebieten verfügt Kattenstroth über eine gute Infrastruktur, wenn es z. B. um die Freizeitgestaltung für Kinder geht. Es sind zahlreiche Möglichkeiten, wie z. B. Kinderspielplätze, vorhanden. Daneben gibt es in Kattenstroth Kindergärten und Grundschule sowie gut ausgebaute Angebote der Kirchen.

Werden die Kinder älter, so besteht auf Grund der Verkehrsanbindung an das Stadtzentrum die Möglichkeit, Angebote der Freizeitgestaltung auch dort wahrzunehmen. Darüber hinaus gibt es eine Vielzahl auch außerhalb von Einrichtungen bestehender Möglichkeiten, die im Sozialraum vorhanden sind.

Der Sozialraum Pavenstädt zählt mit 9.504 Einwohnerinnen und Einwohnern zu den größeren Sozialräumen in der Stadt Gütersloh. Ähnlich dem Sozialraum Kattenstroth zeichnet sich Pavenstädt durch eine ausgeprägte Heterogenität seiner Einwohnerinnen und Einwohner aus. Dementsprechend ist es auch hier nur schwer möglich, Pavenstädt in wenigen Sätzen zu beschreiben.

Betrachtet man die Ergebnisse der Gebit-Untersuchung, so finden sich in Pavenstädt Gebiete mit relativ gut situierten Personen und Haushalten in der unmittelbaren Nähe zu Gebieten, in denen sog. problembelastete Bevölkerungsgruppen, wie z. B. Obdachlose, Asylbewerberinnen und –bewerber leben. Dementsprechend streut auch der Bildungsgrad in Pavenstädt: Personen mit hohem Bildungsniveau wohnen neben Personen mit niedrigem Bildungsniveau.

Neben dem Bildungsgrad und dem Problempotenzial variiert in Pavenstädt die Anbindung an den Sozialraum: Während den zugezogenen und neu angesiedelten Bevölkerungsgruppen nur eine geringe Identifikation mit ihrem Sozialraum zugeschriebenen wird, gibt es in Pavenstädt auch einen größeren Anteil sog. „Ureinwohner“, die alte traditionelle Pavenstädter Bevölkerung, der ein hohes Stadtteil- bzw. Sozialraumbewusstsein nachgesagt wird.

Der Sozialraum Blankenhagen zählt mit 3.838 Einwohnerinnen und Einwohnern zu den kleineren Sozialräumen in der Stadt Gütersloh. Dennoch ist Blankenhagen weit über die angrenzenden Stadtteile hinaus bekannt, vor allem wegen seines negativen Images. Blankenhagen wird oftmals gleichgesetzt mit einem hohem Anteil an Ausländerinnen und Ausländern, einem hohem Anteil Sozialhilfeempfängerinnen und -empfängern und einer schlechten Wohnökologie sowie der mit diesen Faktoren zusammenhängenden sozialen Problemlagen, obwohl sich diese in ihrem Ausmaß nicht signifikant von denen anderer Sozialräume unterscheiden.

Blankenhagen zählte in seinem Ursprung zu den Bauernschaften in der Stadt Gütersloh. Heute ist der Stadtteil durch eine höhere Bebauungsdichte, vielfach mit Mehrfamilienhäusern gekennzeichnet.

Entsprechend dem Negativ-Image dieses Sozialraums kommt der Gebit-Bericht zu dem Fazit, dass die Tendenz besteht, dass der Stadtteil verlassen wird, sobald ein gewisser sozialer Aufstieg geschafft ist und etwas mehr Geld vorhanden ist.

Der Sozialraum Isselhorst zählt mit 5.907 Einwohnerinnen und Einwohnern zu den mittleren und den räumlich relativ klar abzugrenzenden Soziotopen in der Stadt Gütersloh. Ähnlich wie z. B. Friedrichsdorf (siehe unten) verfügt Isselhorst über einen klar umrissenen Ortskern, in dem die alteingesessene Bevölkerung lebt. Dieser wird eingerahmt von zunehmend um Isselhorst herum entstehenden Neubaugebieten, die insbesondere von Gutsituierten bezogen werden. Daneben gibt es in Isselhorst noch kleinere Siedlungsgebiete wie z. B. Ebbesloh, Niehorst oder Hollen.

In allen Gebieten, unabhängig von der Lage, wird die Wohnqualität in Isselhorst als gut bzw. sehr gut beschrieben. Es gibt, im Vergleich z. B. zu Blankenhagen, keine größeren Wohneinheiten und ein hohes Maß an Wohneigentum. Entsprechend hoch ist der Identifikationsgrad vor allem der alteingesessenen Bevölkerung mit dem Sozialraum Isselhorst.

Neben einer hohen Wohn- und Lebensqualität, die sich aus der Nähe des Sozialraums zu den Zentren sowohl der Innenstadt der Stadt Gütersloh als auch der Innenstadt der Stadt Bielefeld speist, verfügt Isselhorst über eine ausgeprägte Struktur an Angeboten, die im sozialen Bereich angesiedelt sind. Jugendgruppen verschiedener Verbände und Einrichtungen sind hier ebenso zu nennen wie zahlreiche Aktivitäten, die von den Kirchen angeboten und initiiert werden. Daneben gibt es in Isselhorst noch einmalige Aktivitäten, wie z. B. Dorffeste oder den Weihnachtsmarkt.

Der Sozialraum Avenwedde-Bahnhof entstand in seiner jetzigen Struktur in den 1950er Jahren. Er zählt mit 4.573 Einwohnerinnen und Einwohnern zu den kleineren Sozialräumen in der Stadt Gütersloh. Seine ursprünglich homogene Ansiedlung von Bauernschaften wurde ab 1950 durch Reihenhäuser und mehrere Wohnblöcke aufgebrochen, die noch bis vor wenigen Jahren von vorwiegend in der Stadt Gütersloh stationierten englischen Soldatinnen und Soldaten bewohnt wurden.

Diese Struktur der Ansiedlung im Sozialraum Avenwedde-Bahnhof kann als typisch bezeichnet werden. Nach und nach entstand eine heterogene Bebauung mit einer heterogenen Bevölkerung: Alteingesessene wohnen neben sogenannten Neubürgerinnen und -bürgern, Deutsche neben Ausländerinnen und Ausländern, Alte neben Jungen und Kinderreiche neben Alleinstehenden. Ausschlaggebend hierfür waren unter anderem die lange Zeit günstigen Mietpreise.

Der Sozialraum Friedrichsdorf zählt zu den kleineren in der Stadt Gütersloh. Hier wohnen 5.916 Einwohnerinnen und Einwohner. Räumlich zeichnet sich Friedrichsdorf dadurch aus, dass es nach einer langen Selbstständigkeit im Rahmen der Gebietsreform vor ca. 25 Jahren dem Gebiet der Stadt Gütersloh angegliedert wurde. Entsprechend erklärt sich auch seine Randlage.

Zurzeit wohnen in Friedrichsdorf vor allem gut situierte Bürgerinnen und Bürger. Die Bebauung ist durch eine Vielzahl an Eigenheimen strukturiert, die von der Gütersloher Industrie Mitarbeiterinnen und Mitarbeitern in Führungspositionen zur Verfügung gestellt werden. Daneben existieren einige (wenige) Mehrfamilienhäuser.

Friedrichsdorf zeichnet sich – ähnlich wie der Sozialraum Isselhorst – durch eine hohe Identifikation der Bürgerinnen und Bürger mit dem Sozialraum aus. Der Ortskern ist klar ausgewiesen, auch durch infrastrukturelle Angebote. Friedrichsdorf liegt räumlich zwischen den Zentren der Städte Bielefeld und Gütersloh.

Der Sozialraum Avenwedde-Mitte, der mit 7.385 Einwohnerinnen und Einwohnern zu den größeren Sozialräumen zählt, zeichnet sich – topographisch betrachtet – insbesondere durch in den letzten Jahren und Jahrzehnten stattfindende strukturelle Veränderungen aus. Sie beziehen sich auf eine Ausdehnung des Sozialraums durch Neubautätigkeiten in den Randgebieten und, damit zusammenhängend, eine „Aushöhlung" der traditionellen Ortsmitte. Entsprechend stellt sich auch die Bevölkerung in Avenwedde-Mitte dar: Bürgerinnen und Bürger des „alten" Ortskerns, die eine hohe Identifikation mit dem Sozialraum aufweisen, leben neben den neu Zugezogenen. Hinzu kommen, auf einige regionale Schwerpunkte beschränkt, ausländische Bürgerinnen und Bürger.

Die Heterogenität der strukturellen Situation des Sozialraumes Avenwedde-Mitte stellt sich auch bezogen auf das Angebot an kulturellen und freizeitbezogenen Möglichkeiten dar. Neben einem Kindergarten, einem Fußballplatz und einem Jugendheim verfügt Avenwedde-Mitte auch über ein Einkaufszentrum sowie eine gute ärztliche Versorgung. Darüber hinaus besteht von Avenwedde-Mitte aus mit dem öffentlichen Nahverkehr eine gute Anbindung an die Innenstadt. Dadurch weiten sich die Optionen nochmals aus.

Die Analyse der Ergebnisse der Gebit-Untersuchung hat vor allem auf das in diesem Sozialraum bestehende Problem der Enttraditionalisierung hingewiesen. Zudem werden hinter der „Heile-Welt-Fassade" der Vereine, Cliquen und Familien versteckte Probleme vermutet.

Der Sozialraum Spexard ist hinsichtlich seiner räumlichen und historischen Situation vor allem mit dem Sozialraum Sundern vergleichbar. Er zählt mit 8.406 Einwohnerinnen und Einwohnern zu den größeren Sozialräumen in der Stadt Gütersloh. Auch hier handelt es sich um einen aus einem bäuerlichen Kern heraus gewachsenen Stadtteil, der sich vor allem in den letzten Jahren durch einen starken Zuzug von Eigenheimbesitzerinnen und -besitzern auszeichnet. Gleiches gilt für die Größe des Sozialraums: Mit rund 8.000 Einwohnerinnen und Einwohnern existieren auch in dieser Hinsicht Parallelen zu Sundern.

Versucht man Eindrücke des Sozialraums Spexard einzufangen, so sind diese vielfach geprägt durch das räumlich zu diesem Stadtteil zählende Gebäude der Firma Bertelsmann sowie die Bundesautobahn. Beide spiegeln zwar nur einen kleinen, aber für den Sozialraum Spexard keinesfalls unbedeutenden Teil seiner Identität wider, nämlich die vorhandene Industrie, angesiedelt insbesondere in Handwerk und Dienstleistungen. Industriegebiete finden sich in Spexard, bis auf das genannte Gelände der Firma Bertelsmann, räumlich oft dicht neben den Wohngebieten.

Ähnlich heterogen wie die Bebauungssituation zeigt sich in Spexard das Angebot an sozialen Aktivitäten, auffällig vor allem im sportlichen Bereich. Das Angebot reicht hier von Fußball, Tischtennis und Turnen bis hin zum Reiten. Darüber hinaus verfügt Spexard über zahlreiche in Verbänden organisierte Angebote.

Nach intensiven Vorgesprächen mit dem Jugend- und Sportamt der Stadt Gütersloh bot sich eine konkrete Verbindung der dargestellten Ergebnisse des GEBIT-Projektes mit dem Projekt „Kommunale Armutsstrukturen am Beispiel der Stadt Gütersloh" sowohl im Teilbereich der Ist-Analyse (siehe hierzu Kapitel 6) als auch im zweiten Teil des Projektes, der sozialraumbezogenen Armutsprävention, an, der sich konkret in insgesamt in fünf Schritte gliederte:

(1.) Entwicklung eines Fragebogens zur Erfassung bestehender Problemlagen und bereits durchgeführter Aktivitäten in den Sozialräumen

Um die in den einzelnen Sozialräumen bestehenden Problemlagen zu ermitteln und die bereits bestehenden und geplanten Aktivitäten zur Kenntnis zu nehmen, wurde in Absprache mit dem Jugend- und Sozialamt der Stadt Gütersloh ein Fragebogen entwickelt. Dieser enthielt die im Rahmen des ersten Projektschritts erkannten Problemlagen und Bevölkerungsgruppen.

Als Problemgruppen in der Stadt Gütersloh wurden Kinder, Jugendliche, Alleinerziehende, Familien, Seniorinnen und Senioren, Ausländerinnen und Ausländer, Aussiedlerinnen und Aussiedler, Obdachlose/Nichtseßhafte sowie Asylbewerberinnen und Asylbewerber vorgegeben. Als Problembereiche wurden Wohnen, Gesundheit, Erwerbstätigkeit, Bildung und Ausbildung, Finanzen und Soziale Integration/Erziehung identifiziert. Zu diesen Problembereichen die Befragten gebeten anzugeben, wo sie kommunalen Handlungsbedarf sehen.

(2.) Versendung und Auswertung des Fragebogens auf Stadt- und Sozialraumebene

Nach einer Probeerhebung wurde der Fragebogen im Sommer des Jahres 2000 jedem einzelnen Mitglied der zwölf Sozialraumarbeitsgemeinschaften zugesandt. Ziel war es ausdrücklich nicht, eine repräsentative Befragung, wie sie im Rahmen der Erstellung des Familien- und Sozialberichts im Jahr 1997 durchgeführt wurde, zu wiederholen, sondern die Mitglieder als Expertinnen und Experten „vor Ort" anzusprechen.

Bis zum Oktober des Jahres 2000 wurden 95 Fragebögen an die Universität Bielefeld zurückgesandt. Beantwortet wurde der Fragebogen von Personen aus allen zwölf Sozialräumen. Die im Zuge der Planung des Projekts geäußerte Befürchtung, dass sich einzelne Sozialräume der Befragung komplett verweigern könnten, traf nicht ein. Bei den Antworten stellt die Innenstadt mit 20% den höchsten Anteil, gefolgt von Spexard (10,5%) und den Sozialräumen Nord, Avenwedde Bahnhof und Friedrichsdorf mit jeweils 9,5%. Die Beteiligung der anderen Sozialräume variiert zwischen 3,2% (Kattenstroth) und 8,4% (Isselhorst).

(3.) Vergleich der Ergebnisse der Befragung mit den Ergebnissen, die im Jahre 1996 im Rahmen der Jugendhilfeplanung ermittelt wurden

Im ersten Schritt der Auswertung wurden die Ergebnisse aller zurückgesandten Fragebögen, also nicht unterteilt nach Sozialräumen, betrachtet. Dokumentiert ist dies im ersten Teil „Quantitative Ergebnisse des Projekts". Im zweiten Schritt fand eine Auswertung der Ergebnisse bezogen auf die einzelnen Sozialräume statt, um sie mit den Befunden der im Jahre 1996 durchgeführten Jugendhilfeplanung vergleichen zu können (die Darstellung der einzelnen Ergebnisse findet sich im Anhang).

(4) Vorstellung der Ergebnisse vor den Mitgliedern der Sozialraumarbeitsgemeinschaften

Nach der Auswertung der Ergebnisse wurde mit den Sprecherinnen und Sprechern der Sozialraumarbeitsgemeinschaften Kontakt aufgenommen und es wurden Termine zu ihrer Vorstellung und Diskussion in den Sozialraumarbeitsgemeinschaften vereinbart. Ziel war es, im Gespräch die genannten Problemlagen auf die dringlichsten zu fokussieren.

Diese Fokussierung fand in insgesamt acht der zwölf Sozialraumarbeitsgemeinschaften statt. Vier Sozialräume verweigerten sich – trotz teilweise erheblicher Anstrengungen – einem Gespräch.

(5) Entwicklung von Perspektiven sozialräumlicher Strategien der Armutsprävention mit den Mitgliedern der Sozialraumarbeitsgemeinschaften

Neben einer Bestandsaufnahme bestand das zweite Ziel des Projekts darin, gemeinsam mit den Mitgliedern der Sozialraumarbeitsgemeinschaften Perspektiven sozialräumlicher Strategien der Armutsprävention zu entwickeln. Hierzu wurde, wie im ersten Schritt, den Mitgliedern das Bündel der genannten Aktivitäten vorgestellt, um dann mit ihnen im Gespräch eine Schwerpunktsetzung vorzunehmen und die Umsetzung der Ansätze und Maßnahmen zu initiieren.

9.3 Quantitative Ergebnisse des Projektes

9.3.1 Problemgruppen nach Handlungsfeldern

Um die relevanten Handlungsfelder aus den insgesamt 216 vorgegebenen Bereichen identifizieren zu können, wurden nur diejenigen Felder berücksichtigt, bei denen mindestens 25 Nennungen der Mitglieder der Sozialraumkonferenzen vorlagen. Dies führte zu einer Reduzierung auf 30 relevante Handlungsfelder, die im Folgenden differenziert nach Problemgruppen vorgestellt werden. Aufgeschlüsselt nach einzelnen Personengruppen ergaben sich die folgenden Felder.

Handlungsbedarf für Jugendliche

Nach Auffassung der befragten Mitglieder der Sozialraumkonferenzen stellen das „Suchtverhalten" (55 Nennungen) und „Delinquenz/Gewalt" (48 Nennungen) für die Gruppe der Jugendlichen relevante Handlungsfelder dar. Einen weiteren thematischen Schwerpunkt sehen die Befragten im Bereich der schulischen und beruflichen Qualifikation. 42 Nennungen entfallen jeweils auf die Kategorien „keine Schulabschlüsse" und „Abbrüche der schulischen/beruflichen Ausbildung", gefolgt von der Kategorie „keine beruflichen Abschlüsse" mit 37 Nennungen.

Darüber hinaus sind noch „schlechtes Wohnumfeld", „Erziehungsprobleme/Erziehungsgewalt" sowie die „Unsicherheit der beruflichen Stellung" von Bedeutung.

Handlungsbedarf für alleinerziehende Frauen

Für den Personenkreis der alleinerziehenden Frauen stehen finanzielle Gesichtspunkte im Mittelpunkt. Je 43 Nennungen entfallen auf die Kategorien „zu teure Wohnungen" und „Einkommensmangel". Zudem werden der „Bezug von Arbeitslosenhilfe/Sozialhilfe" und „Verschuldungen/Überschuldungen" genannt. Darüber hinaus werden die „Unsicherheit der beruflichen Stellung" und „Erziehungsprobleme/Erziehungsgewalt" als Problemfelder identifiziert.

Handlungsbedarf für kinderreiche Familien

Der Handlungsbedarf zur Unterstützung von Familien konzentriert sich weitgehend auf finanzielle Aspekte. Mit jeweils 37 Nennungen werden in erster Linie der „Einkommensmangel" und „zu teure Wohnungen" als bedeutsames Problem benannt. Hinzu kommen „Verschuldungen/Überschuldungen" sowie der „Bezug von Arbeitslosen-/Sozialhilfe". Schließlich werden auch die Kategorien „Erziehungsprobleme/Erziehungsgewalt" und die „Unsicherheit der beruflichen Stellung" erwähnt.

Handlungsbedarf für Aussiedlerinnen und Aussiedler

Einen zentralen Problemkreis für die Gruppe der Aussiedlerinnen und Aussiedler bildet die „soziale Isolation" (38 Nennungen). Diese Isolation kann als Folge weiterer Problembereiche angesehen werden. Hierzu zählen vor allem Aspekte der mangelhaften schulischen und beruflichen Qualifikation, beispielsweise „keine beruflichen Abschlüsse", „akute schulische Probleme" und „keine Schulabschlüsse". Als Folge der sozialen Isolation entstehen dann Probleme in den Bereichen „Delinquenz/Gewalt"; „Erziehungsprobleme" und „Suchtverhalten". Darüber hinaus ist ein „schlechtes Wohnumfeld“ für die Situation der Aussiedlerinnen und Aussiedler kennzeichnend.

Handlungsbedarf für einzelne Bevölkerungsgruppen

Für die Gruppe der Kinder werden in erster Linie „akute schulische Probleme" genannt, während für die Ausländerinnen und Ausländer insbesondere "keine beruflichen Abschlüsse" als relevante Kategorie betrachtet werden.

9.3.2 Von Armut betroffene Bevölkerungsgruppen

In den bisherigen Analysen wurden einzelne Bestimmungsmomente der Problemgruppen und Handlungsfelder dargestellt. Das Ziel der nun folgenden Analyse bestand darin, die Bevölkerung der Stadt Gütersloh zu strukturtypischen Gruppen zusammenzufassen. Hierfür wurde, wie auch zum Abschluss des ersten Teilprojektes, die Cluster-Analyse angewandt.

In der vorliegenden Untersuchung erfolgte die Entscheidung für eine Vierer-Cluster-Lösung insbesondere unter inhaltlichen Gesichtspunkten. So wurde auch eine Dreier-Cluster-Lösung berechnet, die aber in einigen thematischen Bereichen weniger befriedigende Ergebnisse lieferte. Eine Fünfer-Cluster-Lösung hingegen erbrachte keine weiteren Erkenntnisse. In die Analyse wurden die Variablen einbezogen, die mindestens 25 Nennungen aufwiesen. Zunächst wurden auch hier mit Hilfe der Faktorenanalyse diejenigen Merkmale zusammengefasst, die unter inhaltlichen Gesichtspunkten einen gemeinsamen Faktor bildeten. Diese Faktoren werden dann für die Klassifizierung der Bevölkerung der Stadt Gütersloh verwendet.

Die Klassifizierung der Bevölkerung der Stadt Gütersloh führte zu einer Klassifizierung in acht Dimensionen (vgl. Übersicht 9.3.2.1).

Übersicht 9.3.2.1: Ergebnisse der Faktorenanalyse

Variablen	Faktor-ladungen	Faktoren
Faktor 1		
Alleinerziehende Frauen – Einkommensmangel	0,675	
Alleinerziehende Frauen – Unsicherheit berufl. Stellung	0,659	
Alleinerziehende Frauen – Verschuld./Überschuld.	0,657	
Familie – Unsicherheit berufl. Stellung	0,589	Finanzielle Probleme
Alleinerz. Frauen – Bezug von Arbeitslosen-/Sozialhilfe	0,557	
Familie – Bezug von Arbeitslosen-/Sozialhilfe	0,485	
Alleinerz. Frauen – Erziehungsprobl./Erziehungsgewalt	0,483	
Faktor 2		
Aussiedler/-innen – Keine beruflichen Abschlüsse	0,823	Fehlende berufliche und schulische Abschlüsse
Aussiedler/-innen – Keine Schulabschlüsse	0,811	
Ausländer/-innen – Keine beruflichen Abschlüsse	0,806	
Faktor 3		
Aussiedler/-innen – Delinquenz/Gewalt	0,751	
Aussiedler/-innen – Akute schul. Probleme der Kinder	0,737	Schulprobleme
Aussiedler/-innen – Erziehungsprobl./Erziehungsgewalt	0,730	
Faktor 4		
Jugendliche – Keine beruflichen Abschlüsse	0,857	
Jugendliche – Keine Schulabschlüsse	0,816	Unsicherheit im Statusübergang
Jugendliche – Abbrüche der schul./berufl. Ausbildung	0,741	
Jugendliche – Suchtverhalten (Alkohol, Drogen)	0,502	
Faktor 5		
Familie – Erziehungsprobleme/Erziehungsgewalt	0,770	
Kinder – Akute schulische Probleme der Kinder	0,583	
Familie – Einkommensmangel	0,511	Desintegration
Jugendliche – Delinquenz/Gewalt	0,403	
Familie – Verschuldungen/Überschuldungen	0,387	
Faktor 6		
Jugendliche – Schlechtes Wohnumfeld	0,790	Wohnumfeld
Aussiedler/-innen – Schlechtes Wohnumfeld	0,693	
Faktor 7		
Familie – Zu teure Wohnungen	0,823	
Alleinerziehende Frauen – Zu teure Wohnungen	0,662	Wohnkosten
Aussiedler/-innen – Soziale Isolation	0,436	

Variablen	Faktor-ladungen	Faktoren
Faktor 8		Erziehungs-überforderungen/ Erziehungsprobleme
Jugendliche – Unsicherheit der beruflichen Stellung	0,779	
Jugendliche – Erziehungsprobleme/Erziehungsgewalt	0,387	

Faktor 1: Finanzielle Probleme

Besonders betroffen von finanziellen Problemen sind alleinerziehende Frauen. Charakteristisch sind hier vor allem der Einkommensmangel, die Unsicherheit der beruflichen Stellung sowie die Unsicherheit der beruflichen Stellung. Darüber hinaus ist der Bezug von Arbeitslosen- und Sozialhilfe sowohl bei Alleinerziehenden als auch bei Familien zu erwähnen.

Faktor 2: Fehlende berufliche und schulische Abschlüsse

Insbesondere Aussiedlerinnen und Aussiedler sowie der Ausländerinnen und Ausländer weisen im Hinblick auf berufliche und schulische Abschlüsse gravierende Defizite auf.

Faktor 3: Schulprobleme

Vornehmlich die Gruppe der Aussiedlerinnen und Aussiedler ist mit Schulproblemen konfrontiert. Neben akuten schulischen Problemen der Kinder kommen Delinquenz/Gewalt als auch Erziehungsprobleme/Erziehungsgewalt zur Geltung.

Faktor 4: Unsicherheit im Statusübergang

Von der Unsicherheit im Statusübergang ist die Gruppe der Jugendlichen betroffen. Keine Schulabschlüsse, keine beruflichen Abschlüsse, der Abbruch der schulischen/beruflichen Ausbildung und Suchtverhalten sind in diesem Zusammenhang relevant.

Faktor 5: Desintegration

Für die Desintegration von Familien sind vornehmlich Erziehungsprobleme/Erziehungsgewalt, Einkommensmangel sowie Verschuldungen/Überschuldungen verantwortlich. Hinzu kommen akute schulische Probleme bei Kindern und Delinquenz/Gewalt bei Jugendlichen.

Faktor 6: Wohnumfeld

Von einem schlechten Wohnumfeld sind vornehmlich Jugendliche und Aussiedlerinnen und Aussiedler betroffen.

Faktor 7: Wohnkosten

Insbesondere Familien und alleinerziehende Frauen sind vielfach von zu teuren Wohnungen betroffen.

Faktor 8: Erziehungsüberforderungen/-probleme

Bei Jugendlichen stellen Unsicherheiten der beruflichen Stellung und Erziehungsprobleme/Erziehungsgewalt ein bedeutsames Problem dar.

9.3.3 Bevölkerungsbezogene Dimensionen der Armut

Die mittels der Faktorenanalyse ermittelten inhaltlichen Dimensionen spannen den Merkmalsraum für die im Anschluss daran durchgeführte hierarchische Clusteranalysen nach der Ward-Methode auf. Es kristallisierten sich vier Cluster- bzw. Bevölkerungsgruppen heraus, die auf der Grundlage aller Nennungen das Bild der Bevölkerung in der Stadt Gütersloh charakterisieren:

1) Gutsituierte,
2) Von Langzeitarmut Betroffene mit akuten Benachteiligungen,
3) Schulisch und beruflich schlecht Qualifizierte und
4) Prekär Lebende Kinder und Jugendliche (vgl. hierzu auch die Tabellen 9.3.3.1-9.3.3.3).

Cluster 1: Gutsituierte

- Anteil: 33,7 % (N = 32) – die größte Gruppe
- Charakteristisch für Gruppe 1 sind die deutlich unterdurchschnittlichen Anteile in fast allen angeführten Problembereichen. Lediglich die Kategorie „akute schulische Probleme" bildet bei Aussiedlerinnen und Aussiedlern ein leicht überdurchschnittliches Problem.
- Auffällig ist, dass die Innenstadt in dieser Gruppe einen deutlich unterdurchschnittlichen Anteil aufweist.

Cluster 2: Von Langzeitarmut Betroffene mit Folgebenachteiligungen

- Anteil: 29,5%, N = 28 – die zweitgrößte Gruppe
- In Gruppe 2 finden sich erhebliche Problembereiche, die insbesondere alleinerziehende Frauen und Familien betreffen. Zudem sind Jugendliche und Kinder betroffen.
- Bei alleinerziehenden Frauen stehen finanzielle Aspekte im Mittelpunkt: der Einkommensmangel, Verschuldungen und Überschuldungen, die Unsicherheit der beruflichen Stellung und der Bezug von Arbeitslosenhilfe/Sozialhilfe. Hinzu kommen Erziehungsprobleme/Erziehungsgewalt und zu teure Wohnungen.
- Für die in diesem Cluster versammelten Familien stehen ebenfalls finanzielle Probleme im Vordergrund: der Bezug von Arbeitslosen- und Sozialhilfe sowie Verschuldungen und Überschuldungen. Aber auch die Unsicherheit der beruflichen Stellung sowie Erziehungsprobleme/Erziehungsgewalt sind von zentraler Bedeutung.
- Jugendliche haben vorwiegend mit dem Problem der Unsicherheit der beruflichen Stellung zu kämpfen.
- Die Aussiedlerinnen und Aussiedler sind überdurchschnittlich mit Erziehungsproblemen/Erziehungsgewalt konfrontiert.

Tabelle 9.3.3.1: Armutsdimensionen nach Clustern – Abweichung von Insgesamt (Angaben in Prozent)

	Gruppe 1: Gutsituierte	Gruppe 2: Von Langzeitarmut Betroffene mit Folgebenachteiligungen	Gruppe 3: Schulisch und beruflich schlecht Qualifizierte	Gruppe 4: Prekäre Lebenslage – Kinder und Jugendliche	Insgesamt
Sozialraum					
Innenstadt	–16,9	+1,4	+16,8	+11,3	20,0
Nord	–0,1	–5,9	+11,6	0–3,2	09,5
Miele	+1,0	+1,8	0–5,3	0+1,0	05,3
Sundern	0,0	+4,4	0–6,3	0+0,0	06,3
Kattenstroth	–0,1	+0,4	0+2,1	0–3,2	03,2
Pavenstädt	+8,2	–7,4	0–2,1	0–1,1	07,4
Blankenhagen	–5,3	+1,8	0+0,0	0+7,2	05,3
Isselhorst	+4,1	–4,8	0+2,1	0–2,1	08,4
Avenwedde Bahnhof	+3,0	+4,8	0–9,5	0–3,2	09,5
Friedrichsdorf	+3,0	+1,2	0–4,2	0–3,2	09,5
Avd Mitte	+4,1	–1,7	0–5,3	0+1,0	05,3
Spexard	–1,1	+3,8	0+0,0	0–4,2	10,5
Insgesamt					
N	32,0	28,0	19,0	16,0	095,0
Prozent	33,7	29,5	20,0	16,8	100,0

Tabelle 9.3.3.2: Armutsdimensionen nach Clustern – Abweichung von Insgesamt (Angaben in Prozent)

	Gruppe 1: Gutsituierte	Gruppe 2: Von Langzeitarmut Betroffene mit Folgebenachteiligungen	Gruppe 3: Schulisch und beruflich schlecht Qualifizierte	Gruppe 4: Prekäre Lebenslage – Kinder und Jugendliche	Insgesamt
Kinder					
Akute schulische Probleme	–34,7	+15,3	+17,9	+21,6	34,7
Jugendliche					
Unsicherheit berufliche Stellung	–22,1	+14,5	+13,7	+2,9	28,4
Abbrüche der schul./berufl. Ausbildung	–31,7	–12,1	+29,5	+49,6	44,2
Keine beruflichen Abschlüsse	–23,3	–10,3	+19,0	+42,4	38,9
Suchtverhalten (Alkohol, Drogen)	–11,0	–18,6	+15,8	+35,9	57,9
Erziehungsprobleme/Erziehungsgewalt	–4,5	–0,9	+23,1	–17,0	29,5
Delinquenz/Gewalt	–19,2	–0,5	+23,2	+12,0	50,5
Schlechtes Wohnumfeld	–15,9	+1,0	+7,4	+21,6	34,7
Kein Problem					
Nicht genug Wohnraum	+17,4	+2,6	–13,7	–23,2	29,5
Obdachlosigkeit/ Nichtsesshaftigkeit	+8,0	–0,9	–3,2	–10,7	29,5
Insgesamt					
N	32	28	19	16	95
Prozent	33,7	29,5	20,0	16,8	100,0

Tabelle 9.3.3.3: Armutsdimensionen nach Clustern – Abweichung von Insgesamt (Angaben in Prozent)

	Gruppe 1: Gutsituierte	Gruppe 2: Von Langzeitarmut Betroffene mit Folgebenachteiligungen	Gruppe 3: Schulisch und beruflich schlecht Qualifizierte	Gruppe 4: Prekäre Lebenslage – Kinder und Jugendliche	Insgesamt
Ausländer/–innen					
Keine beruflichen Abschlüsse	–19,0	–14,1	+61,1	–9,6	28,4
Alleinerziehende Frauen					
Bezug von Arbeitslosenhilfe/ Sozialhilfe	–30,6	+17,1	+17,9	+10,0	40,0
Unsicherheit der beruflichen Stellung	–34,7	+18,9	+44,2	–15,9	34,7
Einkommensmangel	–35,9	+26,1	+28,4	–7,8	45,3
Verschuldungen/ Überschuldungen	–23,2	+20,5	+7,3	+1,8	29,5
Erziehungsprobleme/Erziehungsgewalt	–28,4	+11,7	+28,5	+2,8	34,7
Zu teure Wohnungen	–14,0	+8,3	+12,6	–1,5	45,3
Aussiedler/–innen					
Keine beruflichen Abschlüsse	–19,1	–9,7	+65,3	–22,2	34,7
Keine Schulabschlüsse	–22,2	–17,3	+68,4	–6,6	31,6
Suchtverhalten (Alkohol, Drogen)	+2,9	–10,5	+19,0	–9,6	28,4
Erziehungsprobleme	–9,7	+14,8	+15,8	–25,3	31,6
Delinquenz/Gewalt	–1,5	+3,1	+20,0	–26,3	32,6
Soziale Isolation	–8,7	–7,9	+28,4	–2,5	40,0
Akute schulische Probleme	+3,8	–8,7	+29,5	–27,4	33,7
Schlechtes Wohnumfeld	–11,7	–1,9	+32,7	–11,7	30,5
Familie					
Bezug von Arbeitslosenhilfe/ Sozialhilfe	-17,0	+24,1	+2,1	-10,7	29,5
Unsicherheit der beruflichen Stellung	-18,0	+23,1	+11,6	-18,0	30,5
Einkommensmangel	-29,5	+14,7	+34,8	-7,6	38,9
Verschuldungen/ Überschuldungen	-22,2	+18,9	+17,9	-9,7	34,7
Erziehungsprobleme/Erziehungsgewalt	-29,5	+24,5	+14,8	-1,3	32,6
Zu teure Wohnungen	-23,3	+4,0	+13,7	+23,6	38,9

	Gruppe 1: Gutsituierte	Gruppe 2: Von Langzeitarmut Betroffene mit Folgebenachteiligungen	Gruppe 3: Schulisch und beruflich schlecht Qualifizierte	Gruppe 4: Prekäre Lebenslage – Kinder und Jugendliche	Insgesamt
Insgesamt					
N	32,0	28,0	19,0	16,0	095,0
Prozent	33,7	29,5	20,0	16,8	100,0

Cluster 3: Schulisch und beruflich schlecht Qualifizierte

- Anteil: 20,0 % (N = 19) – die zweitkleinste Gruppe
- Insbesondere Jugendliche, alleinerziehende Frauen sowie Ausländer/-innen und Aussiedler/innen sind vom Problem der mangelnden schulischen und beruflichen Qualifikation betroffen. Bei alleinerziehenden Frauen ist das bedeutendste Problem die Unsicherheit der beruflichen Stellung.
- Vor allem die Abbrüche der schulischen bzw. beruflichen Ausbildung sind hier von besonderer Bedeutung. Hinzu kommen Gesichtspunkte wie Delinquenz/Gewalt und Erziehungsprobleme/Erziehungsgewalt.
- Für Ausländer/-innen und Aussiedler/-innen ist besonders der fehlende berufliche Abschluss typisch. Bei den Aussiedler/-innen ist zudem besonders das schlechte Wohnumfeld, die soziale Isolation und Delinquenz/Gewalt problematisch.
- Familien verzeichnen überdurchschnittlich häufig das Problem eines zu geringen Einkommens. Den Hintergrund bildet hier nicht der Bezug von Arbeitslosen- oder Sozialhilfe, sondern die schlecht bezahlte berufliche Tätigkeit. Darüber hinaus sind Erziehungsprobleme/Erziehungsgewalt und zu teure Wohnungen relevant.

Cluster 4: Prekär Lebende Kinder und Jugendliche

- Anteil: 16,8 % (N = 16) – die kleinste Gruppe
- In dieser Gruppe finden sich ausschließlich Problemfelder, die Kinder, Jugendliche und Alleinerziehende betreffen.
- Vor allem akute schulische Probleme seitens der Kinder werden als ein erhebliches Problem betrachtet.
- Zudem werden bei Jugendlichen Abbrüche der schulischen und beruflichen Ausbildung erwähnt. Darüber hinaus spielt das Suchtverhalten eine bedeutsame Rolle.

9.4 Sozialraumbezogene Auswertung der Ergebnisse

Die postalische Befragung der in der Stadt Gütersloh im sozialen Bereich Tätigen diente der Herausarbeitung sowohl gesehener Problemlagen als auch bestehender Handlungsmöglichkeiten. Diese wurden im zweiten Schritt der Analyse für die Sozialräume spezifiziert und mit den Ergebnissen sowohl des Familien- und Sozialberichts als auch den Ergebnissen der Jugendhilfeplanung mit dem Ziel zusammengeführt, für jeden einzelnen Sozialraum ein möglichst umfassendes Profil zu entwickeln. Dabei wurde darauf geachtet, dass jedes Profil nicht ausschließlich durch Problemlagen, sondern auch durch Problemlösungen, also positiv definiert wurde.

Das unter Zusammenführung aller Quellen ermittelte Profil des Sozialraums wurde daraufhin den in den Sozialraumarbeitskreisen Tätigen vorgestellt und mit ihnen diskutiert. Eine besondere Beachtung kam hierbei den Veränderungen zu: Sind diese ausschließlich durch die unterschiedlichen Perspektiven der einzelnen Erhebungen oder durch reale Prozesse, d. h. zeitlich auf die Differenz von zwei Jahren zwischen den beiden Erhebungszeitpunkten erklärbar? Geklärt werden sollte darüber hinaus, welche Prozesse bereits initiiert wurden und welche Prozesse wie initiiert werden könnten. Hieraus ergab sich für die Besuche in den Sozialräumen die folgende dreischrittige Vorgehensweise:

Schritt 1: Die verschiedenen Hauptlinien der einzelnen Erhebungen wurden thematisch und bevölkerungsgruppenspezifisch für die einzelnen Sozialräume zusammengefasst und die sich abzeichnenden Veränderungen diskutiert. Der Schwerpunkt der Betrachtung kam der Wahrnehmung der in den Sozialraumarbeitskreisen Lebenden und Handelnden zu, also die Frage, ob die Profile mit der subjektiven Einschätzung übereinstimmen.
Das angezielte Ergebnis sollte ein auf möglichst breiter Basis bestehender Konsens über die Lebenssituation eines Sozialraumes sein.

Schritt 2: Die zeitliche Abfolge der einzelnen Erhebungen stellt eine Möglichkeit zur Evaluation und zu mehrperspektivischen Betrachtungen von Handlungen und Maßnahmen dar. Diese standen im Mittelpunkt des zweiten Schrittes, der der Würdigung und Reflektion der bereits initiierten Ansätze unter Berücksichtigung des im ersten Schritt herausgearbeiteten Sozialraumarbeitskreisprofils diente. Konkret sollten hierzu bezogen auf die ermittelten Hauptlinien der Sozialraumarbeitskreisprofile die Hauptlinien der Aktivitäten der letzten zwei Jahre mit den Teilnehmerinnen und Teilnehmern aufgearbeitet werden.
Mit diesem Schritt wurden zwei Teilergebnisse angezielt: erstens die positive Reflexion der Aktivitäten in den Sozialräumen und zweitens die Explikation vorhandener, nicht immer auch bewusster Schwerpunkte von Handlungen und Maßnahmen.
Die beiden Ergebnisse sollten in den Versuch einer positiven Einschätzung der Effekte von Aktivitäten in den letzten zwei Jahren im Hinblick auf die Sozialraumprofile münden. Darüber hinaus sollten Bevölkerungsgruppenbezogene und thematische Defizite ermittelt werden.

Schritt 3: Sowohl im Hinblick auf die positiven Effekte als auch im Hinblick auf die Defizite sollte eine möglichst auf breiter Basis bestehende Orientierung für zukünftige Aktivitäten in den Sozialräumen erfolgen. Die Aktivitäten anderer Sozialräume, die mittels der postalischen Befragung zusammengefasst wurden, sollten hier einbezogen werden. Gleiches galt für kommunal bestehende Ansätze, Einrichtungen und Initiativen.
Konkret sollte gemeinsam mit den Teilnehmerinnen und Teilnehmern gemeinsam abgestimmt werden, welche Zielsetzungen die bereits geplanten zukünftigen Aktivitäten haben. Sollten solche Zielsetzungen noch nicht vorhanden sein, sollte ein Anstoß zu deren Entwicklung gegeben werden. Diese Zielsetzungen sollten mit den in Schritt 2 ermittelten Defiziten und positiven Effekten abgeglichen werden. Als Input, Hilfestellung und Überblick über Aktivitäten anderer Sozialräume diente hierzu die Liste der im Zuge der Befragung genannten Aktivitäten. Die Kenntnisse der kommunalen Vertreterinnen und Vertreter des Jugend- und Sozialamtes dienten als Ergänzung und Erweiterung.
Insgesamt war es das Ziel, Ansätze und Maßnahmen an die sich in den Sozialräumen darstellenden Profile, also an die Bedürfnisse der in den Sozialräumen Lebenden, anzupassen. Zudem sollten solche Ansätze und Maßnahmen, über deren Erfolg Konsens besteht, weitergeführt und neue Aktivitäten initiiert werden. Im Folgenden wird die Vorgehensweise in den einzelnen Sozialräumen dargestellt.

9.4.1 Der Sozialraum Innenstadt

9.4.1.1 Sozialraumbezogene Interventionen

Der Sozialraum Innenstadt zählt zu den großen Sozialräumen in der Stadt Gütersloh. Entsprechend heterogen zeigten sich auch die bevölkerungsgruppen- und themenbezogenen Nennungen des Handlungsbedarfs (siehe Graphiken in der Anlage).

Betrachtet man die Ergebnisse der Befragung für diesen Sozialraum, so zeigt sich, dass sich hier – neben der mangelnden Information über die Akzeptanz von Einrichtungen der Jugendarbeit – noch zahlreiche andere Problemlagen und Problemgruppen bündeln. So wurde ein Handlungsbedarf zum Beispiel für die Gruppe der kinderreichen Familien, der Alleinerziehenden, der Kinder und Jugendlichen, der Ausländerinnen und Ausländer sowie der Asylbewerberinnen und -bewerber formuliert.

Um möglichst viele dieser Betroffenengruppen zu erreichen, gleichzeitig aber in der Formulierung der möglichen Ansatzpunkte nicht zu allgemein zu werden, wurde den Mitgliedern des Sozialraumarbeitskreises die Gruppe der Familien und alleinerziehenden Frauen für die Formulierung von Handlungskonsequenzen empfohlen. Dort bestand der Vorteil, dass Hilfen und Unterstützungen gleichzeitig auch Kinder und Jugendliche (mit-)erreichen würden.

Ansätze, die diese Gruppen fokussieren, sollten in zweierlei Hinsicht ausgerichtet sein: Einerseits sollten sie eine Entlastung der Betroffenengruppen anzielen. Hier geht es konkret um den Bereich der Kinderbetreuung, und sei es auch nur für kurze Zeitabschnitte. Andererseits sollten sie informieren, z. B. über Freizeit- und Beschäftigungsmöglichkeiten, die nicht kommerziell ausgerichtet sind, wie z. B. in Vereinen.

Als eine Maßnahme, die Zielgruppe im Bereich der Kinderbetreuung zu entlasten, wurde die Initiierung einer Tauschbörse zur Kinderbetreuung angeregt, die sich am Muster der im Sozialraum Friedrichsdorf für Kinder und Jugendliche ins Leben gerufenen Taschengeldtauschbörse orientieren sollte: Kinderreiche und alleinerziehende Frauen könnten dort gegenseitig zu unterschiedlichen Zeiten Kinderbetreuungen anbieten und in Anspruch nehmen. Diese könnte durch eine Taschengeld-Börse ergänzt werden, die darauf ausgerichtet ist, Jugendliche zum Zweck der Aufbesserung ihres Taschengeldes in die Kinderbetreuung einzubeziehen.

Den Mitgliedern des Sozialraumarbeitskreises wurde darüber hinaus empfohlen, ihre Angebote nicht nur auf kinderreiche Familien und alleinerziehende Frauen, sondern auch direkt an Kinder und Jugendliche auszurichten. Hier bestehen räumlich zwar bereits Aktivitäten. Aber diese erreichen ihre Zielgruppen oftmals nicht oder nur teilweise. Um den hierfür verantwortlichen Vorurteilen zu entgegnen, wurde z. B. eine Kooperation mit den Schulen vor Ort angedacht. Ein Vorschlag bestand beispielsweise darin, im Rahmen einer ohnehin angezielten Umgestaltung eines oder mehrerer Räume einen Ideenwettbewerb an den Schulen auszuschreiben. Gleiches gilt für das Angebotsprofil. Hier könnte versucht werden, durch verstärkte Ansprache derjenigen Kinder und Jugendlichen, die die Angebote nicht in Anspruch nehmen, neue Ideen und damit auch potenzielle Nutzerinnen und Nutzer der Ideen zu gewinnen.

Ausgehend von den Ergebnissen der Nennungen der Mitarbeiterinnen und Mitarbeiter des Sozialraumarbeitskreises und den im vorhinein formulierten Vorschlägen fand im Januar des Jahres 2001 ein Besuch des Sozialraumes Innenstadt statt. Dem schloss sich eine ca. eineinhalbstündige strukturierte Diskussion mit den Mitarbeiterinnen und Mitarbeitern an. Die Struktur der Diskussion entsprach der im Vorgehen des Projektes dargestellten Schrittfolge.

9.4.1.2 Ergebnisse der Diskussion mit Expertinnen und Experten des Sozialraums

Da nahezu alle Teilnehmerinnen und Teilnehmer aus dem Bereich der Jugendarbeit des Sozialraums Innenstadt stammten, beschränkten sich auch die Aussagen über Problemlagen dieses Sozialraums vornehmlich auf diesen Sektor. Nach der Vorstellung der sozialraumbezogenen Ergebnisse wurde festgehalten, dass die Wahrnehmung der Probleme mit den aus der Datenanalyse vorgetragenen Ergebnissen übereinstimmte. Eine Ausnahme bildete jedoch die Aussage, dass schlechte Schulabschlüsse in einem Zusammenhang mit dem Drogenkonsum stehen könnten.

Die Expertinnen und Experten aus der Innenstadt vertraten insgesamt die Meinung, dass Armut in der Stadt Gütersloh auf Grund der guten Konjunktur eine im Vergleich zu anderen Städten geringere Problemsituation darstelle. Ferner sei die Abwanderung aus dem Bereich der Innenstadt in andere Sozialräume eher gering, da es in der Innenstadt gute Jugendangebote gäbe, die jedoch nicht immer angenommen werden: Zum einen erreichen die Angebote selten Jugendliche, deren Wohnraum etwas außerhalb der Innenstadt liegt, und zum anderen ziehen manche Jugendliche private Treffen den öffentlichen Treffpunkten vor, um einer potenziellen Kontrolle Erwachsener zu entgehen.

Insgesamt wurde die Meinung vertreten, dass es sich als sehr schwierig herausstellen würde, unterschiedliche Jugendgruppen unter einem Dach zu vereinen. Aus diesem Grund wurde die Errichtung dezentraler Einrichtungen und Angebote für Kinder und Jugendliche anvisiert.

Neben den Jugendlichen stellten die Gruppen der alleinerziehenden Frauen und der kinderreichen Familien weitere Problemgruppen dar, was sich im Bedürfnis nach „kinderfreien" Zeiten, den Sorgen um finanzielle Nöte und der Angst um eine Perspektivlosigkeit der Kinder widerspiegelte.

Dementsprechend ausgestaltet seien die geplanten und bereits durchgeführten Aktivitäten: In der Innenstadt wurde vom Deutschen Kinderschutzbund eine Babysittervermittlung eingerichtet, die allerdings kostenpflichtig sei. Außerdem wurde für jeden ersten Sonntag im Bürgerzentrum „Alte Weberei" ein „Alleinerziehendentreff" initiiert, in dem neben einem gemeinsamen Frühstück auch Vorträge z. B. über die Rechte Alleinerziehender stattfinden. An ihm beteiligen sich regelmäßig über 20 Personen. Ferner wurden in der Freiwilligenzentrale Projekte unter dem Themen „Alt trifft Jung" oder „Brücke zur Nachbarschaft" ins Leben gerufen.

Im Hinblick auf zukünftige Aktivitäten und Maßnahmen wurde die Idee entwickelt, einen Tauschring für alleinerziehende Frauen zu gründen, der Kooperationen, soziale Kontakte und einen Rahmen für vielfältige Hilfestellungen bieten könnte. Außerdem sollten sich die bereits aktiven und bestehenden Gruppen und Projekte im Bürgerfunk und der lokalen Presse vorstellen. Einhellig bestand die Meinung, dass das Thema Armut breiter in der Öffentlichkeit diskutiert und erörtert werden müsste, um die Betroffenen nicht zu isolieren.

9.4.2 Der Sozialraum Nord

9.4.2.1 Sozialraumbezogene Problemlagen und Interventionen

Der Sozialraum Nord zählt – ähnlich dem Sozialraum Innenstadt – zu den größeren Sozialräumen in der Stadt Gütersloh. Entsprechend spiegelte sich in den Ergebnissen der Befragung der Expertinnen und Experten zum Handlungsbedarf die Vielfältigkeit des Sozialraums wider. Die Bevölkerungsgruppen, die im Mittelpunkt der Antworten stehen, sind Ausländerinnen und Ausländer, alleinerziehende Frauen, Aussiedlerinnen und Aussiedler, kinderreichen Familien sowie Jugendliche.

Ist es bei den Ausländerinnen und Ausländern das schlechte Wohnumfeld, auf dem mit sechs Nennungen der Fokus der Bewertung liegt, gefolgt von eher dem beruflichen und qualifikatorischen Bereich zuzuordnenden Antworten, so liegt bei den alleinerziehenden Frauen in dieser Hinsicht der alleinige Schwerpunkt. Bei den Aussiedlerinnen und Aussiedlern wird darüber hinaus das Problem des Drogenkonsums als dringlich erachtet.

Erziehungsprobleme stehen im Mittelpunkt der Nennung für die Gruppe der Familien. Diese scheinen sich – im späteren Lebensalter – in sog. abweichenden Verhaltensweisen niederzuschlagen: So wird für die Gruppe der Jugendlichen – neben dem Bereich der schulischen und beruflichen Qualifikation – auch das Problem der Gewalt genannt, das einer Lösung bedarf.

Die Einbeziehung der Ergebnisse anderer Datenquellen, wie z. B. des Familien- und Sozialberichts der Stadt Gütersloh, machte deutlich, dass es im Sozialraum vor allem der Faktor Kinderreichtum ist, der bei vielen Personen zu finanziellen und sozialen Problemen führt. Betroffen sind hiervon insbesondere ausländische Familien, die in der Regel mehrere Kinder haben. Bei alleinerziehenden Frauen ist es oftmals aber bereits eine geringere Anzahl an Kindern, die zu enormen Problemen führen kann, wenn kein adäquates Versorgungsangebot besteht, das eine Erwerbstätigkeit ermöglicht.

Eine Ist-Analyse des Sozialraums Nord wäre aber unvollständig ohne die Darstellung der dort bereits gestarteten Aktivitäten zur Vermeidung bzw. Abschwächung von Problemlagen. Hierzu zählen zunächst zahlreiche Einrichtungen wie z. B. Kindertagesstätten und unterschiedliche Schulen. Neben dem Mutter-Kind-Treff, der sich genau dieser Problematik widmet und eine Entlastung von Müttern zum Ziel hat, sind in diesem Zusammenhang auch vielfältige Aktivitäten, z. B. der Kirche zu nennen.

Die in der Bestandsaufnahme festgestellte große Anzahl der Initiativen zeigte, dass es im Sozialraum Nord nicht mehr um eine Sensibilisierung für die Armutsthematik gehen muss. Vielmehr wurde in einer Diskussion mit den Mitgliedern des Sozialraumarbeitskreises als Zielsetzung herausgearbeitet, eine Unterstützung und Bestärkung des Engagements sowie der in Planung befindlichen oder bereits ins Leben gerufenen Aktivitäten zu leisten. Umso enttäuschender war die Tatsache, dass zwar ein Besuch des Sozialraumes Nord im Frühjahr des Jahres 2001 stattfand, sich diesem Besuch jedoch keine Diskussion mit den Mitgliedern des Sozialraumarbeitskreises anschließen konnte.

9.4.3 Der Sozialraum Miele

9.4.3.1 Sozialraumbezogene Problemlagen und Interventionen

Der Sozialraum Miele zählt mit ungefähr 5.000 Einwohnerinnen und Einwohnern von der Größe her zu den mittleren Sozialräumen in der Stadt Gütersloh. Diese Situation wirkt sich in einer eher als gering zu bezeichnenden Identifikation mit dem Sozialraum aus: Die verschiedenen „Soziotope" – so der Bericht der GEBIT in Zusammenarbeit mit dem Jugendamt der Stadt Gütersloh, sind voneinander getrennt – man lebt „nebeneinander" her.

Die Ergebnisse der Befragung der Expertinnen und Experten aus dem Sozialraum zeigten, dass als hauptsächliche Zielgruppen vor allem die Ausländerinnen und Ausländer sowie Kinder und Jugendliche gesehen werden: Akute schulische Probleme, Erziehungsprobleme, nicht genügend Wohnraum und der Bezug von Arbeitslosengeld und Arbeitslosenhilfe wurden hier genauso bemängelt wie das schlechte Wohnumfeld.

Zwar wurde auch für die Gruppe der Kinder und Jugendlichen das schlechte Wohnumfeld bemängelt, als Haupthandlungsfelder wurden jedoch die Problemlagen „keine Schulabschlüsse", „Suchtverhalten" sowie „akute schulische Probleme" genannt.

Dass sich die Kritik am Wohnumfeld vor allem auf ein Wohnviertel bezieht, das sich durch Blockbebauung auszeichnet, ist zwar aus den Ergebnissen nicht mit letzter Sicherheit zu schließen, ist aber annehmbar.

Anders gestaltete sich die Situation im Hinblick auf die schulischen Problemlagen. Vielfach sind vor allem ausländische Kinder und Jugendliche in der Schule auf Grund nicht vorhandener Sprachkenntnisse einer erheblichen Mehrbelastung ausgesetzt. Eltern fallen in diesen Familien als informationelle Hilfen aus. Gewalt, Delinquenz und Drogenkonsum können als Folge dieser Situation bezeichnet werden, die oftmals mit dem Erleben einer individuellen Perspektivlosigkeit einhergeht.

Zwar bestehen auch im Sozialraum Miele vielfältige Einrichtungen und Initiativen, die sich z. B. um Kinder, Jugendliche oder Alleinerziehende kümmern. Diese scheinen die genannten Probleme jedoch nur teilweise „auffangen" zu können.

Als Vorschlag für ein Gespräch wurde deshalb das Ziel entwickelt, die bestehenden Ansätze und Initiativen weiter auszubauen und gleichzeitig zu versuchen, das in Miele vorhandene Potenzial in qualifikatorischer und sozialer Hinsicht zu stärken, z. B. durch eine stärkere Präsenz von Vereinen im öffentlichen Leben, Stadtteilfeste o. ä.

Ähnlich dem Sozialraum Nord zählte der Sozialraum Miele zu den vier Sozialräumen, in denen zwar ein Besuch stattfand, im Anschluss daran jedoch keine Diskussion mit den Mitgliedern des Sozialraumarbeitskreises initiieren ließ.

9.4.4 Der Sozialraum Sundern

9.4.4.1 Sozialraumbezogene Problemlagen und Interventionen

Der Sozialraum Sundern zählt mit über 7.000 Einwohnerinnen und Einwohnern, darunter viele Zugezogene, zu den größeren Gebieten in der Stadt Gütersloh. Nach der Befragung der Expertinnen und Experten besteht Handlungsbedarf im Rahmen von Aktivitäten der kommunalen Armutsprävention vor allem für die Gruppe der Hinzugezogenen. Insbesondere sind alleinerziehende Frauen und kinderreiche Familien betroffen.

Bei beiden Gruppen überwiegen die monetären Dimensionen in der inhaltlichen Spezifizierung der Problemlagen: Neben Erziehungsproblemen werden für die Gruppe der alleinerziehenden Frauen vor allem Einkommensmangel und der Bezug von Arbeitslosengeld und -hilfe als vorrangige Handlungsfelder benannt. Gleiches gilt für die in Sundern lebenden Familien.

Welche Ursachen diesen Nennungen zu Grunde lagen, war der alleinigen Auswertung der Antworten nicht zu entnehmen. Vielfach, so die Vermutung, sind es nicht vorhandene Angebote oder Informationsdefizite der Alleinerziehenden zur Entlastung durchaus zur Verfügung stehenden Angebote. Dieses betrifft Kinderbetreuungsmöglichkeiten genauso wie z. B. soziale Initiativen.

9.4.4.2 Ergebnisse der Diskussion mit Expertinnen und Experten des Sozialraums

Nach einem Besuch des Sozialraumes Sundern wurde den Mitgliedern der Sozialraumarbeitsgemeinschaft empfohlen, neben Informationen, die auf kommunaler Seite zur finanziellen Unterstützung dieser Bevölkerungsgruppen vorhanden sind und deren stärkere Verbreitung angedacht werden sollte, gerade im Bereich der Vernetzung von Aktivitäten über die Sozialräume hinaus kurzfristig Ausstrahlungseffekte zu nutzen, beispielsweise aus dem Sozialraum Innenstadt. Die Möglichkeit zu einer Diskussion – nach dem Besuch des Sozialraums – bestand nicht.

9.4.5 Der Sozialraum Kattenstroth

9.4.5.1 Sozialraumbezogene Problemlagen und Interventionen

Der Sozialraum Kattenstroth zählt – mit dem Sozialraum Innenstadt – zu den größten Sozialräumen in der Stadt Gütersloh. Entsprechend heterogen zeigen sich auch hier die Ergebnisse der Befragung. Insbesondere für Jugendliche wurde, neben Ausländerinnen und Ausländern, Asylbewerberinnen und Asylbewerbern sowie Aussiedlerinnen und Aussiedlern, ein Handlungsbedarf vor allem für zwei Problemdimensionen formuliert: Suchtverhalten und Delinquenz/Gewalt.

Kattenstroth verfügt zwar über zahlreiche Möglichkeiten der vereinsorientierten Jugendarbeit, z. B. mit dem Schützen- und Karnevalsverein. Von diesen Angeboten fühlen sich aber gerade Jugendliche nicht angesprochen. Ein großer Teil verbringt seine Freizeit in der Innenstadt. Fehlen hierfür aber die finanziellen Mittel, dann besteht das Problem, mit der eigenen Freizeit sinnvoll umzugehen.

Bereits vor einigen Jahren wurde deswegen gemeinsam von der GEBIT und dem Jugendamt der Stadt Gütersloh in einer Jugendhilfe-Planungs-Befragung der Wunsch geäußert, die Jugendräume in der Trinitatis-Gemeinde auch für die Gruppe der Älteren, also der 14-15-jährigen, zu öffnen und attraktiv zu machen. Hier wäre zu überlegen, ob das in ausreichendem Maße geschehen ist.

Neben den Jugendlichen stehen vor allem die Gruppen der Ausländerinnen und Ausländer, Asylbewerberinnen und Asylbewerber sowie der Aussiedlerinnen und Aussiedler im Mittelpunkt der Ergebnisse der Befragung der Expertinnen und Experten und auch im Mittelpunkt des Berichts der GEBIT-Befragung und des Familien- und Sozialberichts. Hier sind es insbesondere qualifikatorische Dimensionen, z. B. das Nicht-Vorhandensein beruflicher Abschlüsse und akute schulische Probleme, die genannt wurden.

Bei allen Gruppen liegt die Vermutung nahe, dass die qualifikatorischen Probleme ein Folgeproblem von sozialer Isolation auf der einen Seite und von Sprachbarrieren auf der anderen Seite sind. In diesem Sinne müsste es darum gehen, Ansätze der sozialen Integration, wie sie in Kattenstroth bereits vorhanden sind, weiter auszubauen. Gleichzeitig sollte überlegt werden, inwieweit man die Sprachprobleme überwinden bzw. beseitigen kann.

Ein Sozialraum mit einem in dieser Hinsicht ähnlichen Problemprofil ist Pavenstädt. Dort wurde auf Grund der Diskussion der Befragungsergebnisse überlegt, eine spezielle Sprachförderklasse in der heimischen Grundschule wiederzubeleben, wie sie vor einigen Jahren bereits bestanden hatte. Gleiches gilt für eine internationale Ausrichtung der Schulfeste und die Übersetzung eines Angebotskalenders auch in andere Sprachen. Solche Aktivitäten könnten auch für Kattenstroth attraktiv sein. Ansätze hierfür sind bereits vorhanden. Sie müssten lediglich weiter ausgebaut werden.

Insgesamt sind, und dies ist Kennzeichen für den Sozialraum im Allgemeinen, in Kattenstroth zahlreiche Aktivitäten, die sich auch an ausländische Mitbürgerinnen und -bürger, aber auch an Familien wenden, bereits gestartet worden. Die Planung und Durchführung dieser Aktivitäten setzt ein hinreichendes Problembewusstsein voraus. Dieses musste also nicht mehr initiiert werden. Dementsprechend, so der Zielvorschlag für Ansätze und Aktivitäten, sollte es in Kattenstroth vor allem um eine Fokussierung und Verstärkung bereits bestehender Initiativen gehen.

Ausgehend von den Ergebnissen der Nennungen der Mitarbeiterinnen und Mitarbeiter des Sozialraumarbeitskreises und den im vorhinein formulierten Vorschlägen fand im Januar des Jahres 2001 ein Besuch des Sozialraums Kattenstroth statt. Dem schloss sich eine ca. eineinhalbstündige strukturierte Diskussion mit den Mitarbeiterinnen und Mitarbeitern an. Die Struktur der Diskussion entsprach auch hier der im Vorgehen des Projektes dargestellten Schrittfolge.

9.4.5.2 Ergebnisse der Diskussion mit Expertinnen und Experten des Sozialraums

Zunächst äußerten die Mitglieder des Sozialraumes Kattenstroth sich kritisch zu der durchgeführten Befragung. Insbesondere war vielen das Ziel des Vorhabens nicht klar, so dass von vornherein eine eher skeptische Haltung eingenommen wurde.

Daraufhin wurde seitens der Projektgruppe und des anwesenden Vertreters der Stadtverwaltung das Vorhaben nochmals eingehend erläutert. Hieran anschließend konnten dann gemeinsam mit den Vertreterinnen und Vertretern des Sozialraums Kattenstroth die zentralen Problemlagen diskutiert werden.

Festgehalten wurde, dass es sich um einen an und für sich geschlossenen Stadtteil handelt, in dem jedoch soziale Brennpunkte existieren. Dringender Handlungsbedarf wird in diesem Zusammenhang der Jugendarbeit beigemessen. Als Probleme wurden vor allem Drogen und Gewalt identifiziert. Als defizitär wird hier der nicht vorhandene Jugendtreff in Kattenstroth angeführt, obgleich das Sportangebot als vielfältig und gut eingeschätzt wird.

Ein besonderes Problem wird in der mangelnden Toleranz zwischen den unterschiedlichen ethnischen Gruppen gesehen, die sich in einem entsprechenden „Umgangston" manifestiert. Dieses Verhalten wird nicht selten von den Eltern auf die Kinder übertragen, so dass jüngere Kinder oftmals von älteren Jugendlichen bedroht bzw. geärgert werden. Dies hat dann zur Folge, dass diese ihre Freizeit innerhalb der Wohnung, zumeist vor dem Fernseher verbringen.

Auf Grund der Verhaltensauffälligkeiten der Kinder und Jugendlichen in den sozialen Brennpunkten sei es schwer, diese Gruppe in das Vereinsleben zu integrieren, da es an so genannten Sekundärtugenden mangele. Als ein weiteres zentrales Problem wurde von den Expertinnen und Experten der Mangel von Hortplätzen für Kinder ab 6 Jahren betrachtet.

Als Beispiele für gelungene Projekte im Stadtteil wurden der Zirkuswagen im Ostpreußenweg sowie das Tischtennis- und Basketballprojekt genannt. Allerdings seien die Angebote „Schwimmen bei Nacht" und „Basketball bei Nacht" eingestellt worden.

Hingewiesen wurde auf das in Planung befindliche Begegnungszentrum Südpark, für das – in Zusammenarbeit mit der Stadtverwaltung Gütersloh und im Anschluss an den Besuch und die Diskussion – die Suche nach Räumlichkeiten begonnen werden soll.

9.4.6 Der Sozialraum Pavenstädt

9.4.6.1 Sozialraumbezogene Problemlagen und Interventionen

Der Sozialraum Pavenstädt zeichnet sich – im Gegensatz zu den bisher vorgestellten Sozialräumen – vor allem (1.) durch Unterschiede in der Größe und (2.) in der Heterogenität seiner Einwohnerinnen und Einwohner aus.

Deutlich wird dies anhand der von der GEBIT in Zusammenarbeit mit dem Jugendamt der Stadt Gütersloh vorgelegten Bestandsaufnahme: So finden sich in Pavenstädt Gebiete mit relativ gutsituierten Personen und Haushalten in unmittelbarer Nähe zu Gebieten mit sog. problembelasteten Bevölkerungsgruppen, z. B. Obdachlosen sowie Asylbewerberinnen und -bewerbern.

Diese Trennung der Bevölkerung spiegelt sich auch in den Ergebnissen der Expertenbefragung wider. So werden als Hauptproblemgruppen im Sozialraum die Aussiedlerinnen und Aussiedler sowie die Asylbewerberinnen und Asylbewerber bezeichnet. Diese Einschätzung gilt auch für die Gruppe der Jugendlichen, von denen vermutet werden kann, dass es sich hierbei vornehmlich um Jugendliche der vorgenannten Gruppen handelt.

Inhaltlich steht im Mittelpunkt der Nennungen das Problem der sozialen Integration. Die räumliche Nähe scheint sich also nicht in einem gemeinsamen Miteinander auszuwirken, sondern eher in einem Nebeneinander, sobald es um Aktivitäten oder um Partizipation geht.

Die zusätzlich zu diesem Problembereich genannten Dimensionen, z. B. Delinquenz und Gewalt, werden in der Forschung heute als traditionelle Formen der nach außen gerichteten Reaktion auf soziale Probleme bezeichnet. Dies ist ein klarer Indikator dafür, dass die Situation der Isolation nicht nur von den befragten Expertinnen und Experten als Problem wahrgenommen wird, sondern auch von den Betroffenen.

Integration erfolgt auf der formellen und auf der informellen Ebene. Die Analyse des Sozialraums Pavenstädt zeigt, dass hier beide Ebenen als defizitär beurteilt werden können. Dieses betrifft jedoch nicht das Angebot. Dies scheint vorhanden zu sein. Aktivitäten im Bereich des Sports werden ergänzt durch Aktivitäten der Kirchen und der ansässigen Vereine. Die Angebote, so der Eindruck bei der Auswertung der Befragung, wenden sich aber entweder nicht an die Zielgruppen der Aussiedlerinnen und Aussiedler sowie der Asylbewerberinnen und Asylbewerber oder sie erreichen sie nicht.

Schwerpunkt der Arbeit im Sozialraum Pavenstädt sollte deswegen der Versuch sein, eine Passung vorhandener Aktivitäten mit den Bedürfnissen der genannten Personengruppen herzustellen. Dieses könnte z. B. durch Stadtteilfeste geschehen, mit denen versucht wird, die sozialen Grenzen zu durchbrechen. Hier müssten Einladungen und konkrete Aktivitäten in den Herkunftssprachen der Bewohnerinnen und Bewohner formuliert werden. Darüber hinaus könnte überlegt werden, inwieweit Personen aus den genannten Gruppen, speziell auch Jugendliche, bereits im Vorfeld in die Planung integriert werden.

Vorgeschlagen wurde deshalb, mit einem konkreten Projekt zu beginnen. Ein solches Projekt sollte nicht vollständig neu ins Leben gerufen werden müssen, sondern an vorhandene Initiativen anknüpfen, z. B. an ein Schulfest. Hierbei sollte es primär um die Sache an sich gehen, also das Fest. Sekundär sollte ein Großteil der Vorbereitungsarbeit aber dem Gesichtspunkt der Integration zukommen. Um nicht – als quasi unbeabsichtigte Nebenfolge des eigenen Handelns – eine zweifache Ausgrenzung durch Thematisierung der Ausgrenzung zu erhalten, sollten Stigmatisierungen vermieden werden. Am ehesten, so die Idee, könne dies durch eine vollständige Integration derer, die an der Veranstaltung partizipieren sollen, bereits von Beginn an, gelingen.

Ausgehend von den Ergebnissen der Nennungen der Mitarbeiterinnen und Mitarbeiter des Sozialraumarbeitskreises und den im vorhinein formulierten Vorschlägen fand im Januar 2001 ein Besuch des Sozialraums Pavenstädt statt. Dem schloss sich eine ca. eineinhalbstündige strukturierte Diskussion mit den Mitarbeiterinnen und Mitarbeitern an. Die Struktur der Diskussion entsprach auch hier der im Vorgehen des Projektes dargestellten Schrittfolge.

9.4.6.2 Ergebnisse der Diskussion mit Expertinnen und Experten des Sozialraums

Die Expertinnen und Experten im Sozialraum Pavenstädt waren der Meinung, dass das Bild der Problemlagen prinzipiell mit den von ihnen wahrgenommenen Problemen übereinstimme, jedoch eher auf das gesamte Stadtgebiet zuträfe und nicht auf Pavenstädt zu beschränken sei. Zum einen stellen besonders die jugendlichen Aussiedlerinnen und Aussiedler ein großes Problem dar: So existieren für diese Gruppe keine spezifischen Freizeitangebote. Ferner ist die Integration der Eltern oftmals noch nicht weit vorangeschritten und es herrschen intrakulturelle Schwierigkeiten, die sich dahingehend äußern, dass sich die Väter beispielsweise zu wenig um ihre Kinder kümmern und die Mütter nur über sehr eingeschränkte Möglichkeiten zur Mobilität verfügen (z. B. keinen Führerschein haben etc.).

Neben der Gruppe der Aussiedlerinnen und Aussiedler wurde die Integration der Asylbewerberinnen und Asylbewerber als problematisch erachtet. Sie sind zumeist stark ortsgebunden und nicht besonders mobil. Für die Kinder dieser Bevölkerungsgruppe existiert keine Schulpflicht und auf Grund mangelnder Sprachkenntnisse sind im Gegensatz zu anderen ausländischen Kindern starke Verständigungsschwierigkeiten vorhanden.

Nach Meinung der Expertinnen und Experten ist bei den oben erwähnten Problemgruppen ein stärkerer persönlicher bzw. direkterer Kontakt vonnöten. Daher wurde bereits in einem Obdachlosenheim in Holzheide eine Sozialarbeiterin eingestellt. Außerdem sind an den Schulen so genannte „Geschwister-Spielnachmittage" eingeführt worden, um die Spielräume der Region zu erweitern. Zusätzlich gibt es noch einen Veranstaltungskalender innerhalb der Sozialraumarbeitsgemeinschaft, der sehr unterschiedliche Freizeitangebote erschließt.

Für Asylantinnen und Asylanten wurde zeitweise das Angebot einer Vorklasse zur Verfügung gestellt, die jedoch mittlerweile aus finanziellen Gründen wieder eingestellt wurde. Ein Offener Jugendtreff der Kirchen konnte trotz Werbung keine muslimischen Kinder erreichen.

Als Zielvereinbarungen für die Initiierung zukünftiger Aktivitäten wurde die Einladung einer Vertreterin/eines Vertreters des Schulamts vorgeschlagen, um die Problemlage darzustellen und finanzielle Hilfen zur erneuten Errichtung von Vorklassen oder eines Schulkindergartens einzuwerben. Weiterhin wurde die Organisation eines türkischen Schulfestes beraten. Auch die Arbeit und Vorstellung der ansässigen Vereine sollte, nach Meinung der Expertinnen und Experten, verstärkt in die Spielnachmittage der Schulen integriert werden, um eine Vernetzung zu initiieren.

9.4.7 Der Sozialraum Blankenhagen

9.4.7.1 Sozialraumbezogene Problemlagen und Interventionen

Der Sozialraum Blankenhagen zählt mit rund 3.800 Einwohnerinnen und Einwohnern zu den kleineren Sozialräumen in der Stadt Gütersloh. Blankenhagen ist, vor allem wegen seines negativen Images, weit über die angrenzenden Stadtteile hinaus bekannt. Dieses Bild konnte bereits auf Grund der Ergebnissen des „Familien- und Sozialberichts", der im Jahre 1997 der Stadt vorgelegt wurde, nicht bestätigt werden. Vielmehr zeigte sich, dass Blankenhagen zwar auch über soziale Problemlagen verfügt, diese in ihrem Ausmaß aber nicht über dem Durchschnitt anderer Stadtteile liegen. Im Gegenteil: Andere Sozialräume, wie z. B. Spexard, wiesen eine höhere Problembelastung, jedoch ein besseres Image auf.

Anzunehmen, in Blankenhagen bestünden auf Grund der dargestellten Situation keinerlei Probleme, wäre jedoch verfehlt. Hier geben die Ergebnisse der im Sozialraum befragten Expertinnen und Experten einen Überblick. Sie zeigen, dass als von Benachteiligungen Betroffene vor allem alleinerziehende Frauen, Aussiedlerinnen und Aussiedler, Familien sowie Kinder und Jugendliche betrachtet werden müssen. Die Haupthandlungsbedarfe werden bei diesen Gruppen im Bereich der finanziellen Problemlagen gesehen, z. B. Einkommensmangel, sowie solche Probleme, die als Folgen monetärer Unterversorgungslagen bezeichnet werden können wie Drogen- und Suchtprobleme in der Gruppe der Kinder und Jugendlichen. Für die Gruppe der Jugendlichen werden zudem qualifikatorische Defizite identifiziert. Genannt wird auch, auf Grund sog. Randgruppenbildungsprozesse, das schlechte Wohnumfeld für Aussiedlerinnen und Aussiedler.

Eine Zusammenschau der Ergebnisse zeigt, dass Kinder und Jugendliche – im Vergleich zu allen anderen genannten Gruppen – doppelt belastet sind: einerseits über ihre Familien, andererseits über das Problem der fehlenden oder schlechten Qualifikation. Sie sollten deswegen im Mittelpunkt zu planender Aktionen stehen.

Deshalb sollte vorgeschlagen werden, die Gruppe der ausländischen Schülerinnen und Schüler durch gezielte Maßnahmen der Sprachförderung weiter zu qualifizieren, darüber hinaus aber auch zu integrieren. Solche Sprachförderungsmaßnahmen sollten möglichst früh ansetzen. Geeignet hierfür scheinen Institutionen wie z. B. der Kindertagesstätten. In der darauf folgenden Schulzeit könnten diese Angebote ergänzt werden durch eine Hausaufgabenbetreuung, besonders für Kinder ausländischer Eltern.

Trotz aller Aktivitäten, die gezielt die benachteiligten Gruppen Blankenhagens in ihren Mittelpunkt stellen sollten, wurde auch die Initiierung von Maßnahmen als Zielvereinbarung vorgeschlagen, die das immer noch vorhandene Negativ-Image des Sozialraums angehen, da sonst – im Sinne sich selbst erfüllender Prophezeiungen – Folgeprobleme entstehen können, die heute auf der Grundlage der beschriebenen Unterlagen noch nicht existent sind.

Ausgehend von den Ergebnissen der Nennungen der Mitarbeiterinnen und Mitarbeiter des Sozialraumarbeitskreises und den im vorhinein formulierten Vorschlägen fand in der Mitte des Jahres 2000 ein Besuch des Sozialraumes Blankenhagen statt. Dem schloss sich eine ca. eineinhalbstündige strukturierte Diskussion mit den Mitarbeiterinnen und Mitarbeitern an. Die Struktur der Diskussion entsprach auch hier der im Vorgehen des Projektes dargestellten Schrittfolge.

9.4.7.2 Ergebnisse der Diskussion mit Expertinnen und Experten des Sozialraums

Das Bild der Problemlagen stimmte weitestgehend mit der Wahrnehmung der Defizite durch die Mitarbeiterinnen und Mitarbeiter der Sozialraumkonferenzen in Blankenhagen überein. Für die Gruppe der Jugendlichen wurden mehrere auffällige Aspekte berichtet. Die Expertinnen und Experten des Sozialraums Blankenhagen bestätigen besonders den Eindruck, dass das Ausmaß verbaler Gewalt bei Kindern und Jugendlichen in den letzten Jahren deutlich zugenommen hat. Dies mag unter anderem an dem jeweiligen familiären Umgang liegen und vom sozialen Umfeld gefördert werden. Oftmals können die Eltern ihren Kindern keine Regelungen anbieten und ihnen ein Wertegefühl vermitteln. Die schulischen Leistungen in elementaren Bereichen wie Rechtschreibung oder Mathematik sind, dies konstatieren die unter den Anwesenden vorhandenen Lehrerinnen und Lehrer, in den letzten Jahren auch deutlich gesunken.

Hingewiesen wurde darüber hinaus auf das Sprachproblem: Grundlegende Schwächen in der Beherrschung der deutschen Sprache führen bei den ausländischen Jugendlichen, die mit ihren Eltern oftmals nur in der Heimatsprache sprechen können, häufig zur Gettoisierung.

Ferner ist eine starke Zunahme bei dem Missbrauch von Drogen (Alkohol, Haschisch, Extasy etc.) zu beobachten. In dieser Hinsicht fällt die Gruppe der aramäischen Jugendlichen vor allem durch „Kiffen“ (also dem Konsum von Haschisch), die der russischen Jugendlichen eher durch den Konsum hochprozentiger alkoholischer Getränke auf.

Zu der Frage der bereits durchgeführten Aktivitäten im Sozialraum wurden die in Blankenhagen vorhandenen Angebote zur Hausaufgabenhilfe genannt, die in erster Linie diejenigen Schülerinnen und Schüler auffangen sollen, denen zu Hause keine angemessene Förderung zuteil wird oder diejenigen, die sprachliche Barrieren zu überbrücken haben und aus diesen Gründen Unterstützung benötigen. Außerdem werden, um die Integration und den Austausch unter den verschiedenen Kulturen zu erleichtern, den ausländischen Bürgerinnen und Bürger Möglichkeiten angeboten, ihre Sprachkenntnisse auf- und auszubauen.

In der Zukunft – so das Ergebnis der Diskussion – soll die Jugendarbeit ausgeweitet werden. Es sollen mehr Aktivitäten in dieser Richtung gefördert und das Image des Stadtteils soll weiterhin verbessert werden. Beispielsweise wird geplant, ein Stadtteilfest oder Sommerfest zu organisieren, um den Dialog und das Zusammenleben in Blankenhagen so gut wie möglich zu fördern.

9.4.8 Der Sozialraum Isselhorst

9.4.8.1 Sozialraumbezogene Problemlagen und Interventionen

Der Sozialraum Isselhorst zählt zu den räumlich relativ klar abgrenzbaren Sozialräumen in der Stadt Gütersloh. Ähnlich wie Friedrichsdorf verfügt Isselhorst über einen klar umrissenen Ortskern, in dem die alteingesessene Bevölkerung lebt, eingerahmt von zunehmend um Isselhorst herum entstehenden Neubaugebieten.

Die Auswertung der Ergebnisse der Befragung der Expertinnen und Experten des Sozialraums zeigt für Isselhorst ein vergleichsweise geringes Problempotenzial. Dennoch wird für einzelne Gruppen ein überdurchschnittlicher Handlungsbedarf genannt. Für die Gruppe der Jugendlichen besteht das Problem vor allem im Abbruch von Ausbildungsverhältnissen sowie einer schlechten schulischen Qualifizierung. Innerhalb der Gruppe der Aussiedlerinnen und Aussiedler besteht insbesondere das Problem der sozialen Integration. Die Gruppe der Seniorinnen und Senioren leidet insbesondere unter Pflegebedürftigkeit.

Betrachtet man die Ergebnisse zusammenfassend, so können zwei Haupthandlungsfelder erkannt werden: Zum ersten sind hier Kinder und Jugendliche zu nennen – vor allem aus ausländischen und Aussiedlerfamilien – die sich nur schlecht in die bestehenden Angebote einfinden. Hier steht im Mittelpunkt die Frage, inwieweit es Möglichkeiten gibt, die zahlreichen Vereinsangebote auch für diese Kinder und Jugendlichen attraktiv zu machen. Eine andere Gruppe, für die Handlungsbedarf formuliert wurde, ist die Gruppe der Seniorinnen und Senioren, konkret unter dem Aspekt der mit dem Alter einhergehenden Pflegebedürftigkeit. Die Gruppe der Kinder und Jugendlichen aus ausländischen und Aussiedlerfamilien ist insofern aus sozialarbeitersicher Sicht für Handlungsansätze attraktiv, als über ihre Einbindung auch mit einer stärkeren Integration ihrer Eltern gerechnet werden kann.

Isselhorst bietet diesen Gruppen zahlreiche Chancen zur Integration. Sie hängen vor allem mit den vielfältigen Aktivitäten in diesem Sozialraum zusammen. Ziel, so der Vorschlag für den Besuch des Sozialraums Isselhorst, sollte es deswegen sein, die Aktivitäten den Bedürfnissen der Betroffenen anzupassen, damit sie auch von diesen wahrgenommen werden.

Eine Voraussetzung, um dieses Ziel zu erreichen, besteht zunächst in der Überwindung vorhandener Sprachbarrieren. Das heißt, dass alle Informationen über Aktivitäten und Angebote in die Sprachen der jeweiligen Hauptgruppen übersetzt werden müssen. Darüber hinaus sollte überlegt werden, solche Informationen gezielt in den Schulen zu veröffentlichen, in denen sich diese Kinder und Jugendlichen aufhalten.

Neben der Gruppe der Kinder und Jugendlichen gibt es eine weitere Gruppe, die im Mittelpunkt der Ergebnisse der Befragung stand: Die Gruppe der Seniorinnen und Senioren, die durch das Problem der Pflegebedürftigkeit gekennzeichnet ist. Unklar blieb hier, ob es sich auf Seiten der Pflegenden oder auf Seiten der zu Pflegenden um ein Problem handelt. Dieses sollte vor der Ausrichtung von Aktivitäten zunächst geklärt werden, um auch hier, z. B. durch eine stärkere Einbeziehung der Betroffenen in soziale Aktivitäten, den vorhandenen Problemdruck zu reduzieren.

Ausgehend von der Auswertung der Nennungen der Mitarbeiterinnen und Mitarbeiter des Sozialraumarbeitskreises und den im vorhinein formulierten Vorschlägen fand in der Mitte des Jahres 2001 auch ein Besuch des Sozialraums Isselhorst statt. Dem schloss sich eine ca. eineinhalbstündige strukturierte Diskussion mit den Mitarbeiterinnen und Mitarbeitern an. Die Struktur der Diskussion entsprach auch hier der im Vorgehen des Projektes dargestellten Schrittfolge.

9.4.8.2 Ergebnisse der Diskussion mit Expertinnen und Experten des Sozialraums

Die Expertinnen und Experten des Sozialraums Isselhorst zeigten sich sehr überrascht davon, dass die Gruppe der Seniorinnen und Senioren bei der vorangegangenen Befragung als Problemgruppe genannt worden war. Ihrer Meinung nach gibt es in Isselhorst eine gut ausgebaute Infrastruktur für Ältere, die durch die Aktivitäten der Diakonie oder den Seniorenwohnbereich positiv hervorsticht.

Ihrem Eindruck entsprechend sollten die Maßnahmen in Isselhorst vor allem auf die Gruppe der Jugendlichen zielen, zusätzlich zu den schon im Sozialraum vorhandenen Möglichkeiten, sich untereinander zu treffen, wie etwa im städtischen Jugendtreff, im Keller des evangelischen Gemeindehauses oder in den Sportvereinen. Ferner steht mit einer Skaterbahn ein weiterer Treffpunkt für die Jugendlichen in Isselhorst zur Verfügung.

Zu den noch vor einigen Jahren bestehenden Problemen, die mit der Gruppe der Aussiedlerinnen und Aussiedler zusammenhingen, wurde bemerkt, dass das Aussiedlerwohnheim mittlerweile verkauft worden ist. Sie lebten bis zu diesem Zeitpunkt dort isoliert. Der vorher in Isselhorst wohnende Anteil wurde größtenteils in die Stadt integriert.

Sehr gut funktioniere in Isselhorst – nach Auskunft der Expertinnen und Experten des Sozialraums – die Nachbarschaftshilfe und die soziale Unterstützung z. B. Hilfebedürftiger durch Nicht-Hilfe-Bedürftige.

Als für die Zukunft geplante Maßnahmen und Aktivitäten nannten die Expertinnen und Experten des Sozialraums vor allem solche, die Jugendliche in ihren Mittelpunkt stellen. So sollten auch weiterhin regelmäßig Angebote in den Jugendtreffs offeriert werden, die versuchen, die verschiedenen Wünsche und Vorschläge der Jugendlichen zu erfüllen.

9.4.9 Der Sozialraum Avenwedde-Bahnhof

9.4.9.1 Sozialraumbezogene Problemlagen und Interventionen

Der Sozialraum Avenwedde-Bahnhof entstand in seiner jetzigen Struktur in den 1950er Jahren. Die ursprünglich homogene Ansiedlung von Bauerschaften wurde seit diese Zeit durch Reihenhäuser und mehrere Wohnblöcke aufgebrochen. Hinzu kamen bis noch vor wenigen Jahren in der Stadt Gütersloh stationierte englische Soldaten, die vornehmlich im Sozialraum Avenwedde-Bahnhof wohnten.

Diese Vielgestaltigkeit der Bewohnerinnen und Bewohner des Sozialraums Avenwedde-Bahnhof zeigt sich jedoch nicht in den in der Expertenbefragung genannten Problemfeldern. Hier wurde ein Handlungsbedarf vor allem für drei Gruppen identifiziert: für die Gruppe der alleinerziehenden Frauen, für die Gruppe der Aussiedlerinnen und Aussiedler sowie für die Gruppe der Jugendlichen. Konkret handelt es sich bei den alleinerziehenden Frauen um das Problem teurer Wohnungen, bei den Aussiedlerinenn und Aussiedlern um das Problem des schlechten Wohnumfeldes sowie der sozialen Isolation und bei den Jugendlichen um das Problem der Delinquenz und Gewalt.

Da davon ausgegangen werden muss, dass auch bei den Aussiedlerinnen und Aussiedlern Jugendliche mitbetroffen sind – gleiches gilt für die Gruppe der alleinerziehenden Frauen – scheint der Handlungsbedarf für die Gruppe der Kinder und Jugendlichen in Avenwedde-Bahnhof am größten. Dieses drückt sich auch in der Auswertung der GEBIT-Untersuchung in Zusammenarbeit mit dem Jugendamt der Stadt Gütersloh sowie des Familien- und Sozialberichts aus.

In Avenwedde-Bahnhof bestehen zwar Angebote der offenen und der vereinsmäßig organisierten Jugendarbeit. Zu nennen sind hier die Möglichkeiten der beiden Kirchen sowie die Angebote der Freiwilligen Feuerwehr, des Schützen- und des Fußballvereins sowie des Spielmannszuges. Diese Angebote erreichen aber anscheinend gerade die problematischen Zielgruppen – Kinder und Jugendliche mit Problembelastungen – nur unzureichend.

Die Auswertungen der einzelnen Untersuchungen zeigen, dass insbesondere am Wochenende für Jugendliche Freizeitmöglichkeiten fehlen. Verkehrsanbindungen sind zwar vorhanden, ihre Nutzung ist aber mit erheblichem – auch finanziellem – Aufwand verbunden.

Geht es um Maßnahmen im Sozialraum Avenwedde, so sollte, dies die Zielvereinbarung für diesen Sozialraum, vor allem die Gruppe der Kinder und Jugendlichen in den Mittelpunkt von Aktivitäten gestellt werden. In einem ersten Schritt sollte eine bessere Passung bestehender Angebote mit der Nachfrageseite – den Kindern und Jugendlichen – hergestellt werden. Dies könnte zum Beispiel durch eine stärkere Verknüpfung von Schule und Jugendarbeit geschehen. Die Angebote, die Jugendlichen zur Verfügung stehen, sind diesen vielfach nicht bekannt. Hier sollte angeregt werden zu überlegen, inwieweit die Möglichkeit besteht, mit denjenigen Schulen, die von Avenwedder Jugendlichen genutzt werden, Infostunden zu organisieren.

Eine weitere Anregung sollte die Verknüpfung zwischen Schule und Jugendarbeit, zum Beispiel durch die Präsentation der örtlichen Vereine und Angebote der Kirchen auf Schulfesten, betreffen. Auch sollte überlegt werden, Informationsmaterial in ausländischen Sprachen herzustellen und zu verteilen, um Hemmschwellen gerade nicht-deutscher Jugendlicher gegenüber bestehenden Angeboten, z. B. der Kirchen, abzubauen.

Im Sozialraum Friedrichsdorf wurde überlegt, welche Möglichkeiten bestehen, auch am Wochenende ein Angebot für Jugendliche zu entwickeln. Hierzu wurde beschlossen, den Kontakt mit der örtlichen Waldorfschule zu suchen, um zu überlegen, ein Wochenendkino-Angebot oder eine Wochenend-Disko-Angebot zu entwickeln. Eine solche Möglichkeit sollte auch für Avenwedde-Bahnhof diskutiert werden.

Insgesamt verfügt der Sozialraum Avenwedde-Bahnhof – wenn auch auf einer schmalen Basis – über eine bestehende Infrastruktur an Einrichtungen. Ziel sollte es sein, sie den Bedürfnissen der Jugendlichen entsprechend zu modifizieren.

Ausgehend von der Auswertung der Nennungen der Mitarbeiterinnen und Mitarbeiter des Sozialraumarbeitskreises und den im vorhinein formulierten Vorschlägen fand im Herbst des Jahres 2000 ein Besuch des Sozialraumes Avenwedde-Bahnhof statt. Dem schloss sich eine ca. einstündige strukturierte Diskussion mit den Mitarbeiterinnen und Mitarbeitern an. Die Struktur der Diskussion entsprach auch hier der im Vorgehen des Projektes dargestellten Schrittfolge.

9.4.9.2 Ergebnisse der Diskussion mit Expertinnen und Experten des Sozialraums

Nach Auffassung der Expertinnen und Experten des Sozialraums Avenwedde-Bahnhof stimmte das Bild der Problemlagen dahingehend mit der Wahrnehmung der Probleme überein, wonach es auf jeden Fall Handlungsbedarf gegenüber der Gruppe der Jugendlichen gibt. Diese Auffassung resultiert aus der Beobachtung, dass insbesondere Gewalt und Drogenkonsum (hauptsächlich Alkohol) bei den Jugendlichen besonders stark ausgeprägt sind. Der Schwerpunkt möglicher vorbeugender Maßnahmen und zukünftiger Projekte sollte demnach der Eindämmung des übermäßigen Alkoholkonsums zukommen, da die in diesem Sozialraum aufkommende Gewalt Jugendlicher als Folge des Drogenmissbrauchs empfunden wird. Als Problemgruppen wurden in diesem Zusammenhang vor allem jugendliche Aussiedlerinnen und Aussiedler identifiziert.

In den letzten zwei Jahren wurde im Sozialraum die offene Jugendarbeit ausgebaut, die vornehmlich aus der Organisation von Discos, Ausflügen sowie der Einrichtung und Betreuung eines Internet-Cafes besteht. Da der Jugendtreff allerdings kein tägliches Angebot vorhalten kann, kommt es bei den Jugendlichen immer noch zu Formen der Langeweile, die in extremen Fällen zu Randale und Vandalismus führen können.

Mittlerweile wurde ebenfalls ein Kinder- und Jugendbüro eröffnet, in der katholischen Gemeinde wurden Volleyball-Felder errichtet und sowohl die Feuerwehr als auch verschiedene Vereine bieten jugendspezifische Freizeitmöglichkeiten an.

Für die Zukunft strebe man die Integration der vielen im Sozialraum auftretenden Kulturen an, um bestehende Vorurteile und Stigmatisierungen abzubauen. Ferner sollen die Öffnungszeiten des Jugendtreffs von abends auf vormittags ausgeweitet werden, um flexibler auf die Nachfrage der Jugendlichen reagieren zu können.

In den Schulen sollen Selbstverteidigungskurse angeboten werden, die eine Aufarbeitung gewalttätiger Handlungen erleichtern könnten. Ein weiteres Vorhaben beinhaltet den Bahnhof als Begegnungsstätte (Jugend- und Kulturzentrum) umzubauen und zu etablieren.

Leider konnten die Aktivitäten in der kirchlichen Gemeinde auf Grund räumlicher Beschränkungen und fehlender hauptamtlicher Mitarbeiter nicht erweitert werden. Für viele Jugendliche besteht auch weiterhin kaum die Möglichkeit geben, einem Verein beizutreten, weil die Eltern die notwendige Unterstützung nicht aufbringen.

Wie bereits angeführt, soll der Bahnhof als Begegnungsstätte umfunktioniert werden. Darüber hinaus wurde beschlossen, Mitarbeiterinnen und Mitarbeiter des Deutschen Roten Kreuzes einzuladen, um mit ihnen über eine Nutzung der Räumlichkeiten als Jugendtreff in ihrer Geschäftsstelle zu verhandeln. Auch Jugendliche sollen eingeladen und befragt werden. Weiterhin soll eine Suchtwoche stattfinden, die in Zusammenarbeit mit der Polizei um das Thema Gewaltprävention erweitert werden soll.

9.4.10 Der Sozialraum Friedrichsdorf

9.4.10.1 Sozialraumbezogene Problemlagen und Interventionen

Der Sozialraum Friedrichsdorf kann, betrachtet man die Ergebnisse der Untersuchung, nach Meinung der Expertinnen und Experten als einer der am wenigsten belasteten bezeichnet werden. Deutlich wird dieses auch an der Anzahl der Nennungen in der Rubrik „kein Problem“ der Befragung. Im Vergleich zur gesamtstädtischen Situation ist kein Problembereich bzw. keine Gruppe überdurchschnittlich hoch in Friedrichsdorf vorhanden.

Diese Situation sollte jedoch nicht dahingehend missverstanden werden, dass es in Friedrichsdorf keinerlei Probleme gäbe. Viele Probleme werden in andere Sozialräume transportiert, auch auf Grund einer zunehmenden Mobilität, z. B. von Jugendlichen oder Familien. Viele Probleme werden aber auch aus anderen Sozialräumen nach Friedrichsdorf gebracht.

Betrachtet man die dargestellten Analysen, so kristallisieren sich vor allem finanzielle Probleme im Bereich des Wohnens für Familien und Alleinerziehende heraus. Ein solches Problem scheint aber auch die Arbeit mit und von Jugendlichen zu sein.

Überdurchschnittlich häufig wird hier das Problem „Jugendliches Suchtverhalten" genannt, auf dem unseres Erachtens der Schwerpunkt für weitere Arbeiten liegen sollte.

Jugendliche zählen heute ohnehin zu den problembelasteten gesellschaftlichen Gruppen. Jugendarbeitslosigkeit, Perspektivlosigkeit, zunehmende Anforderungen im sozialen und finanziellen Bereich führen gerade bei dieser Bevölkerungsgruppe dazu, dass aus Anforderungen oft Überforderungen werden. Im Gegensatz zu anderen Bevölkerungsgruppen, z. B. den Erwachsenen, verfügen Jugendliche oftmals noch nicht über die erforderlichen Problembewältigungsstrategien, um diesen Anforderungen gerecht zu werden. Gewalt ist hier oftmals die nach außen gerichtete Form der Problemverarbeitung. Drogenkonsum und Suchtverhalten stellen die nach innen gerichtete Form dar.

Bei Gewalt kommt es in der Regel auch auf die situativen Umstände an. Gewalttätigkeiten, z. B. in Form von Vandalismus, werden vor allem dort ausgeübt, wo der subjektive Eindruck besteht, sie bleiben ungeahndet. Hierzu besteht in eher ländlichen Räumen, wie dies Friedrichsdorf ist, eine weitaus geringere Möglichkeit. Dies gilt jedoch nicht für den Drogenkonsum. Sowohl die Beschaffung als auch die Verteilung von Drogen ist in die ländlichen Räume vorgedrungen. Hinzu kommt, dass der Konsum oftmals unentdeckt und ungeahndet bleibt.

Trotz dieses Problems scheint der Problemdruck in Friedrichsdorf jedoch noch nicht so stark zu sein, dass man sich um zielgruppenspezifische Angebote der Intervention Gedanken machen sollte, z. B. die Einrichtung einer Drogenberatung. Die Gruppe der Betroffenen ist zu klein, außerdem wäre die Annahme einer solchen Beratung durch die Betroffenen äußerst fragwürdig. Vielmehr, so lautete ein Vorschlag für die Diskussion, sollte man Angebote der offenen Jugendarbeit verstärken, die alle Jugendlichen erreichen – und somit möglichst auch die vom Drogengebrauch Betroffenen.

In Friedrichsdorf besteht eine ausgeprägte Struktur verbandlicher und vereinsmäßig organisierter Jugendarbeit. Angebote werden vor allem durch die evangelische und katholische Kirche ins Leben gerufen. Hinzu kommen die sog. „großen" Vereine, wie z. B. die Feuerwehr, der Schützenverein sowie zahlreiche Angebote in Sportvereinen. Fraglich ist jedoch, wie viele Jugendliche durch diese Angebote erreicht werden und inwieweit neben diese strukturierten Formen eine offene Form der Jugendarbeit treten müsste.

Jugendliche erfreuen sich heute einer größeren Mobilität als früher. Betrachtet man den Sozialraum Friedrichsdorf, so scheint sich dieses heute dahingehend auszugestalten, dass Jugendliche, wenn sie nicht verbandliche Formen der Beschäftigung wahrnehmen wollen, mit dem Auto oder mit dem ÖPNV in die Innenstädte Bielefelds und Güterslohs fahren.

Gerade sozial benachteiligte und jüngere Jugendliche sind hinsichtlich ihrer Mobilität oftmals eher eingeschränkt. Sie würden von einem Angebot vor Ort profitieren. Gleiches gilt für diejenigen Jugendlichen, die sich nicht längerfristig binden möchten, z. B. in einem Verein. Hier könnte man versuchen, projektartige Angebote einzurichten.

In der GEBIT-Untersuchung in Zusammenarbeit mit dem Jugendamt der Stadt Gütersloh sind als informelle Treffpunkte, also als Treffpunkte außerhalb der organisierten Jugendarbeit, Spielplätze oder ähnliche öffentliche Räume und Plätze, die Jugendliche nutzen, um sich zu treffen, genannt worden. Langfristig sollte das Ziel daher sein, so ein weiterer Diskussionsvorschlag, Jugendlichen in Form z. B. eines Jugendcafés oder einer anderen Treffgelegenheit, einen Raum zu geben.

Daher sollte angeregt werden, Jugendliche an jeglichen Planungen, die sie betreffen, auch selbst zu beteiligen. Möglich wäre dies z. B. durch eine Anhörung, bei der Jugendliche selbst äußern könnten, was sie sich für ihren Ortsteil wünschen. Hier wurden in anderen Gemeinden gute Erfahrungen mit sog. Veranstaltungen gesammelt, zu denen alle Beteiligten eingeladen wurden und untereinander berieten. Beispielsweise wurden solche Veranstaltungen in Kooperation aller Anbieter von Jugendarbeit durchgeführt.

Ausgehend von den Ergebnissen der Nennungen der Mitarbeiterinnen und Mitarbeiter des Sozialraumarbeitskreises und den im vorhinein formulierten Vorschlägen fand in der Mitte des Jahres 2000 ein Besuch des Sozialraumes Friedrichsdorf statt. Dem schloss sich eine ca. eineinhalbstündige strukturierte Diskussion mit den Mitarbeiterinnen und Mitarbeitern an. Die Struktur der Diskussion entsprach auch hier der im Vorgehen des Projektes dargestellten Schrittfolge.

9.4.10.2 Ergebnisse der Diskussion mit Expertinnen und Experten des Sozialraums

Im Stadtteil Friedrichsdorf stimmte nach Meinung der Bürgerinnen und Bürger das Bild der Problemlagen mit der Wahrnehmung überein. Als Hauptproblem fällt in Friedrichsdorf die Gruppe der Jugendlichen auf, die besonders durch Drogenmissbrauch an öffentlichen Plätzen Aufmerksamkeit erregt.

Hierbei spielt der Alkoholkonsum eine gewichtigere Rolle als der anderer legaler und illegaler Drogen. Im Gespräch mit Expertinnen und Experten des Stadtteils werden folglich vor allem Wünsche nach einem „Jugendbistro" geäußert, das besonders arbeitslosen Jugendlichen sowie Schülerinnen und Schülern einen Aufenthaltsort bieten sollte.

Zu den durchgeführten Aktivitäten in den letzten zwei Jahren wurde auf Ansätze verwiesen, um die Situation der genannten Problemgruppe zu verbessern. So entstand die Idee einer Taschengeldbörse für Jugendliche, welche eine Begegnung der Generationen begünstigen sollte. Ferner wurde im Gemeindehaus der evangelischen Kirche vierteljährlich eine Filmnacht angeboten und für den Jugendtreff „Alte Töpferei" eine Honorarkraft engagiert. Da jedoch das Gebäude der „Alten Töpferei" in keinem guten Zustand ist, stellt dies lediglich eine Notlösung dar. Es wird weiterhin dringend sein, ein verkehrstechnisch und zentral gelegenes, geeignetes Gebäude zu suchen, in das der Jugendtreff verlagert werden kann.

Dementsprechend wird bei den geplanten Aktivitäten der Wunsch genannt, einen Jugendtreff einzurichten, der den Jugendlichen neben einem ‚Bistro-Betrieb' auch die Möglichkeit eröffnen soll, Kinofilme zu sehen.

Zusätzlich möchte man im katholischen Gemeindehaus demnächst verschiedene Konzerte organisieren, die das örtliche musikalische Programm bereichern sollen.

Die Suche nach einem Gebäude, das den Wünschen der Jugendlichen nach Disco- und Kinoveranstaltungen gerecht werden könnte, war bisher erfolglos. Zwar waren schon eine weiterführende Schule, eine Waldorfschule und das ev. Gemeindehaus im Gespräch, die jeweiligen Träger konnten hierfür aber nicht gewonnen werden. Ferner konnten auch die Wünsche nach der Errichtung von „Bolzplätzen" und die Erweiterung des Freizeitangebots in den Gemeindehäusern der Kirchen noch nicht in die Tat umgesetzt werden.

Um in der Zukunft mehr Aktivitäten durchführen zu können, wurde unter anderem die Möglichkeit in Betracht gezogen, die Betreuung von Disco- und Konzertveranstaltungen zukünftig durch eine Honorarkraft zu gewährleisten, da bei solchen Veranstaltungen die Anwesenheit einer hauptamtlichen Kraft erforderlich ist. Außerdem wurde beschlossen, die Lehrerinnen und Lehrer der Waldorfschule einzuladen, um eine Öffnung des Schulhofs und der Schulaula der Waldorfschule für weitere Aktivitäten zu erreichen.

9.4.11 Der Sozialraum Avenwedde-Mitte

9.4.11.1 Sozialraumbezogene Problemlagen und Interventionen

Der Sozialraum Avenwedde-Mitte zeichnet sich insbesondere durch in den letzten Jahren und Jahrzehnten stattfindende strukturelle Veränderungen aus. Sie finden sich in der Analyse der Ergebnisse der Jugendhilfeplanung vor allem unter dem Begriff der „Enttraditionalisierung".

Eine Spezifizierung dieser seinerzeit ausschließlich vermuteten Problemlagen kann nun mit Hilfe der Ergebnisse der Befragung der Expertinnen und Experten vorgenommen werden. So wurde als Handlungsbedarf – neben dem Problem des abweichenden Verhaltens und der Gewalt bei Jugendlichen sowie der Pflegebedürftigkeit von Seniorinnen und Senioren – vor allem die finanzielle Situation bei kinderreichen Familien angesprochen. Insbesondere betroffen sind hiervon Zahlungsrückstände und Verschuldungen.

Inwieweit eine Ursache dieser Probleme in der bezogen auf die gesamte Stadt in Avenwedde-Mitte überdurchschnittlichen Bautätigkeit im Bereich der Eigenheime liegt, lässt sich zwar nicht mit letzter Sicherheit sagen, aber eine dahingehende Vermutung erscheint im Gesamtspektrum der Ergebnisse plausibel.

Studien, die die Inanspruchnahme von Hilfeeinrichtungen thematisieren, zeigen, dass vor allem soziale Einrichtungen vielfach von Hilfebedürftigen gemieden werden. So ist zwar in Gütersloh eine Schuldnerberatungsstelle vorhanden. Inwieweit sie jedoch von den Einwohnerinnen und Einwohnern Avenwedde-Mittes wahrgenommen wird, die sich äußerlich als gut situiert zeigen, ist höchst fragwürdig. Dementsprechend sollten hier Aktivitäten angestoßen werden.

Denkbar wäre, dies sollte für die Diskussion vorgeschlagen werden, sich zunächst ein klareres Bild über die Situation in diesem Sozialraum zu verschaffen. Hierzu bestünde die Möglichkeit, Mitarbeiterinnen und Mitarbeiter der Schuldnerberatungsstelle zu einer Sozialraumarbeitssitzung einzuladen. Sollte die dargestellte Situation auch von dieser Seite Bestätigung finden, könnten sich Aktivitäten anschließen, die auf einen Abbau der Hemmschwellen ausgerichtet sind, z. B. mittels einer Vorstellung des Beratungsangebots in dem in Avenwedde-Mitte erscheinenden Lokalblättchen „Bonewie“.

Inwieweit eine Dezentralisierung des Beratungsangebotes für die genannte Problemlage sinnvoll ist, sollte zunächst offen gelassen werden. Dafür spricht, dass auch die Entfernung zu einer Hilfeeinrichtung als Hemmschwelle erachtet werden kann. Dagegen spricht, dass eine solche Entfernung insbesondere bei stigmatisierenden Problemlagen auch entlastend wirkt. Wenn überhaupt, sollte eine solche Maßnahme vorerst als Modellvorhaben durchgeführt werden.

Ausgehend von den Ergebnissen der Nennungen der Mitarbeiterinnen und Mitarbeiter des Sozialraumarbeitskreises und den im vorhinein formulierten Vorschlägen fand Ende des Jahres 2000 ein Besuch des Sozialraumes Avenwedde-Mitte statt. Dem schloss sich eine ca. eineinhalbstündige strukturierte Diskussion mit den Mitarbeiterinnen und Mitarbeitern an. Die Struktur der Diskussion entsprach auch hier der in der Vorgabe des Projekts dargestellten Schrittfolge.

9.4.11.2 Ergebnisse der Diskussion mit Expertinnen und Experten des Sozialraums

Nach Meinung der Expertinnen und Experten im Sozialraum Avenwedde-Mitte zeigt sich die Situation dort insgesamt eher unproblematisch. Inwieweit die im Rahmen der Ergebnispräsentation genannten Probleme der Zahlungsrückstände der Familien vorhanden sind, konnte nicht beurteilt werden.

Es wurde darauf verwiesen, dass die in Avenwedde-Mitte ansässigen Familien oftmals mit mehreren Generationen in einem Haus zusammen wohnen und sich gegenseitig unterstützen. Ferner herrscht eine gute Nachbarschaftshilfe.

In Avenwedde-Mitte gibt es eine sehr gut funktionierende Vereinsstruktur, in der auch häufig Feste organisiert werden. Neben der Möglichkeit, in Vereinen aktiv zu werden, können Jugendliche auch das Angebot des Jugendhauses in Anspruch nehmen.

Als problematisch wird angesehen, dass Avenwedde-Mitte auf der einen Seite eine zersiedelte Struktur aufweist. Zudem wird der Ort durch eine stark befahrene Straße gespalten.

Zusätzlich wurde genannt, dass es in den letzten zwei Jahren eine leichte Zunahme von Graffitizeichnungen und Drogenkonsum gegeben habe. Früher oftmals als „Problemgruppen“ bezeichnete Bevölkerungsteile, wie z. B. sog. „Russlanddeutsche“, sind heute nicht mehr vorhanden. Sie sind in andere Ortsteile, beispielsweise nach Friedrichsdorf oder Avenwedde-Bahnhof, abgewandert.

Die stärkste Sorge im Sozialraum Avenwedde-Mitte besteht im Hinblick auf eine weitere Orientierung auch kommunalpolitischer Entscheidungen auf das Zentrum. Als Vorort wird die Befürchtung geäußert, dass insbesondere knapper werdende finanzielle Mittel dazu führen könnten, dass im Zentrum investiert, die umliegenden Ortsteile jedoch vernachlässigt werden.

Als Ergebnis der Diskussion wurde beschlossen, in den einzelnen Wohngebieten wesentlich mehr Plätze für Spielgelände zu schaffen, da es an Angeboten wie Spiel- und Bolzplätzen eindeutig mangelt.

9.4.12 Der Sozialraum Spexard

Im Sozialraum Spexard, der hinsichtlich seiner räumlichen und historischen Situation vor allem mit dem Sozialraum Sundern vergleichbar ist, werden zwar, wie die Auswertung der Expertinnen- und Expertenbefragung zeigt, auf Grund des guten Angebots für Jugendliche für diese Gruppe kaum Probleme gesehen. Anders stellt sich das Bild jedoch dar, legt man sein Augenmerk auf die Bevölkerungsgruppen „alleinerziehende Frauen" und „kinderreiche Familien" sowie „Aussiedlerinnen und Aussiedler".

Sind es bei den alleinerziehenden Frauen insbesondere zu teure Wohnungen sowie ein vielfach damit zusammenhängender Mangel an Einkommen und daraus resultierende Verschuldungen, so liegen die Hauptprobleme bei der Gruppe der Aussiedlerinnen und Aussiedler im Bereich Erziehung, wenngleich auch hier den monetären Dimensionen ein nicht unerheblicher Anteil bei der Problemgenese zukommt.

Aktivitäten im Sozialraum Spexard sollten deswegen, dies sollte diskutiert werden, vor allem zwei Fokusse haben: zum einen die Enttabuisierung von Problemen, wie z. B. Zahlungsrückständen, um diese gezielt, z. B. mit Hilfe der in Gütersloh vorhandenen Schuldenberatungsstelle, aufzuarbeiten, zum anderen die stärkere Integration von Ausländerinnen und Ausländern sowie Aussiedlerinnen und Aussiedlern, wie sie z. B. im Bezugsrahmen der Institution Schule denkbar und ansiedelbar wäre. Leider bestand nach einem Besuch des Sozialraums Spexard keine Möglichkeit zu einer intensiven Diskussion.

9.5 Zusammenfassende Bewertung der Ergebnisse und des Vorgehens

Die Stadt Gütersloh hat sowohl mit dem Projekt „Kommunale Armutsstrukturen“ im Jahr 1997 als auch mit dem daran anschließenden und im vorliegenden Teil der Arbeit dokumentierten sozialräumlichen Ansatz zur Prävention von Armutslagen wissenschaftlich und kommunalpolitisch einen neuen Weg betreten, ohne dass die Ergebnisse des Projekts auf Grund der Vielzahl der Beteiligten zu Beginn des Vorgehens antizipierbar gewesen wären. Gerade das Engagement dieser Beteiligten – und hier sind insbesondere die zahlreichen „vor Ort“ tätigen Mitglieder der Sozialraumarbeitsgemeinschaften zu nennen – war es, dass insgesamt betrachtet dieser Vorgehensweise zu ihrem Erfolg verholfen hat.

In der folgenden Übersicht 9.5.1 werden die Ergebnisse des dargestellten Ansatzes zusammenfassend für die einzelnen Sozialräume dargestellt. Die Darstellung bündelt, untergliedert in die Kategorien „bevölkerungsbezogener“ und „themenbezogener“ Handlungsbedarf sowohl die aufgezeigten inhaltlichen Gesichtspunkte als auch das Vorgehen: Fehlt in der vierten Zeile „Fokus“ die Nennung, so weist dieses aus, dass der Sozialraum zwar besucht, in ihm jedoch nicht diskutiert wurde – eine Fokussierung des Handlungsbedarfs auf bestimmte Ansätze und Maßnahmen also nicht stattfand.

Übersicht 9.5.1 zeigt, dass aus der Vielzahl möglicher Problemgruppen, für die die Initiierung von Ansätzen und Maßnahmen zur Vermeidung von Armut hätte beschlossen werden können, vor allem Alleinerziehende, kinderreiche Familien, Kinder und Jugendliche sowie ausländische Bürgerinnen und Bürger ausgewählt wurden.

Nach der Auswahl einer oder mehrerer Gruppen, die – in jedem Sozialraum einzeln – im Gesamtspektrum der Nennungen der vorherigen Befragung als besonders dringlich genannt wurden, standen diese ausgewählten möglichen Ansätze und Maßnahmen im Mittelpunkt der Diskussion.

Übersicht 9.5.1: Bevölkerungsbezogener und themenbezogener Handlungsbedarf nach Sozialräumen (Synopse)

Sozialraum	**Bevölkerungsbezogener Handlungsbedarf**	**Themenbezogener Handlungsbedarf**
Innenstadt	Kinderreiche Familien, Alleinerziehende, Kinder und Jugendliche, Ausländerinnen und Ausländer, Asylbewerberinnen und Asylbewerber	Förderung der Annahme von Angeboten und Einrichtungen
Fokus:	Kinder und Jugendliche	Verstärkung von Informationen
Nord	Ausländerinnen und Ausländer, Aussiedlerinnen und Aussiedler, Alleinerziehende, Familien, Jugendliche	Verbesserung des Wohnumfelds
Fokus:	-	-
Miele	Ausländerinnen und Ausländer, Kinder und Jugendliche	Qualifikatorische Probleme, Wohnumfeld
Fokus:	-	-
Sundern	Alleinerziehende, Familien	Finanzielle Probleme, Erziehungsprobleme
Fokus:	-	-
Kattenstroth	Jugendliche, Ausländerinnen und Ausländer, Asylbewerberinnen und Asylbewerber, Aussiedlerinnen und Aussiedler	Qualifikatorische Probleme, Sprachprobleme, Drogenmissbrauch
Fokus:	Jugendliche	Verstärkung der Freizeitangebote
Pavenstädt	Aussiedlerinnen und Aussiedler, Asylbewerberinnen und Asylbewerber, Kinder und Jugendliche	Qualifikatorische Probleme, Sprachprobleme, Drogenmissbrauch
Fokus:	Ausländische Kinder und Jugendliche	Stärkere Integration ausländischer Kinder und Jugendlicher und ihrer Eltern in schulischen Aktivitäten
Blankenhagen	Alleinerziehende, Aussiedlerinnen und Aussiedler, kinderreiche Familien, Kinder und Jugendliche	Sprachprobleme, Drogenmissbrauch, NegativImage des Sozialraums
Fokus:	Kinder und Jugendliche	Verstärkung der Jugendarbeit und Verbesserung des Stadtteil-Images durch Stadtteil-Feste
Isselhorst	Seniorinnen und Senioren, jugendliche Aussiedler	Soziale Integration, Qualifikatorische Maßnahmen
Fokus:	Jugendliche Aussiedler und Ausländer	Vereinsangebote attraktiver gestalten, um jugendliche Aussiedler zu erreichen und zu integrieren

Sozialraum	Bevölkerungsbezogener Handlungsbedarf	Themenbezogener Handlungsbedarf
Avenwedde-Bahnhof	Alleinerziehende Frauen, Aussiedlerinnen und Aussiedler, Kinder und Jugendliche	Wohnumfeld, Soziale Isolation, Delinquenz und Gewalt
Fokus:	Jugendliche	Errichtung einer Begegnungsstätte (Bahnhof)
Friedrichsdorf	Kinderreiche Familien, Alleinerziehende, Kinder und Jugendliche	Jugendliches Suchtverhalten
Fokus:	Jugendliche	Angebote der offenen Jugendarbeit stärken (z.B. Jugendtreff, Jugendbistro)
Avenwedde-Mitte	Kinderreiche Familien, Seniorinnen und Senioren, Kinder und Jugendliche	Abweichendes Verhalten und Gewalt (Drogenkonsum und Grafitti), Verschuldungen
Fokus:	Kinder	Einrichtung von Freizeitmöglichkeiten für Kinder (z.B. Spiel- und Bolzplätze)
Spexard	Kinderreiche Familien, Alleinerziehende Frauen, Aussiedlerinnen und Aussiedler	Zu teure Wohnungen, Einkommensmangel, Verschuldungen
Fokus:	-	-

Anschließend wurden Zielvereinbarungen über konkret umzusetzende Vorhaben zwischen uns – den Vertreterinnen und Vertretern der Universität –, der Stadtverwaltung und untereinander getroffen. Dazu gehörten beispielsweise im Sozialraum Innenstadt die Förderung der Annahme von Angeboten und Einrichtungen durch eine Verstärkung von Informationen, im Sozialraum Kattenstroth die intensivere Bearbeitung von qualifikatorischen Problemen, Sprachproblemen und Drogenmissbrauch durch eine gezieltere Integration ausländischer Kinder und Jugendlicher sowie ihrer Eltern in schulische Aktivitäten oder die Verbesserung des Wohnumfeldes, Vermeidung sozialer Isolation sowie Prävention von Delinquenz und Gewalt durch die Errichtung einer Begegnungsstätte im Sozialraum Avenwedde-Bahnhof. Zur Umsetzung der Zielvereinbarungen wurden kleinschrittige Handlungspläne aufgestellt, Termine mit dem Vertreter der Stadtverwaltung besprochen sowie weitere Sitzungen der Mitglieder des Sozialraums vereinbart.

Insgesamt konnten im Rahmen der acht Besuche in den jeweiligen Sozialräumen rund 90 aktive Bürgerinnen und Bürger der Stadt Gütersloh direkt erreicht werden. Indirekt vervielfacht sich die Zahl noch erheblich, stellt man in Rechnung, dass es sich bei den anwesenden Bürgern oftmals um Multiplikatorinnen und Multiplikatoren handelt.

Inwieweit eine konkrete Umsetzung der geplanten Vorhaben erfolgt und inwieweit diese Vorhaben wiederum die Entstehung von Armut in den spezifischen Problemgruppen einschränkt, dies ist Gegenstand einer Evaluation, die zwar mit den Mitgliedern der Sozialraumarbeitskreise während der Besuche bereits besprochen wurde, jedoch frühestens, um eine Realisierung der

Ansätze und Maßnahmen auch zu ermöglichen, in einem Zeitraum von einem Jahr durchgeführt werden soll.

Betrachtet man die Ergebnisse des dargestellten Projekts unter dem Gesichtspunkt der Übertragbarkeit der Vorgehensweise auf andere Kommunen, so wird deutlich, dass der Arbeits- und Zeitaufwand für die Initiierung der Ansätze und Maßnahmen zur Prävention von Armut und prekären Lebenslagen erheblich war. Neben der Befragung der in den Sozialräumen tätigen Akteure wurden Terminabsprachen getroffen – die Mitglieder der Sozialräume trafen sich durchschnittlich 5-8-mal im Jahr –; danach wurden die Ergebnisse sozialräumlich ausgewertet und jeder Sozialraumarbeitskreis besucht. Die Dauer der eigentlichen Besuche lag durchschnittlich bei einer Stunde. In der Regel nahmen außer den Vertreterinnen und Vertretern des Sozialraumarbeitskreises drei Mitarbeiterinnen und Mitarbeiter der Universität Bielefeld – eine Mitarbeiterin bzw. ein Mitarbeiter war ausschließlich für die Protokollierung der Ergebnisse zuständig – sowie mindestens ein Mitarbeiter von der Stadtverwaltung der Stadt Gütersloh teil. Dieser fungierte als Kontaktperson zu den zuständigen Ämtern, in deren Geschäftsbereich die vereinbarten Ansätze und Maßnahmen fielen – z. B. dem Jugend- und Sportamt oder dem Amt für Wohnungswesen – und zum zuständigen Dezernenten, der wiederum kommunalpolitisch rechenschaftspflichtig war.

Die Durchführung des Projekts „Sozialräumliche Armutsprävention“ wurde im Sommer des Jahres 1999 vom Rat der Stadt Gütersloh nach fast einjähriger Planung beschlossen. Die Fragebogenerhebung fand zu diesem Zeitpunkt bereits statt. Dennoch dauerte die Realisierung der Besuche der Sozialräume bis in den Frühjahr des Jahres 2001, ohne dass, wie es in anderen Kommunen noch hätte erfolgen müssen, eine Sensibilisierung für die generelle Thematik in der Stadt Gütersloh notwendig gewesen wäre.

Die gewählte Vorgehensweise griff auf die in der Stadt Gütersloh bestehenden Sozialraumarbeitsgemeinschaften zurück, die auf Grund eines sehr komplexen Ansatzes von einem Beratungsunternehmen einige Jahre zuvor eingerichtet wurden (siehe hierzu auch Kapitel 9.2.1). Ziel dieser Einrichtung war es, die sozialräumlichen Lebensbedingungen der Bürgerinnen und Bürger der Stadt Gütersloh auch topografisch widerzuspiegeln. Stellt man in Rechnung, dass in vielen, insbesondere größeren Kommunen eine solche Vorarbeit noch nicht geleistet ist, so würde sich der Zeit-, aber auch der finanzielle Aufwand, den ein vergleichbares Projekt erfordern würde, vervielfachen.

10. Entwicklungstrends sowie politische und pädagogische Folgerungen zur Prävention von Kinder- und Jugendarmut

10.1 Pädagogische Folgerungen zur Prävention von Kinder- und Jugendarmut

10.1.1 Kommunale Armutsprävention

Im föderalen Zuständigkeitsgefüge der bundesdeutschen Verwaltungsebenen sind Leistungen zur Bewältigung von Armut zumeist den örtlichen Ebenen übertragen (Sozialhilfe, Gesundheitshilfen, Wohnungshilfen usw.). Darüber hinaus werden problematische Lebenslagen und die Risiken, in solche zu geraten, besonders in den jeweiligen Kommunen virulent und sichtbar. Ausgehend von dieser Feststellung hat die Stadt Gütersloh – im Anschluss an die Arbeiten eines Projektes, das 1997 abgeschlossen wurde – im Jahr 1999 die Universität Bielefeld beauftragt, sozialraumbezogene Ansätze zur Armutsprävention zu initiieren, deren Vorgehen und Ergebnisse im bisherigen Teil dieser Arbeit dargestellt wurden.

Geht es darum, auf der kommunalen Handlungsebene Armutsprävention zu leisten, stellt sich der dargestellte Ansatz als ein – ohne den Ergebnissen einer späteren Evaluation vorgreifen zu wollen – erfolgreicher dar. Im Hinblick auf seine Übertragbarkeit auf andere Kommunen müssen jedoch auf Grund der vielen Spezifika, die in der Stadt Gütersloh zum Zeitpunkt der Durchführung des Projektes gegeben waren, Einschränkungen vorgenommen werden. Beispiele solcher Besonderheiten sind die dem Projekt zur Verfügung gestellten finanziellen Mittel, die von der Stadt Gütersloh für das Projekt aufgewendet werden mussten, oder der dargestellte hohe Grad an Sensibilität für die Armutsthematik.

10.1.1.1 Konsequenzen im Bereich der kommunalen Armutsprävention

Kommunen sollten in die Lage versetzt werden, Desintegrationsprozesse, die sich auf der individuellen (haushaltsbezogenen) Ebene ereignen und die sich im kommunalen Raum niederschlagen, frühzeitig, aber auch selbstständig zu erkennen, um dann Maßnahmen der Prävention zu initiieren und gleichzeitig den Erfolg dieser Maßnahmen zu messen. Ein solcher Ansatz könnte aus den in der Stadt Gütersloh gesammelten Erfahrungen profitieren, müsste diese aber ausweiten und eingehend evaluieren. Dazu bietet sich eine Vorgehensweise in drei Schritten an:

1. Auswahl auf kommunaler Ebene bereits durchgeführter Initiativen zur Vermeidung bzw. Abschwächung der Folgen von Armut

In zahlreichen Kommunen, sowohl in den alten als auch in den neuen Bundesländern, werden heute bereits Initiativen zur Vermeidung bzw. Abschwächung der Folgen von Armut und „prekären" Lebenslagen durchgeführt. Beispielhaft können hier die Städte Mannheim, Gütersloh und Bielefeld genannt werden.

Zunächst müsste auf drei Ebenen eine Auswahl auf der kommunalen Ebene bereits durchgeführter Initiativen der Armutsprävention erfolgen. Bei der Auswahl sollte darauf geachtet werden, dass drei zentrale Bereiche berücksichtigt sind. Der Bereich der *kommunalen Struktur* (Metropole, Großstadt, Mittelstadt und ländliche Region, kommunalrechtlicher Status und Zuordnung nach Ost- oder Westdeutschland), der Bereich der *Zielgruppen der armutspräventiven Aktivitäten (*Alleinerziehende, kinderreiche Familien, ausländische Bürgerinnen und Bürger) und der Bereich der inhaltlichen Schwerpunkte der *Aktivitäten* (Arbeit, Bildung, Beratung, Ausbildung und Erwerbstätigkeit, Wohnen, Wohnökologie etc.).

2. Analyse der kommunalen Initiativen im Hinblick auf ihre konkreten personellen, regionalen und strukturellen Voraussetzungen und Gegebenheiten und Erarbeitung von Übertragbarkeitskriterien unter Berücksichtigung ihrer spezifischen Voraussetzungen

Bei den ausgewählten Initiativen würde es sich um konkrete, auf der Ebene einer einzelnen Kommune bereits durchgeführte und erfolgreiche Ansätze und Maßnahmen handeln. Kommunale Strukturen weisen oft spezifische personelle, regionale und strukturelle Voraussetzungen und Gegebenheiten auf. Die Analyse dieser Spezifika ist Gegenstand des zweiten Arbeitsschrittes.

Diese Analyse dient der Erarbeitung von Übertragbarkeitskriterien, also solchen Kriterien, die darstellen, unter welchen Voraussetzungen eine spezifische Initiative einer Kommune auch von einer anderen Kommune durchgeführt werden kann. Die Struktur einer Kommune, z. B. ihre Größe, soll hierbei ebenso berücksichtigt werden wie spezifische Charakteristika der kommunalen Organisation. Beide Merkmale sollen in kommunal typische Szenarien der Armutsprävention münden.

3. Gestaltung eines Initiativenangebots für strukturgleiche Kommunen im Bundesgebiet

Diejenigen Angebote, die in der Beschreibung berücksichtigt wurden, sollen daraufhin in einen Katalog aufgenommen und so dargestellt werden, dass andere Kommunen die Möglichkeit haben, sie auf ihre spezifischen Verhältnisse zu übertragen. Im Rahmen eines an der Aktionsforschung orientierten Vorgehens könnten die Ergebnisse von z. B. Teilevaluationen den Katalog ergänzen, der so schrittweise fortgeschrieben wird.

Möglich wäre es dann, mit einem Katalog erfolgreicher Ansätze und Maßnahmen der Armutsprävention auch solche Kommunen zum Handeln gegen Armut zu ermuntern, die sich ohne eine solche Anleitung dieser Thematik nicht widmen würden.

Die thematischen Schwerpunkte eines solchen Handelns könnten dabei z. B. durch eine Auswertung kommunal vorhandener Datenquellen ermittelt werden. So sind heute in zahlreichen Kommunen vielfältige Datenquellen vorhanden, die Informationen sowohl über die Haushaltssituation als auch die kommunale Situation liefern können. Sie könnten als Grundlage der einzelnen kommunalen Arbeitsfelder dienen (siehe Übersicht 2).

Übersicht 2: Kommunale Datenquellen zur Identifikation von Armuts- und prekären Lebenslagen

- Arbeitslosigkeitsstatistik
- Allgemeiner Sozial-Dienst-Klientel
- Bevölkerungsdaten
- Bildungsbeteiligung
- Kommunale Haushaltsentwicklung
- Jugend- und Erziehungshilfestatistik
- Lohn-, Einkommenssteuerstatistik
- Entwicklung des sozialen Wohnungsbaus
- Sozialhilfebezug
- Sozialhilfekosten
- Statistik der sozialversicherungspflichtig Beschäftigten
- Überschuldungsentwicklung
- Kommunale Einkommensdaten aus SOEP, Sparkassen etc.
- Wohnungsbestand und –substanz
- Wohngeldentwicklung
- Wohnstatistiken, wie z. B. Belegung von Unterkünften, Räumungsklagen, Zwangsräumungen

Findet eine regelmäßige Fortschreibung dieser Datenquellen unter dem Gesichtspunkt der Vergleichbarkeit statt, dann können sie darüber hinaus als Grundlage der Bewertung eines Ansatzes oder einer Maßnahme dienen.

Geht es um den Schwerpunkt der Prävention von Kinder- und Jugendarmut, dann richten sich die Forderungen an alle kommunal im Bereich der Kinder- und Jugendarbeit tätigen Personen und Institutionen. Im Mittelpunkt steht hierbei zumeist die kommunale Jugendhilfe.

10.1.1.2 Konsequenzen im Bereich der Jugendhilfe

Konsequenzen, die sich für den Bereich der Jugendhilfe ergeben, können aus den im Rahmen der Ergebnisdarstellung des Projektes „Sozialraumbezogene Armutsprävention" gewonnenen Informationen entwickelt werden. Sie betreffen sowohl die formale – innere – Struktur als auch die Einbindung dieser Hilfeform in andere soziale Netzwerke und Institutionen professioneller Hilfe (Sünker 1991, Effinger 1994, Makert 1997; Helming 1998).

In vielen Kommunen besteht noch keine hinreichende Sensibilisierung für die Problematik des Aufwachsens von Kindern und Jugendlichen in Armut. Gerade in diesen Kommunen stellt z. B. die Förderung einer erhöhten

Politikfähigkeit und aktiven Parteinahme der Jugendhilfe für sozial, kulturell und materiell deprivierte Kinder und Jugendliche eine dringliche Aufgabe dar. Die öffentliche Thematisierung könnte darüber hinaus den Effekt einer Intensivierung der 'Veralltäglichung' entsprechender Jugendhilfeangebote mit sich bringen.

Neben der Sensibilisierung für die Thematik Kinder- und Jugendarmut bestehen in vielen Kommunen keine Möglichkeiten, das Ausmaß und die Bereiche der vorhandenen Armutsentwicklung einzuschätzen. Regeldaten liegen zwar vor. Ihre Auswertung erfolgt aber oft auf Grund nicht vorhandenen oder hierfür nicht ausreichend qualifizierten Personals nur selten. Daher wird auch der Bedarf für Hilfemöglichkeiten nur lückenhaft geschätzt.

Sinnvoll wäre es, stärker als bisher die Entwicklung eines möglichst kinder- und jugendspezifischen Deprivationsindexes voranzutreiben, der kommunal bearbeitbar ist und in dessen Kontext das gesamte Spektrum der kommunalen Deprivationslagen von Kindern und Jugendlichen erfasst werden kann. Hiermit könnte ein Perspektivwechsel von einer vielfach über die Eltern ermittelten Armutsberichterstattung zu einer vor allem kinder- und jugendbezogenen Deprivationsbeschreibung erfolgen. Gleichzeitig könnte eine dauerhafte Armutsberichterstattung installiert werden.

Jugendarbeitslosigkeit, auch dies wurde in der vorgenannten Analyse deutlich, zählt heute zu den Hauptursachen für Kinder- und Jugendarmut. Sie manifestiert vielfach eine schon in einem früheren Stadium der Biographie begonnene Armutskarriere. Die Förderung der Eingliederungshilfen für Jugendliche in den Beruf sowie die Betreuung dieser Jugendlichen im Rahmen ihrer Berufstätigkeit wäre deshalb dringlich.

Ausgangspunkt des dargestellten Projekts „Sozialraumbezogene Armutsprävention in der Stadt Gütersloh“ war die – auch in der Literatur hinreichend beschriebene – Situation, dass Kinder und Jugendliche oft mit ihren Problemen nicht oder nicht in den entsprechenden Einrichtungen und Angeboten münden. Neben persönlichen Hemmnissen sind hierfür zahlreiche strukturelle Gründe verantwortlich. Ein weiterer Ausbau einer stärker dezentral und ambulant ausgerichteten jugendhilfespezifischen Infrastruktur kann deshalb als sinnvoll erachtet werden.

Hilfeangebote der Jugendhilfe ergänzen sich oftmals mit anderen kommunal vorhandenen Angeboten, die sich an Kinder und Jugendliche wenden. Vielfach ist deren Vernetzung aber nur schwach ausgebaut. Gleiches gilt für die Vernetzung der Angebote der Jugendhilfe mit anderen Sozialisationsinstanzen, z. B. der Schule oder der Familie, Angeboten der Kinderbetreuung oder mit offenen und zielgruppenbezogenen Beratungsangeboten. Hier wäre ein weiterer Ausbau notwendig, der auch in einer weiteren Vernetzung sozial-ökologischer und stärker adressatenbezogener Strategien münden sollte. Stärker als bisher könnten darüber hinaus politische Konzeptualisierungen an Vorstellungen über Sozialökologie, soziale Netzwerke und Empowerment rückgebunden werden.

Nicht erfolgt – lediglich geplant – im Rahmen des vorgestellten sozialräumlichen Projekts, aber trotzdem für die Bewertung von Ansätzen, Maßnahmen und Hilfeformen unumgänglich, ist deren Evaluation und Kontrolle hinsichtlich des Erfolges und der Qualität der Leistungen.

Geht es darum, Armut zu bekämpfen, so muss – neben einer Debatte über die noch immer nicht ausreichende und armutsvermeidende Höhe der Transferleistungen, wie im empirischen Teil der Arbeit gezeigt werden konnte – an den Gründen angesetzt werden, die zu einer Inanspruchnahme der Hilfen zu führen. Als Hauptgründe für den Bezug von Transferleistungen sind unter anderem fehlende schulische und berufliche Qualifikationen sowie geringe oder als Folge von Arbeitslosigkeit nicht vorhandene Erwerbseinkommen dargestellt worden (siehe hierzu den ersten Teil der Arbeit). In vielen Fällen läuft Armutsbekämpfung bei arbeitsfähigen Haushalten auf die Überwindung der Hilfebedürftigkeit durch die Aufnahme einer Erwerbstätigkeit hinaus. Die Möglichkeit, den Hilfebezug durch die Aufnahme einer Erwerbstätigkeit zu überwinden, setzt wiederum das Vorhandensein von Arbeits- und Ausbildungsplätzen, vielfach aber auch die Bereitschaft zur Teilnahme an Weiterbildungs- oder Umschulungsmaßnahmen voraus.

10.1.1.3 Hilfen zur Arbeit

Die Erklärung der Ursachen für Armut hat gezeigt, dass das Erleben von Armut zu sich negativ verstärkenden individuellen Hilflosigkeitsempfindungen führen kann. Sie können zu einem weiteren Abrutschen in Armut führen, wenn auf der einen Seite Hilflosigkeitsempfindungen, neben vorhandenen strukturellen Barrieren, zu einer Nicht-Inanspruchnahme zustehender Transferleistungen führen (verdeckte Armut) oder, auf der anderen Seite, wenn im Bezug von Transferleistungen tatenlos verweilt wird.

Soll Armut und Hilfebedürftigkeit überwunden werden, so müssen die Barrieren für eine Inanspruchnahme professioneller Hilfen möglichst gering gehalten werden, z. B. durch die Vernetzung und Verzahnung von Hilfen auch in diesem Bereich.

Noch immer führen informatorische Defizite, die in vielen Fällen auf bürokratische Intransparenz zurückzuführen sind, dazu, dass – bei Eintritt einer Hilfebedürftigkeit – Antragstellungen bei den Arbeits- und Sozialämtern erfolgen. Erst seit kurzer Zeit werden im Rahmen eines Modellvorhabens der Bundesregierung regional begrenzt neue Formen der Kooperation von Arbeitsämtern und Trägern der Sozialhilfe erprobt (Bundesministerium für Arbeit und Sozialordnung 2001). Nicht integriert, aber zur Überwindung der Barrieren des Erstkontakts zu den entsprechenden Institutionen sinnvoll, wäre der Einbezug auch anderer professioneller Hilfen, wie z. B. der Allgemeine Soziale Dienst (ASD).

Im Bundesland Nordrhein-Westfalen ist der ASD mittlerweile flächendeckend installiert und nimmt hier, gerade wenn es um die Vernetzung und Entwicklung armutsrelevanter Unterstützungsangebote geht, eine wichtige Rolle ein – unter anderem mit dem Ziel, deprivationsbasierte Lebenslagen zu verhindern, die Interessen Benachteiligter wahrzunehmen und sie zu unterstützen. Auch wenn es ausschließlich im Einzelfall möglich ist, eine konkrete Ausgestaltung des ASD nachzuzeichnen, dies ist abhängig von der jeweiligen Armutsbelastung einer Kommune oder eines Sozialraumes, so kann dennoch festgestellt werden, dass Strategien aufsuchender Jugend- und Sozialarbeit sich zunehmend durchsetzen. Gleiches gilt für eine flächendeckende, bürgernahe – und damit niedrigschwellige – Installierung des ASD.

Zwar ist es dem ASD nur begrenzt möglich, materielle Hilfen zur Verfügung zu stellen. Er konnte sie aber – eingebunden in ein Netzwerk mit anderen armutsrelevanten Institutionen, wie z. B. den Sozialämtern, koordinieren und in diesem Zuge gleichzeitig unterstützende und anwaltschaftlich-politische Aufgaben wahrnehmen.

10.1.2 Bildung und Ausbildung

Bildung nimmt heute einen immer größeren Stellenwert für die Zukunftschancen des Einzelnen ein. Sie wird, im Wandel von der Industrie- zur Wissensgesellschaft, zunehmend zu einer zentralen Ressource für Beschäftigung und Einkommen und sozialer Integration. Die dargestellten Ergebnisse über Verbreitung und Folgen von Armut sowie ihre theoretische Einbettung, hier vor allem anhand des Ansatzes Bourdieus (1982, 1983), haben deutlich gemacht, dass Investitionen in Bildung zwar keinen Garant, wohl aber einen Schlüssel für die soziale und kulturelle Entwicklung des Einzelnen darstellen und dass ungleiche Bildungschancen zu einer Verstetigung ungleicher Lebensbedingungen und einer ungleichen Chancenverteilung in der Gesellschaft führen können.

Bildung steigert aber nicht nur die individuellen Chancen auf dem Arbeitsmarkt. So sind, auch dies konnte im empirischen Teil der Arbeit gezeigt werden, die Armutsrisiken im Lebenslauf deutlich verringert, verfügt jemand über eine schulische Bildung, die er oder sie dann in eine berufliche Ausbildung umsetzen kann. Bildung verbessert darüber hinaus die Fähigkeit von Kindern und Jugendlichen, ihre individuelle Lebenslage zu gestalten, und ermöglicht gesellschaftliche Partizipation, ihr Fehlen aber auch, als Kehrseite der Medaille, soziale Ausgrenzung.

Kinder, die in Armut leben, haben bereits bei ihrem Eintritt in das Bildungssystem schlechtere Startchancen. Ihre Lebenslage ist vielfach die entscheidende Ursache auch für relative Unterversorgungslagen im Lern- und Erfahrungsspielraum, in ihren Kontakt- und Kooperationsmöglichkeiten sowie ihren Spielräumen: „Kompetenz- und Leistungsentwicklung, die eine herausragende Bedeutung für die Wahrnehmung von Bildungschancen haben, werden stark beeinträchtigt“ (Nationale Armutskonferenz in der Bundesrepublik Deutschland 2001, S. 15).

Die Schule ist im Leben von Kindern oftmals die erste Institution, in der sie sich einer gesellschaftlichen Bewertung aussetzen müssen. Sowohl die Nicht-Teilhabe als auch die Nicht-Teilnahme kann zu einer Stigmatisierung führen, die ihrerseits eine Perpetuierung von Ausgrenzungserlebnissen zur Folge haben kann, die sich bis in den sozialen Bereich, wie z. B. einen erschwerten Zugang zu den peers infolge beengter Wohn- und Lebensverhältnisse, auswirken können. Schlafstörungen, Lernprobleme und Rückzugstendenzen aus sozialen Kontakten können die Folge sein (Palentien, Klocke & Hurrelmann 1998).

Als besonders schwierig erweist sich die Situation für Kinder, die über einen Migrationshintergrund verfügen, wenn sie selbst oder ihre Eltern nur über geringe deutsche Sprachkenntnisse verfügen. Dies wurde neben den dargestellten empirischen Ergebnissen auch in der sozialräumlichen Studie deutlich. So kann ein Mangel an Sprachkenntnissen unter anderem der Grund dafür sein, dass Freizeitkontakte oft auf Kinder der gleichen Nationalität beschränkt bleiben und sich die Sprachprobleme vertiefen.

Für den Bereich der Schule zeigt sich, dass, will sie den gesellschaftlich und pädagogisch an sie gerichteten Ansprüchen unter der Berücksichtigung von Armuts- und Benachteiligungslagen gerecht werden, sie – neben erzieherischen und sozialisatorischen Gesichtspunkten – verstärkt auch kompensatorische Elemente in ihr Konzept einzubinden hat. Diese dürfen nicht als punktuelle und isolierte Einzelfallhilfe gestaltet sein, sondern müssen vielmehr, beginnend mit dem Elementarbereich, als eine soziale Unterstützung von problembelasteten Schülerinnen und Schülern verstanden und in eine umfassende lebensweltbezogene Jugendarbeit innerhalb des gesamten Schulsystems einbezogen werden.

Elementarbereich

Im Elementarbereich könnten hierbei erste Einflüsse auf die sich im späteren Schulverlauf abzeichnenden Chancenstrukturen erfolgen: Eine ganzheitliche Förderung der Kinder könnte armutsbedingte Defizite auszugleichen und zu beheben helfen. Hier könnte auch eine Integration der Sprachförderung für ausländische Kinder angesiedelt werden.

Dem Elementarbereich kommt also, geht es um die Förderung in Armut lebender Kinder, heute eine große Bedeutung zu: Er könnte einen Teil jener Sozialisations- und Erziehungsleistungen kompensieren, die in Familien defizitär verlaufen, um so die Leistungs- und Lernfähigkeit auch von Kindern aus ungünstigen Lebensverhältnissen zu steigern und diese auf die Schullaufbahn vorzubereiten.

Um dieses Ziel zu erreichen, bedarf es jedoch sowohl gezielter Veränderungen in der Angebotsstruktur (siehe hierzu das Kapitel 10.2 der Arbeit) als auch bei der Inanspruchnahme. Neben Alleinerziehenden sind es heute vor allem Kinder aus Selbstständigen-, Beamten- und Angestelltenverhältnissen, die Kindertagesstätten besuchen. Noch immer ist es nicht gelungen, Eltern aus Migrantenverhältnissen von den positiven Effekten eines Besuches von Kindertagesstätten ihrer Kinder zu überzeugen. Sie stellen den geringsten Anteil an den Besucherinnen und Besuchern der Kindertagesstätten. Gleiches gilt für Kinder aus Arbeitnehmerhaushalten in Zwei-Kinder-Familien. Auch ihr Besuch liegt unter dem Durchschnitt.

Die Nationale Armutskonferenz (2001, S. 16) kommt zu dem Ergebnis, dass sich ein Nettoeinkommen unter 1500,- DM negativ auf die Inanspruchnahme einer Kinderkrippe, einer Kindertagesstätte oder eines Hortplatzes auswirkt. Positive Effekte haben Nettoeinkommen über 2000,- DM.

Schule

Nach dem Elementarbereich kommt der Schule die wohl stärkste Bedeutung für die (auch spätere) Lebenssituation von Kindern und Jugendlichen zu. Deutlich gemacht werden konnte, dass die Schule die Chance bietet, armutsbedingte Desintegrationsprozesse zu durchbrechen. So besteht nach wie vor vielfach die Situation, dass der Bereich der ungelernten Arbeit gekennzeichnet ist durch eine permanente Bedrohung durch Arbeitslosigkeit, schlechte Arbeitsbedingungen, ein traditionell geringes Bildungsniveau und ein geringes Einkommen. Nach wie vor gelingt es aber auch nicht, diesen Kreislauf – über Generationen hinweg – zu durchbrechen: Die Startbedingungen für Kinder aus Armutslagen sind oft sehr viel schlechter als für die aus günstigen sozialen Positionen. Hinzu kommt oftmals – auf Grund einer nicht vorhandenen Einsicht in die Chancen höherer Bildungsabschlüsse – eine Entscheidung der Eltern gegen den Besuch einer weiterführenden Schule ihrer Kinder: „Eltern mit niedrigen Bildungsabschlüssen neigen sehr oft dazu, bei finanziellen Engpässen vor allem die Töchter frühzeitig von der Schule zu nehmen, damit sie schnell einen eigenen Beitrag zur finanziellen Situation der Familie leisten können" (Nationale Armutskonferenz in der Bundesrepublik Deutschland 2001, S. 16).

Insgesamt kann für den Bereich der schulischen Bildung festgestellt werden, dass dieser einen der bedeutendsten Einflüsse auf die Gestaltung des weiteren Lebenswegs von Kindern und Jugendlichen hat. Dieser Einfluss muss jedoch von den Eltern erkannt werden, da schulbiographische Entscheidungen, die zu einem bestimmten Zeitpunkt und unter einer bestimmten Lebenslage zu treffen sind, sich durch eine schwere Revidierbarkeit auszeichnen. Noch immer führt diese Situation dazu, dass heute auf Grund des familialen Hintergrundes die Wettbewerbschancen benachteiligter Kinder frühzeitig vermindert und im Laufe der Zeit verfestigt werden.

Ausbildung und Arbeit

Eine solche Verfestigung von Armuts- und Benachteiligungslagen findet oftmals im Bereich der Ausbildung und der Arbeit statt. Die Chancen, die die Schulabgängerinnen und -abgänger auf dem Ausbildungs- und Arbeitsmarkt heute haben, hängen sehr stark von der allgemeinen Arbeitsmarktsituation ab. Aber auch bei einer schlechten Arbeitsmarktsituation haben höhere Bildungsabschlüsse bei Jugendlichen noch eine positive Wirkung. Bildungszertifikate werden daher im Armutsbericht der Nationalen Armutskonferenz (Nationale Armutskonferenz in der Bundesrepublik Deutschland 2001, S. 17) als „Markteintrittsschranke" betitelt. Hiermit wird der zurzeit bestehende Zustand beschrieben, dass Jugendliche, verfügen sie über keinen oder nur über einen Hauptschulabschluss sehr schlechte Perspektiven auf dem Ausbildungs- und Arbeitsmarkt haben: Wurden im Jahre 1975 lediglich 2,2 % der Absolventinnen und Absolventen einer Hauptschule in die Arbeitslosigkeit entlassen, waren es im Jahr 1998 bereits 12,5 % (Nationale Armutskonferenz in der Bundesrepublik Deutschland 2001, S. 17).

Besonders problematisch stellt sich die Situation am Ausbildungs- und Arbeitsmarkt regional für Jugendliche in den neuen Bundesländern dar: Auf Grund einer allgemein sehr hohen Arbeitslosigkeit bestehen dort wesentlich schlechtere Möglichkeiten für Jugendliche, ihren Wunschausbildungsplatz zu erhalten, als in den alten Bundesländern. Hinzu kommt eine noch immer vorhandene Benachteiligung von Frauen, die trotz besserer Bildungsabschlüsse vielfach gegenüber den Männern bei der Vergabe eines Ausbildungsplatzes den Kürzeren ziehen.

Ähnlich wie beim Sektor der schulischen Bildung kann für die Bereiche Ausbildung und Arbeit festgestellt werden, dass sich dort vielfach die Misserfolgserlebnisse gerade bei denjenigen Jugendlichen fortsetzen, die bereits in ihrer bisherigen Biographie Armut und Benachteiligung erlebt haben.

10.1.2.1 Bildungs- und schulpolitische Konsequenzen

Will Schule auch in Zukunft noch den gesellschaftlich und pädagogisch an sie gestellten Ansprüchen gerecht werden, dann muss sie sich ihres Charakters bewusst werden, zentraler Bestandteil der Lebenswelt von Kindern und Jugendlichen zu sein und einen wesentlichen sozialen Erfahrungsraum zu bilden. Sie muss ihren Ausgangspunkt in der Analyse der Struktur der Lebensphasen Kindheit und Jugend nehmen und stärker als bisher – neben einer Institution der Wissensvermittlung und des intellektuellen Trainings – zu einem sozialen Forum werden, zu einem anregenden Bestandteil des Alltags von Kindern und Jugendlichen, sowohl in curricularer als auch in interaktiver Hinsicht.

Die erste – curriculare – Ebene ist die der Information, Wissensvermittlung und gezielten leistungsmäßigen Förderung. Systematisch trainierter Wissenserwerb nach stringent aufgebauten Lehrplänen mit gut abgestimmten Unterrichtseinheiten ist die Grundlage für den Aufbau intellektueller und sozialer Fähigkeiten und Fertigkeiten von Kindern und Jugendlichen. Im Idealfall vermittelt schulischer Unterricht Kompetenzen, die sowohl in innerschulischen als auch in außerschulischen Bereichen umgesetzt werden können. Ein guter, lernzielgesteuerter und schülerorientierter Unterricht hat daher eine unmittelbare Bedeutung für den Aufbau und die Stärkung individueller Verarbeitungs- und Problembewältigungskompetenzen von Schülerinnen und Schülern – gerade in einer unübersichtlichen Welt.

Die zweite – interaktive – Ebene ist vor allem im Hinblick auf die Stärkung der sozialen Kompetenzen Jugendlicher von Bedeutung. In der Schule findet täglich und über viele Stunden hinweg Kommunikation zwischen Schülern sowie zwischen Schülern und Lehrern statt, deren Potenzial für soziale Unterstützung sorgfältig analysiert werden muss. Gefragt werden muss, wie die Schule die Arbeitsbedingungen von Lehrern und Schülern so gestalten kann, dass sie keine gravierenden Störungen des psychophysischen Befindens der Schüler verursacht und der Tatsache Rechnung trägt, dass ein wachsender Anteil von Kindern und Jugendlichen heute hohen außerschulischen Belastungen ausgesetzt ist (vgl. Hurrelmann 1990).

Ein Modell, das beiden Vorstellungen am nächsten kommt, ist das der Ganztagsschule.

Die Anfänge der modernen Ganztagsschule, wie sie heute diskutiert wird, gehen auf den Ausgang des 19. und den Beginn des 20. Jahrhunderts zurück: Bereits vor dem 1. Weltkrieg bestanden in Deutschland Schulkonzepte, die die Schule auch in den Nachmittag hinein ausgedehnt wissen wollten. Sie wurden vor allem unter dem Einfluss angelsächsischer und reformpädagogischer Ansätze der Landerziehungsheime entwickelt: Schule sollte hiernach nicht nur Wissen vermitteln. Ihre Aufgabe wurde im Hinblick auf die des Erziehens erweitert, einschließlich einer Strukturierung des Tagesablaufs, die in ihrem Rahmen z. B. das Mittagessen der Schülerinnen und Schüler und die Hausaufgabenbetreuung aufnahm.

Zusammen mit einem in den 1920er Jahren hinzukommenden Neuanstoß, der darauf zielte, soziale, ökonomische, technische und politische Zusammenhänge stärker zu gewichten – das Konzept der Ganztagsschule wurde mit dem der Gesamtschule (vgl. die von Paul Oestreich 1921 konzipierte Idee einer elastischen Einheitsschule (Oestreich 1921)) verbunden – leiten die seinerzeit als reformpädagogische Ideen entwickelten Grundsätze auch heute noch die Programmatik der Ganztagsschule (vgl. Ludwig 1993): Unter Ganztagsschulen werden in diesem Sinne nur solche Schulen verstanden, die für ihre Schülerinnen und Schüler vom Vormittag bis zum Nachmittag ein differenziertes pädagogisches Gesamtprogramm anbieten und dabei unterrichtliche, erzieherische und sozialpädagogische Aktivitäten und Maßnahmen in ihr schulisches Konzept einbeziehen (Tillmann 1976).

Die Verbindung von Lern- und Freizeitaktivitäten sowie von pädagogischen und nicht-pädagogischen Elementen ist für die Ganztagsschule genauso konstitutiv wie die obligatorische Teilnahme aller Schülerinnen und Schüler an den Nachmittagsangeboten (Holtappels 1994). Für die Ganztagsschule als spezifische pädagogische Form von Schule ist also die Erweiterung des unterrichts- und fachdidaktikbezogenen Konzeptes auf solche Ansätze entscheidend, die sozial- und jugendpädagogische Impulse aufnehmen und die Kritik an der einseitigen Ansprache von Schülerinnen und Schülern über kognitiv-intellektuelle Kanäle, die Kritik an der rein wissensorientierten Lernschule, die körperliche, emotionale, motorische und ästhetische Elemente vernachlässigt, umsetzen. Die Möglichkeiten für diese Umsetzung bestehen bei der Ganztagsschule sowohl auf struktureller, curricularer als auch auf interaktiver Ebene durch folgende Schritte:

1. Eine bessere Verteilung des Unterrichts und anderer schulischer Veranstaltungen auf den Vormittag und den Nachmittag.
   Auf Grund der größeren zeitlichen Variabilität kann in der Ganztagsschule der gesamte Tagesablauf in Belastungs-, Entspannungs- und Ruhephasen – mit Rücksicht auf körperliche, psychische und soziale Bedürfnisse der Schülerinnen und Schüler – gestaltet werden.
2. Die Einbeziehung von Übungsphasen und Fördermaßnahmen in den Unterrichtsalltag und damit eine bessere Betreuung schwächerer Schülerinnen und Schüler, die in flexibler und intensiver Weise gefördert werden können und auf diesem Wege eine Verbesserung ihrer Bildungschancen erfahren.

Für den unterrichtlichen und didaktischen Bereich scheint es heute besonders wichtig zu sein, flexible Organisationsformen pädagogisch umzusetzen. Die Ganztagsschule hat – auf Grund ihrer ganztägigen Struktur – die Möglichkeit, neue Formen der fachlichen Kooperation, der Zeiteinteilung und der Arbeitsteilung zu erproben und zu realisieren, die in einem zusammengepressten Halbtagsturnus von Schule kaum denkbar sind. Dieses gilt zum Beispiel für den lange Zeit vernachlässigten Bereich von Schülerpatenschaften und Schülertutoren („Schüler helfen Schülern").

3. Das Reduzieren der konventionellen „Hausaufgaben" auf ein Minimum und ein stärkerer Einbezug von Übungsarbeit in die Unterrichtsstunden.
   Nicht nur Schülerinnen und Schüler, sondern vielfach auch Eltern sind heute zahlreichen Belastungen und Beanspruchungen durch die Schule ausgesetzt. Gerade im Bereich der Hausaufgabenbetreuung werden sie oftmals zu „Hilfslehrern" umfunktioniert. Ziel der Ganztagsschule ist eine deutliche Entlastung der Erziehungsberechtigten, damit sich diese auf ihre pädagogische Rolle als Eltern konzentrieren können. Selbstverständlich ist damit ein mitdenkendes Verständnis der Eltern nicht ausgeschlossen – im Gegenteil: es soll gerade gestärkt werden.
4. Eine Förderung eines guten schulischen „Betriebsklimas", das persönliche Beziehungen auch über den rein unterrichtlichen Bereich hinaus gestattet.
   Der Deutsche Bildungsrat hat schon in seinen Empfehlungen zur Ganztagsschule von 1968 auf die Chance der Verstärkung der Kontakte zwischen Schülern und Lehrern hingewiesen, den Ausbau der Schülermitverantwortung, die engere Zusammenarbeit von Eltern und Schule und die Förderung der schulinternen psychologischen Beratung gefordert. Aus heutiger Sicht ist diese Auflistung um den Ausbau von Aktivitäten der Sozialpädagogik und Sozialarbeit zu ergänzen.
5. Das Angebot einer Mittagsverpflegung in der Schule mit den Chancen zur angemessenen sozialen und auch gesundheitlich-ernährungsbezogenen Ausgestaltung dieses Ereignisses.
   Zwar steht heute zahlreichen Schulen eine Schulmensa zur Verfügung. Das Mittagessen wird aber – unter anderem wegen der restriktiven zeitlichen Struktur – vielfach als ein „Abfüttern" und nicht als ein angenehmes Zeremoniell verstanden. Das Konzept der Ganztagsschule bietet gute Möglichkeiten, das Mittagessen zu einem sozialen Bestandteil des Schullebens werden zu lassen.
6. Ein Angebot an Arbeitsgemeinschaften und Projekten vor allem im Nachmittagsbereich, das auf die Altersstufen und auf die Interessenschwerpunkte der Schülerinnen und Schüler eingeht und Elemente für eine sinnvolle Freizeiterziehung enthält.
   Eine Ganztagsschule verlangt wesentlich nachdrücklicher als eine Halbtagsschule danach, dass sich Schülerinnen und Schüler und Lehrerinnen und Lehrer in der Schule wohlfühlen, dass Aufenthalts- und Gemeinschaftsräume so gestaltet sind, dass sie als aneignungsfähiger sozialer Lebensraum wahrgenommen werden. Die Mitgestaltung durch die Schülerinnen und Schüler steht dabei im Vordergrund. Die Kooperation mit Personen und Institutionen aus dem öffentlichen Leben der Gemeinde ist hierbei eine noch zu entdeckende Perspektive.

Ganztagsschulen besitzen, dies kann insgesamt festgestellt werden, zentrale Voraussetzungen dafür, ein sozialer Erfahrungsraum für die Schülerinnen und Schüler zu sein – nicht zuletzt deshalb, weil sie zwangsläufig die Zusammenarbeit verschiedener pädagogischer Berufsgruppen in der Schule kennen. Schulen mit ganztätiger Betreuung von Schülerinnen und Schülern müssen – je nach Aufgabenprofil – Schulpsychologinnen und Schulpsychologen, Sozialarbeiterinnen und Sozialarbeiter, Sozialpädagoginnen und Sozialpädagogen sowie Erzieherinnen und Erzieher in ihr Kollegium aufnehmen. Hinzu kommen Werkstattmeister, Küchenpersonal und möglicherweise weitere nicht im engeren Sinne pädagogische Berufsrollen. Hierdurch bietet die Ganztagsschule erheblich mehr soziale Rollen und damit auch mehr soziale Orientierungsmuster für Schülerinnen und Schüler als die Halbtagsschule (Ludwig 1993).

Die Ganztagsschule ist – wenn ihr pädagogisches Konzept ernst genommen wird – gut geeignet, bei psychischen, sozialen und auch physischen Problemen von Schülerinnen und Schülern unterstützend einzugreifen: Gerade die von ihr angestrebte Verbindung von Erziehung und Bildung hat zum Ziel, nicht nur kognitive Leistungen, sondern Gesundheit – als ein Gleichgewichtsstadium zwischen sozial-ökologischen, körperlich-physiologischen und innerpsychischen Prozessen – zu erreichen, zu erhalten und zu fördern. Verhaltensauffälligkeiten und Gesundheitsbeeinträchtigungen von Kindern und Jugendlichen erfahren unter dieser Prämisse eine größere Aufmerksamkeit. Sie können im Rahmen der Ganztagsarbeit besser und schneller erkannt werden. Durch das Einbeziehen sozialpsychologischer und sozialpädagogischer Fachkenntnisse in das Schulkollegium kann das Unterstützungspotenzial der Institution Schule gesteigert werden. Je stärker sie in den laufenden Unterrichtsbetrieb integriert sind und je mehr sie auf unkomplizierter Kooperation von Lehrern und Fachkräften untereinander basieren, desto günstiger wirken sich solche Initiativen aus (Holtappels 1994).

Unabhängig von den pädagogischen Ansprüchen, die unmittelbar mit dem Konzept der Ganztagsschule verbunden sind, bestehen zahlreiche sozialpolitische Aspekte für die Begründung dieser Schulform. Vor allem die mit der Veränderung der Familie und mit veränderten Erwerbsstrukturen in Zusammenhang stehende notwendige Betreuung häuslich unversorgter Kinder, die Entlastung von Familien in erzieherischer Hinsicht, der Abbau schulischer Belastungen, aber auch der Ausgleich unzureichender Bewegungsmöglichkeiten im Freien sind heute entscheidende Gründe, die für einen Ausbau von Ganztagsschulen sprechen: Aufgabe des Staates ist es, jede Form von Familie zu unterstützen, unabhängig davon, welche religiöse, rechtliche oder soziale Konstellation von den betreffenden Menschen gewählt wird. Hierzu bedarf es einer Familienpolitik, die dafür Sorge trägt, dass eine möglichst stabile, sozial und wirtschaftlich gesicherte und öffentlich anerkannte Form der Erziehung und des Unterhalts aller beteiligten Partner der Familienerziehung erreicht werden kann.

Derzeit besteht die Situation, dass die Entscheidung, eine Familie mit Kindern zu gründen, praktisch eine Entscheidung für gravierende und langfristige Einschränkungen von Lebensspielräumen ist: Das heute völlig unzureichende Angebot an Tageseinrichtungen für Kleinstkinder, Kinder im Vorschulalter und Schulkinder hat zur Folge, dass eine große Anzahl von Eltern gezwungen ist, selbstständig Lösungen für die Kinderbetreuung zu finden. Je nach den sozialen und finanziellen Möglichkeiten fallen diese Lösungen sehr unterschiedlich aus: Materiell schlechter gestellte Eltern sind auf eine kostenneutrale, vielfach für alle Beteiligten sehr anstrengende und aufopferungsvolle Versorgung ihrer Kinder durch Freunde und Verwandte angewiesen. Eltern aus höheren Bildungs- und Einkommensschichten können sich private Betreuungsarrangements leisten, z. B. die Unterbringung der Kinder in Kinderläden, in Eltern-Kind-Gruppen oder auch die Anstellung bezahlten Personals. Ihre Wahlmöglichkeiten sind größer, und in der Regel sind dadurch auch die Chancen der Kinder erheblich besser, vielfältige und anregende Betreuungsbedingungen vorzufinden (Hurrelmann 1990).

Die Ganztagsschule kann, weitet sie ihr Konzept auf den Vorschul- und Primarstufenbereich aus, als ein breites und vielfältiges Angebot der Kinder- und Familienpolitik verstanden werden: Sie käme vor allem den sozial weniger privilegierten Eltern zugute und würde Hilfe nicht nur im Hinblick auf die für diese Kinder meist ungünstigen räumlichen und organisatorischen Bedingungen bieten, sondern gerade diesen Kindern auch eine Erweiterung ihres sozialen Kontaktbereichs ermöglichen.

10.1.3 Gesundheit

Gesundheit wird heute nicht mehr, wie noch vor einigen Jahrzehnten üblich, ausschließlich durch die Abwesenheit von Krankheit definiert. Vor allem die Zunahme chronischer und diffuser Krankheiten und Beschwerden machte schon frühzeitig ein eigenständiges Gesundheitskonzept notwendig, das ohne Rückgriff auf den Begriff der Krankheit auskam. So ist es z. B. möglich, dass ein Mensch an einer chronischen Krankheit leidet, sich aber dennoch psychisch gesund fühlt.

Neuere Definitionen von Gesundheit haben hier ihren Ausgangspunkt. Sie orientieren sich an dem von der Weltgesundheitsorganisation (WHO) 1946 in Abgrenzung zu medizinischen Leitvorstellungen festgeschriebenen Gesundheitsbegriff als Zustand des völligen körperlichen, geistigen und sozialen Wohlbefindens (WHO 1946).

Den Versuch, ein solches Wohlbefinden zu operationalisieren, unternahm z. B. Becker (1991). Solche Konzepte unterscheiden in das so genannte aktuelle und das habituelle Wohlbefinden. Während das aktuelle Wohlbefinden kurzzeitige Befindlichkeiten charakterisiert, bezeichnet das habituelle Wohlbefinden den Aspekt des Wohlbefindens, der sich als Urteil über aggregierte emotionale Erfahrungen bildet. Es kommt damit primär durch kognitive Prozesse zustande, die sowohl von Personen- als auch von Umwelterfahrungen beeinflusst werden und damit – neben stresstheoretischen Erklärungsansätzen einen Zusammenhang der sozialen zur individuellen (gesundheitlichen) Situation herstellen.

Aufwachsen in Armut kann bei Kindern und Jugendlichen aber nicht nur, wie dargestellt werden konnte, zu einer Einschränkung des Wohlbefindens führen. Darüber hinaus kann es über gesundheitsrelevante Einstellungen und Verhaltensweisen, wie z. B. Alkohol- und Nikotinkonsum, das Ernährungsverhalten, die (wohn-)ökologische oder psychische Situation, Auswirkungen auf die gesundheitliche Situation haben. In vielen dieser Bereiche zeigen sich für die in Armut und sozialer Benachteiligung lebenden Kinder und Jugendlichen ungünstigere Ergebnisse als bei ihren Altersgenossen, die in gutsituierten Verhältnissen aufwachsen. Die Benachteiligung findet ihren Niederschlag vor allem in der Verbreitung chronischer Erkrankungen sowie psychischer und psychosomatischer Störungen. Eine Vielzahl dieser Erkrankungen zählt dabei zu den vermeidbaren und verhaltensabhängigen Befindlichkeitsstörungen, deren Ursachen sowohl in den Bedingungen der alltäglichen natürlichen, sozialen und technischen Umwelt sowie in den individuellen Risikoverhaltensweisen liegen (Palentien, Klocke & Hurrelmann 1997). Alkohol- und Tabakkonsum sowie unzureichende Ernährungs- und Bewegungsverhaltensweisen sind hier an erster Stelle zu nennen. Geschätzt wird, dass etwa 50 % der auftretenden Mortalität im Erwachsenenalter direkt auf verhaltensbezogene Faktoren des Jugendalters zurückgeht (Millstein 1989).

Gesellschaftliche Lebensbedingungen, gesellschaftlicher Wandel und darauf bezogene Verhaltensgewohnheiten und -optionen erweisen sich als zunehmend bedeutsam für die Gesundheitssituation Jugendlicher. Immer mehr setzt sich deshalb die Erkenntnis durch, dass sozialepidemiologische, sozialpsychologische, psychosomatische und medizinsoziologische Betrachtungsweisen nötig sind, um das rein biomedizinisch ausgerichtete Analysespektrum im Hinblick auf die Krankheitsentstehung und -vermeidung zu ergänzen (Schwarzer 1990). Eine solche Betrachtung muss dabei neue Strukturen präventiv-gesundheitsvorsorglicher Konzepte einschließen, denn der bisherigen Gesundheitserziehung mit ihren traditionellen Zugangswegen über die Vermittlung kognitiver Wissensbestände und Schadenswarnungen oder moralisierenden Ermahnungen ist es – wie das Beispiel der Suchtprävention zeigt – nicht gelungen, stabile Vorsorgeorientierungen und gesundheitsbewusstes Verhalten in den Lebensweisen von Jugendlichen zu verankern (Laaser u.a. 1987).

10.1.3.1 Konsequenzen im Bereich der Gesundheitsförderung und Krankheitsprävention

Strategien der Gesundheitsförderung sollten, wollen sie erfolgreich sein, an die subjektiven Einstellungen Jugendlicher gegenüber ihrer Gesundheit anknüpfen. Zwar wird der Gesundheit von Jugendlichen heute ein hoher Wert beigemessen, als Problem hat sie jedoch nur eine geringe oder gar keine Bedeutung. Jugendliche „Gesundheitskonzepte" variieren je nach Alter und Geschlecht sowie sozialer und wirtschaftlicher Situation und sind bezüglich ihrer Formulierung und ihres Bedeutungsgehaltes für gesundheitsrelevante Verhaltensweisen abhängig von den schon gemachten Erfahrungen mit Gesundheitsbeeinträchtigungen der eigenen Person oder in ihrer näheren Umgebung.

Eine effektive Gesundheitsförderung für Jugendliche sollte, so Franzkowiak (1986), alle diese Impulse aufnehmen. Zu ihrer Zielsetzung gehört es, soziale und kulturelle Freiräume zur Verfügung zu stellen und darauf zu verzichten, Entwicklungsverläufe manipulieren zu wollen. Sie muss an den Bedürfnissen der Jugendlichen anknüpfen und mit ihnen Kompetenzen entwickeln, die zu einer gesunden und erfüllten Lebensweise führen.

Diese Programmprinzipien wurden in den letzten Jahren in verschiedenen Konzepten im Familien-, Kindergarten-, Schul- und Gemeindebereich und auch in breit angelegten Öffentlichkeitskampagnen über Massenmedien umgesetzt. Die thematischen Schwerpunkte sind dabei das Sexual-, Ernährungs- und Bewegungsverhalten sowie das Verhalten im Straßenverkehr, Suizidgefährdung und Stressbewältigung. Auch Programme, die auf die spezifischen Belange von Jugendlichen mit chronischen Krankheiten (Asthma, Neurodermitis, andere Allergien, Diabetes, usw.) zugeschnitten sind und die ihren Schwerpunkt von präventiven auf rehabilitative Interventionsformen verlagert haben, stehen heute zur Verfügung (Leppin 1994, 2000).

Neben den Familien, den Gleichaltrigengruppen und den Massenmedien sind die Schulen als besonders wichtige Träger jeder Form von Gesundheitsförderung anzusehen. Sie sind ein zentraler Bestandteil der Lebenswelt und erreichen alle Angehörigen der nachwachsenden Generation während entscheidender Jahre der Persönlichkeitsentwicklung (Bond & Compas 1989). Sie wirken nicht nur curricular, durch die vermittelten Wissenselemente und Unterrichtsbestandteile, sondern auch durch ihr gesamtes soziales und „ökologisches" institutionsspezifisches Angebot an Arbeitsverhalten, körperlicher Betätigung, hygienischem Verhalten, Ernährungsverhalten, Gestaltung des Tagesrhythmus usw. Schulen sind aus diesem Grund wichtige soziale Felder für den Aufbau gesundheitsrelevanter Verhaltensweisen – auch in den Bereichen, in denen Gesundheit nicht explizit zum Thema gemacht wird.

Stärker als bisher sollten Maßnahmen der Krankheitsprävention und Gesundheitsförderung aber auch den Bereich der Infrastruktur von Diensten der Gesundheitsversorgung in ihre Betrachtung einbeziehen. Obwohl Jugendliche zum Teil große Umstellungen und Veränderungen ihrer sozialen, psychischen, körperlichen und physiologischen Entwicklung erfahren, scheinen sie sich vielfach zu scheuen, beim Auftreten von Problemen Beratung und Unterstützung in den entsprechenden Institutionen zu suchen (siehe hierzu Kapitel 9).

Die Gründe für diese Unterversorgung sind in fehlendem Vertrauen, Unsicherheit, sozialen Befürchtungen und Schwellenangst auf Seiten der Kinder und Jugendlichen sowie in einem mangelnden Engagement und einer fehlenden psychologischen Erfahrung auf Seiten der professionellen Helfer zu suchen. Diese Unsicherheiten verstärken sich gegenseitig, so dass insbesondere bei intimen Themen (Sexualität, sexuell übertragbare Krankheiten, Schwangerschaft, sexuelle Verhaltensprobleme etc.) nur selten befriedigende Hilfeleistungen erbracht werden (Hurrelmann 1990, S. 213).

In verschiedenen Ländern werden Überlegungen und Versuche angestellt, den besonderen Gesundheitsbedürfnissen von Kindern und Jugendlichen dadurch gerecht zu werden, dass Schulen ärztliche Beratungsstellen angegliedert werden. In diesen Einrichtungen soll sich fachlich geschultes Personal mit den Krankheitsbildern und Gesundheitsbeeinträchtigungen befassen, die charakteristischerweise in der Lebensphase Jugend auftreten. Durch die Nähe zu Erziehungs- und Bildungseinrichtungen soll vor allem das Zugangsproblem vermindert werden, indem die sozialen, psychischen und auch räumlichen Barrieren überwunden werden, die heute bei Kindern und vor allem Jugendlichen gegenüber helfenden Institutionen zu beobachten sind (Millstein 1988).

In den Vereinigten Staaten existieren seit 1970 „Gesundheitszentren" an Schulen, oft in Zusammenarbeit mit medizinischen oder psychologischen Fachbereichen der örtlicher Universitäten, Krankenhäuser und Ärzteorganisationen. In vielen Fällen war der Auslöser zur Gründung solcher Gesundheitszentren die hohe Schwangerschaftsquote bei weiblichen Jugendlichen in der Altersgruppe von 13 bis 17 Jahren. Inzwischen sind weitere Arbeitsschwerpunkte hinzugekommen (Millstein 1988).

Die Erfahrung zeigt, dass vor allem die 14-18-jährigen die Dienste der Gesundheitszentren in Anspruch nehmen. Als besonders wichtig hat sich eine Verbindung der Aktivitäten des Gesundheitszentrums mit der schulischen Gesundheitserziehung erwiesen. Der Anteil der Schülerinnen und Schüler in der Schule, der die Dienste eines Gesundheitszentrums in Anspruch nimmt, schwankt zwischen 5 % und 30 %.

Hauptanlass für Besuche sind akute Krankheiten und Unglücksfälle, erst dann folgen die komplexeren Probleme im Bereich von sozial und sexuell gesundheitsriskantem Verhalten (Millstein 1988).

Ohne diese Konzeption genau übernehmen zu können – dazu ist die institutionelle Verfassung des Schulwesens im Vergleich zu den USA zu unterschiedlich – liegen in diesen Modellversuchen interessante Anregungen auch für die bundesdeutsche Situation. Ambulante Versorgungseinrichtungen der dargestellten Art können in vielen Bereichen flexibler und informeller auf Gesundheitsprobleme bei Kindern und Jugendlichen eingehen als das heutige System. Sie können Anonymität und Vertrauenswürdigkeit sichern (Hoffmann 1990).

In einigen europäischen Ländern wurden gute Erfahrungen mit nachbarschaftlichen Beratungsstellen für Jugendliche gemacht, die einen „klientenzentrierten" Zugang wählen. Möglichst in Wohnortnähe werden in einer ansprechenden Atmosphäre, die möglichst wenig Schwellenängste auslöst, Beratungsräume eingerichtet. Den Jugendlichen wird ein unverbindliches Beratungs- und Hilfsangebot gemacht, wobei ihre Selbstdefinition als Klienten den Ausgangspunkt des gesamten Beratungsprozesses darstellt (Fache 1990).

Wichtig ist es darüber hinaus, dass Jugendliche schnell und ohne komplizierte Verweisungssysteme in einen Beratungsprozess einbezogen werden und nicht in einen bürokratischen Erfassungs- und Weiterverweisungsprozess hineingeraten.

10.1.4 Freizeit- und Konsumbereich

In der Freizeit entwickeln Kinder und Jugendliche heute vielfältige Formen selbstständiger Lebensplanung. Zugleich werden in der Freizeit – neben der Schule – zahlreiche soziale Beziehungen geknüpft und gestaltet. Die Gleichaltrigengruppe übernimmt zu einem frühen Zeitpunkt in der persönlichen Entwicklung sozialisierende Funktionen. Gleichaltrigengruppen sind als freizeitgebundene Formen des Zusammentreffens meist dadurch charakterisiert, dass sie ihren Mitgliedern vollwertige Partizipationschancen gewähren, die ihnen in zahlreichen anderen Lebensbereichen, insbesondere in der Schule, in diesem Umfang nicht gewährt werden. Ihnen kommt heute eine große Bedeutung in der psychosozialen Orientierung schon jüngerer Jugendlicher zu.

Die Bedeutung der Gleichaltrigengruppe wächst in dem Maße, wie sich die soziale Ablösung der Jugendlichen von ihrem Elternhaus beschleunigt. Die Gleichaltrigengruppe kann in dieser schwierigen Ablösungsphase die Funktion der psychischen Stabilisierung der Jugendlichen übernehmen, bis sich ein neuer Modus der Beziehung zwischen Jugendlichen und Eltern eingespielt hat. Darüber hinaus kommt den Gruppen bei der Ausgestaltung der Konsum- und Freizeitaktivitäten im Jugendalter ein herausragendes Gewicht zu: Gleichaltrigengruppen vermitteln die Standards für die Orientierung im Konsumsektor und setzen damit Maßstäbe für das Verhalten der jugendlichen Gruppenmitglieder. Die Gruppen prägen teilweise eine eigene Jugendkultur aus, die die Entfaltung eines eigenständigen und von Erwachsenen abgesonderten Lebensstils ermöglicht. In diesem Sinne sind die Gruppen ein wichtiges Forum für die soziale Selbstdarstellung von Jugendlichen.

Gerade diese soziale Selbstdarstellung ist es aber auch, die, wie die vorhergehenden Analysen gezeigt haben, zu negativen Auswirkungen führen kann. Die Erhebungen einer von der Universität Bielefeld durchgeführten Untersuchung (Palentien, Klocke & Hurrelmann 1998) konnten hierzu zeigen, dass es vor allem diejenigen 10-16-jährigen Kinder und Jugendlichen sind, die sozial zum unteren Fünftel der Lebenslagenskala gerechnet werden müssen, die auch signifikant weniger angeben, zu Gleichaltrigengruppen, Cliquen oder Vereinen zu gehören, aber signifikant häufiger, von den Mitschülerinnen und Mitschülern nicht akzeptiert zu werden oder keine Freundinnen und Freunde zu haben.

Klocke und Hurrelmann (1998, S. 7) folgern aus den Ergebnissen ihrer Studien, dass schon Kinder sich bei der Orientierung ihres Lebens an einer „Kinderkultur" ausrichten, die im Wesentlichen der oberen Hälfte des sozialen Spektrums entspringt. Diese Kinderkultur umfasse die Nutzung institutioneller Angebote ebenso wie den Besitz bestimmter Spielsachen oder das Tragen einer bestimmten Kleidung.

Werden die Kinder älter, also zu Jugendlichen, so setzt sich die dargestellte soziale Differenzierung fort. Die Partizipation an den Möglichkeiten elektronischer Kommunikations- und Unterhaltungsmedien wird zunehmend relevant. Darüber hinaus leiten Überlegungen des Mithaltenkönnens, z. B. in den Bereichen der Mode oder Vereinsaktivitäten, das Handeln Jugendlicher.

Eine wichtige Bedeutung, dies konnte im ersten Kapitel der Arbeit gezeigt werden, hat in der Jugendphase das Taschengeld. Nicht nur, dass Jugendliche hiermit ihre Konsumwünsche erfüllen können. Gleichzeitig erfüllt das Taschengeld die Funktion, dass Jugendliche, aber auch schon Kinder, lernen, Geld einzuteilen und mit den ihnen zur Verfügung stehenden finanziellen Mitteln auszukommen (Lange 1997).

Taschengeldbeträge fallen in sozial schwächeren Familien in der Regel geringer aus als in sozial besser gestellten. Hinzu kommt, dass die Kinder in denjenigen Familien, in denen keine soziale Benachteiligung vorliegt, ihr Taschengeld regelmäßiger beziehen (Nationale Armutskonferenz der Bundesrepublik Deutschland 2001).

10.1.4.1 Konsequenzen für den Freizeit- und Konsumbereich

Im Bereich der Freizeit sollten – in Anbetracht der vorliegenden Ergebnisse – solche Konsequenzen präferiert werden, die dem Bedürfnis von Kindern und Jugendlichen gerecht werden, in ihrer Freizeit eigenständig zu planen. Gleichzeitig sollten hierbei soziale Ausgrenzungen vermieden werden. Schwierig wird dies vor allem dann, wenn das kommerzielle Freizeitverhalten bei Kindern und Jugendlichen kostenneutrale Tätigkeiten bereits verdrängt hat. In diesem Fall sollte es darum gehen, durch alternative Angebote die Nicht-Partizipation in diesem Bereich zu kompensieren.

Freizeitangebote sollten darum nicht nur dem kommerziellen Bereich überlassen werden. Hier stehen sowohl die Kommunen als auch die Träger der Wohlfahrtspflege in einer zunehmenden Verantwortung. Sie können, wie es in vielen Kommunen schon seit längerer Zeit üblich ist, günstig oder kostenfrei Angebote gestalten, z. B. Ferienspiele, die sich an alle Kinder und Jugendlichen wenden, also nicht nur an die sozial schwächer gestellten, und hierüber eine weitere Ausgrenzung und Stigmatisierung vermeiden.

Nichtkommerzielle Angebote, die im Bereich des Freizeitverhaltens angesiedelt sind, sollten jedoch nicht auf Tages- und stadtnahe Angebote beschränkt bleiben. Vielmehr müssen sie stärker als bisher auch der Internationalisierungstendenz des Freizeitsektors gerecht werden, also versuchen, auch finanzierbare Auslandsreisen in ihre Angebote zu integrieren.

In vielen Familien wird die Lebensqualität mit der Möglichkeit gleichgesetzt, Urlaub zu machen. Entscheidend dafür, ob ein Urlaub realisiert werden kann, ist die Größe der Familie und ihre wirtschaftliche Lage. Gerade diese Determinanten sind es, die auch in diesem Bereich zu einer Perpetuierung bestehender Benachteiligungen in anderen Bereichen führen können. Erfahren werden sie von Kindern und Jugendlichen insbesondere in Situationen, in denen sie sich mit anderen Kindern und Jugendlichen austauschen oder vergleichen, z. B. im Kinderhort oder in der Schule.

Freizeit – als frei disponible Zeit – wird zunehmend auch für den Ausgleich schulischer Defizite von Kindern und Jugendlichen genutzt. Kommerzielle Anbieterinnen und Anbieter konzentrieren sich hierbei vielfach auf die Ferienzeiten, in denen eine schulische Konkurrenz, z. B. durch Förderunterrichtskurse, vollständig ausfällt. Ohne an dieser Stelle auf die auch für Kinder und Jugendliche wichtige Entspannungsfunktion gerade der nicht durch den schulischen Sektor determinierten Zeiten eingehen zu wollen, führt die starke Nachfrage des privatwirtschaftlichen Nachhilfesektors zur Öffnung einer weiteren Schere, die über den Freizeitbereich hinaus, nämlich in der Schule, wirksam wird: Wirtschaftlich konsolidierten Eltern steht die Möglichkeit offen, ihr Kind auch außerhalb der Schulzeit weiterzubilden, armen Eltern nicht.

Verstärkt sollten kostenneutrale Angebote deshalb auch im Bereich der Nachhilfe, z. B. durch die Träger der freien Wohlfahrtspflege installiert werden, die sich nicht nur auf die Schulzeit beschränken. Eine Möglichkeit könnte z. B. darin bestehen, durch sog. Tauschbörsen kostenlos informationelle Unterstützung für ein spezifisches Angebot einzuwerben. Im kommunalen Sektor könnten aber auch die Volkshochschulen ermuntert werden, Angebote in Konkurrenz zu privaten Nachhilfeinstituten zu schalten.

Angebote, die den Freizeitbereich betreffen, sollten sich jedoch nicht nur in der Abgrenzung zu kommerziellen Angeboten definieren, sondern auch die Lebenssituation von Kindern und Jugendlichen berücksichtigen. So wird es in einer mobilen Gesellschaft immer bedeutender, mittels des Besitzes einer Autofahrerlaubnis auch am Individualverkehr zu partizipieren.

In vielen (Ausbildungs-)Berufen wird der Erwerb einer Fahrerlaubnis verlangt oder vorausgesetzt.

Trotz der Notwendigkeit, eine Fahrerlaubnis zu besitzen, besteht heute keine Möglichkeit, diese außerhalb des privatwirtschaftlich organisierten Fahrschulsektors zu erwerben, und zwar mittels erheblicher Kostenaufwendungen. Angebote, z. B. durch die Volkshochschulen oder andere nicht-kommerzielle Institutionen, sollten deshalb dringend auch in diesen Bereichen initiiert werden.

10.2 Politische Folgerungen zur Prävention von Kinder- und Jugendarmut

Armut steht, dies konnte im theoretischen Teil hergeleitet und im empirischen Kapitel nochmals deutlich gemacht werden, heute in einem engen Zusammenhang zu dem Vorhandensein von Kindern in der Familie. Verzichtet ein Familienmitglied zu Gunsten der Erziehung des Kindes oder der Kinder vollständig auf die Ausübung einer Erwerbstätigkeit, so erhöht sich das Armutsrisiko nicht nur durch die Möglichkeit, dass im Falle einer Arbeitslosigkeit des zweiten Ernährers überhaupt kein Erwerbseinkommen mehr vorhanden ist. In vielen Familien werden die finanziellen Aufwendungen unterschätzt, die ihnen durch das Aufwachsen von Kindern entstehen.

Finanzielle Hilfen

Das in der Bundesrepublik Deutschland vorhandene System von Transferleistungen, z. B. die laufende Hilfe zum Lebensunterhalt, einschließlich des Kindergeldes als Steuervergütung, hat zum Ziel, Einkommensungleichheiten zu kompensieren. Es leistet damit – vom Anspruch her – Armutsprävention, ausgerichtet vor allem auf die materiellen Ressourcen. Sowohl das Kindergeld als auch die laufende Hilfe zum Lebensunterhalt sind pfändungsfrei. Sie sollen auch bei Überschuldungen die Finanzierung des laufenden Lebensunterhalts gewährleisten. Ziel ist es, ein Leben selbstständig und eigenverantwortlich aus eigener Kraft – langfristig unabhängig von Transferleistungen – zu führen.

Zwar hat in den letzten Jahren eine Erhöhung des überwiegenden Anteils der Transferleistungen stattgefunden, so z. B. des Kindergeldes auf rund 300,- DM pro Kind/Monat. Notwendig, so die Nationale Armutskonferenz in der Bundesrepublik Deutschland (2001), sei zur Absicherung des sozio-kulturellen Existenzminimums ein für alle Kinder einheitliches Kindergeld in Höhe von 600,- DM.

Forderungen nach einer Veränderung des Kindesgeldes beziehen sich aber nicht nur auf die Höhe, sondern auch auf die Dynamik. Während Renten, Arbeitslosenunterstützung und Sozialhilfe sowie die Steuerfreibeträge von Kindern einer regelmäßigen Anpassung unterliegen, gilt dies nicht für das Kinder- und Erziehungsgeld. Hier ist eine Erhöhung in starkem Maße abhängig von politischen Entscheidungen und Überzeugungen. Eine Anpassung an die Lebenshaltungskosten besteht nicht.

Dieses heißt jedoch nicht, dass die laufende Hilfe zum Lebensunterhalt dem Existenzminimum von Kindern entspricht. Zuletzt hat das Bundesverfassungsgericht in seiner Entscheidung vom 10.10.1990 auf eine stärkere Berücksichtigung nicht nur des sächlichen, sondern auch des Betreuungs- und Erziehungsbedarfs von Kindern verwiesen. Noch immer werden Mitgliedschaften in Vereinen, das Erlernen und Erproben neuer Kommunikationsmöglichkeiten, der Zugang zu kulturellen und sprachlichen Fertigkeiten etc. nicht im Sozialhilfesatz eines Kindes berücksichtigt. Die eigenen empirischen Untersuchungen konnten hierzu zeigen, dass ein Großteil der Bezieherinnen und Bezieher laufender Hilfe zum Lebensunterhalt zwar nach der gängigen politischen Definition nicht mehr von Armut betroffen sind. Dies gilt jedoch nicht, betrachtet man diesen Personenkreis mittels des Ansatzes des äquivalenzgewichteten Durchschnitteinkommens, der Lebenslage oder der subjektiven Deprivation.

Folglich finden sich auch im Bundesarmutsbericht (Bundesministerium für Arbeit und Sozialordnung 2001, S. 239) Forderungen, den Familienlastenausgleich weiter auszubauen, wenngleich auch auf die Verbesserungen der wirtschaftlichen Situation von Arbeitnehmerinnen- und Arbeitnehmerfamilien seit dem Jahr 1990 hingewiesen wird:

- Durch die Anhebung der seit 1996 unveränderten Einkommensgrenzen und des Kinderzuschlags im Bundeserziehungsgeldgesetz können – je nach Familiengröße um 10 bis 24 % – mehr junge Familien ein erhöhtes Erziehungsgeld erhalten.
- Zur Verbesserung der Unterhaltssituation im Falle einer Trennung oder Scheidung wurde das Kinderunterhaltsrecht geändert, insbesondere für Alleinerziehende: Barunterhaltspflichtige Elternteile müssen nun ihren Kindergeldanteil für das Kind einsetzen, soweit sie weniger als 135 % des Regelbetrags nach der Regelbetrags-Verordnung zahlen.
- Die Bedarfssätze und Freibeträge wurden im Rahmen der Reform der Ausbildungsförderung um durchschnittlich 6 % erhöht. Gleichzeitig wurden die Unterschiede zwischen den alten und den neuen Bundesländern abgeschafft und das Kindergeld wird steuerlich nicht mehr beim Einkommen berücksichtigt.

Unterstützung von Familien darf aber nicht nur im Sinne monetärer Leistungen des Staates verstanden werden. Darüber hinaus muss es darum gehen, Familien stärker als bisher solche Bedingungen zur Verfügung zu stellen, die ihnen die Möglichkeit geben, selbstständig ihren Lebensunterhalt zu erwirtschaften. Neben dem Abbau der Arbeitslosigkeit zählt hierzu die Schaffung familienfreundlicherer Arbeitsbedingungen, ein ausreichendes Angebot an Teilzeitarbeitsplätzen sowie der Ausbau einer bedarfsgerechten Kinderbetreuung.

Familie und Beruf

Nicht nur die Einkommen, sondern auch die generellen Möglichkeiten von Müttern auf dem Arbeitsmarkt sind heute sehr eingeschränkt. Dies wirkt sich nicht nur negativ auf das in Familien erzielbare Einkommen aus, sondern betrifft vor allem Alleinerziehende. Die Analyse der Ergebnisse zum Bezug laufender Hilfe zum Lebensunterhalt hat gezeigt, dass Kinder unter 18 Jahren die größte Gruppe der Sozialhilfebezieherinnen und -bezieher ausmachen. Mehr als die Hälfte aller Kinder im Sozialhilfebezug wächst in Haushalten Alleinerziehender auf. Hinzu kommt eine Vielzahl an Personen, denen zwar laufende Hilfe zum Lebensunterhalt zustünde, die diese aber nicht in Anspruch nehmen.

Die schlechte Vereinbarkeit von Familie und Beruf ist heute noch immer in vielen Fällen dafür verantwortlich, dass mit der Geburt eines Kindes Familien in die Einkommensarmut geraten. Flexibilisierungen im gesetzgeberischen Rahmen haben zwar die Situation der Familie in den letzten Jahren zu verbessern versucht. So wurde mit der Novellierung der Elternzeit (Erziehungsurlaub) die Gestaltungsmöglichkeit von Eltern bei der Betreuung ihrer Kinder erweitert. Auch Väter haben erstmals einen Rechtsanspruch auf Teilzeitarbeit und können sich hierüber an den Erziehungsaufgaben beteiligen. Neu ist auch, dass beide Elternteile die Elternzeit jetzt parallel antreten können und gleichzeitig noch die Möglichkeit haben, während dieser Zeit einer Erwerbstätigkeit im Umfang von 30 Stunden in der Woche nachzugehen. In der Realität zeigt sich jedoch, dass von den neuen rechtlichen Möglichkeiten bislang nur sehr zögerlich Gebrauch gemacht wird. Neben den in vielen Familien noch immer vorhandenen traditionellen Rollenverständnissen wird diese Zurückhaltung unter anderem mit der Aktualität der Novellierung erklärt. Sie liegt erst wenige Monate zurück und hat die Situation, dass die Einkommen der Männer die der Frauen in der Regel übersteigen und mit der Kündigung der Frau häufig nur die geringeren Einkommensverluste in Kauf genommen werden, nicht verändert.

Eine wesentliche Voraussetzung, um eine Verbindung von Familie und Beruf umzusetzen, ist das Vorhalten und Funktionieren eines Kinderbetreuungssystems. Lange Zeit war es insbesondere für Mütter kleinerer Kinder, also vor dem Einsetzen der Schulpflicht des Kindes, sehr schwierig, eine Betreuung zu mobilisieren. Kinderhortplätze waren gefragt und ihre Anzahl der Nachfrage nicht angemessen. In diesen Fällen konnten dann nur verwandtschaftliche Arrangements die Betreuung und Versorgung des Kindes oder der Kinder während einer parallel existierenden Berufstätigkeit beider Elternteile übernehmen.

Erst vor wenigen Jahren hat eine Gesetzesänderung diesen Zustand geändert, der in den meisten Fällen zu Lasten der Frau in der Familie ging. Seit dem 1. Januar 1999 hat der Rechtsanspruch auf einen Kindergartenplatz für alle Kinder ab dem dritten Lebensjahr bis zum Eintritt in die Schule volle Gültigkeit. Betreuungslücken gibt es jedoch noch vor allem in den alten Bundesländern, hier insbesondere für die unter dreijährigen und über sechsjährigen Kinder. Außerdem besteht in den alten Bundesländern vielerorts noch ein Mangel an Ganztagsplätzen. Finanzielle Restriktionen sind dafür verantwortlich, dass die für den bedarfsgerechten Ausbau des Betreuungsangebotes zuständigen Länder und Kommunen den Rechtsanspruch nur mit nachgeordneter Priorität umsetzen. In den alten Bundesländern sind bislang nur 20 % aller Einrichtungen als Ganztagseinrichtungen konzipiert.

In den neuen Bundesländern besteht zwar ein flächendeckendes Angebot an Ganztagseinrichtungen, oft auch mit der Möglichkeit, dass die Kinder in diesen Einrichtungen zu Mittag essen.

Der Zustand dieser Einrichtungen wird in vielen Fällen aber als enorm „sanierungsbedürftig“ beschrieben (Nationale Armutskonferenz in der Bundesrepublik Deutschland 2001, S. 16).

10.3 Entwicklungstrends der Kinder- und Jugendarmut

Insbesondere die Folgen des Aufwachsens in Armut werfen die Frage auf, ob es auch in der Bundesrepublik Anzeichen dafür gibt, dass sich eine geschlossene und gesellschaftlich kaum noch integrierbare Randgruppe dauerhaft marginalisierter Jugendlicher herausbildet. Diese Fragestellung knüpft an die Diskussion in den USA über die sogenannte „underclass“ an, die nun auch in Deutschland aufgegriffen wird (Kronauer 1995). Hintergrund ist die wachsende Zahl von Menschen, die in den US-amerikanischen Großstadtgettos einen „Verelendungsprozess” erleiden, der sie zu einer sozial geschlossenen Gruppe der sozialen Unterschicht oder -klasse stempelt, die keinen Zugang mehr zum Sozialgefüge und Wertekanon der Gesamtgesellschaft hat. Als konstitutive Merkmale der „underclass” werden von Devine & Wright (1993) folgende Punkte aufgeführt:

- Personen, die in Innenstadtbezirken mit hoher Armutsrate und besonders chronischer Armut,
- einem hohen Maß an sozialer Isolation, Hoffnungslosigkeit und Anomie und
- einem hohen Niveau von antisozialen und dysfunktionalen Verhaltensmustern leben.

Keiner dieser Faktoren ist alleine ausreichend, um eine „underclass“ hervorzubringen. Eine „underclass” entsteht, wenn sie alle gleichzeitig wirken (Devine & Wright 1993, S. 82).

Legt man diese Kriterien an die bundesdeutsche Situation an, so kann zumindest weder zurzeit noch flächendeckend von einer „underclass“ im Kindes- und Jugendalter gesprochen werden. Zwar gibt es unübersehbare Hinweise auf eine ökonomische und sozialpsychische Deprivation im Kindes- und Jugendalter. Die Verhaltens- und die sozialökologische Dimension sind hingegen weit weniger klar einzuschätzen, so dass sich keine Hinweise auf die Herausbildung einer dauerhaft marginalisierten Gruppe ergeben, der ein eigenes Wertespektrum und Handel zugeordnet werden könnte. Es ist aber nicht zu leugnen, dass in einigen sozialen Brennpunkten bundesdeutscher Großstädte jugendliche Armutssubkulturen im Entstehen begriffen sind, die den Kriterien der „underclass“ nahe kommen. Dangschat (1996) weist aus stadtsoziologischer Perspektive auf diese Tendenzen hin. Die Konzentration von Jugendarmut in einzelnen Stadtvierteln bundesdeutscher Großstädte ist kaum noch aufzuhalten: Steigende Mieten und soziale Verdrängungsprozesse haben zu deutlich überproportionalen Armutsquoten in einzelnen Stadtteilen deutscher Großstädte geführt. Jugendarmut, Jugendarbeitslosigkeit und Perspektivlosigkeit paaren sich dann schnell mit kulturellen und räumlichen Ausschließungsprozessen. Die Ausbildung eines abweichenden Wertekanons ist unter diesen Bedingungen durchaus konsequent. Da Jugendliche in Armutsgebieten nicht die gleiche Chance für eine gesamtgesellschaftliche Integration bekommen, nutzen sie den Weg, sich wenigstens in der Quartiersnachbarschaft (möglichst ranghoch) zu etablieren.

Die eingangs schon angesprochene Scherenentwicklung in der Wohlstands- und Lebenslage hat die Ausprägung einer soziokulturell und oftmals auch sozialräumlich unterschiedlichen Lebenswelt für viele Kinder und Jugendliche zur Folge. Der wachsende Wohlstand in den letzten drei Jahrzehnten ermöglicht es auch heute der Mehrheit der Kinder und Jugendlichen, ein unbeschwertes und aufregendes Leben zu führen. Eine wachsende Minderheit aber sieht sich um so deutlicher von Wertemustern und Alltagskulturen der Gleichaltrigenmehrheit abgekoppelt. Hier deuten sich neue Spaltungslinien in der nachwachsenden Generation an, die bisher nur eine verschwindend kleine Gruppe betrafen, deren Größe heute jedoch deutlich zunimmt. Neue Quantitäten am Armuts- ebenso wie am Reichtumspol der sozialen Ungleichheit deuten auf eine neue, fragmentierte Qualität der Sozial- und Systemintegration hin. Dass das Aufwachsen im sozialen Abseits sukzessive auch das Wertegefüge der jungen Erwachsenen und langfristig das Erfahrungsspektrum der Gesamtgesellschaft verändert, ist naheliegend und verweist auf die Notwendigkeit, verstärkt Handlungsansätze und Maßnahmen gegen Armut zu initiieren.

Literatur

Achinger, H. (1959): Soziologie und Sozialreform, In: Soziologie und moderne Gesellschaft. Verhandlungen des 14. Deutschen Soziologentages. Stuttgart, S. 39-52.

Albrecht, G. (1969): Die Subkultur der Armut und die Entwicklungsproblematik. In: König, R. (Hg.): Aspekte der Entwicklungssoziologie. Sonderheft 13 der Kölner Zeitschrift für Soziologie und Sozialpsychologie. Köln/Opladen, S. 430-471.

Albrecht, G. (1970): Obdachlose in Köln. Köln.

Albrecht, P. A. (Hg.) (1990): Informalisierung des Rechts. Berlin.

Allerbeck, K. & Hoag, W. (1985): Jugend ohne Zukunft? Einstellungen, Umwelt, Lebensperspektiven. München/Zürich.

Allison, K.R., Adlaf, E.M. & Mates, D. (1997): Life strain, coping, and substance use among high school students. In: Addiction Research, 5, S. 251-272.

Andreß, H.-J. (1999): Leben in Armut – Analysen der Verhaltensweisen armer Haushalte mit Umfragedaten. Opladen/Wiesbaden.

Andreß, H.J. & Lipsmeier, G. (1995): Was gehört zum notwendigen Lebensstandard und wer kann ihn sich leisten? In: Aus Politik und Zeitgeschichte. Beilage zur Wochenzeitung Das Parlament. B 3/95. Bonn.

Andreß, H.-J. & Lipsmeier, G. (1998): Kosten von Kindern: Auswirkungen auf die Einkommensposition und den Lebensstandard der betroffenen Haushalte. In: Klocke, A. & Hurrelmann, K.: (Hg.): Kinder und Jugendliche in Armut – Umfang, Auswirkungen und Konsequenzen. Opladen, S. 26-50.

Andreß, H.J., Burkatzki, E., Lipsmeier, G., Salentin, K., Schulte, K. & Strengmann-Kuhn, W: (1996): Leben in Armut: Analysen der Verhaltensweisen armer Haushalte mit Umfragedaten. Endbericht des DFG-Projekts „Versorgungsstrategien privater Haushalte im unteren Einkommensbereich". Bielefeld.

Arbeitsgruppe „Präventive Jugendhilfe" (1994): Präventive Jugendhilfe. Ihre Adressaten als Potential für eine effektive Bewältigung psychosozialer Probleme. Sonderforschungsbereich Prävention und Intervention im Kindes- und Jugendalter, Preprint-Nr. 82. Bielefeld.

Arbeitsgruppe „Präventive Jugendhilfe" (1995): Zwischen Kundenorientierung und Fürsorge: Die Notwendigkeit einer stärkeren AdressatInnenorientierung in der Jugendhilfe. In: Neue Praxis, 2, S. 118-132.

Ausubel, D. P. (1976): Das Jugendalter. Fakten, Probleme, Theorie. München.

Baacke, D., Sander, U. & Vollbrecht, R. (1990): Lebenswelten sind Medienwelten. Band I: Lebenswelten Jugendlicher. Opladen.

Bacher, J. (1998): Einkommensarmut von Kindern und subjektives Wohlbefinden. Bestandsaufnahme und weiterführende Analysen. In: Mansel, J. & Neubauer, G. (Hg.): Armut und soziale Ungleichheit bei Kindern. Opladen, S. 173-189.

Bachmann, J. R., Johnston, L. D. & O'Malley, P. (1990): Explaining the recent decline in cocaine use among young adults. In: Journal of Health and Social Behavior, 31, S. 173-184.

Badura, B. & Gross, P. (1976): Sozialpolitische Perspektiven. Eine Einführung in die Grundlagen und Probleme sozialer Dienstleistungen. München.

Badura, B. & Pfaff, H. (1989): Streß, ein Modernisierungsrisiko? Mikro- und Makroaspekte soziologischer Belastungsforschung im Übergang zur postindustriellen Zivilisation. In: Kölner Zeitschrift für Soziologie und Sozialpsychologie, 41, S. 644-668.

Baethge, M. (1985): Individualisierung als Hoffnung und als Verhängnis. Aporien und Paradoxien der Adoleszenz in spätbürgerlichen Gesellschaften oder: die Bedrohung von Subjektivität. In: Soziale Welt, 3, S. 299-312.

Bailey, K.-D. (1973): Monothetic and Polythetic Typologies and their Relation to Conceptualization, Measurement and Scaling. In: American Sociological Review, 38, S. 18-33.

Bandura, A. (1979): Sozial-kognitive Lerntheorie. Stuttgart.

Barton, A.-H. (1955): The Concept of Property-Space in Social Research. In: Lazarsfeld, P. & Rosenberg, M. (Hg.): The language of social research. A reader in the methodology of social research. New York, 69-83.

Beck, U. (1983): Jenseits von Stand und Klasse? In: Kreckel, R. (Hg.): Soziale Welt Sonderband 2, S. 35-74.

Beck, U. (1986): Risikogesellschaft. Auf dem Weg in eine andere Moderne. Frankfurt a. M.

Becker, G. & Simon, T. (Hg.) (1995): Handbuch Aufsuchende Jugend- und Sozialarbeit. Weinheim/München.

Becker, H.-S. (1968): Through Values to Social Interpretation. Essays on Social Contexts, Actions, Types, and Prospects. New York (zuerst 1950, Durham/N.C.).

Becker, I. & Hauser, R. (Hg.) (1997): Einkommensverteilung und Armut. Deutschland auf dem Weg zur Vierfünftel-Gesellschaft? Frankfurt a. M.

Becker, I. (1997): Die Entwicklung von Einkommensverteilung und Einkommensarmut in den alten Bundesländern von 1962 bis 1988. In: Becker, I. & Hauser, R. (Hg.): Einkommensverteilung und Armut. Deutschland auf dem Weg zur Vierfünftel-Gesellschaft? Frankfurt a. M., S. 43-52.

Becker, I. (1999a): Zur Verteilungsentwicklung in den 80er und 90er Jahren – Teil 1: Veränderungen der personellen Einkommensverteilung. In: WSI-Mitteilungen 3/1999, S. 205-209.

Becker, I. (1999b): Zur Verteilungsentwicklung in den 80er und 90er Jahren – Teil 2: Zum Ausmaß der Vermögenskonzentration. In: WSI-Mitteilungen 5/1999, S. 331-342.

Becker, P. (1991): Theoretische Grundlagen. In: Abele, A. & Becker, P. (Hg.): Wohlbefinden: Theorie – Empirie – Diagnostik. Weinheim/München, S. 13-49.

Beck-Gernsheim, E. (1983): Vom 'Dasein für andere' zum Anspruch auf ein Stück 'eigenes Leben': Individualisierungsprozesse im weiblichen Lebenszusammenhang. In: Soziale Welt, 3, S. 307-340.

Beck-Gernsheim, E. (1994a): Auf dem Weg in die postfamiliale Familie. Von der Notgemeinschaft zur Wahlverwandtschaft. In: Beck, U. & Beck-Gernsheim, E. (Hg.): Riskante Freiheiten. Individualisierung in modernen Gesellschaften. Frankfurt a. M., S. 115-138.

Beck-Gernsheim, E. (1994b): Individualisierungstheorie. Veränderungen des Lebenslaufs in der Moderne. In: Keupp, H. (Hg.): Zugänge zum Subjekt. Perspektiven einer reflexiven Sozialpsychologie. Frankfurt a. M., 46, S. 125-146.

Beck-Gernsheim, E., (1999): Scheidung und Scheidungsfolgen. Soziologische und psychologische Perspektiven. In: Herlth, A., Brunner, E.J., Tyrell, H. & Kriz, J. (Hg.): Abschied von der Normalfamilie? Partnerschaft kontra Elternschaft. Heidelberg, S. 159-174.

Berger, P. A. (1987): Klassen und Klassifikationen. Zur neuen 'Unübersichtlichkeit' in der soziologischen Ungleichheitsdiskussion. In: Kölner Zeitschrift für Soziologie und Sozialpsychologie, 39, S. 59-85.

Berger, P. A. (1990): Ungleichheitsphasen. Stabilität und Instabilität als Aspekte ungleicher Lebenslagen. In: Berger, P.A. & Hradil, S. (Hg.): Lebenslagen, Lebensläufe, Lebensstile. Göttingen, S. 319-350.

Berger, P.A. & Vester, M. (Hg.) (1998): Alte Ungleichheiten – neue Spaltungen. Opladen.

Bernstein, B. (1967): Soziokulturelle Determinanten des Lernens. In: Weinert, F. (Hg.): Pädagogische Psychologie. Köln/Berlin, S. 346-371.

Bertram, H. (1978): Gesellschaft, Familie und moralisches Urteil. Weinheim.

Bieback, K.J. & Milz, H. (Hg.) (1995): Neue Armut. Frankfurt a. M./New York.

Bierhoff, H. W. (1993): Sozialpsychologie. 3. überarbeitete und erweiterte Auflage. Stuttgart/Berlin/Köln/Mainz.

Block, J., Block, J.H. & Keyes, S. (1988): Longitudinally foretelling drug usage in adolescence: Early childhood personality and environment precursors. In: Child Development, 52, S. 452-464.

Blossfeld, H.P. (1985): Berufseintritt und Berufsverlauf. Mitteilungen aus der Arbeitsmarkt- und Berufsforschung, 2, S. 177-197.

Bohle, H. (1983): Jugend und Lebenschancen: Bedingungen und Verarbeitungsmuster strukturell erschwerter Integration. In: Neue Praxis, 13, S. 235-255.

Böhnisch, L. (1995): Armut an den Grenzen der Wohlfahrtsgesellschaft. In: Kind, Jugend, Gesellschaft. Zeitschrift für Jugendschutz. 1, S. 13-24.

Böllert, K. (1995): Zwischen Intervention und Prävention. Eine andere Funktionsbestimmung Sozialer Arbeit. Neuwied.

Bolte, K.M. & Hradil, S. (1988): Soziale Ungleichheit in der Bundesrepublik Deutschland. Opladen.

Bolte, K.M. (1990): Strukturtypen sozialer Ungleichheit. In: Berger, P.A. & Hradil, S. (Hg.): Lebenslagen, Lebensläufe, Lebensstile. Soziale Welt, Sonderband 7, S. 27-50.

Bond, L. A. & Compas, B. E. (Hg.) (1989): Primary prevention and promotion in the schools. Newbury Park.

Bortz, J. (1999): Statistik für Sozialwissenschaftler. 5. Auflage. Berlin.

Bourdieu, P. & Passeron, J.-C. (1973): Grundlagen einer Theorie der symbolischen Gewalt. Kulturelle Reproduktion und soziale Reproduktion. Frankfurt a. M.

Bourdieu, P. (1982): Die feinen Unterschiede. Frankfurt a. M.

Bourdieu, P. (1983): Ökonomisches Kapital, kulturelles Kapital, soziales Kapital. In: Kreckel, R. (Hg.): Soziale Ungleichheiten, Sonderband 2, Soziale Welt. Göttingen, S. 183-198.

Bourdieu, P. (1992): Die verborgenen Mechanismen der Macht. Hamburg.

Bourdieu, P., Boltanski, L., de Saint Martin & Maldidier, P. (1981): Titel und Stelle: Über die Reproduktion sozialer Macht. Frankfurt a. M.

Brender, B. (1999): Zwischen individueller und struktureller Erklärung von Wohnungslosigkeit. In: Wohnungslos, 1, S. 27-32.

Breuer, M., Köhl, A., Nienhaus, G. & Richter, H. E. (1988): Die Psychosoziale Kontakt- und Beratungsstelle Laubach. Erfahrungen mit Beratung und Betreuung in einer ländlichen Region von 1982-1985. Schriftenreihe des Bundesministers für Jugend, Familie, Frauen und Gesundheit, Band 220. Stuttgart/Berlin/Köln/Mainz.

Brusten, M. & Hurrelmann, K. (1973) : Abweichendes Verhalten in der Schule. Eine Untersuchung zu Prozessen der Stigmatisierung. München.

Brusten, M. (1975): Prozesse der Kriminalisierung – Ergebnisse einer Analyse von Jugendamtsakten. In: Otto, H.-U. & Schneider, S. (Hg.): Gesellschaftliche Perspektiven der Sozialarbeit, Bd. 2, 3. Auflage. Neuwied/Berlin, S. 85-98.

Brusten, M. (1981): Die räumliche Verteilung von Armut. In: Brehm, S. S. & Brehm, J. W. (Hg.): Psychological reactance. A theory of freedom and control. New York.

Brusten, M. (1982): ‚Problemgruppen' und ihre Bedeutung für eine kommunale Sozialarbeit. In: L. Vaskovics (Hg.): Raumbezogenheit sozialer Probleme. Opladen, S. 182-199.

Buhr, P. (1995): Dynamik von Armut. Dauer und Bedeutung von Sozialhilfebezug. Opladen.

Bültemeier, C., Franzkowiak, P., Hildebrandt, H & Wenzel, E. (1984): Gesundheitskonzepte, Umgang mit dem Körper und positive Gesundheitsansätze bei 14- bis 20jährigen. Köln.

Bundesministerium für Arbeit und Sozialordnung (2001): Lebenslagen in Deutschland. Der erste Armuts- und Reichtumsbericht der Bundesregierung. Berlin

Bundesministerium für Arbeit und Sozialordnung (Hg.) (1999a): Grundinformationen und Daten zur Sozialhilfe. Bonn.

Bundesministerium für Arbeit und Sozialordnung (Hg.) (1999b): Konzept- und Umsetzungsstudie zur Vorbereitung des Armuts- und Reichtumsberichtes der Bundesregierung. Bonn.

Bundesministerium für Bildung, Wissenschaft, Forschung und Technologie (Hg.) (1998): Die wirtschaftliche und soziale Lage der Studierenden in der Bundesrepublik Deutschland. 15. Sozialerhebung des Deutschen Studentenwerks durchgeführt durch das HIS Hochschul-Informations-System. Bonn.

Bundesministerium für Familie und Senioren (Hg.) (1994): Familien und Familienpolitik im geeinten Deutschland. Zukunft des Humanvermögens. 5. Familienbericht. Bonn.

Bundesministerium für Jugend, Familie, Frauen und Gesundheit (Hg.) (1990): Achter Jugendbericht. Bericht über die Bestrebungen und Leistungen der Jugendhilfe. Deutscher Bundestag– Drucksache 11/6576. Bonn.

Bundeszentrale für gesundheitliche Aufklärung (Hg.) (1998): Die Drogenaffinität Jugendlicher in der Bundesrepublik Deutschland 1997. Eine Wiederholungsbefragung der Bundeszentrale für gesundheitliche Aufklärung. Köln.

Bundeszentrale für Politische Bildung (Hg.) (1994): Datenreport 1994. Bonn.

Cannon, W. B. (1914): The interrelations of emotions as suggested by recent physiological researchers. In: American Journal of Psychology, 25, S. 256-282.

Caplan, G. (1964): Principles of Preventive Psychiatry. London/New York.

Chassé, K.A. (1993): Kinder und Armut. In: Kind, Jugend, Gesellschaft, 38, 2, S. 37-41.

Clemenz, M., Combe, A., Beier, Ch., Lutzi, J. & Spangenberg, N. (1990): Soziale Krise, Institution und Familiendynamik. Opladen.

Coates, D. & Wortman, C.B. (1980): Depression maintenance and interpersonal control. In: Baum, A. & Singer, J. E. (Hg.): Advances in environmental psychology. 2. Hillsdale, N.J., S. 149-182.

Coates, T. J., Petersen, A. C. & Perry, C. S. (Hg.) (1982): Promoting adolescent health. New York.

Coleman, J. (1980): The Nature of Adolescence. New York.

Coleman, J. S. (1991): Grundlagen der Sozialtheorie. Band 1: Handlungen und Handlungssysteme. München.

Dahrendorf, R. (1994): Das Zerbrechen der Ligaturen und die Utopie der Weltbürgergesellschaft. In: Beck, U. & Beck-Gernsheim, E. (Hg.): Riskante Freiheiten. Individualisierung in modernen Gesellschaften. Frankfurt a. M., S. 421-436.

Dangschat, J.S. (1996): Du hast keine Chance, also nutze Sie! Arme Kinder und Jugendliche in benachteiligten Stadtteilen. In: Mansel, J. & Klocke, A. (Hg.): Die Jugend von heute. Selbstanspruch, Stigma und Wirklichkeit. Weinheim/München, S. 81-93.

Deimer, K. & Jaufmann, D. (1986): Nutzerpräferenzen und Erwartungen an sozialpolitische Träger – Staat, Wohlfahrtsverbände und Selbsthilfe aus der Sicht Betroffener. In: Soziale Sicherheit, 8/9, S. 238-244.

Deutsche Hauptstelle gegen die Suchtgefahren (Hg.) (1990): Jahrbuch Sucht '91. Hamburg.

Deutsche Shell (Hg.) (2000): Jugend 2000. 13. Shell Jugendstudie. Opladen.

Devine, J.A. & Wright, J.D. (1993): The Greatest of Evils. Urban Poverty and the American Underclass. New York.

Devine, J.A. & Wright, J.D. (1993): The Greatest of Evils. Urban Poverty and the American Underclass. New York.

Dietrich, G. (1993): Allgemeine Beratungspsychologie. Eine Einführung in die psychologische Theorie und Praxis der Beratung. Göttingen.

Dietz, B. (1997): Soziologie der Armut. Eine Einführung. Frankfurt a. M./New York.

Dietz, G.-U., Matt, E., Schumann, K. F. & Seus, L. (1997): „Lehre tut viel ... „: Berufsbildung, Lebensplanung und Delinquenz bei Arbeiterjugendlichen. Münster.

Dinh, K.T., Sarason, I.G., Peterson, A.V. & Onstad, L.E. (1995): Children's perceptions of smokers and nonsmokers: A longitudinal study. In: Health Psychology, 14, S. 32-40.

Döbert, R. & Nunner-Winkler, G. (1976) : Adoleszenzkrise, moralisches Bewußtsein und Wertorientierungen. In: Hurrelmann, K. (Hg.): Sozialisation und Lebenslauf. Empirie und Methodik sozialwissenschaftlicher Persönlichkeitsforschung. Reinbek, S. 171-185.

Döbert, R., Habermas, J. & Nunner-Winkler, G. (1977): Entwicklung des Ichs. Köln.

Döring, D., Hanesch, W. & Huster, E.-U. (Hg.)(1990): Armut im Wohlstand. Frankfurt a. M.

Ebel, H., Eickelpasch, R. & Kühne, E. (1984): Familie in der Gesellschaft. Gestalt, Standort, Funktion. Opladen.

Eckes, T. & Rossbach, H. (1980): Clusteranalysen. Berlin/Köln/Mainz.

Effinger, H. (1994): Soziale Arbeit als Kundendienst – Innovation oder Regression? In: Widersprüche, 52, S. 29-53.

Elliot, D. S., Huizinga, D. & Menaro, S. (1989): Multiple problem youth. New York.

Engel, U. & Hurrelmann, K. (1989): Psychosoziale Belastung im Jugendalter. Empirische Befunde zum Einfluß von Familie, Schule und Gleichaltrigengruppe. Berlin.

Engel, U. & Hurrelmann, K. (1992): Delinquency as a symptom of adolescents orientation toward status and success. In: Journal of Youth and Adolescence, 21, S. 119-138.

Engel, U. & Hurrelmann, K. (1994): Was Jugendliche wagen. Eine Längsschnittstudie über Drogenkonsum, Streßreaktionen und Delinquenz im Jugendalter. 2. Auflage. Weinheim/München.

Ennett, S. & Bauman, K. (1994): The contribution of influence and selection to adolescent peer group homogeneity: The case of adolescent cigarette smoking. In: Journal of Personality and Social Psychology, 67, S. 653-663.

Erikson, E. H. (1966): Identität und Lebenszyklus. Frankfurt a. M.

Euler, M. (1983): Genauigkeit von Einkommensangaben in Abhängigkeit von der Art der statistischen Erfassung. In: Wirtschaft und Statistik, 10, S. 813-818.

Fache, W. (1990): Youth counseling centers. In: Hurrelmann, K & Lösel, F. (Hg.): Health hazards in adolescence. Berlin, S. 512-528.

Fend, H. (1986): Selbstbezogene Kognitionen und institutionelle Bewertungsprozesse im Bildungswesen. In: Hurrelmann, K. (Hg.): Lebenslage, Lebensalter, Lebenszeit. Ausgewählte Beiträge aus den ersten 5 Jahrgängen der Zeitschrift für Sozialisationsforschung und Erziehungssoziologie. Weinheim/Basel, S. 60-79.

Ferber, C. von (1986): Wie hängen medizinische Behandlung und Gesundheitsselbsthilfe zusammen? In: Gross, R. (Hg.): Wege der Gesundheitsforschung. Berlin/Heidelberg, S. 288-317.

Ferchhoff, W. (1990): Jugendkulturen im 20. Jahrhundert. Von den sozialmilieuspezifischen Jugendsubkulturen zu den individualitätsbezogenen Jugendkulturen. Frankfurt a. M.

Ferchhoff, W. (1993): Jugend an der Wende des 20. Jahrhunderts. Lebensformen und Lebensstile. Opladen.

Filipp, S.H. (Hg.) (1990): Kritische Lebensereignisse. München.

Flammer, A. (1990): Erfahrung der eigenen Wirksamkeit. Bern.

Flick, U. (Hg.) (1990): Alltagswissen über Gesundheit und Krankheit. Heidelberg.

Flösser, G. (1994): Soziale Arbeit jenseits der Bürokratie. Über das Management des Sozialen. Neuwied/Kriftel/Berlin.

Franz, H. J. (1983): Bewältigung gesundheitsgefährdender Belastungen. Konstanz.

Franzkowiak, P. (1986): Risikoverhalten und Gesundheitsbewußtsein bei Jugendlichen. Berlin.

Friedrich-Ebert-Stiftung (Hg.) (1998): Verdeckte Armut in Deutschland. Eine Untersuchung durchgeführt durch das Institut für Sozialberichterstattung und Lebenslagenforschung (ISL). Frankfurt a. M.

Friedrichs, J. (1983): Methoden empirischer Sozialforschung. 11. Auflage. Opladen.

Fuchs, R. (2000): Entwicklungsbedingungen des Rauchverhaltens. In Leppin, A., Hurrelmann, K. & Petermann, H. (Hg.): Jugendliche und Alltagsdrogen. Neuwied, S. 95-113.

Fuchs, W. (1983): Jugendliche Statuspassage oder individualisierte Jugendbiographie. In: Soziale Welt, 3, S. 341-371.

Fürstenberg, F. (1965): Soziale Auswirkungen der Rationalisierung. Clausthal-Zellerfeld.

Gans, H.J. (1992): Über die positiven Funktionen der unwürdigen Armen. Zur Bedeutung der „underclass" in den USA. In: Leibfried, St. & Voges, W. (Hg.): Armut im modernen Wohlfahrtsstaat. Kölner Zeitschrift für Soziologie und Sozialpsychologie. Sonderband 32. Opladen, S. 48-62.

Garnefski, N. & Okma, S. (1996): Addiction-risk and aggressive/criminal behavior in adolescence: Influence of family, school and peers. In: Journal of Adolescence, 19, S. 503-512.

Gawlik, M., Krafft, E. & Seckinger, M. (1995): Jugendhilfe und sozialer Wandel. Die Lebenssituation Jugendlicher und der Aufbau der Jugendhilfe in Ostdeutschland, Weinheim/München.

Geiger, T. (1967): Die soziale Schichtung des deutschen Volkes. Stuttgart (zuerst 1932).

Geißler, H. (1976): Die neue soziale Frage. Freiburg.

Geißler, R. (1992): Die Sozialstruktur Deutschlands. Ein Studienbuch zur Entwicklung im geteilten und vereinten Deutschland. Opladen.

Geißler, R. (1996): Die Sozialstruktur Deutschlands. Zur gesellschaftlichen Entwicklung mit einer Zwischenbilanz zur Vereinigung. 2. Auflage Opladen.

Gerhardt, U. (1986): Patientenkarrieren. Eine medizinsoziologische Studie. Frankfurt a. M.

Gerhardt, U. (1991b): Gesellschaft und Gesundheit. Begründung der Medizinsoziologie. Frankfurt a. M.

Glatzer, W. & Hübinger, W. (1990): Lebenslagen und Armut. In: Döring, D., Hanesch, W. & Huster, E.-U. (Hg.): Armut im Wohlstand. Frankfurt a. M., S. 29-37.

Glatzer, W. & Zapf, W. (Hg.) (1984): Lebensqualität in der Bundesrepublik Deutschland. Objektive Lebensbedingungen und subjektives Wohlbefinden. Frankfurt a. M.

Goetze, D. (1992): „Culture of Poverty – Eine Spurensuche. In: Leibfried, St. & Voges, W. (Hg.): Armut im Wohlfahrtsstaat. Kölner Zeitschrift für Soziologie und Sozialpsychologie. Sonderband 32. Opladen, S. 88-103.

Goffman, E. (1975): Stigma. Über Techniken der Bewältigung beschädigter Identität. Frankfurt a. M.

Gross, P. & Honer, A. (1990): Multiple Elternschaften. Neue Reproduktionstechnologien, Individualisierungsprozesse und die Veränderung von Familienkonstellationen. In: Soziale Welt, 41, S. 97-116.

Gudjons, H. (2001): Pädagogisches Grundwissen. 7. Auflage. Bad Heilbronn/Obb.

Haan, N. (1981): Adolescents and young adults as producers of their development. In: Lerner, R. M. & Busch-Rossnagel, N.A. (Hg.): Individuals as producers of their development. A life span perspektive. New York, S. 161-182.

Habermas, J. (1981): Theorie des kommunikativen Handelns. Band 2. Frankfurt a. M.

Habermas, J. (1994): Individuierung durch Vergesellschaftung. In: Beck, U. & Beck-Gernsheim, E. (Hg.): Riskante Freiheiten. Individualisierung in modernen Gesellschaften. Frankfurt a. M., S. 437-446.

Hamann, B. (1988): Familie heute. Ihre Funktion und Aufgabe als gesellschaftliche und pädagogische Institution. Frankfurt a. M.

Hanesch, W. (1984): Umbau des Sozialstaats. Staatliche und kommunale Daseinsvorsorge auf dem Prüfstand. In: Archiv für Kommunalwissenschaft. Band 1, S. 7-16.

Hanesch, W. (1990): Unterversorgung im Bildungssystem: Das Beispiel berufliche Bildung. In: Döring, D. et al. (Hg.): Armut im Wohlstand. Frankfurt a. M., S. 185-204.

Hanesch, W. (Hg.) (1995): Sozialpolitische Strategien gegen Armut. Opladen.

Hanesch, W., Adamy, W., Martens, R., Rentzsch, D., Schneider, U., Schubert, U. & Wisskirchen, M. (1994): Armut in Deutschland. Der Armutsbericht des DGB und des Paritätischen Wohlfahrtsverbandes. Reinbek.

Hartmann, H. (1981): Sozialhilfebedürftigkeit und „Dunkelziffer der Armut". Bericht über das Forschungsprojekt zur Lage potentiell Sozialhilfeberechtigter. Bundesministerium für Jugend, Familie und Gesundheit. Band 98. Stuttgart/Berlin/Köln/Mainz.

Hauser, R. & Hübinger, W. (1993): Arme unter uns. Teil 1: Ergebnisse und Konsequenzen der Caritas-Armutsuntersuchung. Herausgegeben vom Deutschen Caritasverband. Freiburg.

Hauser, R. (1984): Armut im Wohlfahrtsstaat. In: Lampert, H. & Kühlewind, G. (Hg.): Das Sozialsystem der Bundesrepublik Deutschland. Bilanz und Perspektiven. Beiträge aus der Arbeitsmarkt- und Berufsforschung Band 83. Nürnberg.

Hauser, R. (1989): Entwicklungstendenzen der Armut in der Bundesrepublik Deutschland. In: Döring, D. & Hauser, R. (Hg.): Politische Kultur und Sozialpolitik. Frankfurt a. M., S. 117-145.

Hauser, R. (1989): Sozioökonomische Aspekte der Sozialhilfe. In: Kitterer, W. (Hg.): Sozialhilfe und Finanzausgleich. Heidelberg, S. 23-41.

Hauser, R. (1995): Das empirische Bild der Armut in der Bundesrepublik Deutschland – Ein Überblick. In: Aus Politik und Zeitgeschichte. Beilage zur Wochenzeitung Das Parlament. B 3/95. Bonn.

Hauser, R. (1997): Wächst die Armut in Deutschland? In: Müller, S. & Otto, U. (Hg.): Armut im Sozialstaat. Neuwied, S. 29-48.

Hauser, R., Cremer-Schäfer, H. & Nouvertne, U. (1981): Armut, Niedrigeinkommen und Unterversorgung in der Bundesrepublik. Frankfurt a. M.

Hauser, R., Hochmuth, U. & Schwarze, J. (1994): Mikroanalytische Grundlagen der Gesellschaftspolitik. Band 1: Ausgewählte Probleme und Lösungsansätze. Berlin.

Heath, A.C. & Madden, P.A. (1994): Genetic influences on smoking behavior. In: Turner, J. R., Cardon, L. R. & Hewitt, J. K. (Hg.): Behavior genetic applications in behavioral medicine research. New York.

Heitmeyer, W. & Hurrelmann, K. (1992): Sozialisations- und handlungstheoretische Ansätze in der Jugendforschung. In: Krüger, H.-H. (Hg.): Handbuch der Jugendforschung. 2. erweiterte und aktualisierte Auflage. Opladen, S. 109-134.

Heitmeyer, W. & Olk, T. (1990): Das Individualisierungs-Theorem. Bedeutung für die Vergesellschaftung von Jugendlichen. In: Heitmeyer, W. & Olk, T. (Hg.): Individualisierung von Jugend. Gesellschaftliche Prozesse, subjektive Verarbeitungsformen, jugendpolitische Konsequenzen. Weinheim/München, S. 11-35.

Helsper, W. (1992): Jugend und Schule. In: Krüger, H.-H. (Hg.): Handbuch der Jugendforschung. 2. erweiterte und aktualisierte Auflage. Opladen, S. 351-382.

Herriger, N. (1986): Präventives Handeln und soziale Praxis – Konzepte zur Verhütung abweichenden Verhaltens von Kindern und Jugendlichen. Weinheim/München.

Herriger, N. (1991): Empowerment – Annäherungen an ein neues Fortschrittsprogramm der sozialen Arbeit. In: Neue Praxis, 3, 221-230.

Hess, H. & Mechler, A. (1973): Ghetto ohne Mauern. Ein Bericht aus der Unterschicht. Frankfurt a. M.

Hitzler, R. & Honer, A. (1994): Bastelexistenz. Über subjektive Konsequenzen der Individualisierung. In: Beck, U. & Beck-Gernsheim, E. (Hg.): Riskante Freiheiten. Individualisierung in modernen Gesellschaften. Frankfurt a. M., S. 307-315.

Hoffmann, C. (1990): Jugendberatung in der Bundesrepublik Deutschland. Bad Heilbrunn.

Höger, C. (1985): Inanspruchnahme Psychosozialer Einrichtungen für Kinder und Jugendliche in Niedersachsen. Ergebnisse einer Untersuchung. In: Lempp, R. & Veltin, A. (Hg.): Kinder- und Jugendpsychiatrie – eine Bestandsaufnahme. Köln, S. 136-146.

Höger, C. (1991): Erziehungsberatungsstellen im Kontext ambulanter psychosozialer Hilfen für Kinder und Jugendliche. In: Presting, G. (Hg.): Erziehungs- und Familienberatung. Weinheim, S. 49-92.

Höger, C., Quistorp, S., Bahr, J. & Breull, A. (1984): Inanspruchnahme von Erziehungsberatungsstellen und kinderpsychiatrischen Polikliniken im Vergleich. In: Praxis der Kinderpsychologie und Kinderpsychiatrie, 33, S. 264-271.

Holler, B. & Hurrelmann, K. (1990): Gesundheitliche Beschwerden und soziales Netzwerk bei Jugendlichen. In: Seiffge-Krenke, I. (Hg.): Krankheitsbearbeitung bei Kindern und Jugendlichen. Berlin, S. 59-79.

Holly, A., Türk, D., Nelson, C.B., Pfister, H. & Wittchen, H.U. (1997): Prävalenz von Alkoholkonsum, Alkoholmißbrauch und -abhängigkeit bei Jugendlichen und jungen Erwachsenen. In: Zeitschrift für Klinische Psychologie, 26, S. 171-178.

Holtappels, H. G. (1994): Ganztagsschule und Schulöffnung. Perspektiven für die Schulentwicklung. Weinheim/München.

Holtappels, H.G. (1994): Ganztagsschule und Schulöffnung. Perspektiven für die Schulentwicklung. Weinheim/München.

Honer, A. (1993): Lebensweltliche Ethnographie. Ein explorativ-interpretativer Forschungsansatz am Beispiel von Heimwerker-Wissen. Wiesbaden.

Hornstein, W. (1990): Aufwachsen mit Widersprüchen – Jugendsituation und Schule heute: Rahmenbedingungen – Problemkonstellationen – Zukunftsperspektiven. Stuttgart.

Hornung, R., Schmidtchen, G. & Scholl-Schaaf, G. (1984): Drogen in Zürich. Bern.

Hradil, S. (1983): Die Ungleichheit der sozialen Lage. In: Kreckel, R. (Hg.): Soziale Ungleichheiten. Soziale Welt, Sonderband 2, S. 101-118.

Hradil, S. (1985): Sozialstruktur im Umbruch. Opladen.

Hradil, S. (1987): Soziale Schichtung und Arbeitssituation. In: Geißler, R. (Hg.): Soziale Schichtung und Lebenschancen. Stuttgart, S. 25-49.

Hradil, S. (1987a): Sozialstrukturanalyse in einer fortgeschrittenen Gesellschaft. Opladen.

Hradil, S. (1987b): Die „neuen sozialen Ungleichheiten und wie man mit ihnen (nicht) theoretisch zurechtkommt. In: Giesen, B. & Haferkamp, H. (Hg.): Soziologie der sozialen Ungleichheit. Opladen, S. 115-144.

Hübinger, W. (1989): Zur Lebenslage und Lebensqualität von Sozialhilfeempfängern. Eine theoretische und empirische Armutsuntersuchung. In: SF, 38, S. 172-180.

Hübinger, W. (1996): Prekärer Wohlstand. Neue Befunde zur Armut und sozialen Ungleichheit. Freiburg.

Hurrelmann, K. & Hesse, S. (1991a): Drogenkonsum als problematische Form der Lebensbewältigung. In: Sucht, 37, S. 240-252.

Hurrelmann, K. & Palentien, C. (1993a): Psychosoziale und medizinische Versorgung Jugendlicher. In: Gesundheitswesen, 56, S. 537-542.

Hurrelmann, K. & Palentien, C. (1993b): Ansprechpartner für Jugendliche: Ärzte beliebter als Psychologen. In: Deutsches Ärzteblatt, 19, S. 1420-1422.

Hurrelmann, K. & Palentien, C. (1995): Ganztagsschule als bildungspolitische Aufgabe in Ost- und Westdeutschland. In: Melzer, W. & Sandfuchs, U. (Hg.): Schulreform in der Mitte der 90er Jahre. Strukturwandel und Debatten um die Entwicklung des Schulsystems in Ost- und Westdeutschland. Opladen, S. 103-117.

Hurrelmann, K. & Ulich, D. (Hg.) (1982): Handbuch der Sozialisationsforschung. 2. Auflage. Weinheim/Basel.

Hurrelmann, K. & Wolf, H. K. (1986): Schulerfolg und Schulversagen im Jugendalter. Fallanalysen von Bildungslaufbahnen. Weinheim/München.

Hurrelmann, K. (1983): Das Modell des produktiv realitätsverarbeitenden Subjekts in der Sozialisationsforschung. In: Zeitschrift für Sozialisationsforschung und Erziehungssoziologie, 3, S. 91-103.

Hurrelmann, K. (1988): Social structure and personality development. The individual as a productive processor of reality. Cambridge.

Hurrelmann, K. (1989): Warteschleifen. Keine Berufs- und Zukunftsperspektiven für Jugendliche? Weinheim/Basel.

Hurrelmann, K. (1990): Plädoyer für mehr Ganztagsschulen. In: Pädagogik, 5, S. 39 - 43.

Hurrelmann, K. (1990a): Einführung in die Sozialisationstheorie. Über den Zusammenhang von Sozialstruktur und Persönlichkeit. 3. unveränderte Auflage. Weinheim/Basel.

Hurrelmann, K. (1990b): Familienstreß, Schulstreß, Freizeitstreß: Gesundheitsförderung für Kinder und Jugendliche. Weinheim/Basel.

Hurrelmann, K. (1991b): Autonome Schulen – „gute" und „gesunde" Schulen? In: Bildung und Erziehung, 4, S. 437-451.

Hurrelmann, K., Mürmann, M. & Wissinger, J. (1986): Persönlichkeitsentwicklung als produktive Realitätsverarbeitung. In: Zeitschrift für Sozialisationsforschung und Erziehungssoziologie, 6, S. 91-109.

Hurrelmann, K., Rosewitz, B. & Wolf, H. K. (1985): Lebensphase Jugend. Eine Einführung in die sozialwissenschaftliche Jugendforschung. Weinheim/München.

Huster, E.-U. (1997): Einkommensverteilung und hohe Einkommen in Deutschland. In: Huster, E.-U. (Hg.): Reichtum in Deutschland. Die Gewinner in der sozialen Polarisierung. Frankfurt a. M., S. 32-47.

Jackson, C. (1997): Initial and experimental stages of tobacco and alcohol use during late childhood: Relation to peer, parent, and personal risk factors. In: Addictive Behaviors, 22, S. 685-698.

Japp, K. P. (1983): Neue soziale Bewegungen und die Kontinuität der Moderne. In: Soziale Welt. Sonderband 4, S. 311-333.

Jessor, R. & Jessor, S.L. (1977): Problem behavior and psychological development. New York.

Jessor, R., Donovan, E. J. & Costa, F.M. (1991): Beyond adolescence. New York.

Joas, H. (1991): Rollen- und Interaktionstheorien in der Sozialisationsforschung. In: Hurrelmann, K. & Ulich, D. (Hg.): Neues Handbuch der Sozialisationsforschung. 4. völlig neu-bearbeitete Auflage. Weinheim/Basel, S. 137-152.

Joos, M. (1997): Armutsentwicklung und familiale Armutsrisiken von Kindern in den neuen und alten Bundesländern. In: Otto, U. (Hg.). Aufwachsen in Armut. Erfahrungswelten und soziale Lagen von Kindern armer Familien. Opladen.

Jordan, E. & Sengling, D. (1992): Jugendhilfe. Einführung in Geschichte und Handlungsfelder, Organisationsformen und gesellschaftliche Problemlagen. Weinheim/München.

Jugendwerk der Deutschen Shell (Hg.) (1981): Jugend '81. Lebensentwürfe, Alltagskulturen, Zukunftsbilder. 3 Bände. Hamburg.

Jugendwerk der Deutschen Shell (Hg.) (1992): Jugend '92. Opladen.

Jüttemann, G. (Hg.) (1987): Qualitative Forschung in der Psychologie. Grundfragen, Verfahrensweisen, Anwendungsfelder. 2. Auflage. Heidelberg.

Kaiser, G. (1977): Jugendkriminalität. Weinheim.

Kangas, O. & Ritakallio, V.-M. (1998): Different methods – different results? Approaches to multidimensional poverty. In: Andreß, H.-J. (Hg.): Empirical poverty research in a comparative perspective. Aldershut, S. 167-203.

Kaprio, J., Koskenvio, M. Langinvainio, H., Romanov, K., Sarna, S. & Rose, R.J. (1987): Genetic influences on use and abuse of alcohol: Study of 5638 adult Finnish twin brothers. In: Alcoholism: Clinical and Experimental Research, 11, S. 349-356.

Kaufmann, F. X. (1982): Elemente einer soziologischen Theorie sozialpolitischer Interventionen, In: Badura, B., Ferber, C. von, Kaufmann, F.X., Pankoke, E., Thiemeyer, T. (Hg.): Staatliche Sozialpolitik und Familie. München/Wien, S. 49-86.

Kaufmann, F.X. (1979): Bürgernahe Sozialpolitik. Planung, Organisation und Vermittlung sozialer Leistung auf kommunaler Ebene. Frankfurt a. M.

Kelle, U. & Kluge, S. (1999): Vom Einzelfall zum Typus. Fallvergleich und Fallkontrastierung in der qualitativen Sozialforschung. Opladen.

Kelley, H. H. (1972): Causal schemata and the attribution process. Morristown.

King, A., Wold, B., Tudor-Smith, C. & Harel, Y. (Hg.) (1996): The Health of Youth. A Cross National Survey. WHO Regional Publications, European Series, No. 69. Kopenhagen.

Klein, T. & Zimmermann, G. E. (1991): Zur ökonomischen Mobilität von Individuen und Familien: Determinanten und Armutsrisiken. In: Rendtel, U. & Wager, G. (Hg.): Lebenslagen im Wandel: Zur Einkommensdynamik in Deutschland seit 1984. Franfurt a. M., S. 437-456.

Klein, Th. (1987): Determinanten der sozialen Lage: Arbeitsmarkt versus Familie. In: Zeitschrift für Soziologie, 4, S. 254-271.

Klein, Th. (1987): Sozialer Abstieg und Verarmung von Familien durch Arbeitslosigkeit. Frankfurt a. M./New York.

Klocke, A. & Hurrelmann, K. (1995): Armut und Gesundheit. Inwieweit sind Kinder und Jugendliche betroffen? In: Zeitschrift für Gesundheitswissenschaften, 3, 59-68.

Klocke, A. & Hurrelmann, K. (Hg.) (1998): Kinder und Jugendliche in Armut. Umfang, Auswirkungen und Konsequenzen. Opladen.

Klocke, A. (1994): Gesundheit im Schulalter. Ergebnisbericht der Studie „Health Behaviour in School-Aged Children" A WHO Cross-National Survey (HBSC). Sonderforschungsbereich 227, Preprint Nr. 91. Universität Bielefeld.

Klocke, A. (1995): Der Einfluß sozialer Ungleichheit auf das Ernährungsverhalten im Kindes- und Jugendalter. In: Barlösius, E., Feichtinger, E. & Köhler, B.-M. (Hg.): Ernährung in der Armut. Gesundheitliche, soziale und kulturelle Folgen in der Bundesrepublik Deutschland. Berlin, S. 68-79.

Klocke, A. (1996): Aufwachsen in Armut. Auswirkungen und Bewältigungsformen der Armut im Kindes- und Jugendalter. In: Zeitschrift für Sozialisationsforschung und Erziehungssoziologie, 16, Heft 4/96.

Kolip, P. (1993): Freundschaften im Jugendalter. Der Beitrag sozialer Netzwerke zur Problembewältigung. Weinheim/München.

Kolip, P. (2000): Tabak- und Alkoholkonsum bei Jugendlichen: Entwicklungstrends, Prävalenzen und Konsummuster in den alten Bundesländern. In: Leppin, A., Hurrelmann, K. & Petermann, H. (Hg.): Jugendliche und Alltagsdrogen. Neuwied, S. 24-44.

Kollehn, K. & Weber, N. H. (Hg.) (1985): Der drogengefährdete Schüler. Düsseldorf.

Kölling, A. (1999): Armutsmaße für die Bundesrepublik Deutschland. Berechnungen mit Daten des Europäischen Haushaltspanels. In: Wirtschaft und Statistik, 6, S. 479-495.

Könen, R. (1990): Wohnungsnot und Obdachlosigkeit im Sozialstaat. Frankfurt a. M.

Kortmann, K. & Stubig, H.-J. (1999): Analyse niedriger Einkommen. In: Bundesarbeitsblatt, 6, S. 10-17.

Kortmann, K. (1976): Zur Armutsdiskussion in der Bundesrepublik Deutschland. Kritischer Vergleich vorgelegter Studien und Berechnungen auf der Grundlage des Bundessozialhilfegesetzes. In: NDV, Jg. 56, S. 144-149.

Kortmann, K. (1978): Probleme der Armut im Sozialstaat. In: Pfaff, M. & Voigtländer, H. (Hg.): Sozialpolitik im Wandel. Bonn, S. 127-144

Krappmann, L. (1991): Sozialisation in der Gruppe der Gleichaltrigen. In: Hurrelmann, K. & Ulich, D. (Hg.): Neues Handbuch der Sozialisationsforschung. 4. völlig neubearbeitete Auflage. Weinheim/Basel, S. 355-375.

Krause Jacob, M. (1993): Hilfesuche im Versorgungsnetz aus der Sicht von KlientInnen. In: Bergold, J. B. & Filsinger, D. (Hg.): Vernetzung psychosozialer Dienste. Theoretische und empirische Studien über stadtteilbezogene Krisenintervention und ambulante Psychiatrie. Weinheim/München, S. 183-205.

Krause, P. & Wagner, G. (1997): Einkommens-Reichtum und Einkommens-Armut in Deutschland. In: Huster, E.-U. (Hg.): Reichtum in Deutschland. Die Gewinner in der sozialen Polarisierung. Frankfurt a. M., S. 65-87.

Kreckel, R. (Hg.) (1983): Soziale Ungleichheiten. Göttingen.

Kreft, D. & Lukas, H. (1990): Perspektivenwandel der Jugendhilfe. Nürnberg.

Kreppner, K. (1991): Sozialisation in der Familie. In: Hurrelmann, K. & Ulich, D. (Hg.): Handbuch der Sozialisationsforschung. Weinheim/Basel, S. 321-333.

Kronauer, M. & Vogel, B. (1998): Spaltet Arbeitslosigkeit die Gesellschaft? In: Berger, P.A. & Vester, M. (Hg.): Alte Ungleichheiten – neue Spaltungen. Opladen, S. 333-350.

Kronauer, M. (1995): Massenarbeitslosigkeit in Westeuropa: Die Entstehung einer neuen „Underclass“? In: Soziologisches Forschungsinstitut (Hg.): Im Zeichen des Umbruchs. Beiträge zu einer anderen Standortdebatte. Opladen, S. 197-214.

Krüger, H.-H. & Thole, W. (1992): Jugend, Freizeit und Medien. In: Krüger, H.-H. (Hg.): Handbuch der Jugendforschung. 2. erweiterte und aktualisierte Auflage. Opladen, S. 447-472.

Kühn, D. (1995): Neue Steuerungsmodelle der Sozialverwaltung – Chancen und Gefahren. In: Neue Praxis, 4, S. 340-349.

Kührt, P. (1982): Das Armutssyndrom. Die Entstehung und Verfestigung von Sozialhilfebedürftigkeit in der Bundesrepublik. Weinheim/Basel.

Laaser, U. & Hurrelmann, K. (1998): Gesundheitsförderung und Krankheitsprävention. In: Hurrelmann, K. & Laaser, U. (Hg.): Handbuch Gesundheitswissenschaften. Weinheim, S. 395-424.

Laaser, U., Sassen, G., Murza, G. & Sabo, P. (Hg.) (1987): Prävention und Gesundheitserziehung. Heidelberg.

Landua, D. & Habich, R. (1994): Problemgruppen der Sozialpolitik im vereinten Deutschland. In: Aus Politik und Zeitgeschichte. Beilage zur Wochenzeitung Das Parlament, B3/94, S. 3-14.

Lange, E. (2000): Jugendkonsum im Wandel. Konsummuster, Freizeitverhalten, Lebensstile und Kaufsucht 1990 und 1996. Opladen.

Lazarsfeld, P. (1937): Some Remarks on the Typological Procedures in Social Research. In: Zeitschrift für Sozialforschung, VI, S. 119-139.

Lazarsfeld, P.-F. & Barton, A.-H. (1951): Qualitative Measurement in the Social Sciences. Classification, Typologies, and Indices. In: Lerner, D. & Lasswell, H.-D. (Hg.): The Policy Sciences, S. 155-192.

Lazarus, R. S. & Launier, R. (1981): Streßbezogene Transaktionen zwischen Person und Umwelt. In: Nitsch, J. (Hg.): Stress. Theorien, Untersuchungen, Maßnahmen. Bern/Stuttgart/Wien, S. 213-258.

Lazarus, R.S. (1966): Psychological stress and the coping process. New York.

Lehtinen, V. & Väisänen, E. (1978): Attitudes towards mental illness and utilization of psychiatric treatment. In: Social Psychology, 13, S. 63-68.

Leibfried, St., Leisering, L., Buhr, P., Ludwig, M., Mädje, E., Olk, T., Voges, W. & Zwick, M. (1995): Zeit der Armut. Lebensläufe im Sozialstaat. Frankfurt a. M./New York.

Leisering, L. (1994): Dynamische Armutsforschung. Vom Wandel der Armut und des Umgangs mit ihr. In: Theorie und Praxis der sozialen Arbeit, 45, S. 282-290.

Leppin, A. (1994): Bedingungen des Gesundheitsverhaltens. Risikowahrnehmung und persönliche Ressourcen. Weinheim/München.

Leppin, A. (1995): Gesundheitsförderung in der Schule. In: Kolip, P., Hurrelmann, K. & Schnabel, P.E. (Hg.), Jugend und Gesundheit. Interventionsfelder und Präventionsbereiche. Weinheim, S. 235-250.

Leppin, A. (2000): Alkoholkonsum und Alkoholmißbrauch bei Jugendlichen: Entwicklungsprozesse und Determinanten. In: A. Leppin, K. Hurrelmann & H. Petermann (Hg.): Jugendliche und Alltagsdrogen. Neuwied, S. 64-94.

Leppin, A. (2000): Jugendliche und Alltagsdrogen. Konsum und Perspektiven der Prävention. Neuwied/Kriftel/Berlin.

Leppin, A. (2001): Wem nützen schulische Gesundheitsförderungsprogramme? Zur Bedeutung personaler und sozialer Ressourcen für die Wirksamkeit eines schulischen Kompetenzförderungsprogramms. Bern.

Leppin, A., Hurrelmann, K. & Petermann, H. (Hg.) (2000): Jugendliche und Alltagsdrogen. Konsum und Perspektiven der Prävention. Neuwied.

Levy-Simon, B. (1994): The Empowerment Tradition in American Social Work. A History. New York.

Lewis, O. (1966): The Culture of Poverty. In: Scientific American, 215, S. 19-25.

Lewis, O. (1968): The Culture of Poverty. In: Moynihan, D. P. (Hg.): On Understanding Poverty. New York/London, S. 187-200.

Lewis, O. (1970): The Culture of Poverty. In: Lewis, O. (Hg.): Antroprological Essays. New York, S. 9-16.

Lieb, R., Schuster, P., Pfister, H., Fuetsch, M., Hoefler, M., Isensee, B., Müller, N., Sonntag, H. & Wittchen, H.-U. (2000): Epidemiologie des Konsums, Mißbrauchs und der Abhängigkeit von legalen und illegalen Drogen bei Jugendlichen und jungen Erwachsenen: Die prospektiv-longitudinale Verlaufsstudie EDSP. In: Sucht, 46, S. 18-31.

Liebers, G. (1991): Belegungsbindungen – Verwaltete Wohnungsnot. Frankfurt a. M.

Lipman, E., Offord, D. & Boyle, M. (1994): Relation between economic disadvantage and psychosocial morbidity in children. In: Canadian Medical Association Journal, 151, S. 431-437.

Lipsmeier, G. (1995): Zur Messung von Armut. Das Konzept der subjektiven Deprivation. Eine empirische Betrachtung mit Umfragedaten. Bielefeld.

Long, J.V.F. & Vaillant, G.E. (1984): Natural history of male psychological health, XI: Excape from the underclass. In: American Journal of Psychiatry, 141, S. 341-346.

Lorin, R.P. & Fellner, R.D. (1986): Research on psychotherapy with the disadvantaged. In: Garfield, S. L., Bergin, A. E. (Hg.): Handbook of psychotherapy and behavior change. New York, S. 739-776.

Luck, J. (1946): The War on Malnutrition and Poverty. New York.

Ludwig, H. (1993): Entstehung und Entwicklung der modernen Ganztagsschule in Deutschland. Band 2: Die Entwicklung der modernen Ganztagsschule in Deutschland nach dem Ende des 2. Weltkriegs bis zur Gegenwart (1946-1990). Köln.

Ludwig, H. (1993): Entstehung und Entwicklung der modernen Ganztagsschule in Deutschland. Band 2: Die Entwicklung der modernen Ganztagsschule in Deutschland nach dem Ende des 2. Weltkriegs bis zur Gegenwart (1946 - 1990). Köln.

Ludwig, M., Leisering, L. & Buhr, P. (1995): Armut verstehen. Beobachtungen vor dem Hintergrund der Bremer Langzeitstudie. In: Aus Politik und Zeitgeschichte. Beilage zur Wochenzeitung Das Parlament. B3/95, S. 32-42.

Lüscher, K, Schultheis, F, & Wehrspaun (Hg.) (1988): Die „postmoderne" Familie. Familiale Strategien und Familienpolitik im Übergang. Konstanz.

Mack, J. & Lansley, St. (1985): Poor Britain. London.

Mansel, J. & Hurrelmann, K. (1989): Emotionale Anspannung als Reaktion auf Leistungsschwierigkeiten. Stabilität und Veränderung von psychosozialer Belastung während der schulischen Ausbildung. In: Zeitschrift für Sozialisationsforschung und Erziehungssoziologie, 4, S. 285-304.

Mansel, J. & Hurrelmann, K. (1991): Alltagsstreß bei Jugendlichen. Eine Untersuchung über Lebenschancen, Lebensrisiken und psychosoziale Befindlichkeiten im Statusübergang. Weinheim/München.

Mansel, J. & Hurrelmann, K. (1992): Belastungen Jugendlicher bei Statusübergängen. Eine Längsschnittstudie zu psychosomatischen Folgen beruflicher Veränderungen. In: Zeitschrift für Soziologie, 5, S. 366-384.

Mansel, J. & Hurrelmann, K. (1994): Außen- und innengerichtete Formen der Problemverarbeitung Jugendlicher. Aggressivität und psychosomatische Beschwerden. In: Soziale Welt, 45, S. 147-179.

Mansel, J. & Palentien, C. (1997): Vererbung von Statuspositionen. Eine Legende aus vergangenen Zeiten? In: Berger, P.A. & Vester, M. (Hg.): Alte und neue Ungleichheiten (in postindustriellen Gesellschaften), S. 231-251.

Markert, A. (2000): Kinder- und Jugendhilfe und kommunale Armutsprävention. Beitrag zur Expertise zum 7. Kinder- und Jugendbericht der Landesregierung NRW. Düsseldorf.

Marx, K. (1969): Das Kapital. Kritik der politischen Ökonomie. Erster Band 6. Auflage. Stuttgart.

Mayer, A. (1995): Prävention. Definition, Entwicklung, Organisation. Regensburg.

Mayer, K.U. & Müller, W. (1994): Individualisierung und Standardisierung im Strukturwandel der Moderne. Lebensverläufe im Wohlfahrtsstaat. In: Beck, U. & Beck-Gernsheim, E. (Hg.): Riskante Freiheiten. Individualisierung in modernen Gesellschaften. Frankfurt a. M., S. 265-295.

Mead, G. H. (1934): Mind, Self and Society. Chicago.

Mead, G. H. (1968): Geist, Identität und Gesellschaft. Frankfurt a. M.

Melzer, W. & Sünker, H. (Hg.) (1989): Wohl und Wehe der Kinder. Weinheim/Basel.

Merchel, J. (1994): Kooperative Jugendhilfeplanung. Opladen.

Miller, S. M. (1964): The amercian lower classes: A typological approach. In: Riessman, F. et al. (Hg.): Mental health of the poor. New York, S. 234-255.

Millstein, S. G. (1988): The potential of school-linked centers to promote adolescent health and development. Washington.

Millstein, S. G. (1989): Adolescent health. Challenges for behavioral scientists. In: American Psychologist, 5, S. 837-842.

Mincer, J. (1974): Schooling, Experience, and Earnings. New York.

Mollenhauer, K., Brumlik, M. & Wudtke, H. (1975): Die Familienerziehung. München.

Moriarty, A. & Toussieng, M. D. (1980): Adolescent coping. New York.

Mrazek, J. (1987): Das Gesundheitskonzept von Jugendlichen. In: Allmer, H. & Schulz, N. (Hg.): Gesundheitserziehung. Brennpunkte der Sportwissenschaft, S. 83-103.

Muffels, R.J.A. (1993): Deprivations standards and style of living indices. In: Bergham, J. & Cantillon, B. (Hg.): The Europpean face of social security. Essays in the honour of Herman Deleeck. Aldershut.

Muffels, R.J.A. (1993): Welfare economic effects of social security. Essay on poverty, social security and labour market: evidence from panel data. Tilburg.

Müller, H. (2000): Zum Drogenkonsum bei der Schuljugend in den neuen Bundesländern. In: Leppin, A., Hurrelmann, K. & H. Petermann (Hg.): Jugendliche und Alltagsdrogen. Neuwied, S. 45-61.

Nationale Armutskonferenz in der Bundesrepublik Deutschland (Hg.): Sozialpolitische Bilanz. Armut von Kindern und Jugendlichen. Stuttgart.

Naudascher, B. (1978): Jugend und Peer Group. Die pädagogische Bedeutung der Gleichaltrigen im Alter von zwölf bis sechzehn Jahren. Bad Heilbrunn.

Nave-Herz, R. (1988): Kinderlose Ehen. Eine empirische Studie über die Lebenssituation kinderloser Ehepaare und die Gründe für ihre Kinderlosigkeit. Weinheim/München.

Neidhardt, F. (1966): Die Familie in Deutschland. Gesellschaftliche Stellung, Struktur und Funktion. Opladen.

Nestmann, F. (1988): Die alltäglichen Helfer. Theorien sozialer Unterstützung und eine Untersuchung alltäglicher Helfer aus vier Dienstleistungsberufen. Berlin/New York.

Neubauer, G. (1990): Jugendphase und Sexualität. Stuttgart.

Neumann, U. & Mertz, M. (1998): Verdeckte Armut in Deutschland. Frankfurt a. M.

Neumann, U. (1999): Struktur und Dynamik von Armut. Freiburg.

Niemann, R. (1992): 'Streß' und das Programm einer Theorie der sozialen Verursachung von Krankheiten – Zum Verhältnis medizinsoziologischer, sozialepidemiologischer und streßtheoretischer Krankheitserklärungen. Frankfurt a. M.

Nitsch, J. (1981): Streßtheoretische Modellvorstellungen. In: Nitsch, J. (Hg.): Stress. Theorien, Untersuchungen, Maßnahmen. Bern/Stuttgart/Wien, S. 52-141.

Nordlohne, E. (1992): Die Kosten jugendlicher Problembewältigung. Alkohol-, Zigaretten- und Arzneimittelkonsum im Jugendalter. Weinheim/München.

Nordlohne, E., Hurrelmann, K. & Holler, B. (1989): Schulstreß, Gesundheitsprobleme und Arzneimittelkonsum. In: Prävention, 12, S. 47-53.

Nordlohne, E., Reißig, M. & Hurrelmann, K. (1993): Drogenkonsum bei ostdeutschen und westdeutschen Jugendlichen. In: Sucht, 39, S. 15-38.

Northoff, R. (Hg.)(1997): Handbuch der Kriminalprävention. Baden-Baden.

Nunner-Winkler, G. (1985): Identität und Individualität. In: Soziale Welt, 4, S. 466-483.

Oerter, R. & Montada, L. (Hg.) (1987): Entwicklungspsychologie. München.

Oerter, R. (1981): Entwicklung und Sozialisation. 2. Auflage. Donauwörth.

Oestreich, P. (1921): Die elastische Einheitsschule : Lebens- und Produktionsschule. Berlin.

Oevermann, U. (1972): Sprache und soziale Herkunft. Ein Beitrag zur Analyse schichtenspezifischer Sozialisationsprozesse und ihre Bedeutung für den Schulerfolg. Frankfurt a. M.

Oevermann, U. (1979): Die Methodologie einer 'objektiven Hermeneutik' und ihre allgemeine forschungslogische Bedeutung in den Sozialwissenschaften. In: Soeffner, H.G. (Hg.): Interpretative Verfahren in den Sozial- und Textwissenschaften. Stuttgart, S. 352-434.

Offe, C. (1972a): Politische Herrschaft und Klassenstrukturen. Zur Analyse spätkapitalistischer Gesellschaftssysteme, in: Kress, G. & Senghaas, D. (Hg.): Politikwissenschaft. Frankfurt a. M., S. 135-164.

Offe, C. (1972b): Strukturprobleme des kapitalistischen Staates. Frankfurt a. M.

Olbrich, E. (1984): Jugendalter – Zeit der Krise oder der produktiven Anpassung ? In: Olbrich, E. & Todt, E. (Hg.): Probleme des Jugendalters. Berlin, S. 1-48.

Olk, T. & Reutzsch, D. (1998): Kinder in ostdeutschen Armutshaushalten. In: Klocke, A. & Hurrelmann, K. (Hg.): Kinder und Jugendliche in Armut. Umfang, Auswirkungen und Konsequenzen. Opladen, S. 87-111.

Olk, T. & Mierendorff, J. (1998): Kinderarmut und Sozialpolitik. Zur politischen Regulierung von Kindheit im modernen Wohlfahrtsstaat. In: Mansel, J. & Neubauer, G. (Hg.): Armut und soziale Ungleichheit bei Kindern. Opladen, S. 230-257.

Olk, T. & Strikker, F. (1991): Jugend und Arbeit. Individualisierungs- und Flexibilisierungstendenzen in der Statuspassage Schule/Arbeitswelt. In: Heitmeyer, W. & Olk, T. (Hg.): Individualisierung von Jugend. Gesellschaftliche Prozesse, subjektive Verarbeitungsformen, jugendpolitische Konsequenzen. Weinheim/München, S. 159-193.

Olk, T. (Hg.) (1994): Grenzen des Sozialversichungsstaates. Leviathan Sonderheft 14. Opladen.

Orshansky, M. (1969): How poverty is measured. In: Monthly labour review, 92, S. 34-41

Orshansky, M: (1965): Counting the Poor. Another Look at the Poverty Profile. In: Social Security Bulletin, 1, 3-13.

Osenberg, H. (1991): Die Versorgungsfunktion eines belegungsgebundenen Wohnungsbestands auf großstädischen Wohnungsmärkten. In: Informationen zur Raumentwicklung, 5-6, S. 315-326.

Otto, H.-U. (1991): Sozialarbeit zwischen Routine und Innovation. Professionelles Handeln in Sozialadministrationen. Berlin/New York.

Palentien, C. & Hurrelmann, K. (1995): Veränderte Lebenssituation – veränderte Gesundheit. Zum Zusammenhang von Sozialisation und Gesundheit im Jugendalter. In: Der pädagogische Blick, 1, S. 5-13.

Palentien, C. (1994): Familialer Rückhalt von Kindern und Jugendlichen im Kontext der Folgen veränderter Strukturen von Familie. In: Zeitschrift für Familienforschung, 6, S. 64-79.

Palentien, C., Pollmer, K. & Hurrelmann, K. (1993): Ausbildungs- und Zukunftsperspektiven ostdeutscher Jugendlicher nach der politischen Vereinigung Deutschlands. In: Aus Politik und Zeitgeschichte, Beilage zur Wochenzeitung Das Parlament, B2/93, S. 3-13.

Pearlin, L.I. & Schooler, C. (1978): The structure of coping. In: Journal of Health and Social Behavior, 19, S. 2-21.

Pearlin, L.I. (1985): Social Structure and Social Support Processes. In: Cohen, S. & Syme, S. L. (Hg.): Social Support and Health. Orlando/San Diego/New York, S. 43-60.

Pearlin, L.I. (1987): The Stress Process and Strategies of Intervention. In: Hurrelmann, K. & Lösel, F. (Hg.): Social intervention: Potential and Constraints. Berlin/New York, S. 53-72.

Pearlin, L.I. (1991): Zum sozialepidemiologischen Verständnis von Public Health: Der Streßprozeß. In: Badura, B., Elkeles, T., Grieger, B., Huber, E. & Kammerer, W. (Hg.): Zukunftsaufgabe Gesundheitsförderung. Dokumentation des Kongresses des Landesverbandes der Betriebskrankenkassen Berlin, der Ärztekammer Berlin in Zusammenarbeit mit dem Institut für Soziologie der TU Berlin. Frankfurt a. M., S. 159-172.

Petersen, K. (1996): Partizipation als Indikator einer reflexiven Jugendhilfe. Empirische und theoretische Perspektiven zur demokratischen und pädagogischen Ausrichtung von personenbezogenen Dienstleistungen. Bielefeld.

Peterson, C. & Seligman, M. E. P. (1984): Causal explanations as a risk factor for depression. theory and evidence. In: Psychological Review, 91, S. 347-374.

Petri, H. (1979): Soziale Schicht und psychische Erkrankung im Kindes- und Jugendalter. Göttingen.

Piachaud, D. (1992): Wie mißt man Armut? In: Leibfried, S. & Voges, W. (Hg.): Armut im modernen Wohlfahrtsstaat, In: Kölner Zeitschrift für Soziologie und Sozialpsychologie. Sonderheft 32. Opladen, S. 63-87.

Piaget, J. (1952): The origins of intelligence in children. New York.

Pollmer, K. & Hurrelmann, K. (1992): Neue Chancen oder neue Risiken für Jugendliche in Ostdeutschland? In: Zeitschrift für Sozialisationsforschung und Erziehungssoziologie, 1, S. 2-29.

Pomerleau, O.F. (1995): Individual differences in sensitivity to nicotine: Implications of genetic research on nicotine dependence. In: Behavior Genetics, 25, S. 161-177.

Prescott, C.A. & Kendler, K.S. (1999): Genetic and environmental contributions of alcohol abuse and dependence in a population-based sample of male twins. In: American Journal of Psychiatry, 156, S. 34-40.

Presting, G. (1987): Erziehungs- und Familienberatungsstellen in der Bundesrepublik Deutschland: Zur gegenwärtigen Versorgungslage. In: Praxis der Kinderpsychologie und Kinderpsychiatrie, 6, S. 210-214.

Preußer, N. (1989): Not macht erfinderisch: Überlebensstrategien der Armutsbevölkerung in Deutschland seit 1807. München.

Pulkkinen, L. & Pitthauen, T. (1994): A prospective study of the precursors to problem drinking in young adulthood. In: Journal of Studies on Alcohol, 55, S. 578-587.

Rauschenbach, T. (1994): Inszenierte Solidarität. Soziale Arbeit in der Risikogesellschaft. In: Beck, U. & Beck-Gernsheim, E. (Hg.): Riskante Freiheiten. Individualisierung in modernen Gesellschaften. Frankfurt a. M., S. 89-111.

Reich, M., Gordon, D. & Edwards, R. (1978): Arbeitsmarktsegmentation und Herrschaft. In: Sengenberg, W. (Hg.): Der gespaltene Arbeitsmarkt. Frankfurt a. M., S. 24-39.

Remschmidt, H. & Walter, R. (1989): Evaluation kinder- und jugendpsychiatrischer Versorgung. Stuttgart.

Remschmidt, H. (1979): Adoleszenzkrisen und ihre Behandlung. In: Specht, F., Gerlicher, K. & Schütt, K. (Hg.): Beratungsarbeit mit Jugendlichen. Fragestellungen, Erfahrungen, Anregungen. Göttingen, S. 44-62.

Remschmidt, H. (Hg.) (1987): Kinder und Jugendpsychiatrie. Stuttgart.

Reuband, K. H. (1990): Vom Haschisch zum Heroin? Soziokulturelle Determinanten der Drogenwahl. In: Suchtgefahren, 36, S. 1-7.

Rheinberg, F. (Hg.) (1982): Bezugsnormen zur Schulleistungsbewertung. Jahrbuch für empirische Erziehungswissenschaften. Düsseldorf.

Rolff, H.G., Klemm, K., Pfeiffer, P. & Rösner, P. (Hg.) (1992): Jahrbuch der Schulentwicklung. Weinheim/Basel.

Rosemann, H. (2000): Definition, Verbreitung, Ursachen und Problematik von Armut in der Bundesrepublik Deutschland. URL: http://www.rosemann.de (Stand: 10.10.2000).

Rosen, B. C. (1955): Conflicting Group Membership: A Study of Parent-Peer Group Cross-Pressures. In: American Sociological Review, 20, S. 155-160.

Rösner, E. (1989a): Abschied von der Hauptschule. Folgen einer verfehlten Schulpolitik. Frankfurt a. M.

Rösner, E. (1989b): Der Einfluß der Lehrherren auf die Hauptschule. In: Frankfurter Rundschau, 237, S. 15.

Rowntree, B. (1901): Poverty. A Study of Town Life. London.

Rowntree, B.S. (1941): Poverty and Progress. A Second Social Survey of York. London.

Schäfers, B. (1982): Soziologie des Jugendalters. Opladen.

Schäfers, B. (1987): Soziale Ungleichheit. Alte und „neue" soziale Fragen. In: Opielka, M. (Hg.): Perspektiven der Sozialpolitik. Essen, S. 83-94.

Schäfers, B. (1992): Zum öffentlichen Stellenwert von Armut im sozialen Wandel der Bundesrepublik Deutschland, In: Leibfried, S. & Voges, W. (Hg.): Armut im modernen Wohlfahrtsstaat. Opladen, S. 104-123.

Schelsky, H. (1953): Wandlungen der deutschen Familie in der Gegenwart. Dortmund.

Schelsky, H. (1965): Die Bedeutung des Schichtungsbegriffes für die Analyse der gegenwärtigen deutschen Gesellschaft. In: Schelsky, H. (Hg.): Auf der Suche nach Wirklichkeit. Köln/Düsseldorf, S. 331-351.

Schmitz, E. (1984): Erwachsenenbildung als lebensweltbezogener Erkenntnisprozeß. In: Lenzen, D. (Hg.): Enzyklopädie Erziehungswissenschaft. Band 11. Erwachsenenbildung. Stuttgart, S. 95-124.

Schott-Winterer, A. (1990): Wohlfahrtsdefizite und Unterversorgung, In: Döring, D., Hanesch, W. & Huster, E.-U. (Hg.): Armut im Wohlstand. Frankfurt a. M., S. 56-78.

Schuckit, M.A., Goodwin, D.W. & Winokur, G. (1972): Life history research in psychopathology. Minneapolis.

Schulz, W. (1983): Von der Institution 'Familie' zu den Teilbeziehungen zwischen Mann, Frau und Kind. Zum Strukturwandel von Ehe und Familie. In: Soziale Welt, 4, S. 401-421.

Schütze, Y. (1992): Jugend und Familie. In: Krüger, H.-H. (Hg.): Handbuch der Jugendforschung. 2. erweiterte und aktualisierte Auflage. Opladen, S. 335-350.

Schwarzer, R. (Hg.) (1990): Gesundheitspsychologie. Göttingen.

Seifert, W. (1994): Am Rande der Gesellschaft? Informationsdienst zur Ausländerarbeit, 3/4, S. 16-23.

Seiffge-Krenke, I. (1994): Gesundheitspsychologie des Jugendalters. Göttingen/Bern/Toronto/ Seattle.

Selye, H. (1950): Stress. Montreal.

Semmer, N. (1988): Streß. In: Asanger, R. & Wenninger, G. (Hg.): Handwörterbuch der Psychologie. 4. völlig neubearbeitete und erweiterte Auflage. München, S. 744-752.

Semmer, N., Dwyer, J., Lippert, P., Fuchs, R., Cleary, P. & Schindler, A. (1987): Adolescent smoking from a functional perspective. In: European Journal of Psychology of Education, 2, S. 387-402.

Sengenberger, W. (1978): Die gegenwärtige Arbeitslosigkeit – auch ein Strukturproblem des Arbeitsmarktes. Frankfurt a. M.

Sharp, E.B. (1980): Citizen Perceptions of Channels for Urban Service Advocacy. In: Public Opinion Quarterly, 44, S. 362-376.

Siegrist, J. (1975): Gesundheit und Krankheit als gesellschaftliche Tatbestände. In: Siegrist, J. (Hg.): Lehrbuch der Medizinischen Soziologie. 2. überarbeitete und erweiterte Auflage. München/Berlin/Wien, S. 81-184.

Silbereisen, R. & Kastner, P. (1985): Entwicklungstheoretische Perspektiven für die Prävention des Drogengebrauchs Jugendlicher. In: Brandstädter, J. & Gräser, H. (Hg.): Entwicklungsberatung unter dem Aspekt der Lebensspanne. Göttingen, S. 83-102.

Silbereisen, R. K. (1990): Konsum von Alkohol und Drogen über die Lebensspanne. In: Schwarzer, R. (Hg.): Gesundheitspsychologie. Göttingen, S. 169-184.

Simmel, G. (1968): Der Arme. In: Simmel, G. (Hg.): Soziologie. Untersuchung über die Formen der Vergesellschaftung. Berlin (zuerst 1908).

Slutske, W.S., Heath, A.C., Dinwiddie, S.H. (1998): Common genetic risk factors for conduct disorder and alcohol dependence. In: Journal of Abnormal Psychology, 107, S. 363-374.

Specht-Kittler, T. (1995): Statistikbericht1992/93 der BAG-WH. Bielefeld.

Statistisches Bundesamt (Hg.) (1997): Datenreport 1997. Bonn.

Statistisches Bundesamt (1993): Statistisches Jahrbuch für die Bundesrepublik Deutschland. Wiesbaden.

Statistisches Bundesamt (1999): Sozialhilfe in Deutschland: Entwicklung und Strukturen. Wiesbaden.

Statistisches Bundesamt (Hg.) (1991): Bevölkerung und Erwerbstätigkeit. Fachserie 1, Reihe 3: Haushalte und Familien. Bonn.

Statistisches Bundesamt (Hg.) (1992): Datenreport 1992. Wiesbaden.

Statistisches Bundesamt (Hg.) (1994): Statistisches Jahrbuch. Stuttgart.

Statistisches Bundesamt (Hg.) (1999): Wirtschaft und Statistik. Heft 2. Wiesbaden.

Statistisches Bundesamt (2003): Statistisches Jahrbuch 2002. Wiesbaden

Statistisches Landesamt NRW (Hg.) (1995): Statistisches Jahrbuch für NRW. Düsseldorf.

Stiegler, B. (1998): Die verborgene Armut der Frauen. Frankfurt a. M.

Stigler, J. (1945): The Cost of Subsistence. In: Journal of Farm Economics, 27, S. 311-319.

Störmer-Labonté, M. (1991): Streß und Streßbewältigung in meditativer Hinsicht. Die implizite Streßtheorie der Nyingma Psychologie auf dem Hintergrund der transaktionalen Streßtheorie von Lazarus. Osnabrück.

Stößel, U., Franzkowiak, P. & v. Troschke, J. (1987): Gesundheitserzieherische und gesundheitsfördernde Maßnahmen für Kinder und Jugendliche. In: Bubert, R. et al. (Hg.): Soziale Netzwerke und Gesundheitsförderung. München, S. 199-311.

Strauss, A.-L. & Corbin, J. (1991): Basics of Qualitative Research. Grounded Theory Procedures and Techniques. 3. Auflage. Newbury Park/London/New Delhi (zuerst 1990).

Strauss, A.-L. (1991): Grundlagen qualitativer Sozialforschung. Datenanalyse und Theoriebildung in der empirischen soziologischen Forschung. München.

Strohmeier, K. P. & Herlth, A. (1989): Wandel der Familie und Familienentwicklung. In: Herlth, A. & Strohmeier, K. P. (Hg.): Lebenslauf und Familienentwicklung: Mikroanalysen des Wandels familialer Lebensformen. Opladen, S. 7-16.

Sundström, G. A., Rössler, W., Schmidt, M. H., an der Heiden, W. & Jung, E. (1987): Inanspruchnahme von Erziehungsberatungsstellen und ambulanten kinder- und jugend-psychiatrischen Angeboten: Erste empirische Ergebnisse. In: Praxis der Kinderpsychologie und Kinderpsychiatrie, 36, S. 220-225.

Sünker, H. (1991): Kinder und Armut. Effekte der Arbeitslosigkeit auf das Kinderleben. In: Neue Praxis, 4, S. 316-325.

Swoboda, W. H. (1987): Jugend und Freizeit. Orientierungshilfen für Jugendpolitik und Jugendarbeit. Erkrath.

Szydlik, M. (1990): Einkommen, Einkommensdynamik und Arbeitsmarktsegmentation. In: Rendtel, U. & Wager, G. (Hg.): Lebenslagen im Wandel: Zur Einkommensdynamik in Deutschland seit 1984, Frankfurt a. M., S. 243-272.

Thomasius, R. (1991): Drogenkonsum und Abhängigkeit bei Kindern und Jugendlichen. In: Sucht, 37, S. 4-19.

Tillmann, K.-J. (1976): Sozialpädagogik in der Schule. Neue Ansätze und Modelle. München.

Tillmann, K.-J. (1996): Sozialisationstheorien. Eine Einführung in den Zusammenhang von Gesellschaft, Institution und Subjektwerdung. Reinbek.

Tillmann, K.-J. (Hg.) (1992): Jugend weiblich – Jugend männlich. Opladen.

Tjaden-Steinhauer, M. (1985): Die verwaltete Armut. Pauperismus in der Bundesrepublik. Hamburg.

Townsend, P. (1962): The Meaning of Poverty. In: British Journal of Sociology, 18, S. 215-224.

Townsend, P. (1970): Measures and Explanations of Poverty in High Income and Low Income Countries. The Problems of Operationalizing the Concept of Development, Class and Poverty. In: Townsend, P. (Hg.): The concept of Poverty. London, S. 1-63.

Townsend, P. (1979): Poverty in the United Kingdom. Berkeley/Los Angeles.

Trauernicht, G. (1995): Armut von Kindern und Jugendlichen und kommunale Jugendpolitik. In: Bieback, K.-J. & Milz, H. (Hg.): Neue Armut. Frankfurt a. M./New York, S. 220-235.

Treumann, K.P., Baacke, D., Haacke, K., Hugger, K.U. & Vollbrecht, R. (2002): Medienkompetenz im digitalen Zeitalter. Wie die Neuen Medien das Leben und Lernen Erwachsener verändern. Opladen

Troschke, J.v. & Stößel, U.(Hg.) (1981): Möglichkeiten und Grenzen ärztlicher Gesundheitsberatung. Freiburg.

Trotha, T. von (1990): Zum Wandel der Familie. In: Kölner Zeitschrift für Soziologie und Sozialpsychologie, 3, S. 452-473.

Ulich, D. (1982): Schulische Sozialisation. In: Hurrelmann, K. & Ulich, D. (Hg.): Handbuch der Sozialisationsforschung. 2. Auflage. Weinheim/Basel, S. 469-498.

US Department of Agriculture (Hg.) (1955): Household Food Consumption Survey. Dietary Evaluation of Food Used in Households in the United States. Report No. 16. Washington.

Vaskovics, L.A. & Rupp, M. (1995): Partnerschaftskarrieren. Entwicklungspfade nichtehelicher Lebensgemeinschaften. Opladen.

Vaskovics, L.A. & Weins, W. (1983): Randgruppenbildung im ländlichen Raum/Armut und Obdachlosigkeit. Schriftenreihe des Bundesministers für Jugend, Familie und Gesundheit. Band 146. Stuttgart.

Vaskovics, L.A. (1976): Segregierte Armut. Randgruppenbildung in Notunterkünften. Frankfurt a. M./New York.

Vaskovics, L.A. (1982a): Residentiale Segregation und soziale Probleme. In: Vaskovics, L.A. (Hg.): Raumbezogenheit sozialer Probleme. Opladen, S. 200-227.

Vaskovics, L.A. (1982b): Sozialökologische Einflußfaktoren familialer Sozialisation. In: Vaskovics, L.A. (Hg.): Umweltbedingungen familialer Sozialisation. Beiträge zur sozialökologischen Sozialisationsforschung. Stuttgart.

Vaskovics, L.A. (1988): Veränderungen der Wohn- und Wohnumweltbedingungen in ihren Auswirkungen auf die Sozialisationsleistung der Familie. In: Nave-Herz, R. (Hg.): Wandel und Kontinuität der Familie in der Bundesrepublik Deutschland. Stuttgart, S. 36-60.

Vobruba, G. (1983): Prävention durch Selbstkontrolle. In: Wambach, M.M. (Hg.): Der Mensch als Risiko. Frankfurt a. M., S. 63-78.

Voß, R. (1987): Anpassung auf Rezept. Stuttgart.

Wagenblass, S. (1994): AdressatInnenforschung in der Jugendhilfe. Zur Relevanz des Lebensstilkonzeptes für die Analyse geschlechtsspezifischer sozialer Ungleichheit. Bielefeld.

Walper, H. (1995): Kinder und Jugendliche in Armut. In: Bieback, K.-J. & Milz, H. (Hg.): Neue Armut. Frankfurt a. M./New York, S. 181-220.

Walper, S. (1997): Wenn Kinder arm sind – Familienarmut und ihre Betroffenen. In: Böhnisch, L. & Lenz, K. (Hg.): Familien. Weinheim, S. 269-281.

Weber, I., Abel, M., Altenhofen, L., Bächer, K., Berghof, B., Bergmann, K. E., Flatten, G., Klein, D., Micheelis, W. & Müller, P. J. (1990): Dringliche Gesundheitsprobleme der Bevölkerung in der Bundesrepublik Deutschland. Zahlen, Fakten, Perspektiven. Baden-Baden.

Weber, M. (1972): Wirtschaft und Gesellschaft. Grundriß der verstehenden Soziologie. 5. revidierte Auflage. Tübingen (auch 1956/1921).

Weber, M. (1988): Die „Objektivität" sozialwissenschaftlicher und sozialpolitischer Erkenntnis. In: Winckelmann, Johannes (Hg.): Gesammelte Aufsätze zur Wissenschaftslehre, 7. Auflage. Tübingen, zuerst 1904.

Weisser, G. (1956): Wirtschaft. in: Ziegenfuß, W. (Hg.): Handbuch der Soziologie. Stuttgart, S. 970-1101.

White, R. W. (1959): Motivation reconsidered: The concept of competence. In: Psychological Review, 66, S. 297-333.

White, R. W. (1960): Competence and the psychosexual stages of development. In: Jones, M. R. (Hg.): Nebraska Symposium on Motivation. Lincoln, S. 89-111.

Willenborg, G. (1992): Gesundheitskonzepte Jugendlicher. Bielefeld.

Wills, T.A., DuHamel, K. & Vaccaro, D. (1995): Activity and mood temperament as predictors of adolescent substance use: Test of a self-regulation mediational model. In: Journal of Personality and Social Psychology, 68, S. 901-916.

Wilson, W. J. (1992): Ghettoisierte Armut und Rasse. In: Leibfried, S., Voges, W. (Hg.): Armut im Wohlfahrtsstaat. Opladen, S. 221-236.

World Health Organisation (WHO) (Hg.) (1946): Constitution. Geneva.

Zeiher, H. (1989): Die vielen Räume der Kinder. In: Preuss-Lausitz, U. et al. (Hg.): Kriegskinder, Konsumkinder, Krisenkinder. 2. überarbeitete Auflage. Weinheim/Basel, S. 176-195.

Zeiher, H. (1994): Kindheitsräume. Zwischen Eigenständigkeit und Abhängigkeit, in: U. Beck & E. Beck-Gernsheim (Hg.): Riskante Freiheiten. Frankfurt a. M., S. 353-375.

Ziehe, T. (1991): Zeitvergleiche. Jugend in kulturellen Modernisierungen. Weinheim/München.

Zimmermann, G. E. (1995): Neue Armut und neuer Reichtum. Zunehmende Polarisierung der materiellen Lebensbedingungen im vereinten Deutschland. In: Gegenwartskunde, 1, S. 56-67.

Zimmermann, G.E. (1993): Armut: Konzepte, Definitionen und Opertaionalisierungsansätze in der BRD. Wider ein Ende der Grundsatzdiskussion. In: Soziale Probleme, 4, S. 193-229.

Zinnecker, J. (1987): Jugendkultur 1940-1985. Opladen.

Zinnecker, J. (1991): Jugend als Bildungsmoratorium. Zur Theorie des Wandels der Jugendphase in west- und osteuropäischen Gesellschaften. In: Melzer, W. (Hg.): Osteuropäische Jugend im Wandel. Ergebnisse vergleichender Jugendforschung in der Sowjetunion, Polen, Ungarn und der DDR. Weinheim/München, S. 9-24.

Zinnecker, J. (1994): Individualisierung der Jugend? Theoretische Argumente und empirische Belege. In: Hamburger, F. & Heuer, B. (Hg.): Individualisierungstheorie auf dem Prüfstand der Jugendforschung. Mainz, S. 21-54.

Zwick, M.M. (Hg.) (1994): Einmal arm, immer arm? Neue Befunde zur Armut in Deutschland. Frankfurt a. M.